荣跃明　张炼红　朱红◎编

历史传统与当代语境

《陈伯海文集》出版研讨会纪念集

上海社会科学院出版社
SHANGHAI ACADEMY OF SOCIAL SCIENCES PRESS

序

汇聚同道　示范后学

上海社会科学院院长　王　战

　　陈伯海先生研究领域广泛,著作等身,德高望重,在学界有口皆碑,也是我院的硕德耆宿之一。上海社会科学院出版社隆重推出六卷本《陈伯海文集》,我们借此机会召开这次学术研讨会,目的就是汇聚同道,共同探讨相关领域的学术前沿问题,交流各自研究心得,以此致敬前辈,示范后学。

　　陈先生是中国古典文学研究专家,在中国诗学、文学史学等领域都有很高的造诣。他长期从事中国古代文学与文论的研究和教学工作,兼及文艺理论、美学、哲学、中国文化诸相关领域,在倡扬文学史宏观研究、致力唐诗学学科建设、推进文化传统的现代阐释以及建构生命体验论诗学与美学等方面,均产生了重要的社会影响,研究成果曾获首届中国"鲁迅文学奖"优秀理论评论奖和多项上海市哲学社会科学优秀成果奖。专著《唐诗学引论》得韩国学界人士译介出版,获韩国学术院奖。陈先生于1992年起享受国务院特殊津贴,并于2008年获上海社会科学院建院五十周年杰出学术贡献奖。

　　陈先生担任文学所所长期间制定的"文学、文化两条腿走路"的方针,对如今文学所"基础理论研究与现实性研究并举""文学、文化研究并重"的研究方向与学科发展的形成,作出了开创性的贡献。

　　退休后,陈先生仍然坚持学术探索,进一步思考和研究传统文化现代性转变、哲学美学等方面的问题,令人感佩。《陈伯海文集》六卷本即包括唐诗学、中国文学史学、古文论、中国文化、哲学与审美、文艺评论等诸多领域的研究成果。这种不间断学术追求的精神,不止体现在陈先生一人身上,同时也是社科院的普遍现象,诸多老同志至今仍孜孜科研。在这里也祝愿老同志们身体健康,学术追求不断圆满。

此次研讨会规模较大,涉及领域较广,我相信通过大家的努力,我们一定能把这次会议开成一次具有前沿性、标志性意义的学术盛会,产生广泛而深远的社会影响,同时彰显文学所和社科院在推进人文学科发展中的责任感和使命感。

目　　录

上　　编

下 编

附 录

历史传统与当代语境[*]

——我的探索之路

陈伯海

参加今天的会议,先要对各方支持表示深切的谢意。一是要感谢我院出版社特别是责编陈如江先生一手策划、编辑并出版了这套《文集》,给我的学术生涯留下一个纪念;二是要感谢会议的主办单位及相关人员,花费大量精力来组织这次会议;三是要感谢今天到场的全体所内外朋友们、同事们、同行们,在百忙之中抽出宝贵的时间来参加会议,探讨共同关心的话题,以收集思广益之效。

作为《文集》的发布,我本来只需要表达一下自己的谢忱即可,不必多加言说。但所领导希望开成一个具有学术内涵的研讨会,且要求我起抛砖引玉的作用,于是不能不谈一点实质性的内容。我想还是从眼前的《文集》讲起,就我自己走过的路作一简要回顾。

这套《文集》主要收集我发表出来的东西,整理时补入少量未加刊行的札记,基本上仍属已发表的。最早的一篇发在 1960 年,绝大多数是改革开放后的产物,前后跨度半个世纪以上,按学科类别分编成册,也算是毕生从事学术工作的一个汇总了。

为编《文集》,去年我花不少工夫重读自己写过的东西,系统梳理了一遍。看下来的感觉,不是非常欣慰,却带有几分苦涩。为什么? 因为一生精力耗进去了,只能做到这个地步,实难令人满意。其不足之处在两个方面都有所体现。作为学术研究的成果,我给它下了四个字的评语,叫做"驳杂不伦",即内容太泛漫太庞杂,不符合做学问的规范。做学问是讲求"专"和"精"的,只有"专"了、"精"了,才能把学问做深做好,像我这样"跑野马"式的东一抓西一拿,至多搞成个"半拉子",一样也做不深透。这是从学术价值上来加以衡量。而若换个角

---

* 此文系陈伯海本人在《文集》出版座谈会上的发言,由录音记录加工整理成稿。

度,作为个人思考的结晶来看,那么我也有个自我鉴定,叫做"半生不熟"。也就是说,尽管我这一辈子都在勤心探索之中,但总未能达致成熟的境界,只能称之为"半生不熟"。所以重温自己的习作时,并不能感受到充分的安慰,倒确是有那么一种酸涩的成分存留心头,毕竟一辈子耗在其中了。这里当然有时代的因素,也有个人的缺陷,不能详述。

尽管如此,我倒也并不特别感觉后悔。从读书求知中寻求快乐,原是自己选择的生活方式。在我看来,读书除了能打开人的眼界外,其最大的作用还在于引起积极的思考,思考有所得,一旦豁然贯通,会给人带来无穷的乐趣,这就构成了最大的享受,也是我所追求的生命意义之所在。虽由于自身功力的限制,做出的成果远未能达到预期目标,而在做的过程中毕竟思考过了,享受到这个乐趣了,"求仁得仁,又何怨焉"?

下面就来谈一谈我思考、探索的经历,欢迎大家批评指正。

总的说来,我思考的范围虽广,关注的焦点则比较集中,如用一句话来概括,那便是致力于把握传统和当代之间的关系。我本人长期从事的专业是中国古典文学,属传统文化领域,但我这个人却活在当下,身处的是当代语境,脑子里装满的也是当代意识。作为一个当代人应如何看待传统,又如何通过自己的研究工作把传统引入当代语境,这是我一直想要解决的问题。整个探索之路大体就是围绕这个问题而展开的,当然会涉及其他方方面面。

思考下来呢,逐渐形成了一个基本的认识,即当下的创新自离不开历史的承传,而承传亦终须落脚于创新,这是一个双向对应的辩证关系,决不可任意分割开来。

先就前一方面关系而言,当代学人立足当代,致力于学术创新是很自然的。但创新不能凭空着手,新的理念要从既有资源中提炼出来,离开对传统的依托实难进行;且传统愈是厚实,可供选择与利用的资源愈加丰富,创新的空间便愈有开拓的余地。在这个问题上我们是有过深刻教训的。我们这个民族本有三千年以上(从《诗经》算起)的古文明传统,近一百多年来引进西方思想文化,加以现代化变革中自身经验的积累,实也构成了某种新的传统,如此说来,我们的资源很丰富,对创新极为有利。但以往是怎么做的呢? 先是用西方文明打压民族固有的传统,接着用"苏联先进文化"来否定"西方资产阶级文化",而后又在"反修防修"的名义下抵制苏俄文化,"文革"时更把我们自己百年来的新经验、新积累,包括左翼文学、革命文学的传统也一概划入"文艺黑线"。这样一来,只剩两手空空,光凭几句概念化的口号要来树立"样板",创新便被逼进了狭窄的死胡同。幸好改革开放扭转了这个局面,外来的新潮得以引进,固有的传统受到发扬,有了多方面资源为凭借,才能出现今天学术繁荣的气象。

再从另一方面来看,倚重传统并不等于万事俱备。创新故不离乎承传,而承传的最终取向仍在于创新。如果只是将传统尊奉起来,收拾辑补,清理打扫,加以守望而不使坠失,虽有意义,却还是达不到推陈出新的要求。当然,各种辑补清理工作都是必要的,它能帮助我们更正确也更全面地把握传统,是开发和利用好传统资源的前提,但"清点"的目的毕竟在于"盘活",只有用活用好既有的资产,才能源源不断地孳生出新的财富,即新的学术理念与方法、新的研究课题与内容乃至新的学科生长点与部门结构,一句话,也便是我所着意追求的学术创新了。总之,传统与当代不容割裂,建设当代须凭借传统,而用活传统仍是为了推进当代,二者缺一不可。这是我在长期工作中所形成的基本观念,想来能得到大家认可。

然则,借助传统以构建当代,究竟当采取怎样的途径呢? 在这个问题上,我自己有一个摸索的过程,前期和后期的思考重心亦有差别,想借此机会稍稍展开来说几句。

上世纪 80 年代初,我的注意力多用在如何在从传统当中发掘和提炼出一些带有普适性的东西,用以为建设新文学与新文化的借鉴。当时的思想界也十分活跃,讨论宏大议题的甚多。记得有一次参加座谈会,听一位年轻学者(可能是哲学专业的)发言,大意是说:我们过去搞哲学,只是为了判定哪个哲学家属唯物主义阵营,哪个属唯心主义阵营,今后再也不能这样搞了。研究哲学要干什么? 就中国哲学而言,归根到底是要回答这么一个问题,即中国人究竟是怎样思维的,因为哲学即体现着人的思维方式。听了他这番话,我当时很有一种震动感。我也在想:我们搞文学研究的目的又是什么呢? 以往的文学史著述亦常致力于划分谁是现实主义者,谁是反现实主义者,至多添加一顶"浪漫主义"的帽子,再或加几条"情景交融""白描传神"之类艺术标签。这样一种套板式的陈述,对当代文学的推陈出新又能起到什么样的积极作用呢? 看来研究中国文学,也应该归结到诸如我们的民族是如何审美地感受生活,又如何审美地表现自己的感受这类问题上来,这才能开阔思路,让传统得以生气勃勃地活跃于当下。

正是从这样一种考虑出发,我在 80 年代中叶倡议开展文学史的"宏观研究",强调研究时要树立宏观意识,便于从民族传统中去寻求具有普遍意义的特质和体现规律性的现象,将其提升至理论高度,以开拓当前文艺活动的视野。与此同时,在唐代文学研究领域内,我提出了建设"唐诗学"的构想,实亦是着眼于从宏观、整体上来把握唐诗性能的需求。这些提法在学界引起一定的反响,当然也有不赞成的,认为倡扬宏观会导致脱离微观,产生"假、大、空"的弊端。其实我并不否认微观研究的作用,更不拒斥实事求是的考据工作。宏观概括必须建立在微观论析的基础之上,考订史实是从事理论总结的前提,这些道理自是明明白白的。我只是主张研究者需要建立一种宏观的视野,便于将微观观照或具体考订的结果,上升到宏观层面来重加审视,以利于作出含带理论意义的归纳与判断。这期间写成的《唐诗学引论》和《中国文学史之宏观》二书及一系列相关论文,正体现了上述主张。其中具体论述部分自会有许多可商榷之处,而作为一种研究路径的探索与实验,是否还可保留某种参考价值呢?

不过我自己的观念也是不断有所变化、发展的。八九十年代之交,我对过去深受影响的黑格尔"唯逻辑论"进行了认真的反思。黑格尔主张"历史与逻辑相统一",这并不错,但他把逻辑放到第一位了,经常让历史来迁就他所设定的逻辑,引起众多非议。"唯逻辑论"者必然偏爱事物的普遍性,甚至不惜让普遍性来吞噬掉各种特殊性与具体性。但实际上,事物总是处在运动过程之中的,并不存在不可移易的秉性,通常所谓的"普遍性"只能就一定范围而言,不具有绝对的意义。就好比我在谈中国文学的民族特性时,列举的一些名目如"杂文学的体制""以复古为通变的发展道路"等,用于传统文学可能合适,摆到新文学创作中就显得扞格不入,说明事物的"普遍性相"自有其限度,不可随意搬用。讲规律也有这么个问题,是不是真有"放之四海而皆准"的"铁的必然性"呢? 当然,一定的规律性是客观存在的,那是指事物发展必有其内在的根据,有了根据,才有发展变化的可能性。但实际上,由于事物内外连结关系的特殊复杂性,其自身的根据也往往呈开放而多向的态势,只有在经过各种条件的互动之后,最终落脚到某个点上,才使得某种可能性演变为现实性。一旦达到了这个结局,回过头来追溯其因果逻辑,我们会将它的实现归诸必然性。这种必然性其实是对实现了的可能性的一种提升,并非预设和前定。而若是先天注定,哪还有事物多向发展的前景呢? 我自己在学习过程中不断反思这类问题,对以往特别重视的普遍特质与规律性现象,虽不加断然否定,却要求给予一定的规约与限制。

　　尽管如此,我仍然坚持历史与现实的相互包容关系,不同意把它们分割开来对待。90 年代起,我从提倡文学史宏观研究进入"文学史观"与"文学史学"的研讨,碰到了"文学史研究究竟为的什么"这样一个话题。不少人对此持"还原"说,主张研究历史的目的在于复现其"原生态",还其以本来面目。也有人表示不同意见,以为"还原"不可能实现,书写历史必然是一种"重构",甚至将"重构"等同于制作"神话",其功能在于为现代人提供某种适用的"意义"。我不赞同"神话"之说,承认历史确有其客观存在,一定程度上的"还原"也有其必要,毕竟立足史实才有说话的依据。但我同时强调历史的"原生态"不可企及也不必企求,因为历史不属于封闭的"定格",乃是永远开放着的流程,"过去"也并非简单地过去了,它向着当下且通过当下向未来生成。所以现实中必然时时能发现历史的种因,而传统亦将跟随当代生活的演进以获得其意义上的不断更新。这个问题在西方世界基本不成其为问题,因为西方从中世纪走向近现代是一脉相承的,近现代社会里保留并发展了中世纪原有的许多因素。但在我们这样一个后发现代化民族的历史进程中,情况却有所变异。我们的现代化受列强势力逼迫而仓促上马,在很大程度上靠引进外来机制以开启行程。引进之时,自身传统里原有许多可以成长或进入现代的成分,还来不及从旧体制结构中剥离就被卡住了,也有被引进的外来成分所遮蔽了,于是造成民族传统和现代社会之间某种疏离和脱节的现象,导致现代文明的创建上缺乏民族精神的有力支撑,也使得既有的传统资源难以充分得到成活。要改变这一状况,让中华民族彻底地走向世界并融入世界,必须着力打破传统与现代的隔阂。这就是我从 90 年代中叶起给予全神贯注的"传统的现代转化"的问题了。

　　有关这一问题,海外华裔学者林毓生、成中英等早在七八十年代间即有倡言(他们称之为"传统的创造性转化"),但在我们这里似未引起足够注意。90 年代中叶,"失语症"一说开始流行,随即有"古文论的现代转换"口号提出,在学界引起很大争议。赞成与反对者双方打了多年笔仗,各执一词,谁也说服不了谁。我是从原则上认可"转换"说的,提出过"激活"传统以参与现代文明建设的主张,但不想长久停留于理论申辩。依我之见,各家观点既已亮出来了,要说的道理也都说了,与其反复辩难,何不着手做一点实在的样品让人检验一番呢? 于是新世纪伊始,当我将手头原有的任务作一了断后,便把注意力转移到"传统的现代转化"这一课题上来。十多年间,总共交出四本专书,从不同的学科领域且选择不同的路径进行探索,成为我后期研究的重心所在。大体说来,我是在阐释、构建和应用三个方面来从事这一实验的。

　　首先是阐释,以 2005 年写成的《中国诗学之现代观》为代表,其研究对象为古典诗学。做法上,我从古文论自身传统出发,抓住其中具有代表性的 12 个(或曰 12 组)范畴及命题,各立专题,按其内在关联排序,逐一解析其涵义的生成、演变,并尝试与现代及西方文论中的相应理念作比照。为什么要这样做呢?因为我知道我是现代人,脑子里装满了现代观念,如果再按现代文论的架构来谈论古文论,一下子就会把它现代化,古文论也就失真了。而今我站在古文论本位上作考察并加解说,解说时自会有现代意识渗入,这才有可能产生传统与现代之间的张力和碰撞。我还考虑到以往搞比较文学的海外学者也试行过阐发研究,但出了一些毛病,根子在于单向阐释,即单纯借用西方理念来整理和解读中国的材料,其结果只能是把中国的事象全纳入西方理论框架里去,导致民族特色的消解,而亦未能为理论自身的拓展与深化增添新的养料。所以我定下的方法论原则是"双重视野下的双向观照与互为阐释",既要借助现代(包含西方)的观念来观照传统,又必须立足传统自身,用传统的眼光反观现代及西方,两相参照,以凸显它们之间可能存在着的"同中之异"及"异中之同",从而在比较与汇通过程中将问题加以推进。这一做法是否取得成效,有待众人评判。

　　其次是建构,体现在 2010 年脱稿的《回归生命本原》和《生命体验与审美超越》这两本谈哲学与美学的小册子里。怎么会跳进这两个全新的领域去犯难涉险呢?缘于通过传统诗学的现代观照,我深深感受到中国诗学乃是一种生命论的诗学,它把诗歌活动看作为诗性生命发动和提升的过程,将诗歌文本理解为"言—象—意"层层递进的诗性生命结构。引申开来,我还觉得中国学术本身也是一种生命论的学术,各个方面都浸透了生命活动的气息,而这一精神恰是看重"逻各斯"的西方思想传统所比较缺少的。于是我开始考虑涉足哲学和美学的藩篱,以尝试理论性建构。现在面临的对象不再是古典诗学,却是现代哲学和美学,我是在探寻能否将传统理念引进当代哲学、美学的话题里,通过相互间的交流、融会以形成新的话语。这自是要从找寻西方话语的"缺口"入手。举例说,西方哲学过去称之为"形而上学",而今"形而上学"宣告终结,人们不再相信世界的本原可以归结为某个"形上"实体。但那样一来,还能不能进行"形上"的思考?设若取消了"形上之思",又如何来体现哲思对人的命运的终极关怀?我试着从中国传统里引进"大化流行,生生不息"的理念,将这样一种宇宙生命活动看作为世界的本原,用以代替西方哲学固有的实体本根。这一生成论的进路有无可能为哲学"形上之思"提供某种新的机缘呢？又比如我们的传统爱讲"天人合一"，西方思维却重在"主客二分"，两者各有其合理性与片面性，有无可能适当打通？其实人自身作为自然生命与自觉生命的二重性存在，他和世界的关系从来就不是单一的。作为自然生命的存在，人必须依托于整个自然界，"天人合一"是其本然状态。一旦进入实践活动的领域，人要将自己设立为主体，以认识和改造对象世界为职责，则必然趋向"主客二分"，而当其从实践层面上升到精神超越的层面，要为自己的终极关怀寻找"家园"之时，又自会从"主客二分"回归于"天人合一"。这样看来，人与世界的多重关系便也有建立起来的可能。将这一思路应用于审美与艺术活动的考察，我在当代流行的"反映论"与"表现论"之外，特地引进中国传统的"心物交感"说以解释审美体验的由来。我以为"心物交感"似更能把握审美与艺术活动的确切性能，是"反映"和"表现"两说所不能取代的。说到底，就哲思与审美领域而言，我只能算是个"试水者"，试探在会通中西的条件下能否形成某种具有新意的理论建构，粗率与肤浅在所难免。

于是第三步，进入应用，试验将阐释与理论建构中所形成的某些观念用于原先从事的唐诗研究。这便是新近撰著的《意象艺术与唐诗》一书了。此书以古典诗歌意象艺术的生成与流变为背景，着重探讨唐诗艺术的基本性能及其演化轨迹。书中对"意象"的定位以及意象艺术三个层面（意象思维、意象结构和意象语言）的解析上，都贯穿着我本人以"生命体验"为核心的诗学观与美学观，并注意揭示各历史时期士子文人生存方式、生命理念的变化与其诗歌艺术之间的互动关系。这一应用自亦是初步的，与理论阐释和建构中的粗略浮浅正相适应。我意识到自己的不成熟，不成熟而又要努力做出来并发表出来，不怕贻笑大方，是因为我想我毕竟动手做了实验，摸索了若干途径，给出了若干实例，可供学界进一步讨论和评判，或在此基础上改进、拓展。热切期望有关"传统的现代转化"这一重大议题的争鸣，不要老停留在"什么叫转换""能不能转换"之类抽象的议论上，要有大胆的实践，也要有切实的批评与解剖，才能将问题不断推向前方。

末了，再声明一句，我的整个探索都是很受局限的。一受局限于学问根底的不足。我们这代人，论旧学修养，远不及自己的师长辈，就新观念的接受而言，又比不上"文革"后出道的新一代。阐释与建构都需要中西古今的会通，学力不足，难免出差错，专业人士看来毛病很多，影响到思想的说服力，这是无可奈何的。还有一个短缺，乃是对当代语境的把握不深不透。将传统引入当代，除了要在传统资源上狠下功夫外,亦需要吃透当代语境,这也是让我甚感费力的。记得有一次我去做演讲,题目叫"和实生物"。讲完后,一位听众当场发问说,你讲的道理我能懂,但处身现在的世界、现在的社会,怎么才能做到"和实生物"呢? 这个问题不容易回答。孔子讲过"礼之用,和为贵",墨子也讲到"交相利"则"兼相爱",今天的世道究竟要建立怎样的规范、制度或采用何种公平互利的原则与保障,才能形成和谐共生的局面,自要作深入调查和专题研究。而若失落对当代语境的深切把握,单纯的人文关怀是很容易蜕变为美丽的乌托邦的。所以我总认为自己一路走来终不踏实,希望有更多的热心人都来尝试走走,共同闯出一条建设民族新文化、新学术的康庄大道来。谢谢!

上　编

陈伯海先生学术贡献的意义

——为陈伯海先生八十寿辰及《文集》出版而作

上海大学中文系　董乃斌

伯海先生是我十分敬重的学术前辈和同行，是中国文学研究界的重量级人物。将近三十年来，我们交往颇多，相知日深。他在很多方面，都堪为我的良师益友，给过我很多帮助。值此伯海先生八十寿辰和《文集》出版发行之际，谨衷心致以诚挚的祝贺。

本文的题目包含两层意思，一是伯海先生的学术贡献，二是这些贡献所显示的意义。

伯海先生的学术贡献有目共睹，比较好说。《文集》六卷基本上反映了其学术成就的方方面面，不妨就按其编排次序稍作论列。

一是唐诗学的开拓。除自著《唐诗学引论》《意象艺术与唐诗》等书及大量论文外，主编《唐诗学史稿》及《唐诗书目总录》《唐诗总集纂要》《唐诗论评类编》《唐诗学文献集粹》《唐诗汇评》等。《唐诗书目总录》以下诸项工作普查了唐诗研究的所有文献，按目录学、诗论学、评点学、史料学要求将其汇总、汰选、编纂成适合今人使用的资料集，历时近三十载，终于建设成规模宏大的"唐诗学书系"。而对唐诗的深广研究，又成为其今后所有研究的厚实基础。

二是中国文学史学的建树。上世纪八九十年代"文学史宏观研究"的提出、国家课题和同名丛书的完成，伯海先生均是发起者和具体领导者，其《中国文学史之宏观》即是丛书的带头作品。该书对中国文学史做了高屋建瓴的宏观审视，从本体论高度探究中国文学的体性，认为可将中国文学的根本特征概括为"杂文学的体制""美善相兼的本质""言志抒情的内核""以复古为通变的发展道路"等七大要素，并以"三个周期、三种力量、三次高潮"来解析古代文学的进程。在论述文学史动因及发展规律时，又提出"三对矛盾"（文艺与生活、感受与表现、承传与选择）和"一串圆圈"（螺旋式演进）的观点。这些富于创新性的概念和研究思路在后来《中国文学史学史》的《总导论》、第一卷《绪论》以及《近四百年中国文学思潮史·导言》为代表的系列文章中得到进一步阐述,开拓了文学史学的学术新天地。

三是古文论的现代阐释。这是伯海先生秉持"传统的创造性转化"的自觉,以极大的热忱和精力投入的一项工作,除多篇论文及《中国诗学史》的《导言》《总论》外,最重要的是专书《中国诗学之现代观》。这部著作系统地梳理中国诗学的丰富内容,将本来零杂无序的传统诗学言论概括为三大块:情志、境象和言辞体式,构筑了一个从人学本原到审美体性再到文学形态的清晰体系,对许多传统诗学范畴、命题和概念,如情志、感兴、意象、意境、气韵、趣味、妙悟、言意、文质、声律、体式、正变等等,既厘清了它们的本义,梳理了它们的演化脉络,又借助新的文艺理论对它们做了现代阐释,为传统诗学与当代理论架起了一座古今会通的桥梁,为中国诗学的现代化和走向世界作出了扎扎实实的贡献。

伯海先生总结中国诗学的本质,指出了它的生命论特色:"综合各要素以形成的'意—象—言'诗学系统,实质上便呈现为一种生命机体的构建,这也便是中国诗学的逻辑结构了。由此观之,生命论作为中国诗学的基本取向,是可以成立的。"①生命论诗学,这是伯海先生对中国诗学根本性质的判定,也是其诗学思想的核心和精华,里边贯穿了他的哲学思考,后来还就此写成了一部专著《生命体验与审美超越》——其实,他的这个思想早在《中国诗学之现代观》一书中就已鲜明提出并做了初步阐说。同时他也非常深刻地触及了中国诗学的局限。他指出:"应该承认,作为宗法式农业社会文化精神的产物,它(中国诗学)的宗法伦理的人格导向、调和折中的思维方式以及空灵淡远的生命情趣,并不尽合于现时代文明进步的需求,要下一番分解、剥离、转换与重组的改造出新功夫……"②就这样,一方面阐论中国传统诗学的生命论本质,并呼吁弘扬其精髓,一方面指出其因于历史和社会背景而产生的局限,伯海先生的这部著作始终贯穿着科学的辩证思维。虽然伯海先生谦虚地说此书内容"远不足以包罗中国诗学的全部精粹"③。但我认为,在企图全面系统阐论中国诗学内容和精神的诸多著作中,伯海先生的这一部是最精当扼要而又准确深刻的佼佼者。伯海先生此书虽未涉及中国文学(诗歌)是否就是一个抒情传统的问题,但当我们开始重审

---

① 陈伯海:《中国诗学之现代观》,上海古籍出版社 2006 年版,第 18 页。
② 陈伯海:《中国诗学之现代观》,上海古籍出版社 2006 年版,第 21 页。
③ 陈伯海:《中国诗学之现代观》,上海古籍出版社 2006 年版,第 464 页。

这个中国诗学和中国文学史研究通用范式的合理性和局限性并试图有所变革的时候,伯海先生这部精准概括并深刻阐发了中国诗学核心内容和内在本质的著作,却可以作为我们研究的一个重要出发点。

四是文化史的思考。从文学史的宏观研究,很自然地就会涉入大文化的思考。伯海先生乃顺势而下,著有《中国文化之路》及一系列单篇论文,在古今中外文化的比较,特别是文化现状的分析中提出许多深刻而富前瞻性的见解。这可谓是文学史学的自然延伸。通论性的《中国文化之路》之后,伯海先生又在《上海文化通史》和《近四百年中国文学思潮史》集体项目的实践中将这些观点做了具体的引申和发挥。

五是哲学和美学的探索。《回归生命本原》《生命体验与审美超越》是伯海先生的两部近著,它们以纯理论的形式总结数十年文学研究中的哲学思考,对学科发展提出了启示性意见。对伯海先生个人来说,则是具有理论升华意义的总结性著作。美学是文艺理论的升华,哲学不仅涵盖了美学、文艺理论,还深入到自然观、人生观和世界观的根本之处。伯海先生经多年深思和积累,在写出了多部文学研究著作、年届古稀之际,以一鼓作气、势如破竹的豪勇完成并出版了它们,既彰显了他对中西哲学的酷爱和谙熟,更展现了他严密的思辨力、成熟的文字表现力,最重要的是昭示了他强大的学术生命力。

从这两部书,我们不仅领略到伯海先生深邃的思想,清晰的逻辑和流畅的文字,而且更接近了他的心灵,看到了他的高尚人格和孜孜以求真理的勤苦形象。他在书中所阐论的新生命论哲学,不仅是他的哲学观,也是他自己的人生追求,体现了他对人生、对社会、对世界的终极关怀。他向往"超越性的精神追求与人的生命活动的圆成",指出人应当以自然生命为基础,以实践活动发展充实之,使自然生命上升为自觉生命,再由精神性超越而臻至自由生命和自我圆成。这是他的向往,也是他对学人的期望,然而这难道不正是伯海先生本人一生道路的现身说法和绝佳描述吗?他不就是这样全身心投入科学研究,在不断的自觉实践中锤炼并实现超越,从而不断地走向自由,走向自我圆成吗?在这个过程中,他强调主体能动性的充分发挥,同时又注意到主体间性(亦称互主体性)的存在,于是对当代中华民族的共通性生命理念提出了"和实生物,刚健有为"的精神高标。我觉得,伯海先生的所有研究活动,所有著作,都是在力行着这八个字,也都可以用这八个字来形容和概括。

写到这里,便不能不想到伯海先生学术道路的意义问题,从而顺理成章地转入本文论题的第二个层面。

我觉得伯海先生学术贡献之意义最重要的一点，就是志存高远、目光宏阔而以学术为生命，以极其认真的学术实践来锻造自然生命为自觉生命，并努力由此取得自由，实现超越，从而进入生命的自由境界，实现其理想的人生意义，以学术为复兴和弘扬中华文化的伟大事业服务。我想，这是我们每个从事科研工作的人都渴望达到的境界。

做学问，做古典文学研究，当然需要落实在一个个的具体课题上，这是我们都经历过的。但在这些具体课题之外，或者说之上，伯海先生还有更深的思考，更高的目标，那就是对于人类和世界的终极关怀。他在西方甚嚣尘上的"形而上学终结"声浪中，反复思考探究，犹如骨鲠在喉不吐不快，终于忍不住破门而出，从古典文学界涉入哲学领域，喊出"形上之思不死"的呼声。他说："人有现实关怀，亦有终极关怀。现实关怀所涉及的，多属个体生命密切凭附其中的具体生活环境；而终极关怀的指向则常要归之于世界的整体，宇宙生命和人类生命的本原。"他指出："回归生命本原，在回归中达成精神上的自我超越，以开启自由解放的生命新境界，实乃体现当今时代人们的终极关爱的必由之路，亦便是对于重建'形上之思'以至整个哲学思维的可能性问题的一个简要回答了。"他把自己的哲思概括为"以生命理念为核心而以'天人合一'为其背景构架的新哲学轮廓，姑名之曰'新天人合一的生命哲学'（简称新生命哲学）"①，然后以一整本书阐释了这种哲学。这种哲学也就成为伯海先生全部学术成就的贯穿红线。如果说伯海先生的文学研究有什么根本特色，我认为，那就是他的学术与一般的职业性学术、公务性学术不同，还存在着这样一条哲思的红线，一条把对世界的终极关怀与个人的刻苦磨砺、精神提升紧紧结合起来的思想红线。

在这一点的统帅下，具体的科研工作中，伯海先生值得我们学习的地方还有很多，这里谨提出我以为比较重要的三点。

第一，独立思考。

独立思考，不人云亦云，不跟风随大流，是学术研究工作能够取得卓越成绩的关键，也是一位学者素质高下的重要标志。独立思考首先是一种意识，一种自觉，甚至是一种品质，这里首先有个"敢不敢"的问题，但同时又是一种能力，因而有"善于或不善于"之区别。伯海先生还在上大学时，就敢于也善于独立思

---

① 陈伯海：《回归生命本质》，商务印书馆 2012 年版，第 15—19 页。

考。他在回顾自己的学术道路时,提及当年华东师大和文艺界批判钱谷融先生《论"文学是人学"》一文的事情。在当时一面倒的批判声浪中,他作为一个大学生在大会上发言,不是跟着风潮给钱先生上纲上线,而是谈了自己对此命题的理解,实际上是提出了一些与众不同的意见。他因此在毕业分配和以后的工作安排中吃了苦头。但他并没有丧失和压抑这一良好的品质,依然保持了独立思考的习惯,凡事,凡问题,都必须过过自己的脑子,问个为什么。在研究工作中不但要弄清"是什么",还要问个"为什么这样"。所以我们读伯海先生的文章,往往能感到其中有新的与众不同的观点,或者提出某个新的问题,或者显示某种新的角度,或者比一般的认识挖掘得更深透、分析得更细致,总之,一定会有他自己的东西。

伯海先生敢于并善于对学术问题提出质疑和辩难。比如,在提交中国比较文学学会年会的论文《对话·交流·会通》一文(后用作《中国诗学之现代观》的代序)中,批评旅美华裔学者刘若愚《中国的文学理论》一书"套用艾布拉姆斯有关艺术四要素的分析,来给中国文学理论进行分类(分六大类),这一尝试并不成功。"他以中国诗学的核心观念"诗言志"为例,指出它既"似乎近于表现论的美学",但志因物感,"理论坐标显然已由创作主体移向了外在世界",也就不免跟"西方的模仿论"有了些瓜葛;中国传统的"在心为志,发言为诗""言为心声""文如其人"也"绝对没有用'意图谬误''感受谬误'将主体排斥在外的想法",而"知人论世"等等理论通过志意相应而沟通了作者和读者的关系。于是,"诗言志"便以"志"为核心将作者、作品、读者、世界组合为一个整体,从而无法纳入西方文论多元分割、各趋一端的框架。这一分析比刘若愚先生的说法更细腻,也更符合中国古代文论的实际。此外,伯海先生还列举种种事实论证单向式地以西方文论硬套中国诗学的矛盾扞格,提出应以"视界融合"之法参照互鉴,进行双向交流。①

上文谈到过伯海先生对现代以来西方哲学界宣称的"形而上学终结"有所质疑,也是他善于独立思考的表现。抓住这个问题,伯海先生系统梳理了西方哲学史,在此基础上提出"形上之思"因人类的终极关怀而将永存且不断新变的观点。"一言以蔽之,便是抛弃实体主义本原观,转向生成论(或曰生命论)的根本理念,即不再考虑以哪个实体充当世界的本根,却要将整个世界的本当如是

① 　陈伯海:《中国诗学之现代观》,上海古籍出版社 2006 年版,第 7—8 页。

理解为一个自我生成与自我发展着的无始无终的活动过程,这其实也就是宇宙生命的演化历程。"①这些都是他经过一番认真思索后得出的结论。

对于西方哲学是如此,对于权威的中国哲学著作也是如此。比如,在谈到新生命哲学的价值观时,他引用冯友兰先生《新原人》关于人生境界分为"自然境界""功利境界""道德境界""天地境界"四大类的说法,认为可以用"天地境界"来喻指超越性精神追求所开启的意义世界,但也指出:"冯氏将哲思与宗教信仰位列于此,遗漏了审美,又认为宗教信仰也难达到真正意义上的天地境界,却比较接近于道德境界,这是未曾注意到神圣道德和世俗道德的区别所致。"②这些地方都显示了伯海先生的独立思考精神和由这精神所决定的辨析细腻的思维特色。

第二,重视理论。

当代中国学术界条块分割得很厉害,就中国文学研究而言,古典文学、近代文学、现代文学、当代文学、民间文学、比较文学、文艺理论是几个独立的学科,即所谓二级学科。再下面还有三级学科,比如古典文学之下,分为先秦、两汉、魏晋、南北朝、隋唐、宋、元、明、清各段文学,等等,每个人只属于一段文学史,一般较少跨界。在三级学科中尚且如此,更不用说在二级学科中了,搞古典文学而兼擅文艺理论者不多,反之亦然。对此,大家都视为当然,习以为常。但伯海先生的古典文学研究却富于理论色彩,他的学术跨了古典文学和文艺理论两界,这是他的一个重要特色。伯海先生在《我的学术人生谈》(刊于吉林《社会科学战线》)中尝自述他入大学后接触到黑格尔、丹纳以至朱光潜等人的著作,并发生极大兴趣,因此在他"内心深处形成偏好理论思辨的情结,终身挥之不去"。又说到自己"对哲思的爱好在青年时期即已养成",特别是受黑格尔辩证逻辑的影响,使他"醉心于寻求历史表象中潜藏的内在逻辑"。对黑格尔是如此,对长期以来作为指导思想的马克思主义理论,特别是哲学思想,就学习得更认真了。关键是他既重视哲思和理论,又敢于并勤于独立思考,使他并未囿于某一家哲学,而是融会贯通地形成了他自己一整套的理论思路和思维方式。理论性强,问题意识强,可说是其学术成就的一大标志。

以他的唐诗学研究而言,他是从普查唐诗书籍入手,以编纂史料为工作重

---

① 陈伯海:《回归生命本质》,商务印书馆 2012 年版,第 17 页。

② 陈伯海:《中国诗学之现代观》,上海古籍出版社 2006 年版,第 149—150 页。

点的,但他没有止步于此,先是写出了《唐诗学引论》,从正本、清源、别流、辨体和唐诗学术史等方面梳理了唐诗固有的传统,而又加以现代意义的阐释,为编纂唐诗学研究书系奠定了理论基础。需要指出的是,伯海先生的唐诗学理论是从他的唐诗研究实践中提取出来的,只是他不满足于一般的论述或鉴赏,努力把实践中得来的理性认识加以逻辑化、系统化,形成了他的理论观点,然后又回过头去成为整套唐诗学书系的指导思想和行动纲领,使唐诗学资料编纂工作的立意更高,操作更得法,成绩也更突出。而在后续的研究中,伯海先生又写了《意象艺术与唐诗》的著作,将在《引论》中提出的宏观性理论阐发,进一步深化为意象和辞章的微观分析,体现了实践—理论—实践—理论这样一种不断深化的研究进路。从他的许多唐诗研究单篇论文,也往往能够看出他从分析具体问题上升到较高理论层次的努力。伯海先生总是不满足于就事论事,而要深探一步,并在反复探究的基础上,构筑起他的理论框架或体系。伯海先生以其实实在在的工作打破了理论的神秘感,打破了理论在古典文学研究中的疏离感和不适感,他的这个体系能够自圆自足,你可以对他有不同意见,你也可以同他商榷或辩论——因为没有一种理论是终极性的或不可讨论甚至证伪的。伯海先生深知这一点,因而才更加执着地思考着追求着,而他所做的这一系列工作,对学术界是富有启示性的。

伯海先生的文学史研究,更是具有浓厚的理论色彩。他在《中国文学史之宏观》一书中所提出的"七个要素""三个周期""三种力量""三次高潮""三对矛盾""一串圆圈"等,都是他对文学史诸问题的理论概括和总结,对文学史学的建立起了重要的启发和推动作用。他的这些理论走在了当代学术的前沿,引领着相关学术思潮,相信随着学术的发展会日益显示出其更大的意义。

中国文学研究的固有传统是重材料、重考据、重实证而轻思辨、轻理论、轻体系。考据实证能够搞清楚"是什么",尽可能地还原史实,当然很重要也很有价值。但要认识历史的意义,探寻史实表象后面的本质和规律,解答"为何如此"的问题,却还需要思辨和理论分析。在研究工作中,从材料提取观点,促成理论的提升、思想的演进、范式的变革和更新,以带来研究质量的提升,为学术史开启新的篇章,应该说尤为重要。这样一想,我们在研究工作中,就会对理论创造感到迫切,对我国人文社会科学贡献于世界的理论影响甚小,就不会那么无动于衷。对单个研究者来说,是努力"做一个有思想的学者";对一个民族来说,则是要摘掉"不善理论思辨"的帽子,改善和提高我们民族的文化素质。这实在是我们民族能否更好地自立于世界民族之林的命运攸关的大事情。从这个角度看,伯海先生对理论的努力探索的确是极有意义的,能够给我们很多启示。

简言之,这个启示有两个方面。一方面,伯海先生承认西方哲学和文学理论的价值。现代以来,确实有许多问题已被西方哲人和文学理论家领先思考过,对他们的思维成果自然不能漠视,所以在研究哲学、美学、文学问题(特别是理论问题)时,伯海先生总是尽可能地弄清西方学者的相关观点和思维路径,尽量找到问题的症结所在,然后加以探究和讨论。这在他近年所著的两部哲学和美学著作中体现得非常清楚。

但更重要的是另一方面,他绝不人云亦云,不是稗贩和照搬,而是独立思考后作出自己的判断和选择。最关键的是他能够立足于中国文学史的实际,勇于创造自己的理论,在创造中,眼观世界,心存华夏,既不拒绝拿来,但更重视自身的传统,从概念范畴到系统观点都充分利用中国传统的哲学、美学和文学理论,发掘其真意,与现代观念进行比照,运以"视界融合"之法,深入阐释,使之获得新的生命。我相信,随着中国国力的增强,中国学术在世界的影响也将逐步增强,其中也必然包涵了伯海先生许多理论成果所发出的声音。

第三,系统设计。

对于科研项目的系统设计,源于主持者的系统思维。伯海先生在这方面表现非常突出。这既与他对任何问题均能以系统思维省察之,善于找到各问题间的联系,将它们整合起来,形成新的、视野更开阔、更有学术规模和价值的研究课题(项目)有关,也与他身在科研领导岗位分不开,即他既有系统设计的能力,又有系统设计的需求和付诸实施的可能。这样内外结合,伯海先生在科研任务的设计方面就取得了突出的成绩和贡献。

《上海文化通史》《近四百年中国文学思潮史》,特别是《唐诗学书系》,都是他系统设计的产物。由于是系统设计,是系统性的产品,其学术价值和影响就比单个的东西要大,当然做起来难度也会大得多。同时,在其生产的过程中动员的人力也要更多,有时甚至是大兵团作战。而随着产品的完成,参与工作的科研人员得到了锻炼,科研队伍的实力也大大加强了。这就是我们理想中的所谓通过抓科研项目"出产品,出人才"。在伯海先生的工作中是充分体现了的。

他的这种系统思维也惠及了我们,我个人从中学习、得益尤多。我们最早合作"宏观文学史"的国家课题,伯海先生领衔,把一批学者宏观研究的成果整合起来,出了一套丛书。可以说是对当年文学史宏观研究思潮的具体落实,推动了其时的宏观研究,也给后世的学术史留下了某些可征的信息和资料。后来,我们又合作《中国文学史学史》的国家课题,伯海先生和上海社科院的同仁负责第一卷,他执笔写了全书总导言和第一卷绪论,为全书定下了理论基调,也规划了全书的格局。中国社科院文学所的同仁负责后两卷,当时还在北京工作的我写了全书总结论。从总导言到总结论,贯穿了建设中国文学史学的学术构想。后来在这一思想的指导下,我们继续工作,又完成了《文学史学原理研究》,把文学史学的建设推进了一步,这也与伯海先生的一贯思想和大力支持分不开。

伯海先生搞科研,总是高瞻远瞩,胸罗万象,从鲜明的问题意识出发,以扎实的文献研究为基础,把微观(考据和作品分析)、中观(作家个体群体、文学思潮或断代文学之考察)、宏观(把文学史作为一个整体)的研究有机地结合,在微观中观时不忘宏观,在宏观时又紧密依据微观中观,所以他的具体研究实践总有明确的理论指导,他的理论阐述总有丰富可信的研究实践为根基,而且他的研究成果之间,都有内在的深刻联系,能够形成一个严整的思想系统。他的六卷文集,就清晰地向我们展示了这个系统。唐诗研究和唐诗学的创建是这系统的根基(这根基本身也有层次,资料性的几种是根基之根基,中间是《唐诗学史》和相关论文,再上是理论性的《唐诗学引论》《意象艺术与唐诗》),把唐诗研究看成一个整体,那么在它之上是对古文论的现代阐释,研究的范围扩大到中国诗学的全部。再之上便是文化研究和文学史学双翼,最后则是美学和哲学两书,是其学术大厦的塔尖。塔尖高高耸立,凌驾其他成就,但它们所放射的强光,却能够照亮伯海先生全部学术成就,照亮构成这座学术大厦的一砖一瓦。伯海先生的学术,就是这样一个系统严密的有机体。这是我对他最钦佩的地方,也是我在内心深处以其为学术楷模的根本理由。

如果细说,伯海先生的学术还有很多可说的东西,我就不一一罗列了。我所看到和论述到的,我的鄙见浅识,是否符合伯海先生的本意和实际,是否准确充分,都还要请伯海先生批评指正,也要请学界同行和与会专家批评指正。

想说的话很多,最后,再一次衷心祝愿伯海先生健康长寿,学术之树常青,祝愿伯海先生今后继续带领我们在学术之路上前进! 其余就"不一一"了吧。

陈伯海先生及其唐诗学研究

复旦大学中文系　蒋　凡

2015 年 5 月 9 日,上海社会科学院文学研究所于上海社科国际创新基地(中山西路 1610 号),举行了"历史传统与当代语境——《陈伯海文集》出版座谈暨学术研讨会",我有幸恭逢盛会,在此谨祝《陈伯海文集》成功出版,并恭贺陈伯海、蒋哲伦伉俪八十华诞。

有关伯海先生的道德文章及其学术成就和贡献,会上诸友已谈了很多,这充分说明了伯海先生是我辈学人的榜样与骄傲。他的成功攀登学术高峰,原因是多方面的,比如他有优良的好学多思的家学遗传,有个人方面的学而能思、思而能悟的天分因素,有其对于哲学、美学及逻辑学的爱好与钻研。在这里我要补充一点:一个健康和谐的家庭及其夫人全身心的关怀与支持帮助,为他读书与治学,创造了一个绝佳的学术环境,也是一个重要方面。伯海兄的一生,也多有曲折与坎坷,在他陷于困窘之地时,是太太给他嘘寒问暖,重新鼓起了生活的热情,一个和谐的家庭,为他遮蔽了许多暴风骤雨的冲击,成了慰藉心灵的安全避风港湾。哲伦先生本身也是个优秀的学者,她对宋词有深入的研究,并多有著述。但是,为保证丈夫的学术登顶,她经常会牺牲自己的时间,全心全意、自觉自愿地为丈夫遮风挡雨,作出奉献。在家务琐事的"内政、外交"方面,哲伦独当一面,减少了伯海先生的许多麻烦,为他排除了诸多障碍,以保证伯海一心向学的开拓与思考。如果把伯海先生学术探索的求真精神,比作《西游记》中从西天取回真经的唐玄奘,那么在玄奘背后站着暗中保护他成功渡过九九八十一难的观世音菩萨,就是夫人蒋哲伦。

伯海先生的学术成功,除了上述家族家风、和谐家庭、个人天分及其爱好诸原因外,更重要的还在于他的刻苦勤奋精神是常人所难及的。我年岁稍晚于他,但相识相交数十年,清茶一杯,切磋学问,淡泊有味,我们的关系如古人所云"平生风谊兼师友"。我敬他如师,他视我为友。我和伯海兄常有共出参加学术活动的机会,有时伯海作报告,我在旁专心听,偶尔也会为其理论概括作若干具体事例的补充与解析。在学术会上,我一直很佩服他能把高深奥妙的理论,经过他的条分缕析,化为深入浅出的明白表述,让大家一听就入迷。这是一种非凡的本领,让听者很受启发而获益匪浅。但是,这样的成功,看似平易却艰辛,它来自刻苦的学术锻炼。伯海先生的本领,并非凭空而降,而是与他那勤奋读书治学的精神密切相关,他是抓紧生活中的每一分钟来认真地读书思考。北宋文学大家欧阳修在《归田录》中总结自己的读书治学时说:"余生平所作文章,多出三上,乃马上、枕上、厕上也。盖惟此,尤可以属思耳。"这是实事求是的经验之谈。回头看伯海,活脱脱是欧公读书作文的历史再现。我多次和伯海兄一道出差,同住一室,亲眼所见,一分不减。欧公所称"马上",指的是旅途之中。现在伯海出差,当然不会骑马,所乘的是汽车、火车、轮船、飞机,时间稍长,必然见他一书在手,细细读来而心无旁骛,有时放下书本,闭目沉思,显然也是思维活跃;所称"枕上",指的是卧室休息时的读书状态,伯海在旅社卧室灯光并非明亮适合工作的条件下,常坐沙发台灯下,或靠在床上,睡觉前仍是读书不懈,孜孜不倦地阅读思考;所谓"厕上",就是在每天必须上洗手间时,仍是手不释卷,认真思考。伯海生活很有规律,每天清晨准时上洗手间,但他与人不同,一进去后,很难立即出来,时间相对地长了。为什么呢? 开始我思而不解,后来看他每次进出洗手间时,都是一书在手,这才恍然有悟,这就是欧公所称的"厕上"学问,原来,伯海喜欢在厕上读书,是因为无人干扰,安静而便于思考。从此,我俩商量好,一起床后,由我先用洗手间,几分钟完事后,其余的长时间,就留给伯海兄沉思长考。在这方面,我是默契配合,自觉自愿,以成先生的"三上"之美。当今学人,能牢牢抓紧"三上"点滴时间来读书治学如伯海者,寥寥无几,其学术成功与贡献,来之不易,岂是偶然! 现以伯海先生的唐诗及唐诗学研究为例,略加说明。

伯海先生是唐诗专家,我用唐代著名诗人来加以形容,他没有浪漫诗人李白那"天生我材必有用"豪气干云的自我张扬,其外貌风格蔼然温和、平淡自然似王(维)孟(浩然),而思想敏锐、理论深刻似刘(禹锡)柳(宗元),但其坚守自我认知的操守和勇于探索的论辩精神则暗似于韩愈,只要你不能真正说服他,他就会以平和的言语,继续和你争论讨教,为的是追求真理。在中国古典文学界,他的理论思辨和概括升华的能力,令人叹服;而在理论队伍中,他又具有深厚扎实的作家作品文献功夫和国学的实证功底,彰显其深厚的传统学养,这在理论界并不多见,犹如九天鹤鸣,惊人嘹亮。比如中国古代文论研究,其队伍多出自以下两方面:一是来自古典文学研究学人,一是来自文艺美学的理论队伍。前者研究偏重文学现象的分析评议,后者则多宏观的系统理论构架,两者各干各的,使人有相互割裂之感。伯海先生则不然,他既通理论,又重实际,会通两者加以思考体悟,其研究深度自然圆融成熟而不一般。他对古代文论诸多重要范畴的成功理论解剖,就为其唐诗及唐诗学的研究,作了很好的理论铺垫。

伯海是古典文学专家,但他有敏锐的理论思辨眼光,使其研究能超乎流俗而独具只眼卓识;他是理论家,具有深厚的哲学修养和逻辑功夫,他曾对黑格尔的哲学及其小逻辑下了一番苦功。王元化先生曾和我谈到他对伯海学识的欣赏。因此,伯海对唐诗及唐诗学的研究,有他比较完整而逻辑严密的理论创设。可贵的是,他的理论,并非空空导弹,凭空天降,而是来自他对作家作品及文学史发展实际的深刻把握。因此,读其有关唐诗学诸著,如《唐诗学引论》《意象艺术与唐诗》《唐诗学史稿》等,总是那么具体生动而备感亲切,而绝无脱离实际的空洞之感。因为他的学术著作,是联系文学历史发展实际而加以总结升华的理论总结。

有许多唐诗研究者,他们重考据,用力于事实的搜集和文献的整理考辨,这样研究,当然是必须做的先行功夫;但是,如果仅仅是就事论事,停留在事象阶段,那就只能看到问题而无法解决问题,因为他们尚未揭示那隐藏在文学事象背后的本质精神。这正是伯海的唐诗学研究力图加以克服和突破的地方。因此,他的研究具针对性,就着重在文学事实基础上的理论思辨,并尽力加以系统化、体系化的全局观察和思考。以此,伯海和一般古典文学研究者不同,他更加重视对唐诗及唐诗学的发展,作总体审视的全局考察与思索。如其《唐诗学引论·序说》所说:"有唐一代的诗歌作为一种独特的文学现象,是有着内在统一性的,它虽然由一个个具体的诗人及一篇篇诗作所组成,而又绝不能简单地还原为单个人物和作品的相加。"(知识出版社,1988年版,第3页。以下简称《引论》,不另注明)在研究的前阶段,他努力读懂并消化一个个作家诗人的一篇篇具体的诗篇,并在坚实的文献基础上去比较揣摩,发现问题,以便为后一阶段的规律性的理论探索作坚实的铺垫。他进一步思考着唐诗的特质、体性、源流、影响等关键性大题目之间的内在联系,并力求提升到理论上加以概括抽象,探索其发展规律——当然,凡是内在规律,都是客观存在的,而不是人们主观臆想的外化或美化。唐诗的发展,形形色色,多姿多彩而丰富复杂,所以伯海先生就不厌其烦地从多方面来研究它。《引论》中的《正本篇》说："正本、清源、别流、辨体，都是为了一个目的，即对唐诗进行科学总结。这个总结必须是实事求是的，但又要超越纯粹经验的事实，上升到理论的高度，这应该是唐诗学这门学科所要追求的基本的目标。"（《引论》第4页）从空间的地理维度看，唐诗在不同地域中的发展是各有审美风格要求的差异，而从时间的历史维度看，不同的时代环境，又影响不同风格流派的出现和变化。据此，伯海从唐诗特质的统一性与多样性、稳定性与流动性相结合的角度，来作了动态的历史研究，努力去揭开唐诗发展的历史真面目。这一思路，高屋建瓴，大方向完全正确。在深入的研究中，伯海先生发表了许多精准的言论和意见，以促进一代唐诗及唐诗学研究的健康发展。比如对于唐诗特质的考察，他认为："应该从事物的内在联系出发，遵循历史与逻辑相统一的原则，进行整体、综合的研究。也就是说，要把唐诗本身看作是一个不断运动与变化的过程，一个动态平衡的系统——它在历史的演进中逐步摆脱前代诗风的局限，萌芽和生成自身的一些基本质素，并通过这些质素间的交替与转换、分裂与聚合、扩展与萎缩，终至整个内核的蜕化和原有质素的衰亡，于是唐诗让渡于别样的诗歌。这是一幅充满矛盾因素的活生生的辩证逻辑的图景。"（《引论》第6页）以一斑窥全豹，于此可见先生论著思辨理性的理论色彩之强烈，充满了生活和艺术的辩证法，从而给人以有益的启悟。

　　更为可贵的是，伯海先生对理论原则的论述，最后又必然落实到对具体文学现象的分析阐述与批评欣赏，以文学发展的实践来检验其理论标尺是否正确。因此，在文学史的具体解读方面，其辨析工作也非常认真细致，并多有甘苦体悟之言。这就和那些凭空构设那宏伟体系的理论家不同，伯海的理论阐述，大多是从文学实际出发而落实到了实处，从而成为促进唐诗及唐诗学健康发展的指南。比如他讨论唐诗风骨对于汉魏风骨的继承和发展，言其优劣异同，辨析十分细致："'南北文风融合'的主张，不过是对旧传统的局部改良，是量的渐进，那末，'以汉魏变齐梁'的号召，恰恰是在复古的外衣下进行全面革新，是质的飞跃。由前者向后者的转变，正体现了唐诗脱胎六朝而终获得自身定性的演进过程。"（《引论》第9页）指出了唐诗风骨借汉魏风骨的助力，摆脱了六朝齐梁的局限而自成一代新风貌。但是，唐诗风骨虽受汉魏风骨（可以建安风骨为代表）影响，但因为时代变了，不能不另具特质和风貌。伯海指出："建安诗歌孕育于动乱的年代，尽管因社会的变动促成人们的思想解放和强烈的事业心，但面临着残破的山河与凋敝的民生，总不免要引起重重哀感，致使慷慨任气的歌唱中时时杂有悲凉的音调……相比之下,唐代社会的变革、经济的繁荣、国力的强盛、政治的相对开明,促使一般士子对前景抱有坚强的信念,诗作也充满着青春活力。'天生我材必有用,千金散尽还复来'(李白《将敬酒》),正是诗人乐观心理的典型写照。即使当国家命运出现曲折或个人生活遭受挫跌时,也不会轻易抛弃对未来的希望。这种唐人固有的乐观情绪,与建安文学中的英雄性格以及屈原以来的理想精神的传统相结合,就构成了唐诗(尤其是盛唐诗)的风骨。它扬弃了'汉魏风骨'中感慨悲凉的成分,而着重展开其豪壮明朗的一面,推陈出新,形成自己特有的素质。这也是唐诗作为一代新风的客观依据。"(《引论》第10页)有关"风骨""兴寄"与"兴象""韵味"诸多理论范畴,其所讨论,无不贴切入微而令人信服。

理论与实践的紧密结合,实事求是的科学态度,一丝不苟的求真精神,正是伯海先生的优秀学术品格,值得人们学习与借鉴。

形上之思的深刻意义

上海社会科学院哲学研究所　陈超南

人文学术界曾出现过一股"终结"风,哲学也受到被终结的挑战,其标志就是传统形而上学的没落。陈伯海先生敏锐地发现:形而上学走向"终结"决不能与哲学的"消亡"混为一谈。他认为哲学起源于人们爱智的天性,会对终极事理的问题进行探索。这是哲学思考的一个必不可失的维度,一旦随传统形而上学的终结而失落,不再探索人类的终极关怀等问题,只能成为思想方法与技巧,哲学也就被终结了,这才是哲学的悲哀。

2012年,陈先生出版了《回归生命本原》这本哲学著作,人们或许会惊奇他的这个跨界研究的成果。其实不然。这是他已经打通了文史哲的界限,在哲学上厚积薄发的一个事关哲学如何发展的重大研究成果。他认为:"当前哲学学科建设中的一个主要任务,是要认真思考并解决在'形而上学'终结之后,'形上之思'如何可能的问题,或者说,要努力寻求怎样才能开启后形而上学视野中的'形上之思'。"[1]《回归生命本原》这书便是他长期思考和研究哲学的结果。

陈先生分析了传统形而上学没落的根本原因在于把目标指向了被认为是体现终极真理的本原性实体。其实现实世界中根本不存在这类本原性实体。尽管传统形而上学哲学家们用心良苦,但其研究结果不能不陷于虚构、独断、自我怀疑和迷惘不解,终至遭到全面颠覆。这是陈先生在他的哲学著作中研究得出的结论。他指出人的生存自觉需要有哲学思考这样的"形上"之维,倘若随形而上学的没落也被解构,那么人类的生活和生命将失去其究竟意义,生活世界的内容就只能被各种实用性功利需求所填满,这正是当代人信仰失坠、道德失范、精神空虚颓唐的危机。我们不难发现,陈先生已经彻底抛弃了对本原性实体提问的旧路,转而对人类自身的生活及意义进行探索。

---

[1]　陈伯海:《回归生命本原》,商务印书馆2012年版,第2页。

为此陈先生提出了三个很有理论价值的提议。第一个提议,要改变对"本原"的提问方式。当代哲学家大多回避这个"本原"问题,生怕重蹈形而上的覆辙。其实哲学的"爱智"传统要求寻根究底和追及"本原",要为当代人开启特定的意义世界,不再去追问世界的本原"是什么",却要问世界本当"如何是",即领悟世界存在的本原性方式。世界的存在是切切实实的事实,我们只有对生存于其中的这个世界的存在的本原方式有了切实的领悟,方能找到人在这个世界上应有的位置,以及人自身应有的生存方式,这也就是意义世界的构建,换言之,"形上之思"必须从传统形而上学所固守的本原性实体转向我们生活在其中的这个世界的存在的本原方式,才会有意义、有价值,哲学才会有新的定位和发展,人类才能找对自身应有的生存方式和人生意义。①

第二个提议是,正确掌握"形上"与"形下"的界分。人们要从根底上否定那种虚置的形而上实体,只承认一个相互关联且又处在不断生成与活动的现实世界。于是"此岸"与彼岸的悬隔不复存在,天人、主客、心物之间的沟通方有可能。所以厘清"形上"与"形下"的界限,把握它们之间一体而又两分的关系,这样才能不流于用单纯的现实关怀来吞没对人的终极关怀。这确系重建"形上之思"的一大关节。②

第三个提议是要充分理解"形上之思"的"思"的特点,不能重复过去凭借人的先验理性来把握世界,那是无以验证亦无从体认的。陈先生主张立足于原有经验来进行反思,通过举一反三、推己及物的方式,以领会大千世界的各种生命旋律的方式,进入宇宙生命的本原。这种既超越而又不脱离内在经验的认知方式,中国传统称之为"体悟"。海德格尔哲学独标一个"思"字,认为只有凭借这不同于旧形而上学之思方足以开示那构成本原的本有(Ereignis)。这种"思"又总是同人对生活的诗意领会和诗意言谈紧相关联。③

陈先生的这三点提议,从思考对象、思考范围和运思途径三个方面讲明了新的"形上之思"与传统形而上学的区别。这既是思考方式的差异,亦是思考目标的分歧。

对于陈先生的第三个建议,我们还可以从中引申出中西大学者之间异中有同与同中有异的有趣现象。对于文史哲融通在胸的学者,无论是哲学与诗情,

---

① 陈伯海:《回归生命本原》,商务印书馆 2012 年版,第 13—14 页。
② 陈伯海:《回归生命本原》,商务印书馆 2012 年版,第 14—15 页。
③ 陈伯海:《回归生命本原》,商务印书馆 2012 年版,第 15—16 页。

还是它们的发展历史,都能回归生命的本根来把握。在西方,海德格尔早先在存在主义中大谈其道,后来都能提出"诗意的栖息",还能借助诗画来谈论哲学。他的七篇关于美学的论文被美国学者霍夫斯达特汇编成集,题名为《诗·语言·思》。在东方,陈伯海在建立了自成一体的诗学体系后,并没有止步,而是在美学和哲学中继续前行,推出了美学专著《生命体验与审美超越》和哲学专著《回归生命本原》。对于他们,无论是哲学先行还是诗画先行,都是一种机缘,没有定规,都是顺其自然,又殊途同归。

总之,要抛弃实体主义本原观,转向生成论(或曰生命论)的根本理念,要将整个世界的本当如是理解为一个自我生成与自我发展着的无始无终的活动过程,这其实也就是宇宙生命的演化历程。人依存于自然生命,又通过实践活动创造着自觉生命,并在其中凭借自觉生命来反观与体认那自然生命的本原,以实现自身向着自由生命境界的升华。这才能体现当今时代人们的终极关怀的必由之路,亦便是对重建"形上之思"以至整个哲学思维的可能性问题的一个简要回答。[1]

随着世界的变化,人的生活和实践也经常发生变化。所以"终极真理"不复存在,生命的意义也会不断更新,于是人们的终极思考不会"终结",人的终极思考决无止境。人的终极目标断无定解,哲学永远行进在途中。

在《回归生命本原》一书的引言中,陈先生对撰写此书的宗旨与结构安排作了提示,意图很明确,就是为当今的"形上之思"寻觅一条可行之路,既要吸取西方哲学的经验教训,还要对中国哲学思想的传统资源加以发掘和清理,并开展中西哲学思想的对话交流,具体内容是在自然观、人生观、价值观、天人关系观、主体性、"思"与"在""言与道"等的论说中展开的,大致勾画出一种以生命理念为核心而以"天人合一"为背景构架的新哲学观轮廓,陈先生名之为"新天人合一的生命哲学"(简称新生命哲学)。

陈先生是就中国哲学研究如何展开"形上之思"较早发出自己的声音者,《回归生命本原》是陈先生作为先行者的一个重要贡献,值得肯定和庆贺。

---

[1]　陈伯海:《回归生命本原》,商务印书馆 2012 年版,第 17 页。

从《唐诗品汇》到陈伯海先生
建构的唐诗学体系

上海大学中文系　张寅彭

陈伯海先生是我上世纪 80 年代读大学时候的老师,我的本科学位论文《皎然诗式研究》曾经得到陈老师的指导,毕业时并由他推荐给上师大学报,是我正式发表的第一篇学术文章。我此后的学术研究之路,可说是从这里开始的。大学毕业后继续得到陈老师的教诲,上世纪八九十年代还曾一度参加过他主持的唐诗学研究课题。这一份师生情谊不敢忘记,借此机会要向陈老师说一声感谢!

以上是私谊,今天当然主要是谈陈先生的学术成果和贡献。陈先生治学方面很广,从《文集》目录即可看出,除了"唐诗学"外,还有"中国文学史学""古文论研究""中国文化研究"以及哲学、美学、文艺评论等许多方面。我这里主要谈谈自己曾经参加过部分工作的唐诗学这一个方面。

陈先生的唐诗学研究,用他本人的话来说,就是从"总体结构"上来审视唐诗,而不是单个人物、单个作品或某个专题的研究,所以陈先生的唐诗研究的一个鲜明的特色,就是宏观和整体性,漫长历史发展中的微观材料,经过深思熟虑后,被归纳整合为一个逻辑完备的宏大体系。在体系的成就上,我以为从明初高棅的《唐诗品汇》以来,中间还有一个晚明胡震亨的《唐音统签》,再就是陈伯海先生的这个体系了,当然眼光视野又以时代之故而远过前人。清人在宏观体系上兼及理论与作品的,似乎没有拿得出手的大著作。这就是我的发言题目的意思。当然,我对唐诗没有专门研究,这个看法完全是个人感想式的,请陈先生和各位专家批评指正。

明初高棅的《唐诗品汇》,其总结唐诗的成就与在明代的影响力,人所共知。我这里想强调的,是指它既可以说是一部颇具完整性的唐诗总集,但它实际上又不同于一般的选本,它的分期、分体的因素,尤其是正始、正宗、大家、名家、羽翼、接武、正变、馀响、旁流等一组概念的使用,这就为他所精选出来的六百余家五千余首诗,建构起了一个兼具诗人品鉴、诗体辨析和诗史盛衰起伏过程的综合性的论评框架,入选的诗人诗作完全被这个极具思辨性的大框架笼罩住而各归其位,游离不得。所以《四库总目提要》将它归之于集部总集类固然不错,我以为即使改归"诗文评"类,似也并无不妥。像后来王渔洋的《唐贤三昧集》虽标榜"神韵"、沈德潜的《唐诗别裁》标榜"格调"和"温柔敦厚",但全书结构的理论色彩反而都远不及《唐诗品汇》浓厚。

《唐诗品汇》这种理论与作品平衡、理论从材料出的特点,正可用来比拟陈伯海先生的唐诗研究的总体特色。伯海先生"唐诗学书系"的八种著作,也是有理论有材料的,理论和作品在新的历史条件下,再次全面地相结合,组成了一个建立在充分的历代文献材料基础之上而又有现代理论归纳观照的全新的"唐诗学"体系。

比如我曾参与编纂的《唐诗论评类编》,这本是一部文献资料性质的书,其价值除了体现在材料取舍的精当齐全外,还有就是编辑体例的高下了。此前类似性质的书,以胡震亨的《唐音癸签》享誉最高。胡震亨是晚明人,清代的材料不及见,这当然是无从苛责的;《癸签》的体例分"体凡""法微""评汇""乐通""诂笺""谈丛"六类,在传统分法中也是最为周全的了。这种传统分类法自然也有融通涵浑的好处,保持了材料呈现的相对的客观性,但另一方面,其主观方面的编辑之功的不力也是显而易见的。这本是一对矛盾。现在陈先生的《唐诗论评类编》则以现代学术的标准来设计纲目结构,竭尽了主观思辨研究的功力。全书分成七大类,其中像"总论""外部关系论"这样的角度,从前都是不可能独立出来的;"流派并称论"和"作家论"传统往往又是混合在一起的,自然不如分开合理;其他如"流变论""题材作法论"及"典籍论",则大抵沿袭了传统的分法,但也有不同,如"作法"与"题材"合并等。每一大类下一般又再分出两个以上的层级,比如"外部关系论"下分"唐诗与时政""唐诗与科举""唐诗与社会风尚""唐诗与艺术文化""民族与国际交往中的唐诗"五个子目;子目下再分小类,如"唐诗与社会风尚"下,再有"功业自许与入仕从政""任侠使气与狂放不羁""从军入幕与漫游之风""山林隐逸与求仙佞佛""城市冶游与狎妓纵乐""文人交游与诗酒酬唱"等七个小类。这样细致的三极纲目使得材料的编排大为精详。这种建立在现代学理上的结构,加上数量极大的清代民国文献资料的增加,所以陈先生自信《唐诗论评类编》是超越了《唐音癸签》的,相信学术界对此也会有同感。我本人在这个过程中也受到了很好的学术训练,多年后自己来编《越缦堂日记》中的说诗材料,也分成内、外两编,下面再分纪事、评论、作诗三门,各门下又分出十数小类,感到驾轻就熟,应该就与当年从陈先生编辑《类编》的经历有关吧。目前正在编《清诗话全编》,首先碰到的也还是体例的问题,将继续有取于从陈先生那里得到的教益。

当然毫无疑问,陈先生的理论思辨能力是最具风采的,无论是在他的文字中,还是在上课、演讲的场合,都以条理的清晰和逻辑的周延著称,具有很强的说服力和启发性。我因后来改治清代诗学,长期以来主要致力于文献资料的搜集整理,但在这一过程中,却也一直未放弃理论性质的思考,在这方面也一直深受他的影响。

比如陈先生《唐诗学引论》曾就《唐诗品汇》的“正变”“盛衰”观,提出过一个非常重要的修正,认为高棅局囿于传统“正”即是“盛”,“变”即是“衰”的因果逻辑,以至于无法摆正杜甫以及元和诗的位置。陈先生于是在分期中改“四唐”说为前、中、后三期,从而重新解释了这两个问题,成为新的一说。学术界历来关于清诗的大判断,也有一个“正变”“盛衰”的关系问题。民国以来的一般认识都是认为乾嘉盛世自然是“正”,但诗风却是“衰”的;而晚清又相反,政治社会的“变”局却又造就了诗创作的极“盛”之势,所谓“国家不幸诗人幸”的说法流行一时。但何以《毛诗》的正变说在“盛唐”说得通,在“盛清”就说不通呢? 这促使我进入乾嘉时期诗文的阅读研究,已编成“乾嘉诗文名家丛书”第一辑,正由人民文学出版社陆续出版中。当然最后的结论还有待于得出,或者一时得不出也未可知。我的思考的方向虽然与陈先生不完全相同,陈先生是要将杜诗的“盛”与盛唐的“正”疏离(这样理解不知对不对),我则尝试要将对乾嘉诗文的评价变“衰”为“盛”,而与盛世合。当然这是不能想当然的,不能先有结论再找材料。但我已经在阅读乾嘉诗文中得到了很大的乐趣。乾嘉盛世是距今最近的一个传统盛世。我们现在身处的相对稳定的社会生活环境,与乾嘉盛世的相对安定,在感受上有许多相似之处,故在读袁枚、钱载、张问陶等人的诗文时颇能产生共鸣。所以梁启超等人对清诗的看法,一部分可能也是基于身处乱世感同身受的缘故吧! 当然这也还是感想式的,跟陈先生关于唐诗分期的成熟的见解不可同日而语。但“研究古人、心系当代”的情怀则与陈先生相近。我虽然年纪也不轻了,但陈先生的榜样在前,鼓励我仍要继续努力不息,迈向陈先生学术理论与材料平衡的化境。

我对陈先生的唐诗学研究、古文论研究等,虽然能感受其博大,但却远远谈不上登堂入室,只能就自己涉猎的部分谈一点肤浅的体会,不对之处还请陈先生和在座各位批评指正。

诗性生命的理性重构

上海师范大学中文系　　詹　丹

"诗性生命的理性重构"是我提交研讨会的题目,其中的潜台词是,陈老师谈及的"诗性生命"已经具有建构性,只不过因为这种鲜活的生命还以其理性思维来阐释、界定和规范,所以,理性就具有了重构性。

陈老师以唐诗学研究而著名,并拓展至中国诗学、哲学以及美学。无论研究的领域有怎样的延展和深化,其对生命体悟的自觉意识或者反思意识,是一以贯之的。

我们都承认,有价值的好诗都是人的生命力的聚焦或提炼,但这种生命力是在诗人所处的历史语境得以充分展露。当我们在前人编选的一本本诗集中研究诗歌时,其对当时的生活就有了一种很无奈的割裂。尽管我们并不否认,有不少诗人努力于自己的诗歌能被后人所理解,我们当下的生活经验与诗人当时的生活经验也有相当的重合度,但毕竟,大部分诗歌是因诗人当时的生活而写作。力图把诗歌所处的语境重新还原出来,这是本事诗、诗话的写作动力之一,也是以史证诗式的诗学研究的冲动所在。其目的,似乎要在诗歌的血管里,注入一些生命的血液。赋予诗歌以鲜活的生命体,这一目的,也构成陈老师研究的主要起点。不过,陈老师研究展开的路数却与史学的方式略有不同,借用他文章的概念来说,他更多的是从人的生命原点来研究诗歌和诗学内涵与逻辑展开,以生命的逻辑结构,比如活动意义上的生存、实践和超越来对应生命的自然、社会与精神的三分法,这样说,倒不是说陈老师忽视了历史这一维度的存在,而是他往往会把历史维度,置于一个逻辑的框架中展开。就像他在研究中国诗学的开山纲领《释诗言志》一文中,他是以"释志"—"释言志"—"释诗言志"来推进其理路的,抓住了"诗言志"中的一些关键后,才从核心观念的历史演变中来勾勒起脉络。但即使是历史线索的勾勒,也能清晰看到其逻辑推进,就像他辨析"诗"与"志"以及"言志"的不同,辨析"言尽意"与"言不尽意"乃至"立象"

与"忘言"的两种逻辑走向。在阐释这组层层推进的内在关系时,他把近代人忽略的"言"标举出来,又抓住这个"言",不是从言的"达意"和"不达意"来探讨,而是辨析"尽意"与"不尽意"的关系。这样,既给诗学研究注入了"言"这一有形的生命体,同时,又把诗学表达与日常生活的言语表达进行了潜在的区分。之所以是一种潜在区分,是陈老师并不想把诗的内涵问题作为一个一般性问题来建构,就像他文章开头已经规定了,他开始于"志"的探究,不是泛泛的词语辨析,而就是讨论"诗中之志",当诗的问题作为一个不言而喻的前提确立时,接下来就是在诗学内部讨论中国诗学的建构问题了。不然的话,其探讨的逻辑推进,可能会走一条相反之路,就是"何谓诗"—"何谓诗言"—"何谓诗言志"。

不从这样的反向思路来推进,不能把它泛泛解释为是符合人的一般思维习惯,还有更重要的原因是,尽管陈老师界定了他所说的"志"是"诗中之志",但恰恰是以"志"而不是"诗"为阐释的起点,是能更好揭示人的生命的本原性。正如他更早些时候写《唐诗学引论》,把唐人游侠生活和任侠思想作为社会和思想的渊源之一,在当时,是给唐诗也给唐诗学研究学注入了一股勃勃生命气息。

诗性生命的建构不仅仅在于陈老师善于从诗学中发现、揭示生命的本原性,而且,他也常常善于把生命体本身作为反思的对象,从而再次体现出其理性重构的特色来。这在他晚近的哲学著作《回归生命原点》中发挥得最为鲜明,但限于能力,我还在努力学习中,无法对其作出哪怕是很概略的阐释或者谈一些粗浅体会。这里,我想略谈一下刚读完的他的美学著作《生命体验与审美超越》,并采用大题小做的办法,集中讨论其中的一章。我个人认为,从诗性生命这一角度看,他著作的第五章,即《肉身也能证道——论审美活动中的身心关系》是很有特色的。

恰如陈老师所言,较长一段时期,美学界对"身心关系"的探讨是比较忽视的,只是晚近消费社会"身体美学"的出现,才使得"身体"引起了学界的关注,所以,陈老师从"身心"二元和"主客"二元等多组关系中,来探讨审美主体与审美对象,以及身体在审美经验中的作用,包括分析欲望身体等,体现出他的理性思考对人的生命以及当下生活的敏感性。不过,相比于他在《中国诗学之现代观》,对于如"诗言志"这样的命题探讨,他在美学著作中要探讨一些更具概括性的哲学范畴,要在其架构的理性体系中展开历史的演绎,就显得过于浓缩了。或者说,其借助范畴建构的理性框架中,容纳了较多进一步加以历史演绎的可能。即便他讨论了历史化的内容,例如在这一章的第一节,他以"哲学与审美传统中的'身体'"这样的题目来梳理发现"身体"的历史线索,但是,在一个高度浓缩的线索勾勒中,提出"'身体'受到冷落,跟传统哲学思想的重精神而轻肉体的倾向分不开"这样的大判断,并以这样的大判断来稍作展开是合理的,但从实际的论述看,还是高度概括了。我们正需要在陈老师引而不发的空隙处,或者借助他在其他章节提出的一些范畴,来加以前后勾连或横向拓展。比如,第六章陈老师讨论审美价值的本原时,提及的"美学"最初定名为"感性学",在西方的伊格尔顿看来就是"作为肉体的话语而出现的","是朴素唯物主义的首次激动,这种激动是肉体对理论专制的长期而反叛的结果",但毕竟这是一种观念史意义的梳理。在具体的审美活动史中,我们发现,西方中世纪后期以及文艺复兴时期的狂欢活动,把被压制、被贬斥的肉体又释放了出来。陈老师在第七章的审美诸形态中也提到了巴赫金揭示的狂欢性,并概括说:"当身处节日欢乐的特定氛围时,人们常有可能打破原有世界的社会等级秩序,以一种新的平等的关系开展感情上的交流互动,藉以求得解除生活压力和释放自我。"但巴赫金讨论狂欢,是跟对肉体意义的揭示是分不开的,这样,把审美意义上的狂欢与肉体和心灵的关系讨论联系起来,这同样构成审美活动史很有意义的一环。

"身体在何种意义上成为审美主体"是陈老师这一章最有思辨性的讨论,其"独在"与"共在"的关系辨析,从有限向无限的超越,尽管若隐若现有马克思思想的影子,但他并没有直接讨论马克思的相关论述。在前一节文字中,他一方面高度肯定了马克思关于人作为实践活动主体的意义,但因为与费尔巴哈等人同属于没有直接提出"身体"的概念,所以就被他一笔带过了。等到他下一节来讨论身体存在的辩证关系,提出"在那些实用功利性的活动过程中,身体确立自己为功利需求的出发点与目的所在,将对象物(包括他人)看成是实现自身目的的手段和资源,于是人与世界的共属关系便转变成了人对外物的单方面占有以及对外物对人的隶属关系,身体的独一无二性能也就更形突出",便由此构成其有待超越的自我局限。问题是,这样的讨论毕竟是逻辑性的,是一种理性的重构。如果回到马克思的论述,那么借助于他对历史的洞悉,让我们看到的是,资本家"通过把工人的需要降低到维持生理存在所需要的最低限度,通过把活动降低到最抽象的机械运动",剥夺肉体对美的基本需要,让人的耳朵变成没有音乐感的耳朵,让人的眼睛缺乏对形式美的感受,从而实现其自身利益的最大化。所以,马克思说:

　　私有财产的扬弃,是人的一切感觉和特性的彻底解放,但这种扬弃之
所以是这种解放,正因为这些感觉和特性无论在主体上还是在客体上都变
成人的。眼睛变成了人的眼睛,正像眼睛的对象变成了社会的、人的、由人
并为了人创造出来的对象一样。

　　正是从"身体"出发,伊格尔顿说马克思是最深刻的美学家不是没有道理
的,而陈老师在这一章最后一节讨论"作为欲望的身体及其与审美的关系",虽
然应对的是当下消费社会的语境,但同样可以在马克思关于商品社会用消费来
掩盖生产,把身体需要抽象化这一维度来加以思考。据此,从"身体在何种意义
上是审美主体"以及"欲望身体"的讨论,也许可以进一步引发讨论"身体的何种
构成":是狂欢的身体? 是欲望的身体? 是权力意志的身体? 还是机器化的劳
动身体? 或者,如本雅明在《机械复制时代的艺术》一文所讨论的那种人机协同
的全新身体? 诸如此类的问题,正是陈老师在他著作中留给我们的启发和较大
的思考空间。

　　陈老师在第五章中,用宗炳《画山水叙》的"应目""会心"和"神畅"三个境
界,来总结作为审美活动的从感官愉悦到心灵和精神的解放作用。顺着他的思
路,我想说的是,当我们也以自己的生命来体悟陈老师的文字、读他的著作时,
我们必然会有一种"应目"式的感官上的愉悦,并获得借助文字构建起的外在世
界与内在心灵的相通,此所谓"会心",但最终,我们封闭的肉体在这样的思想洗
礼中得以充分敞开,从而又获得了自己肉体和心灵世界的和谐。这样"身心合
一"的境界,大概就是宗炳说的"敞神"吧?

眼光与方法：唐诗学建设工程

上海师范大学　查清华

上世纪 90 年代,我和胡光波负笈海上,有幸成为伯海先生第一届博士生,从此感受着大海的浩瀚和深邃、神圣与亲切。从入门修读"唐诗学"课程,到参与浩大的"唐诗学建设工程"项目,时至今日,读先生书,听先生言,尚"窥天愈觉于高明,观海莫知其涯涘"。以下文字,仅是点滴体会。

一

先生研究兴趣广泛,撰写百多篇学术论文,著有《唐诗学引论》《李商隐诗选注》《严羽与沧浪诗话》《中国文学史之宏观》《中国文化之路》《传统文化与当代意识》《中国诗学之现代观》《回归生命本原——我的生命哲学概观》《生命体验与审美超越——新生命哲学的审美观》《意象艺术与唐诗》等专书,主编《中国诗学史》(七卷本)、《近四百年中国文学思潮史》《中国文学史学史》(三卷本)、《上海文化通史》《上海近代文学史》等,跨越中国古代文学与文论、哲学、美学和文化等领域,但先生用情最深、三十余年锲而不舍者,却是唐诗学。

在华东师大读本科时,先生就喜爱唐诗,而进入专门的研习,却是从"文革"后期开始。学校关门,属于"四旧"的书很少有人敢看,中国传统文化和民族精神正遭受严重摧残。幸运的是,师从杜威攻读博士的父亲,给先生留下整套《四部备要》,装在考究的专门书柜里,列满整堵墙。以前只是查询资料时偶尔光顾,此时却成为心灵的避难所,让他得以尽量避开"轰轰烈烈"的政治喧嚣。先生除按规定参加各项工作与活动外,剩余时间便一头扎进故纸堆里去寻求慰藉。他系统地翻检素来心仪的唐人文集,沉潜于那个辉煌时代的艺术宝库。正当不少人在进行各种人性扭曲的荒诞表演时,先生一边诵习唐诗,一边做着札记,以他三十出头的情愫和理性,兴起了研习唐诗的念头,亦为日后从事唐诗研究开了先路。

1977 到 1978 年,先生被教育部借调到北京编语文教材,其间经常去各大图书馆借阅资料,六点多从香山饭店出发,八点钟赶到图书馆,一直看到下午七点闭馆,如饥似渴,争分夺秒,有时饭也顾不上吃。陈先生深情地回忆,那时只要开出书单,图书馆管理员就会捧出大叠线装书来任你翻看,即便不能经手的孤本、善本,亦可通过录影胶卷随意检索。靠这种方式,在一年半的时间里,他差不多通检了北图所藏历代唐诗选本及相关典籍,用手抄笔录记下所需要的材料,为后来的唐诗学研究做了初步积累,"一个建设'唐诗学'的构想便影影绰绰地从脑海里浮现出来"①。

在上海师大图书馆工作的杜老师,是曹旭老师的同学。她描述当年陈先生讲唐诗如何精彩动人,最后笑言:"我们班女生都说,陈老师打个喷嚏都很有魅力!"她说的是 1979 年后先生回到上海师院任教的情形。其时,先生学术上以唐诗和古文论为主攻方向,同时协助著名的唐诗专家马茂元教授带研究生,少不了经常和马先生交流切磋研治唐诗的心得体会,并与其合撰《隋唐五代诗歌概述》。几年间,从诸如《唐诗繁荣的根本原因》的社会学考察,到《唐卷子本〈翰林学士集〉考索》之类文献学考据,到高适、王维、孟浩然、李贺、韩偓、李商隐等具体诗人诗作的研究,先生发表了数十篇论文,撰成《李商隐诗选注》②《严羽与〈沧浪诗话〉》③二种专书。尤其对确立唐诗学为一门独立学科的奠基人严羽及其著作进行的系统考察,揭示了严羽唐诗学的理论体系、基本特色、诗学意义及其理论缺陷,亦由此探明唐诗的艺术特质、体式、分期、历史地位等理论问题,其"唐诗学"的理论视野亦愈益清晰。后应上海辞书出版社之约,整理 1400 余种唐诗书目,编入《唐诗鉴赏辞典》作为附录,借此摸索了唐诗学的"家底"。

上世纪 80 年代中叶的一次唐代文学学会上,傅璇琮先生向学界倡议开展唐代文学学术史的研究,随即在学会会刊《唐代文学研究》第一辑刊发伯海先生《唐诗学史之一瞥》的长文,算是引发了"唐诗学建设工程"上马的信号。

---

① 陈伯海:《〈唐诗学引论〉再版后记》,《陈伯海文集》第 1 卷,上海社会科学院出版社 2015 年版,第 179 页。

② 陈伯海:《李商隐诗选注》,上海古籍出版社 1982 年版。

③ 陈伯海:《严羽与〈沧浪诗话〉》,上海古籍出版社 1987 年版。

此后三十余年从未中辍,陆续形成九百多万字规模的"唐诗学书系"①。

二

　　唐诗作为人类文化艺术的瑰宝,在其一千多年的流传过程中,积累了丰硕的成果,成为古典文学研究中的大热门。和一般的唐诗或唐诗理论研究不同,陈先生具有非常自觉的学科意识,他一直把唐诗研究作为一门独立的学科来对待。他将唐诗研究定位为"唐诗学",明确把它同古典文学研究领域里的"诗经学""楚辞学""乐府学""词学""曲学"一样视为一项专门的学问,致力于从学科建设的高度来清理其历史的资源,以把握其整体的构架。按先生自己的说法,他这样做的依据是,历代学者们从来不曾将"唐诗"简单看作唐朝人所写的诗。在他们心目中,"唐诗"代表着一种民族传统,甚至是一种艺术典范,流传久远的"宗唐得古"之说以及"宗唐"与"宗宋"之争,便都是围绕对这一典范意义的理解而展开的。从唐宋经明清以至现代,人们对唐诗性能的理解不断发生变化,即使同属"宗唐",也会产生"宗盛"与"宗晚"、"宗李"与"宗杜"种种差异,这正充分显示了唐诗的巨大魅力。唐诗还为研究者提供了广泛的研究领域,包括唐诗的创作、传播、特点、功能、背景、渊源、流变、影响,下而及于各个时期、流派和各种体式、风格的诗歌,都足以构成研究的专题。研究唐诗的心得也以选、编、注、考、点、评、论、作等不同形态出现。这说明,唐诗学的建设不仅有其学理的支撑和历史的沿革,也有其门派的分立以及成果形式的丰富多样性,足以构成一项专门的学问。立足于对这门学问的总体性探究,从总结历史经验入手,逐步提升至唐诗学学理与学科体系的构建,是陈先生研究唐诗学的基本目标。其"建设工程"的实施,不仅从观念上明确揭示出建设"唐诗学"的目标,且为这门学问的建立发掘和清理了广泛的历史资源,提供了大量切实的基础材料并进行初步的理论概括,为唐诗学学科建设奠定了坚实的底基。

　　有了独立的学科意识,但不能凭空来结撰学理,因此,先生着眼于"唐诗学"学科的整体性建构,从目录学、史料学和理论总结三个方面配套、有序地从事系统建设工作:目录学研究,即通过相关书目文献的广泛调查与考证,掌握从事唐

---

① 陈伯海主编的"唐诗学书系"即将由上海古籍出版社出版。

诗学建设所需涉及的资料范围,并对一些重要书籍、版本形成基本的概念。史料学编纂,系通过广泛搜采历代有关唐诗的各种论评和研究资料,按一定的线索编排成帙,藉以发掘唐诗学这门学科赖以构建和发展的内在逻辑。理论性总结,即对唐诗学的学理进行概括和论断。作为这项工程的初步成果,《唐诗书目总录》与《唐诗总集纂要》属唐诗目录学建设,《唐诗论评类编》《唐诗学文献集粹》及《唐诗汇评》属史料学工程,而《唐诗学引论》《意象艺术与唐诗》《唐诗学史稿》则从不同角度就唐诗学原理及其学科发展史进行理论性概括。因此,该"书系"不同于一般的"丛书",它是唐诗目录学、史料学和理论总结三方面的有机统一,即便同为某一方面的著述,亦各出机杼而又相辅相成,构成一个完整有序的系统,既为今天的研究者提供了充实的一手文献资源,又建立了立足于其自身传统又具现代眼光的唐诗整体观。合在一起,提示了一条从目录学经史料学再提升至理论总结以研治唐诗学的阶梯式通道,为继续推进学科深入发展提供必要的凭借与可行的路径,意义十分深远。

三

为清理唐诗学的历史资源而进行的史料学建设,是一项十分艰巨的工程。人们阅读、品味和评论唐诗的经验及其成果散见于诗话、笔记、序跋、书信、志传、目录、评点乃至选本等各类著述,历时千余年,分布于全国各地,可谓浩如烟海。从搜访到鉴别,从爬罗抉剔到梳理条贯,涉及各类典籍数千种,先生要求注重来源的广泛性、文本的真实性、形式的多样性以及内容的代表性。他特别看重第一手文献,每次书稿校样出来后,还要求参与者分头尽可能找到原始出处,再进行仔细校核,而最明显体现先生指导思想的,一是史料的选择标准,二是史料的编排原则。

一项30多人参与、持续30多年的浩大工程,汇聚了大量唐诗学资料。为此需要删汰清理,精心选择。先生经常提醒我们,于每条文献都要严格把关:"你辑录的这条资料,价值何在? 能证明或说明什么问题?"照先生的要求,"为了合理地继承遗产,我们注重发扬传统中那些能够与现代人的思想感情发生共鸣、交流的文学现象,亦不忽视最大限度地保留历史的真实面目"[1]。若要让传

①　陈伯海:《唐诗汇评·前言》,《唐诗汇评》(上),浙江教育出版社1995年版,第2页。

统文化遗产活在当下,继续发挥能动作用,"需要以现代人的眼光来观照、反思和解释传统,从中抉发出那些不曾随既往历史一同逝去,却至今仍葆有其生命力的成分来"①。这是先生对待文化遗产的一贯态度,也是他编纂唐诗史料学的基本准则。按此标准去伪存真,去芜存菁,已经面世的诸种唐诗史料学著作共八百多万字规模,删汰的资料却数倍于此。如《唐诗汇评》所收有关诗人诗作的微观评议,既为前人直接诵读与赏析的审美经验,亦是今天可以触发读者情思的审美对象。

　　将有价值的资料选择出来后,最方便的编排方法,就是按唐代诗人生卒年的先后,逐个归聚于各诗人诗作名下。这在兼有选诗功能的《唐诗汇评》中较为合适,而对于凸显唐诗学的潜在逻辑却非有效。先生致力于对入选的历代有关唐诗的各种论评和研究资料,分门别类,客观呈现唐诗学这门学科赖以构建和发展的内在逻辑。如《唐诗论评类编》和《唐诗学文献集粹》,各有分工,《唐诗论评类编》注目于理论概括,重在显示各专题领域间的逻辑关系;《唐诗学文献集粹》则着眼于历史建构,重在理顺这门学科演进的脉络,力求反映多样化的思潮和流派,较为完整地展现唐诗学演进的历史轨迹。又如《唐诗论评类编》对有关唐诗的论评资料的处理,即按总论、外部关系论、流变论、各体论、题材作法论、流派并称论、作家论、典籍论八大门类进行归类编次,大类中再分解成若干小类或更小的类别,组成一个个栏目。这种逐层细化的分类方法,清晰地反映出各个论题的历史内涵,深入揭示了古典唐诗学的逻辑体系,使唐诗学潜在的总体布局构架得以客观地呈现出来。陈先生的唐诗学史料编纂,不仅体现了他对文献考据的勤力和审慎,也展示了他的理论优势和思辨特长。

四

　　以书目文献及历史论评资料为基础,就唐诗学学科的对象、性质、基本内容、结构体系、历史轨迹、演进脉络以及唐诗艺术的解析与品读方法等,进行概

---

① 陈伯海:《中国诗学之现代观序引》,《陈伯海文集》第三卷,上海社会科学院出版社 2015 年版,第 3 页。

括和论断,建立唐诗学的理论体系,亦体现了先生的独特手眼。

坚持历史与逻辑相统一,是先生治学的基本理路。《唐诗学引论》是整个"唐诗学书系"的论纲。作为唐诗学原理的构建,该书围绕"唐诗是什么""何以是"以及"如何是"之类根本性理念问题,设立"正本""清源""别流""辨体""学术史"五个篇章进行深度开发研讨。"正本"揭示唐诗之所以为唐诗的质性,以此为核心,溯源别流,旁辨其体,分别就唐诗的整体质性构造与质态呈现、其所赖以生成的历史文化渊源与文学传统、流变过程与分期标准、各类体式及其美学结构原则,连带学科发展的大致轮廓和内在理路等,一一作出归纳、总结。这种由唐诗的总体质性推衍出各个专题的研究,又通过各个专题的论述来加深对唐诗质性的理解,显示出先生在理论构架上的独特思路,树立了既立足于唐诗固有传统而又具备现代意义与创新意识的唐诗学研究范式。

先生崇尚义理、考据和辞章三位一体的传统研究方法。有史料的考据,唐诗学理的构建还要落实到辞章上。辞章之学,即诗歌艺术文本的解析,正是当前唐诗学建设中相对薄弱的环节,但唐诗研究的目的,终归要落脚于领会其诗歌艺术,而历史的考证也只有与文本赏析相结合,才能取得相得益彰的效果。于是,在对唐诗整体观照中,陈先生集中在意象艺术的角度作具体的考索和印证工作。学界比较多的研究对具体意象逐个归类和检视,却难以显示诗歌艺术的整体风貌;而就意象艺术原理或唐诗意象艺术的构成进行理论概括亦见不少,其艺术演化进程却往往混沌不彰。先生则将唐诗放置在整个古典诗歌意象艺术流变的大背景下,从揭示意象艺术三个层面——意象思维、意象结构和意象语言的构成原理出发,就其独特的性能、高度的成就以及自身由成熟而趋于转型的特殊演化轨迹,展开深入细致的探讨,撰成专著《意象艺术与唐诗》,使唐诗的生命轨迹得以更清晰地显露出来,其生命的搏动得以更鲜明地为后世读者所感同身受。

先生学兼中西,视野开阔,西方的研究方法在唐诗学领域亦被取用,和传统朴学技艺融为一体。《唐诗学史稿》即从接受学原理出发,就历代诗家和读者对唐诗传统的接受史进行系统的梳理、总结。诸如心理分析的理论、阐释学的观念、形式批评和结构主义的法式、传播学和接受学的经验、计量史学的方法等新视角新方法,与固有的社会历史学研究视角融合,使历史文化精神的演变透过诗人审美心灵的折射,而落实于诗歌文本范式及其接受方式的推陈出新上,使唐诗研究史既是以文学形态反映时代生活的历史,同时也是民族审美心理的变迁史和诗歌文体范式的流变史①。

<h1 style="text-align:center">五</h1>

　　先生长于思辨,最忌空疏。1997 年 10 月,先生指导我们编撰《历代唐诗论评选》。一天深夜,我和光波从他愚园路上的家中扛回一只大箱,里面装着历代唐诗论评的各类资料,有复印件,有照片,还有相当一部分是先生亲手抄录的稿纸和卡片。纸张规格不一,字迹一丝不苟,颜色则由白逐渐到黄,留下岁月递迁的痕迹。让我们惊讶的是,这数千件宝贝,都在他心里登记过,里面都有哪些内容,是从哪部书里来的,先生在电话的那端就可立马告知。这些的资料,大多是他利用出差机会,从全国各地图书馆访求而得。先生偶尔提起与此有关的经历,感动过每一位项目参与者。

　　他的理论基于具体文献,文字表述则惜墨如金。读其论著,理路明晰,行文畅达,要言不烦,一气呵成。这是先生的风格,一如他平素叙谈,干净利落,言简意赅。按一般写法,《唐诗学引论》《意象艺术与唐诗》之类著作,即便再补引二倍文献资料,亦堪称洗练。先生尝嘱我辈,文章是写给同仁看的,熟套的材料不必罗列,能一条说明问题的不必二条,常识性的观点毋庸赘述,防止材料堆砌,应文无长语,浓缩精华。问题在,如果缺乏其论著涉及的相关常识,读起来就有些费力;尤其对习惯了材料铺排、卒章显志表述方式的读者,一时更难适应。因此,听先生一堂课,之前我们都要做大量准备,熟悉相关的文献材料;课后每每要消化许久,方能体会先生的要言妙道。

　　先生读书广博,曾记帮先生搬家,举目皆书。光波和师华窃语:这么多书,老师都读过否?随后二人开始恶作剧,从书橱的里层抽出两册黄褐色西哲论著,匆匆翻阅一过,假装请教书中所涉,未料先生滔滔不绝,详明所载。跨越文史哲多个学科的知识结构,使先生的唐诗学研究具有丰富而深邃的理论内涵。在写作《意象艺术与唐诗》之前,先生刚完成《回归生命本原》和《生命体验与审美超越》两部专著。于是我们看到,他讨论唐诗的艺术,却以唐人生命理念的构

---

① 陈伯海:《唐诗学史稿余论:走向更新之路》,《陈伯海文集》第一卷,上海社会科学院出版社 2015 年,第 441 页。

建为发端,尤重在唐代诗人们于不同历史生活条件下所取得的不同的生存姿态与生命体验,进以研究这各具特色的情意体验如何通过天人之间的交互作用而转化为取径各别的艺术思维活动,终以产生具有独特风貌的诗歌作品及其整个意象艺术。这一思路实际上反映出先生所接受的生命论诗学观、审美观乃至哲学观①。

陈先生研究唐诗学,不只是出于爱好唐诗的艺术情趣,更有一种弘扬民族优秀文化的巨大使命感。激活传统中有现代价值的部分,把唐诗及唐诗学视为生命体,是陈先生的生命追求。他用现代眼光研究传统学术,传统学术就具有了现代活力。就像他致力于让中国古代文论与西方文论汇通,使之能在扬弃中活在当下一样,陈先生也希望唐诗这一华夏文化的艺术瑰宝永远熠熠闪光,希望唐诗的审美传统散发永久的生命活力。胸怀宏达,又见微知著。追求历史与审美的一体化,寻求历史表象中潜藏的内在逻辑。他将文献考据与理论思辨相结合,审慎地守护历史真相,又不囿于固化的历史材料;具有自由的意志和创新的识见,又充分尊重客观情实。从方法论的角度来看,将目录学、史料学和理论总结这样不同性质的学术门类与治学方法结合起来,互参互用,熔为一炉,在广泛搜采书目与史料的基础上构建理论,又在一定理论观念的指导下整理和排比资料,让"史"与"论"互补互用、相得益彰,这种有创意的研究路子,于古代文学研究具有示范意义。

上世纪 80 年代开始,先生组织一批批同道开展唐诗学文献整理与研究。这套"唐诗学书系",先生既是主编,亦为编撰者。他负责书系的总体设计,确定每一种书的基本构架,独著其中二种,其他六种编著,皆与合作者一起收集文献、整理资料、撰写文字。尤其对每部书稿的修改审定,先生一丝不苟,付出大量时间和精力,给我们留下深刻印象。多年来,先生在上海师范大学和上海社科院为硕士、博士生开设相关课程,将他的研究思路和治学方法授予学生,培养了一批唐诗学研究后学,这当属先生"唐诗学建设工程"计划的一部分。先生在多本书里热切呼唤,希望更多学界同仁加入到唐诗学这门学科的建设中来,一起将这门显学不断推向深入。

---

① 陈伯海:《意象艺术与唐诗·后记》,《意象艺术与唐诗》,上海古籍出版社 2015 年版,第 309 页。

本色是书生，立意在创新

——略谈陈伯海先生的为人为学特点

上海政法学院国学所　祁志祥

六卷本的《陈伯海文集》不久前由上海社会科学院出版社出版了。这是学术界的一件大好事。陈伯海先生是当代中国学界享有盛誉的学者，著作覆盖哲学、美学、文论、唐诗学、中国传统文化、中国文学史学诸领域。该书收集了他一生的主要著述，为人们系统了解其学术思想和贡献提供了极大的方便。

最初认识陈先生，是通过上世纪 80 年代初他发表在《文学评论》上的获奖论文《民族文化与古代文论》。此文对中国古代文论民族特色文化基因的挖掘和中西文化差异的剖析，不仅点燃了我强烈的宏观思辨兴趣，而且推动我走进民族文论、美学的文化研究。我最初出版的两本书《中国古代文学原理》《中国美学的文化精神》就是这种宏观研究与文化研究方法影响、催生的产物。后来在钱中文先生的引荐下我与陈先生建立了通信联系，不仅在学术之路上得到过先生的指引点拨，且在考研的时候得到过他的宝贵支持。再后来我们经常在各种学术会议中见面，或在其他场合相遇，我一方面有机会向陈先生讨教各种问题，另一方面也很期待和享受跟他平等而有吸引力的交流对话。有一次在江西开会我们同住一室，从晚上一直聊到差不多天亮。作为长期受到陈先生扶持的后学，我要借此机会表达一份由衷的感谢，对他的为人为学表达一份深深的敬意。

周一良在晚年写过一部回忆录，题目叫"毕竟是书生"，我想化用一下，以"本色是书生"来概括陈先生的为人特点。陈先生曾任上海社科院文研所所长，这个位置的行政级别据说比较高，但与他接触，却感受不到一点官气或架子，总是风淡云清，求真务实，就学术讨论学术，在思想面前人人平等。陈先生的本色是纯粹的学者，他的去行政化、世俗化的人格令人尊重。他也乐于与他人交流思想，坦诚对话，一方面口无藏否，从不轻易褒贬别人；另一方面，又淡定、谦和地坚持着自己的思考,决不轻易地附和别人。这是一种"和而不同"的君子风度,体现着很高的人生智慧。

陈先生的为学特点,可用王元化先生所说的"有思想的学问"与"有学问的思想"来概括。其学术成果主要分为两块,一块是以唐诗学为代表的古代文学研究(见《陈伯海文集》第一卷《唐诗学》、第二卷《中国文学史学》),"学"的成分大一些,但不同于纯粹的微观考据、材料堆砌、内容复述,而是从个别到一般义理的提升、一般指导下的个案阐释,体现着研究主体的思想修养,凝聚着研究者的不凡见识。这部分成果可以叫"有思想的学问"。听说他所主编的 900 万字的整套《唐诗学书系》已与上海古籍出版社签约,不久即将出版,这是陈先生博大学问的最典型的证明。另一部分是以古代文论、中国文化及美学、哲学为代表的理论研究(见《陈伯海文集》第三卷《古文论研究》、第四卷《中国文化研究》、第五卷《哲思与审美》),"思"的成分大一些,但又不同于没有学问根基的自说自话,而是建立在微观基础上的宏观思辨,是融汇大量材料后的全新创造。这部分成果可以叫"有学问的思想"。比较而言,他似乎更喜欢在思想理论的海洋里搏击驰骋。

有关陈先生在唐诗学、中国文学史学、中国诗学史研究方面的开拓性贡献姑且不论,他在大视野之下许多发人深省的中国文化宏论这里也按下不表,仅就笔者比较熟悉的文艺美学而言,他也有独特而完整的建构,这就是他所倡扬的"生命体验论"美学观。这一美学观以他持有的"生命哲学"为基础,代表作有《回归生命本原》。陈先生所说的"生命",是从中国古代元气化生万物的观念中提炼出来的一个概念,也吸收了西方当代哲学思想中生成论和生态论的成分。他没有下明确的定义,根据我的揣摩,大概是指自然界和人生事象中新陈代谢、生生不息的活动进程。它既包括无意识的"自然生命"(或曰"宇宙生命"),也包含有意识的"自觉生命"(主要指人),还容有"自觉生命"经自我超越所指向的"自由生命"。全书分三编,以十个专题,建构了"新生命哲学"体系。上编"天道篇"属自然哲学。作者借"有生于无"的命题为后形而上学时代如何建立"形上之思"提示了方向,接着按"生生之谓易"的原理树立起世界存在的生命本原,又通过"和实生物"的解析探讨了"生命"运行的法则,从本原论与方法论的不同角度揭示了新生命哲学的自然观和世界观。中编"人道篇"以自然生存、自觉实践、精神超越为人的生命活动之链,在这种活动中考察了自然人性、义理人性、超悟人性和生存层面、实践层面、超越层面的价值关系或意义形态,提出了三维动态的新生命哲学的人生观与价值观。下编"天人篇"则综合自然哲学与人生哲学两方面的内容,集中考察二者的各种关联,揭示新生命哲学的天人关系观。作者以"唯天为大,唯人为灵"来概括天人双方的不同性质及其互补互动的功能,就主体的人的三个向度——自我存在、思维活动与语言活动,分别展开人与对象世界种种关联的剖析。最后落脚到生命活动的根本取向——"自由"问题上来,探讨自由与必然的关系以及自由在自然生命、自觉生命、自由生命中的不同表现形态,揭示生命哲学的旨归。在各种生命形态中,作者重点关注的是人的生命活动。他强调指出:"人依存于自然生命,又通过实践活动创造着自觉生命,更凭借其自觉生命来反观与体认那自然生命的本原,以实现自身向着自由生命境界的升华。"因而呼唤:"回归生命本原,在回归中达成精神上的自我超越,以开启自由解放的生命新境界。"[①]这个境界的一个突出的方面应该就是审美境界。

于是以"自觉生命"对精神超越的"自由生命"的体验为基础的生命体验审美体系由此建构起来,代表作是《生命体验与审美超越》。在书中,陈先生一方面发扬民族传统中"感物吟志""发愤抒情"的体验精神,反对以往认知论美学将"美"作为认知对象予以实体化的做法,另一方面又借鉴西方"建设性后现代主义"的经验,认为完全消解美的本质思考不可取,否定美的基本价值尺度不可行。按他之说,"美……有一个自我超越的维度,即指向人与万物一体的生命本真"[②];"美在'天人合一'"[③];"美的存在不能不归原于'天人合一'的生命本真";"'美'的存在"可界定为"天人合一的生命本真境界在人的审美活动中的开显"[④];"人与自然、人与人、人与自我的交往关系……所呈现出来的生命的和谐与自由,那就是美。美乃是生命本真境界向人的开显"[⑤];"大自然有其自然生命,'万物之灵'的人有其自觉生命,尽管生命形态不一,其为'生'之原理则共

①　《回归生命本原》,商务印书馆 2012 年版,第 17 页。收入《陈伯海文集》第五卷《哲思与审美》,上海社会科学院出版社 2015 年版。

②　《生命体验与审美超越》,生活·读书·新知三联书店 2012 年版,第 96 页。收入《陈伯海文集》第五卷《哲思与审美》,上海社会科学院出版社 2015 年版。

③　《生命体验与审美超越》,生活·读书·新知三联书店 2012 年版,第 87 页。收入《陈伯海文集》第五卷《哲思与审美》,上海社会科学院出版社 2015 年版。

④　《生命体验与审美超越》,生活·读书·新知三联书店 2012 年版,第 98 页;另参 109 页。收入《陈伯海文集》第五卷《哲思与审美》,上海社会科学院出版社 2015 年版。

⑤　《生命体验与审美超越》,生活·读书·新知三联书店 2012 年版,第 175 页。收入《陈伯海文集》第五卷《哲思与审美》,上海社会科学院出版社 2015 年版。

通。从共通的理念来体认世界,便可处处可以感受到生命的气息:盛开的花朵,那是生命的绚丽;鸢飞鱼跃,那是生命的自在;巍峨的群山,体现生命力的凝聚;电闪雷鸣,又昭示着生命力的释放。大自然处处洋溢着生机,人类社会生活本就是生命展演的舞台,各种人工产品与文化符号上也普遍打有生命创造的印记。用自己的感性生命去把握世间万物,开展生命交流,进入生命本真,不就是审美体验的基本方式吗? 故审美必然要通向'天人合一'的生命本真,方能产生自我的生命感发与提升的力量,这一生命本真境界亦便是美的价值之所本了"①。与《回归生命本原》用十个专题重建后形而上学时代的新生命哲学体系相似,《生命体验与审美超越》也在"解构"之后用十个专题"重构"以超越性生命体验为内核的新审美理念,分别探讨了审美的可能性、审美态度及其性能、审美体验的由来与归趋、审美活动中的主客关系、审美活动中的身心关系、审美价值理念及其存在本原、审美诸形态、作为审美传达的艺术、审美向生活世界的回归,以及生命体验美学的当代建构等问题。作者抓住人的审美活动作为美学研究的基本问题,将"审美活动"理解为"生命体验的自我超越",即以"生命"为本原、以"体验"为核心、以"自我超越"为指向的一种精神追求,系统表述了其"生命体验论"的审美观,某种意义上说也就是建立了自成一说的"生命体验美学"。

应用这样的观点去审视中国古典诗学和文论,就产生了具有民族特色的生命论诗学体系的建构。关于二者之间的逻辑关系,陈伯海曾经指出,"将审美活动视以为世界的本原"和"美的本因","在这样的观念支配下谈审美,遂有以人的内在体验('情志')为诗性生命(审美活动)的本根,以心物交感下诗性生命的发动('感兴')为审美生成的动因,以生命体验的拓展与深化('神思')为审美活动的展开,更以生命本真境界的体认('妙悟')与呈现('境生象外')为审美活动的指向与归趋等一系列说法产生,由此建立起具有中国民族特色的美学理念"②。这方面的成果是《中国诗学之现代观》③。该书分设上、中、下三编。上编为"情志篇",论述"中国诗学的人学本原观",揭示中国诗性生命的本根。中编为"境象篇",剖析"中国诗学的审美体性观",探讨诗性生命的发动、审美显现、精神境界、人格

---

① 《生命体验与审美超越》,生活·读书·新知三联书店 2012 年版,第 97 页。收入《陈伯海文集》第五卷《哲思与审美》,上海社会科学院出版社 2015 年版。

② 《生命体验与审美超越》,生活·读书·新知三联书店 2012 年版,第 178 页。收入《陈伯海文集》第五卷《哲思与审美》,上海社会科学院出版社 2015 年版。

③ 《中国诗学之现代观》,上海古籍出版社 2006 年版。收入《陈伯海文集》第三卷《古文论研究》,上海社会科学院出版社 2015 年版。

范型、审美质性和超越性领悟诸问题。下编为"言辞体式篇",阐释"中国诗学的文学形体观",揭示诗性生命的语言功能、文辞体性、音声节律、形体组合以及中国诗学的诗史观。该书揭示:中国诗学的主导精神是它"从民族文化母胎里吸取得来的生命本位意识"。西方传统文化的特征是主客二分、天人对立、群己对立。由此形成的诗学本体观或以"自然"为本,抑或以"自我"为本。中国传统民族文化特征是天人合一、物我同构、群己互渗,由此形成的诗学本体观则常呈现为"心物交感"状态下"志""情"相结合的"情志为本"。"'情志'作为中国诗学的生命本根,内蕴着感性与理性、个体与群体、人欲与天道诸层矛盾,其理想境界是要达到天人合一、群己互渗、情理兼容,而仍不免要经常出现以理节情、扬情激志以及'一时之性情'与'万古之性情'种种变奏,'志''情'离合因而亦成为贯穿整个诗学史的一根主轴。不难看出,这样复杂而多层次的生命内核,确乎为中国诗学所特有。"书中还指出:由诗人内在的"情志",转形为具有实感的诗歌"意象",再向超越性的"意境"的提升,构成了中国诗歌生命活动的流程。而诗作为语言的艺术,"情志""意象"乃至"意境",最终都要落实到"言"的层面上来,通过语言文字这个媒介反映出来,文辞因而构成了诗性生命实体的外在形态,"言—象—意"的层次组合因亦成了诗性生命的基本结构。由此更衍生出多重复合的功能,如"辞采"可看作情性的自然焕发,"声律"作为心气的流注与节律,"体势"构成生命形体的风貌与动势,乃至明清人常讲的"格"与"调",也无非是诗人品格、气格、情调、风调在作品文字音韵上的具体显现。文辞体式因而成为诗歌作品中"有意味的形式",共同指向诗歌的生命内涵。再拓展开去看,"情志"作为诗人的实际生活感受,属于现实的生命活动。它与诗人一己当下的生活遭际及情意体验相关,并不必然地具备感受的普遍性和生命内涵的深度。意象化的过程乃是诗人对自我生命体验进行对象化观照与审美加工的过程。经过意象化活动,诗人由一己当下的情绪感受转向了对生命本真境界即理想境界的探求,于是生命体验实现了自我超越,转变、升华为审美体验。象外世界的想象空间和情意空间(即"意境")的创造,更是诗人审美体验充分展开的成功标志。这里,实体意象世界的拘限开始突破,原初的一己情怀也得到有力提升,个体生命与群体生命乃至宇宙生命形成交感共振,这是诗歌生命活动的最后归宿,也是传统诗学的最高理想和终极目标。通过对"情志"为本的中国诗歌生命精神的系统阐释,中国诗学的逻辑结构得到了清晰揭示。

以新生命哲学观为理论基础、以生命体验审美观为显著标志、以中国生命诗学理论为应用成果的生命美学体系的建构，古今会通，中西兼容，结构整严，逻辑细密，奠定了陈伯海先生在当下文艺美学研究领域中别开生面、独树一帜的地位。

陈先生八十大寿之际，我曾特地题赠了一副字联致贺，意图借他的名字来概括其为人为学特点，表达我的敬意和祝福。题字内容为："海涵地负，人中之伯"。现在觉得改为"海涵地负，士林之伯"也许更为准确。他的思想、学问体现出"海涵地负"的追求，道德、人品则无愧于"士林之伯"。

唐诗学和唐诗接受史的演进

——二十世纪后半叶的几个片段

上海师范大学　朱易安

一

20世纪80年代中期,陈伯海师的《唐诗学引论》问世,为唐诗学整体研究构建了"理性的自觉",他指出:

有唐一代的诗歌作为一种独特的文学现象,是有着内在统一性的,它虽然由一个个具体的诗人及其一篇篇诗作所组成,而又决不能简单地还原为单个人物和作品的相加。所以,唐诗的研究也不能停留在资料的堆砌和作家作品论的汇编上,必须进一步去探究这些单个、局部的文学因子之间的贯串线索,藉以把握唐诗的全局。从全局上看唐诗,有一些根本性的问题是不能回避的。例如:什么叫唐诗,也就是说,唐诗之为唐诗,其特质究竟在哪里? 又如:唐诗的特殊品格是怎样产生的,即唐诗何以能成为唐诗? 再有:唐诗对唐代社会生活起了哪些作用,它在中国诗歌史、文学史以至文化史上又占有什么样的地位,等等。只有对这样一些问题获得了明确的解答,我们对于唐诗才算建立起理性的自觉。与此同时,我们的研究工作也并不止于这抽象的一般上,还需转回到具体、个别的领域中去。而有了这种整体的意识,我们再来观察,分析唐诗的演进过程,论述唐诗的分期、分派、分体乃至各类题材、意象、法式、风格的交替变换,也就不至于陷入盲目的就事论事,却有可能更深入地揭示唐诗的本质,辨索其运行的规律,汲取经验教训。要言之,正本、清源、别流、辨体,都是为了一个目的,即对唐诗进行科学的总结。这个总结必须是实事求是的,但又要超越纯粹经验的事实,上升到理论的高度,这应该是唐诗学这门学科所要追求的基本的目标。①

"唐诗学"学科在追求这个基本目标的同时,也推进了对唐诗接受历史的关注。事实上,也正是唐诗被接受的一波又一波的热潮,铸就了"唐诗学"的存在,这里面也有运行的规律。可见唐诗的"接受角度"和各种左右唐诗接受的角度和方法,也会影响到对唐诗学"进行科学总结"的途径。此外,不同的人群和读者,对唐诗的认同和接受层次和角度也会不同,需求不同,自然对唐诗的关注点也会不同,所以,唐诗学史或者唐诗接受史的研究途径也是纷繁复杂的,笔者曾在相关的研究中认为,唐诗学发展史的体系建构,除了诗学本身以外,其他的文化诸种因素同样也是这个体系中的组成部分。唐诗学发展史的研究,必须首先把握这个体系建构,将诗学的发展和诗学以外的诸种有关因素一并考虑,并把它们与诗学本身有机地结合起来,看作一个完整的系统,同时摆正诸种因素在这个系统中的位置,阐述这些因素的相互关系,以及它们对诗学发展的综合影响。这才有可能比较清楚地描述唐诗学的发展过程,并且对诸种文学现象和文化现象有一个理性的认识。②

但后来随着研究的深入,发现除上述主流记载以外,还有许多渠道传递的信息,也是唐诗学以及唐诗学成为热学的因素,只是我们过去更注重主流因素,而忽略了非主流的因素。什么是非主流的因素?我认为,非主流的因素是指在以往的研究中没有被重视的,但并不意味着这些未被重视的因素是不重要的。我觉得至少能从以下四个方面,来看这些非主流的因素:(1)唐诗在后世的流传,唐代诗人的综合魅力;(2)唐诗的传播途径,除了别集与选本,与后世新兴的文学样式如戏曲小说相关;(3)艺术作品传播与唐代诗歌接受中的再塑造相关;(4)唐诗与文人生活需求的变化相联系。上述的因素之所以被认为是非主流的,是因为主流文学史忽略大众审美和美学趣味,而事实上文人的美学趣味与大众美学趣味既有不同又相互交叉。这些非主流的因素,在唐诗学的发展中起过十分重要的作用,也是唐诗具有永久生命力的内在动力。③近年来,也有学者提出重视"非经典文献"的记载,也是从这一角度着眼的。

---

①　陈伯海:《唐诗学引论·序说》,知识出版社1988年版,第3页。
②　参见朱易安:《略论唐诗学史的建构体系》,《文学评论》1998年第5期。
③　参见朱易安:《试论唐诗学建构的主流和非主流》,《陕西师范大学学报》,2010年第1期。

因此,唐诗学和唐诗接受的历史,是在不断发展增进的,随着研究的递进,关注角度的多元化,对唐诗学的具体认识也会不断扩展。回顾 20 世纪后半叶对唐诗接受的几个片段,或对唐诗学的发展与开拓有所启示。

二

第一个片段,是 20 世纪中后期的鉴赏热。

唐诗,这朵千年以前盛开的奇葩,能不断地获得全民族各个阶层的观赏,必须具备以下三个条件:

第一是唐诗的语言,作为一种情感符号,融进了全民族的文化,成为中华民族的共同语言,人们对她的理解是超时的,不需要掌握它的时代背景。很多诗句不受地域、时空的限制,也不用详细的注释,读来即刻理解,并能再次迸发出激情。只要是中国人,只要受过中国文化的熏陶,都能心领神会。例如,杜甫的"烽火连三月,家书抵万金",谁也不会将"抵万金"理解为"换取很多钱",而一致认为应当解释为"亲人信息的弥足珍贵",即所谓"金不换"。这一联中间,虽然没有任何连接词,但大家都会把它看成一个条件状语从句。当然,唐诗的语言仍是一种艺术语言,有着很强的艺术概括力,是相当凝练的语言,所以它既是全民族的共同语言,同时也体现了民族文化的精华,与一般的生活语言有本质上的区别。这样的唐诗名句,能在当代生活里继续作为交流的语言,传递信息。

第二是共同的审美理想。唐诗的流传,与中国人千百年来审美传统的稳定性有关。中国人追求含蓄的美,朦胧的美,沉稳的美,追求恬静、超脱的意境。这和西方的审美特性不同,中国人更偏重于欣赏曲折委婉、含蓄深沉的艺术,讲究绵里藏针的机智微妙,尺幅万里的浓缩,而对于一泻千里的铺张和溢于言表的直抒,总是不太喜欢。例如,柳宗元的《渔翁》:"渔翁夜傍西岩宿,晓汲清湘燃楚竹。烟销日出不见人,欸乃一声山水绿。回看天际下中流,岩上无心云相逐。"有人就认为最后两句有蛇足之嫌,应该砍去。因为这两句恰恰点出了全诗所追求的意境——一种祈求超脱的"悟"。从历史上相当激烈的唐宋诗优劣之争来看,可以知道中国人是如何千方百计地保持、平衡传统审美理想的。钱锺书说:"唐诗多以风神情韵见长,宋诗多以筋骨思理见胜。"①钱锺书的这个结论,是在明清两代的许多诗学理论中总结出来的,是对中国历代读者的唐诗美学观的概括。中国人喜欢那种晶莹剔透而又不可触及的艺术,它让人悦目,让人产生创造性的理解,但十分模糊和神秘。唐诗就是追求这样的审美意境,而宋诗则不是。

第三是唐代诗歌和唐代诗人本身的魅力。鲁迅说:"一切好诗,到唐已被作完。"②这个看法已被绝大多数人所接收。"高峰""黄金时代"之类的话,在文学史书上处处可见。这些结论对于唐诗的艺术成就并不过分,唐诗的创作过程以及我们今天所读到的作品,的确令人叹为观止。《中国大百科全书·文学卷》的"隋唐五代诗"条目写道:"隋唐五代是中国诗歌史上黄金时代,其主体唐诗更标志中国古典诗歌成就的高峰。……在这个名家辈出、名作如林的诗坛上,李白、杜甫、白居易等具有世界影响的伟大诗人的出现,给时代增添了光辉,成为中华民族的骄傲。唐诗创作之繁荣,流派之众多,题材风格的丰富多样,各类诗歌体制的愈益齐备和全面定型,显示了中国古典诗歌的发展已达到完全成熟的阶段。"③

那么,唐诗是否以其数量和质量取胜呢? 当我们看到唐诗定型的成果,可以得出上述的结论,但是唐诗的价值,唐诗的魅力,还体现在它的创造过程中。唐诗是我国传统诗歌一次最完美的艺术创造过程。唐诗之所以能够吸引历代读者,正是唐诗的创作过程。直到今天为止,唐诗仍然不是放在祭坛上的僵死的东西,而是流动的生命。唐诗和唐代诗人在我们面前都是活的,栩栩如生。因此,即使历史上有过许多崇尚唐诗的作家,希望通过模仿唐诗来提高自己的创作水平,甚至使自己的诗作可以乱真,仍然得不到认可,而只能被讥讽为"假古董"。唐诗之所以成为唐诗,有着深刻的时代背景和历史文化背景,这是一个非常繁复的问题。唐诗被称为"唐音",唐诗的气象,唐诗的风骨,唐代诗人神秘的传奇色彩……这些构成了唐诗的特殊魅力,历代的读者不断地寻求这种魅力形成的原因,却没有公认的定论。

唐诗的普及程度是中国"正统"文学中其他样式无可比拟的,历代的唐诗选

---

① 钱锺书:《谈艺录》,中华书局 1984 年版,第 2 页。
② 鲁迅:《给杨霁云的信》,《鲁迅书信集》,人民文学出版社 1976 年版。
③ 马茂元、陈伯海:《隋唐五代诗》,《中国大百科全书·文学卷》,中国大百科全书出版社 1986 年版,第 802—803 页。

本,仅统计现存的,恐怕不下三五百种,称得上是一门很热的"选学"。直到 20 世纪末,这种热潮并没有呈现出太大的递减趋势。这里有几个例子可以证明。

首先是唐诗鉴赏热。20 世纪 80 年代起,各种唐诗鉴赏书籍层出不穷。上海辞书出版社的《唐诗鉴赏辞典》是 80 年代中期一本非常具有人气的代表作,它集全国研究唐代文学的学者来编纂,选了近千首诗歌,前面是唐诗的原文,后面有简单的注释,再加上比较细致的赏析文章,非常受欢迎。第一次印了 30 万册,一抢而空,以后连续重印,以后就看到地铁口的流动书摊上有盗版,如果现在普查,或许每个家庭都会有一本。

其次是各种唐诗选本的畅销。1949 年至改革开放以来,比较著名的唐诗选本也不下三五十种,比较著名的如高步瀛《唐宋诗举要》(中华书局,1959)、马茂元的《唐诗选》(人民文学,1960)、中国社会科学院文学研究所的《唐诗选》(人民文学,1978)等。"蘅塘退士"的《唐诗三百首》各个出版社不知印了多少次,有过多少种"版本"。此外还有各式各样《新编唐诗三百首》。如武汉大学中文系编选的《新编唐诗三百首》,1980 年由人民文学出版社出版,至 1996 年已印了 7 次,印数 98 万册。马茂元、赵昌平编写的《新编唐诗三百首》(岳麓书社,1985),一年中印了 4 次,达 20 万册。上海古籍出版社出版的插图本《唐诗三百首》,已经成为 1999 年最畅销的书之一。2000 年前后,如果走进书市,不经意地发现,明清时期曾经流行的中型唐诗选本,也被标点重印。至于那些"一鸡三吃"式的唐诗新选,如《唐代爱国诗选》《唐代山水诗选》《唐代题画诗选》《唐代美人诗选》之类,更是不胜枚举——或许已销售告罄,或许正在编者和出版者的包装之中。

再以后,"唐诗"的热潮,同样也走进了"百家讲坛",通过新媒体的方式流播,但是这一次的鉴赏,和以往不同,而是扩大了"唐诗故事"的影响力。这就启发我们回顾历史上的唐诗学和唐诗的接受,在大众层面接受的角度和精英层面的角度有不同的地方。如果从传播学的角度来看,唐诗在历代传播中所不断拥有新一轮的创造,也应该成为唐诗学系统的一部分。

中国的老百姓学习唐诗,有点类似于文人发议论时的"引经据典"。说话的时候,引用几句唐诗,显得肚子里有墨水,"出口成章",总比满口大白话显得斯文,"熟读唐诗三百首,不会作诗也会吟",令人刮目相看。那些现成的诗句,往往可以恰如其分的表达说话者此时此地的心境和愿望。至于文字上的功夫,似乎离开了唐诗,实在不堪设想。我们的生活里几乎已经离不开唐诗的参与:如"欲穷千里目,更上一层楼""沉舟侧畔千帆过,病树前头万木春""独在异乡为异客,每逢佳节倍思亲";"身无彩凤双飞翼,心有灵犀一点通""会当凌绝顶,一览众山小""劝君更进一杯酒,西出阳关无故人""无边落木萧萧下,不尽长江滚滚来"……这些著名诗句流传到今天,已经将近一千多年,但是引用一句,胜说千言万语。这足以说明,唐诗的流传以及她的存在方式是中国文化中一个非常特殊的现象,而关于唐诗的各种传说,也包括诗人的传说,却是普通读者津津乐道的聚焦点。

三

第二个片段是,唐诗接受过程中,大众层面和精英层面的着眼点有交叉,也有不同。这也是一个值得探讨的话题。

唐诗究竟是什么呢? 阅读唐诗的时候我们会发现什么呢? 作为读者,由于接受的角度不同,对唐诗的理解也是不同的。每一个人阅读的时候都会从自我的角度出发,从自我的需要出发,形成他接受唐诗的阅读方法。从历代读者的层次来分析,我们可以看到唐诗的欣赏和接受,可以分为三个层次:

第一,以作品为中心,进行诠释和欣赏性的研究。一般的读者对作品感兴趣,而不会关心诗歌的作者、整个创作的背景材料,等等,就像欣赏一幅画,一盆鲜花那样,至于谁是作者,谁是花的栽培者,都是次要的。作品和作品之间也没有什么内在的联系,对作品的评价就是凭着直感,直觉。唐诗是什么? 唐诗就是"日照香炉生紫烟,遥看瀑布挂前川,飞流直下三千尺,疑是银河落九天",或者是"远上寒山石径斜,白云生处有人家。停车坐爱枫林晚,霜叶红于二月花",或者是"山围故国周遭在,潮打空城寂寞回。淮水东边旧时月,深夜还过女墙来",或者是……具体得不能再具体了。当然,也有人偏爱某个作家的作品,但仍然是以对作品本身的直觉为中心的,并不牵扯到作家本身。例如外国人喜欢王梵志、寒山、白居易的作品,通俗易懂;我们中间有人偏好李贺、李商隐,对那种扑朔迷离的意向着迷,等等。因为欣赏过程正是包含这种直觉活动,所以我们最先触及,最先理解的,就是最具体的作品。一首首单个的作品,凭着直觉,诵读那些津津有味的诗句,容易上口的诗歌。而那些没有获得良好直觉感受的作品,就被抛掷在一边。

这里有一个很生动的例子。我们在学文学史时候,总要说到陈子昂最著名的诗歌——组诗《感遇》和《登幽州台歌》。学期结束的时候,也许绝大多数的同学提到陈子昂,可以背出:"前不见古人,后不见来者,念天地之悠悠,独怆然而涕下。"而记得《感遇》诗的不多。陈子昂在唐代的文学发展史上,是第一个提倡"兴寄"和"风骨"的人,以后唐人反对承袭齐梁诗风都举着陈子昂的旗帜。《感遇》及《登幽州台歌》都抒发了他的这种带有强烈政治色彩的情感,体现了一种朴素无华的艺术风格。但《感遇》明显不如《登幽州台歌》那种随感而发来得流畅,那么容易随口就背出来。这就说明,阅读的时候个人感受全凭直觉,比较少的受到理性的干预,如果诵读起来朗朗上口,容易理解,作品就会获得读者的良好直觉,除此之外,感受不太好的作品,就会被暂时搁置起来而不受重视。

这样的研究,或者称为阅读方法,是各个文化层次的人都能接受,而且也是阅读过程当中最基础的阅读方法。古往今来,各式各样的唐诗选,从选家到读者,着眼点都是一首首具体的作品。选家一般不会考虑,每一首作品聚合起来,构成一个什么意图,入选的作品基本上也是凭着直觉。当一首别人尚未赞赏过的作品,以它应有的荣誉在诗选中占有一席地位,编写者就算具备"艺术眼光",或者称为"独具慧眼"。读者翻阅选本的时候,也有同样的感受,他关心的也是这些名作带给他的艺术享受。至于张三的诗比李四诗选得多,张三先死,还是李四先死,这些问题跟他的欣赏并没有多大关系。

这种阅读方法,是欣赏和研究层次中最基础的方法,可以说,每一个读者,在接触唐诗的过程中,都要经历这个环节,但是从另外一个角度来看,这样的阅读方法,或者说仅仅用这样的方法来解读唐诗,对唐诗整体是缺乏概念的。如果仅仅停留在这样的欣赏层次上,要回答"唐诗是什么"这样的问题,往往就会用对个别作者及作品的感受,来概括整个唐诗的总体面貌。(当然个别当中也蕴藏着一般,作家的代表作品和全部的作品所体现出来的质素,往往也是相通的。)不过,停留在这样的阅读方法上,唐诗留给我们的,只是一些零碎的片断,但又是相当具体、相当生动的艺术实体。

第二,和一般的读者不同,当你对唐诗的具体作品或者诗歌作家有了一定的了解以后,你就会有很多问题,你就会有兴趣去关心和研究这些问题,于是你不会满足于仅仅停留在对具体作品的欣赏阅读,而要关心是什么因素使诗人写出如此杰出的作品。于是,你的欣赏和接受的层次就要转移到第二个层次,这个层次是文学史研究者的接受角度。

文学史的研究者往往具有较强的历史感,他们对唐诗的关心,不再是一首首单个的作品,而是更多的注意到作家和作家,作家和外界的联系,欣赏层次中不经意的问题,在文学史研究者看来,常常是至关重要。例如,李白生于公元701年,卒于762年,比杜甫大十一岁。杜甫(712—770),但是安史之乱以后(755),李白只活了七年,而杜甫则活了十五年。安史之乱时,杜甫的作品只有二百四十多首,以后又在蜀中八年,荆湖三年,留下诗篇一千多首,占他诗作总量一千四百五十首的四分之三。而李白的作品大部分在安史之乱以前就完成了,据此有人得出结论,李白和杜甫的诗风有明显的差异,这是时代的变迁造成的。又如白居易,前后两期的诗歌创作判若两人。前期,白居易写过很多讽喻诗,如《秦中吟》《新乐府》,以诗为民请命,但是谪贬之后,就渐渐的写起闲事诗来。据此,学术界很长一段时间都认为,白居易的思想和行为,前期是积极的,后期是消极的。但是考察诗人的全部经历就可以发现,他创作讽喻诗的时候,正官左拾遗、充翰林学士。在朝廷为谏官的身份使他自觉地充当"采诗官"的职责,所以,诗歌专门写给皇帝看的,可以说是他的"策论"的一种变体。而江州司马以后,白居易长期外放,他的社会责任感转移到地方官的政绩上。这时的诗歌创作不再是写给皇帝看,而是写给朋友和自己看的,自然不再需要如此"首句标题目,卒章显其志"了。由此可见,以诗歌发展轨迹为中心的研究,不仅仅凭直感进行单纯的欣赏和审美,而是力求摸清唐诗创作的来龙去脉,涉及的面相当广。如涉及文学史上已经讲过的唐诗的分期,就是通过作品和作品、作品和作家之间的联系,意识到唐诗的创作并非有一个固定的模式,唐代的三百年间,诗歌创作一直在不断发展和变化,各个不同历史时期呈现出不同的风格特征。这一个研究层次,或者称为阅读方法,要比前一个层次开拓了眼界,许多问题都可以作为一个专题,来对唐代的诗歌进行局部的深入的研究。例如,有人研究专门题材的诗歌创作,如很热门的边塞诗研究、山水田园诗研究;也有人专门研究某一个时期的创作流派,例如研究吴中诗派、研究大历诗风等等。这些研究小到可以发现作家和作家之间的传承关系,大到可以描述整个的唐诗的流变。不过,以唐诗发展为中心的研究比较偏重于纵向研究,如果与前一种方法作比较,它的特点是摆脱了零打碎敲,而呈现出线条式的脉络,把握住这些脉络,对唐诗能有一个大致的了解。唐诗是什么?是四杰、陈子昂、王孟、李杜……这些概念已经不是一首半首的零碎作品,这样的名词的内涵很丰富,既是抽象的,又是具体,它包含着色彩斑斓的唐诗各体和流派,代表着一代诗风。不过唐诗的特质究竟是什么,这个问题依然是模糊的。什么东西使唐诗之所以成为唐诗,而没有变成其他事物？这些问题仍为研究者所苦恼。因为研究诗歌的发展和流变，首先要确立诗歌中所具有的稳定性，我们把这种因素叫做特质，然后才能说明它是怎样渐渐失去，而衍化成为其他时代的诗歌。

第三，理论工作者希望找到规律和理性，这就要结合唐诗创作实践，以唐诗创作理论为中心的研究。例如，陈子昂在唐诗革新时倡导过"风骨"和"兴寄"，盛唐以后这些概念受到普遍的认同。唐诗特有的声律和词章是区别于古体诗的重要标志，在盛唐时，各式近体诗都有了成熟的固定格式，"气骨"和"宫商"都是当时论诗的标格，例如殷璠的《河岳英灵集集论》："言气骨则建安为传，论宫商则太康不逮。"唐人还追求"兴象""韵味"等等，这些都属于唐诗特有的审美范畴。唐人的作品中，也可以找到这些理论的具体表现。因此，唐诗成为唐诗，正因为它具有这些保持自己体格风貌的特征，而后人则把它确认为唐诗的"气象"。这种研究打破了具体作家和作品之间的界限，更注重寻找唐诗的共同艺术之质素，第一次来说明唐诗的流变，唐诗特质的形成、发展和变化。例如，有关唐诗的"兴象"："兴"是感兴，"象"是形象。唐人的"兴象"（特别是盛唐），是追求情与景融合为一体。不仅如此，而且要求"文尽而意有余"①，要有纵深感。因此，唐人的"兴象"，往事双重或多重世界的总和。从创作冲动到字句的落实，是以情韵为核心的。即兴象发自自然，即自觉—提炼—兴象，追求的是韵味，而不是哲理。宋诗则不同，宋诗虽然以议论为诗，但是诗中的哲理仍然要进行形象的组合，不过它以哲理为核心，有意识地进行构建，即精思—构思—形象。所以古人说："唐诗主气，宋诗主理，唐诗歌，宋诗哑。"②

如果将唐人作品和宋人作品加以对比，这种创作过程的区别极为明显：杜甫有一句非常著名的诗句："无边落木萧萧下，不尽长江滚滚来。"（《登高》）如果我们把这两句诗与黄庭坚的"落木千山天远大，长江一道月分明"（《登快阁》）作一比较，就会发现，杜甫的诗歌里呈现出一种流动感，勾勒出的长江秋色是动态的声色晖映，有一种生动的立体感。我们再来看黄庭坚的诗句，诗中同样描绘长江秋色，但它只是一幅静止的图画，感觉不到杜甫诗里那种流动和立体感。从这个意义上说，唐人的诗歌，兴象风神更自然一些，而宋诗则更多地表现出构思的精巧和理性。陈与义的《春日》就描述了宋人的创作过程："朝来庭树有鸣

---

① 钟嵘：《诗品》，陈延杰注，人民文学出版社1961年版，第2页。
② 参见陈伯海：《唐诗学引论》，知识出版社1988年版。

禽,红绿扶春上远林。忽有好诗生眼底,安排句法已难寻。"

在这样的研究中,或者说在这样的接受层次中,研究者还试图把唐诗作为一个完整的、独立的系统来看,同时也注意到它和政治、经济、文化、历史等各方面的横向联系,用时尚的话说,是一种"宏观",也就是陈伯海师所建构的"唐诗学"。

有人指出,中国古典文学研究有三个层次,作家作品的具体研究,欣赏鉴赏层次的审美研究,系统的理论研究,并认为这三个层次是互相递进的,系统的理论研究是最高层次。我们认为这种说法有一定的道理,但三个层次的研究并不互相排斥,而且对这三个层次关心的人群,也不会永远是递进的。在阅读和欣赏诗歌的过程中,一般的人满足于艺术欣赏,专业工作者关心的是本人专业的那部分,或者从事系统研究、理论研究的某个部分,高层次的研究成果将不断地对应用到低的层次当中去,指导欣赏和创作。由此可见,三个层次的分工也是相对,又有许许多多的问题是介于这三个层次之间的研究,即所谓的边缘。

四

第三个片段,是从近代发展起来的唐诗学文化批评研究,在 20 世纪 80 年代以后又出现了新的热潮。

唐诗本体的研究,严格地说,从唐诗的创作开始积累就出现了。从传统的唐诗学发展来看,唐诗本体研究不外乎三种方式:第一是品藻,就是对唐诗以及作者进行直接的批评,包括优劣和品评;第二是选诗。宋以后的人对唐诗阐述自己的看法,有的时候并不是直接的,而是选诗来体现:选唐诗,偏重王孟,说明他对王孟的评价比较高,选王维的七绝比五律多,说明他对王维的七绝评价高。很多选本中还有简单的评或注释,也可以见出选家的零星看法。第三种方式是记事,记事包括诗人传记、诗人轶事以及诗歌的本事①。

从唐代开始直到清代末年,传统的唐诗学基本上没有突破这三种研究方式,虽然这三种研究方式广泛涉及了我们前面所说的三个层次的研究,但是,对

---

① 伯海师在《唐诗学引论》中的排序是,一是选诗,二是品藻,三是述事。笔者认为,品藻可能更早于选诗。

于理论上和总体上描述唐诗的概貌,以及把握唐诗的特质是远远不够的。此外,宏观唐诗学的研究,需要有丰富的实证研究来充实。伯海师在《唐诗学引论》中论述唐诗学史时,认为"五四"以后,有两位学者在"观念、方法更新的浪潮中是居于前列地位的",即闻一多和陈寅恪。①

虽然两位前辈研究的立场和方法截然不同,但笔者认为,从近代唐诗学的发展来看,两人的研究成果都体现了注重从文化学的角度来探讨唐诗发展的倾向,学术界曾将闻一多的研究看作是当代唐诗学的开创。

闻一多对唐诗的研究有一个相当宏伟的研究计划,他们是②:

1.《全唐诗》校勘记:校正原书的误字。

2.《全唐诗外编》:收罗《全唐诗》漏收的唐诗。(当时"已收诗一百余首,残句不计其数"。)

3.《全唐诗》小传补订:《全唐诗》作家小传最潦草。拟订其误,补其缺略。

4.《全唐诗人生卒年考》。

5.《杜诗新注》。

6. 杜甫(传记)。

但是闻一多并没有完成这个宏伟的计划。

闻一多的计划,后来成为 40 年代以后唐诗研究的主导方向。

首先是唐诗文本的研究。

1960 年,中华书局出版了标点本《全唐诗》,附有简单的校勘。随后,不断有学者作全唐诗的补遗工作。80 年代曾出版过《全唐诗外编》,1994 年中华书局的《全唐诗补编》是目前收罗比较完备的补遗了。

与此同时,是唐代诗人诗集的整理和校注。到目前为止,绝大多数的第一流诗人,只要有文集流传的,基本上有了校注本或校点本。

诗人传记资料的考订工作是新中国以后唐诗研究巨大成就之一。各种年谱、论著和论文不胜枚举。其中,傅璇琮主编的《唐才子传校笺》,以元人辛文房的《唐才子传》为底本,吸纳了学术界的最新研究成果,综合体现了这一研究领域的高水平。

闻一多当年的唐诗研究计划,其实只规划了最基础的唐诗本体研究,而他

---

① 陈伯海:《唐诗学引论》,知识出版社 1988 年版,第 208 页。
② 傅璇琮:《闻一多与唐诗研究》,《清华大学学报》1986 年第 2 期。

注意到并已经开始的,远远不止这些。他留给后人的,也是影响十分深远的,则是《唐诗大系》和他的学术性散文《唐诗杂论》①。

唐诗大系是一部唐诗选,所选的诗,既能照顾到各个时期,各个流派,又能选择其中的艺术珍品,是很有特色的唐诗选。书中所选作家标有生卒年,可以见出闻一多的考证研究。从今天看来,这一部分存在着不少讹误,已为当今的研究者所纠正,但是作为筚路蓝缕的开创者,功不可没。《唐诗杂论》是一组写于不同时期的唐诗研究论文。尽管论述的问题并不很有系统性,但却开创了一种宏观和微观相结合的,具有深刻的文化史观的路子。闻一多的唐诗研究方法影响了几代人,例如他对初唐诗歌的看法,对初唐四杰的看法,对宫体诗的看法等等,是"站在一个新的高度,以历史的眼光,观察和分析唐诗的发展变化,冲破了传统学术方法的某种狭隘性和封闭性"②,带给我们一种全新的视野。虽然近年来随着研究的深入,后来的学者对闻一多的某些结论提出了质疑,但是,当年闻一多所关心的问题,事隔多年,仍是学术界很热心的话题,这不仅说明了闻一多的学术眼光,同时也说明他的研究方法和角度,获得了后世学者的空前重视。

由此可见,闻一多还有一系列尚未写进他的唐诗研究计划中去的打算,即唐诗的文化研究。

《唐诗杂论》中,对初唐诗的看法是十分精彩的。闻一多将初唐诗歌的发展,放置在时代发展的大背景下来论述,他认为初唐诗是诗的学术化,以辞藻的堆砌作诗,于是引出了类书的发展;宫体诗的衍变,使诗的情趣由亵渎走向净化;由于作家身份的变异,一批新人走上文学舞台,诗的题材也得到了解放,既由宫廷走向市井,由台阁走向江山与塞漠。并由此指出六朝与唐代文学存在着割不断的联系:"说是唐的头,倒不如说是六朝的尾。"③

闻一多提出的初唐诗的三个特征,实际上已经触及到唐诗发展的特质。初唐诗歌在体制完善过程中,对诗格和辞藻的热情,同时反映在诗格著作和类书的繁荣上。诗歌体裁和题材的丰富,同时也带来了诗风的巨大变化。而新的作家群的形成和变更,则是不同时期唐诗发展变化的另一个重要因素。

闻一多对唐诗关注的角度的启示,一定程度上,要超过他的研究价值。

这里,我们来看看他对张若虚《春江花月夜》的关注。

---

① 见《闻一多全集》第三、第四册。
② 傅璇琮:《闻一多与唐诗研究》,《清华大学学报》1986 年第 2 期。
③ 《类书与诗》,《闻一多全集》第三册。

　　《春江花月夜》属于乐府旧题。《旧唐书·音乐志二》:"《春江花月夜》《玉树后庭花》《堂堂》,并陈后主作。叔宝尝与宫中女学士及朝臣和为诗,太乐令何胥又善于文咏,采其尤艳者以为此曲。"①现保存在《乐府诗集》里的几首,基本上都没有脱离宫体诗的模式。闻一多的理解也是将它作为宫体诗来看的,但是闻一多对《春江花月夜》的描写以及诗中所表现出来的一种"宇宙意识",从唐诗发展的角度作了极高的评价。

　　在《宫体诗的自赎》一文中,闻一多从历史变迁的角度,指出唐初将近五十年的诗坛上,诗人们努力扫除齐梁以来弥漫在诗坛上的这种恶毒的空气,探索诗歌逐渐演变的轨迹。开始时是四杰,如卢照邻的《长安古意》,它通过歌唱长安的繁华,教给人们如何回到健全的义务,但是诗歌形式还不够成熟,带感情又过于狂放,好似狂风暴雨虽有气势不能持久,不易为许多人所接受。接着是刘希夷的《代悲白头翁》:"洛阳女儿好颜色,坐见落花长叹息:今年花落颜色改,明年花开复谁在? ……年年岁岁花相似,岁岁年年人不同!"闻一多指出,这首诗已经"一跃而到庄严的宇宙意识"。再到张若虚的《春江花月夜》:"春江潮水连海平……"闻一多指出:"在这种诗的面前,一切的赞叹是饶舌,几乎是亵渎。""更紧绝的宇宙意识! 一个更深沉、更辽阔、更宁静的境界!"因为在这里,已经把宫体诗所散发的一切污浊从诗歌中完全排除出去。特别最后四句"斜月沉沉藏海雾,碣石潇湘无限路。不知乘月几人归,落月摇情满江树",闻一多说:"有的是强烈的宇宙意识,被宇宙意识升华过的纯洁的爱情,又被爱情辐射出来的同情心,这是诗中的诗,顶峰中的顶峰。"

　　闻一多对《春江花月夜》的评价,并不仅仅是一种直觉和感悟,而是把唐诗的演变放在历史发展的大文化背景上来看待,是一种理性的结论。他的研究体系和研究格局实际上已经进入到了对唐诗整体的把握。因此,闻一多对张若虚的评价是从唐诗发展的角度得出的,他认为张若虚的功绩,和陈子昂一样,清除了通向盛唐的路障。

　　关于《春江花月夜》的研究,80 年代又兴起了一个新的高潮,这个高潮的出现,说明对唐诗研究的整体把握进入了一个新的阶段。

　　程千帆的《张若虚春江花月夜的被理解和被误解》②则是从唐诗学发展的

---

　　① 　见程千帆文所引,又指出《乐府诗集》引此文误作《晋书》。
　　② 　程千帆:《张若虚春江花月夜的被理解和被误解》,《文学评论》1982 年第 2 期。

角度来考察,后人对唐诗的接受角度的变化。《春江花月夜》是否属于宫体诗,目前学术界对这一问题的看法尚有争论,但是程千帆一文的发表,从另一个角度证实了除了唐诗文本研究之外,唐诗的整体研究应当放到广阔的历史文化背景下的进行,唐诗创作的发展,与历史文化传统之间,有非常密切的关系。从某种意义上说,把唐诗学的研究放到宽阔的历史文化背景下来进行,会有更宽广的学术眼界,从而能发现许多新问题。

程千帆的文章是一个很好的例子。①他考察了《春江花月夜》的流传经过:张若虚没有专集,《春江花月夜》诗是通过总集和选本流传下来的。在今存的《唐人选唐诗》十种中,只有芮挺章的《国秀集》收了此诗。宋代一些比较重要的文献如《文苑英华》《唐文粹》《唐百家诗》《唐诗记事》等都没有张若虚诗歌作品和资料的记载,但是《春江花月夜》依靠了《乐府诗集》的记载而流传到了今天,这说明从宋代到明代前期,并没有为人所重视。明初的《唐诗品汇》选了《春江花月夜》,这是张若虚时来运转的开端,到"后七子"李攀龙的《古今诗删》,张若虚的《春江花月夜》开始受到了重视。自此以后,明清两代的主要唐诗选本几乎都选了这首诗。另外,从诗话来考察,情况也大致相同。宋元以前的重要诗话都没有提到此诗,只有明代万历年间成书的《诗薮》对此诗作了较高的评价。胡应麟说:"张若虚《春江花月夜》,流畅完整,出刘希夷《白头翁》上。"②为什么《春江花月夜》一直不被重视,而到明中期以后受重视呢? 程千帆指出,这是因为张若虚这篇作品属于"王杨卢骆当时体",属于初唐四杰这个流派,所以它在文学史上,也必定与四杰共沉浮,与四杰共荣辱。

当明代的前后七子开始注重初盛唐的七言歌行,初唐四杰和张若虚的诗歌才受到重视。到了清代,张若虚的《春江花月夜》已经成为唐代七言长篇的杰作。管世铭的《读雪山房唐诗抄序例》③指出:

> 卢照邻《长安古意》,骆宾王《帝京篇》,刘希夷《代悲白头翁》,张若虚《春江花月夜》,何尝非一时杰作,然奏十篇以上,得不厌而思去乎? 非开、宝诸公,岂识七言中有如许境界?

---

① 程千帆另有《张若虚春江花月夜集评》。
② 胡应麟:《诗薮》内编卷三,上海古籍出版社 1979 年版,第 51 页。
③ 《读雪山房唐诗抄序例》,清诗话续编本,上海古籍出版社 1983 年版,第 1537 页。

清末的王闿运首次指出,这篇作品对于四杰的歌行来说,是青出于蓝而胜于蓝。王闿运指出:

> 张若虚《春江花月夜》用《西洲》格调,孤篇横绝,竟为大家。李贺、商隐,挹其鲜润;宋词、元诗,尽其支流,宫体之巨澜也。①

程千帆文章的本意,是想说明闻一多、王闿运袭旧说,将《春江花月夜》作为宫体诗,是一种误解。这是人为地将初唐的宫体诗的范围扩大了。程千帆不同意将张若虚的《春江花月夜》当作宫体诗来看,认为《春江花月夜》,已经呈现出非宫体的走向。这个结论与闻一多的看法并不矛盾,只是对"宫体"的概念作出了更严密的界定。程文的研究方法和手段恰好说明,如果把唐诗放到比较广阔的历史文化背景中去考察,就会显示出仅仅从文学史的角度无法发现的问题,从而作出更合理的诠释。

从上述的例子中可以看出,探讨和研究唐诗的特质,回答唐诗为什么繁荣,为什么盛唐诗歌最受欢迎等等问题,除了唐诗的本体研究之外,还有更广泛的研究与唐诗相关的广阔的文化背景研究。这也正是唐诗接受史研究中一个值得重视的研究角度的开拓。正如伯海师所指出的那样:"把握唐诗在历史大网络的多向联系,亦显然是一种视角上的开拓与转换,同样显示了思维方法的变革。要说唐诗学的创新,这恐怕是最有关系的一点。"②

(附记:此文原为作者"唐诗与中国文化"授课讲稿,初稿成于 1987 年,2015 年 4 月修改定稿)

---

① 陈兆奎辑:《王志》卷二"论唐诗诸家源流"条,见程千帆《张若虚春江花月夜的被理解和被误解》所引。

② 陈伯海:《唐诗学引论》,知识出版社 1988 年版,第 214 页。

整体观照与理论自觉

——读陈伯海先生文集心得

上海大学中文系　杨万里

"历史传统与当代语境"有两重理解的可能:其一,中国文学的历史经验在陈伯海先生那里是如何被理解的;其二,陈伯海先生的学术成果在当下的学术语境中如何定位。

第一重理解指向陈伯海先生的学术成果是什么。我个人概括其要点为:生命论诗学、唐诗学体系、宏观文学理论。这些成果一以贯之,其中最明显有两条思维原则:有机整体、现代转换。

第二重理解指向陈伯海先生学术成果的当下意义。可表述的话题很多。首先,陈伯海先生的学术成果带给我的深刻印象是整体观照与理论自觉。其次,强烈的现代性,摆脱以古释古和以洋释古的单向指引,走向古今、中外的双向阐释。再其次,重史料,更重史识。

一

有别于西方文学理论的摹仿论、表现论,陈伯海老师认为中国诗学的本质是生命论诗学,贯穿其中的主导精神是生命本位意识。具体内容是:以情志为本、因物兴感、立象尽意、境生象外。一言以概之;发端于情志,成形于意象,完成于意境。这些概念,单独分开来看,都是普通词汇,古代文论中司空见惯者;然而,将它们整理成一个前后因果联系的理论体系,则是陈伯海老师独特的学术贡献。这里面有大量的去伪存真、去粗存精、去小取大、透过现象直达本质的学术用心。

生命论诗学运用在学术实践中,则是唐诗学。在上千年的唐诗研究史上,论述唐诗的说法和名词概念琳琅满目,各擅一端,其中的基本线索何在? 陈伯海老师抓住生命论诗学这一中心线索,总结出唐诗学的三组核心概念:风骨与兴寄、声律与辞章、兴象与韵味。三组概念都指向同一目标:唐诗气象。

显而易见,陈伯海老师的古典文学研究,没有沉浸在单个文学现象的层面,如作家作品考订,流派嬗递等,而更多地关注和探寻那些纷繁复杂的、分割支离的文学现象背后的规律性,即宏观研究。这关乎研究者自身持有的文化观念。陈伯海老师认为:研究中国文学史的目的,正是要从中发掘民族的心理素质,探讨民族的审美经验,把握在这种审美心灵支配下的民族文学传统生成和演进的规律,藉以指导文学与社会生活的未来运行(《中国文学史之宏观》第4页)。这些道理,看似常识,但有多少古典文学研究者,在学术研究过程中能持之以恒,不忘初衷? 眼下古典文学研究盛行实证研究,一片白茅黄苇,求之有真意者几何? 没有以文化关怀作导向的研究,结果便是章太炎论清人学术时所说的那样:"小学虽精,而人情弗与。"

二

生命论诗学、唐诗学、宏观文学理论背后有共同的思维原则(方法论)——"有机整体"观。陈伯海先生的方法论,前后稍有变化。前期偏重于运用黑格尔的历史发展理论,即周期律、矛盾律、否定之否定律。如他认为中国文学史有三个重大的周期:第一个周期是巫官文学(广义)到史官文学到作家文学,这是第一周期,时间大致是汉代以前。第二个周期的特点是汉魏文质合一,到两晋南北朝文质分离,再到唐代文质兼备。第三个周期的特点是雅俗平行发展至雅俗对立再至两者逐渐接近,时间是宋代至近代。三个大周期内当然还有小周期。与三个周期对应的三种社会力量的消长:贵族、寒士、平民。三个周期都有各自的文学高潮,三个周期走完了一个形成、演进、衰退的历史进程,文学史进入更高一层的运动周期。这就是中国文学史大致的脉络。黑格尔的历史发展理论还贯穿在他主持的《唐诗学史稿》中,唐诗学史也是遵循着"萌生—成长—兴盛—终结"这一历史周期。陈伯海先生完成于2005年的《中国诗学之现代观》,其方法论似稍有变化,姑且称之为"结构功能主义"。该书分上中下三编,上编情志篇,谈中国诗学对诗歌本体的解读;中编境象篇,谈中国诗学对中国诗歌的审美机制和体制的理解；下编言辞体式篇，谈中国诗学对中国诗歌形体的解读。以不恰当的比喻论之：情志篇是蛋黄，境象篇是蛋白，言辞体式篇是蛋壳，三者组成一个鸡蛋有机体。有机体中，各个部件都是必不可少的，各自发挥着功能，难分轻重。作者抛弃了常见的内容与形式、本质与现象等二分概念，代之以功能结构型概念。当然，其思路还是遵循着"有机整体"的原则。

在中国古代文论研究中，不外乎两条学术路线：以古释古，以洋释古。以古释古除了笺注、注释之类著作外，还可举复旦大学中文系《中国文学批评史》七卷本为代表。该书在全面收集资料、发掘文论空白点（文论家、文论作品、流派等）、精当解析原意、吸收相关研究成果诸方面，达到了至今难以超越的高度；但既然称"史"，就得有史观，否则只能称资料长编。目前如火如荼的文体学研究，是否在这方面引起了注意呢？以洋释古在中国诗学研究中，广为接受的是马列主义指导下的中国文批史，此不多言；另外一种以洋释古就是用马列文论以外的西方文论概念，来解释中国诗学概念，这方面，港台学者走在内地学者前面。现在看来，这类成果（包括内地的）往往导致了"以中就西"的结果，中国文论的材料和概念经过一番削足适履的加工后，被放进了西方文论的范畴里，如以西方表现主义来解析诗言志、诗缘情，总觉得外国文论这张皮，贴不上中国诗论丰满的血肉之躯。中西文论的会通依然任重道远。何以故？以其中需要应有的"文化代码"转换。

在复古与趋新的价值取向上，陈伯海先生无疑属于后者。他在学术研究中强烈地主张只有将中国古代诗学进行现代转换，才能发扬其永恒的生命力，才能古为今用，实现其现代价值。陈伯海老师的诗学研究成果中，既看不到西式词汇满天飞，也看不到对传统文论的自满自足，更不用说对其大唱赞歌。他对古代文论所进行的现代转换，建立在对中外文论的精细比较之上，建立在对古代文代概念的分解、抽离和扬弃之上，这些工作，为将来构建新文化和新文学的批评话语作学理上的准备。所以，陈伯海老师的诗学研究，用的是中国传统的术语，研究的对象是中国诗学的历史语境，落脚点是中国文学的未来命运，但其背后的理论基础则是现代性的。或谓，陈伯海老师的学术成果固然理论性强，然结论大都过于平实无奇。答曰：大道至简，大道至易，绝不能以新奇作为学术创见的标准。守正出新才是建设性态度，文化创新才有根基。我认为，中国文学发展的重要途径——复古以通变，对陈伯海老师选择目前这种表述方式和学术立场，有深刻的影响。大凡那些割裂了传统纽带的新术语、新词汇，大多类于江湖医生之手段,唬人于一时,终难有所建树。上世纪 80 年代那些"新奇"的成果,至今安哉?"性格组合论"想必知道的人已不多吧?

"周虽旧邦,其命维新"。中国诗学的现代转换,将转向何方?"由纯任自然转向自然生命与自觉生命相谐调,由偏向群体转向群体生命与个体生命相谐调,由注重直观转向感性、理性与悟性生命活动形态相谐调。"(《中国诗学之现代观》第 410 页)总之,由农耕文明转向现代文明。依我看,陈老师是标准的海派文化学者。海派文化性格固然有很多,但最有价值的地方应是对现代性的追求。对现代性的追求不能浅薄地称之为"西化",我们应把更多的注意力放在其对农耕文明的扬弃上。

三

要理解陈伯海老师的学术成果,很有必要回顾他身处其中的学术氛围。简要地说,陈伯海先生经历了两种完全不一样的学术氛围。从 1953 年到 1978 年,二十五年中,先是苏联马列主义全面植入中国,继之而起的是"文革"思潮泛滥全国。总体上讲这二十五年是学术上的庸俗马克思主义的流行期。这是前期。后期是贯穿整个 80 年代的文化热和方法论热。但是我们在陈老师的学术著作中既见不到庸俗马克思主义的影子,也极少能见到 80 年代流行的学术词汇。这其中必有可议者。

在庸俗马克思主义流行的二十多年里,陈伯海老师除了大量阅读马列主义原典以外,更多的时间和精力则用在研读马克思主义哲学的重要源头——黑格尔哲学。在陈伯海老师的著作中,少有那种"经济繁荣带来文学繁荣""民间文学源头""现实主义与反现实主义"之类观念,代而取之的是有机整体、客观规律、事物正反合之论述模式,以及行文中处处可见的对概念的精当辨析。他在学术研究中的这种理论兴趣,固然与个人自小形成的学习取向有关,更是长期浸润在德国古典哲学思维方式中的结果,说得更明白些,就是陈伯海老师在学术上自始至终追求理论上的自觉。

或许是对于庸俗马克思主义的厌恶,加之对上世纪 80 年代方法热无果而终的失望,进入 21 世纪,古典文学界普遍转向了实证研究。这种现象如何评价? 可以从历史经验中找找答案。

近人论清代学术,总体评价是经学盛,史学衰。"详训诂而略义理"(罗振玉语),陈寅恪认为清人经学之盛的表象下实蕴藏着危机:"谨愿之人治经学,虽能各别解释,而不能综合贯通;夸诞之人治经学,利用一二细微疑似之单证,以附会其广泛难征之结论。"约略言之,中国诗学研究中,以古释古其优处在于实事求是,其失则如谨愿之人治经;以洋释古其优处在于会通观照,其失则如夸诞之人治经。欲免其弊,端在树立"学识"。

从新生命哲学看陈伯海先生的儒家情怀

——《回归生命本原》读后

同济大学人文学院中文系　刘　强

以我不算全面而详审的阅读和难免失之片面的印象来看,陈伯海先生的文化及哲学思考始于上个世纪 80 年代。在 1992 年出版的《中国文化之路》一书中,陈先生已经展现出会通古今、涵融中西的理论追求和学术抱负,其对中国文化之历史、现状和未来的许多大判断,大抵与晚清以迄"五四"以来的从"救亡"到"启蒙"、从"维新"到"革命"这一历史线索和思想脉络紧密相承,若合符节。只是陈先生并未停留在"五四"新文化运动的激进立场,对"全盘西化"的"西体"说与"传统本位"的"中体"说,他都提出了反思和批评,认为"现时代中国新文化的建构,既不能以传统为归趋,也不应该以西方为鹄的,而必须有自己独特的取向"①,进而呼唤一种"融合了东西方文化"的"人类一体化文明"②。陈先生认为,当今中国社会所需要的"新人"赖以建构的"出发点","不在儒家也不在道家,不在尼采也不在弗洛伊德,不在太平天国也不在义和团,自然更不在天天高喊'三忠于''四无限'的'文化大革命',而恰恰在于显现出新时代曙光的'五四'"③。如果说这一新文化的建构设想,基本上延续了"五四"以来启蒙主义的思想进路,应该不算大谬。当然,陈先生对"五四"也有反思,他指出"五四"新人,只是"新人的雏形"④,"五四"精神本身也有"社会功利主义"的特点。这与王元化先生在晚年反思"五四"时,曾指出的"五四"运动的四个弊端⑤中的"功利主义"之弊,可谓不谋而合。

---

① 陈伯海:《中国文化之路》,上海文艺出版社 1992 年版,第 185 页。
② 陈伯海:《中国文化之路》,上海文艺出版社 1992 年版,第 187 页。
③ 陈伯海:《中国文化之路》,上海文艺出版社 1992 年版,第 166 页。
④ 陈伯海:《中国文化之路》,上海文艺出版社 1992 年版,第 157 页。
⑤ 这四个弊端是:庸俗的进化观点、激进主义、功利主义和意图伦理。

20年后,陈先生出版了《回归生命本原——后形而上学视野中的"形上之思"》(商务印书馆,2012)一书,将其多年对哲学及人类命运的理论思考和盘托出。全书分"天道篇""人道篇"和"天人篇"三部分,建构了一整套以自然观与世界观、人生观与价值观、天人观和自由观为主轴的"新生命哲学"体系,全书融贯古今,涵摄中西,高屋建瓴,体大思精,展现了一位思想家和哲学家的雍容气象。尤为可贵的是,陈先生在构建"新生命哲学"的过程中,似乎自觉不自觉地修订了当初的启蒙主义立场,以更为睿智和融通的态度看待"西学"的困境与"中学"或东方文明传统的人学意义及现实价值,明显地表现出回归中华文化大传统的思想倾向。尽管陈先生对西方哲学思想资源以及近百年来中国知识人所服膺的进化论思维和辩证唯物主义、政治经济学等思想方法,依然保持了极大的尊敬和驾轻就熟的运用,但在我看来,陈先生的中国传统文化价值观似乎发生了一种不易觉察的"认识论转向"。

事实上,陈先生对传统文化和儒家思想的态度,虽有保留却一向都能平心而论。在《中国文化之路》一书中,陈先生这样评价儒家思想:

> 由孔子开创的儒家学派,是西周史官文化的合法继承者。……守旧而又维新,复古而又开明,这样一种二重性的立场,使得儒家学说能够在维护礼教伦常的大前提下,一手伸向过去,一手指向未来,给正在消逝的贵族分封制宗法社会和方兴未艾的大一统宗法社会之间架起桥梁。……汉宋以后,儒学几经变化,而礼教德治的精神始终一贯,所以也一直成为中国传统文化的正宗。[①]

在对儒道关系的分析中,陈先生指出:"较为发达的文化系统,大多不会停留在单一的结构形态中,而要努力建构起适合自身性能的调节机制。中国传统文化通过百家争鸣达成的儒道互补,也就是这样的一种机制;儒和道,相反而又相成,正好构成中国文化的有机整体。但要指出,在互补关系中,儒为主,道为从,这又是基本的架势。"[②]这样的认识是非常客观公允的。

不过,至少在《中国文化之路》中,陈先生对民族文化传统的认识,还是以批

---

① 陈伯海:《中国文化之路》,上海文艺出版社1992年版,第74页。

② 陈伯海:《中国文化之路》,上海文艺出版社1992年版,第76—77页。

判继承为主。在论及"五四"时期是以"东方本位"还是以"西方本位"的中西文化之争时,陈先生既不赞同"西方本位"乃至"全盘西化"的主张,更不认同以"文化复归"为立场的"东方本位"观,认为"西方化和东方化,都不是解决问题的办法。正确的方案在哪里？于是我们不能不提到中国共产党人的文化观,不能不提到他们为谋求民族文化更新所做的努力",指出李大钊提出的"第三种新文明"才是未来的出路,而"此种'新文明'当以马克思主义为基点,并通过原有的东西两种文明自身的改造翻新和交会融合得以实现"①。不仅如此,陈先生还对当时"出口转内销"的港台新儒家提出批评,指出:"我们要明确反对民族虚无主义和文化保守主义这两种倾向,……不管新儒学采纳了多少现代文明的成分,其核心设立在传统人格的模式上,归根结底仍属于文化保守主义,我们是不能赞同的。"②

所以,本文的观点也许并不能获得陈伯海先生的首肯,因为在陈先生长达数十年的学术生涯中,一直秉承着"学术中立"的理性主义原则,在关于思想文化和哲学思辨的论述中,我们很少看到他对自己运用的哲学流派或思想方法,灌注太多的基于个人喜好的主观情感。特别是作为一位深受近代以来启蒙主义思潮及唯物论、辩证法影响的思想者,陈先生虽然以研究唐诗学和中国古代文论名家,但他对中国传统文化的现代意义及未来价值的认识和判断,并非一成不变,而是隐然经历了一个由低到高、由冷转热的曲线式的变化过程。特别是对于自"新文化运动"以来饱受冲击和诟病的儒家思想,陈先生或许并没有如本文题目所提示的那种明确的自我期许。我甚至不敢肯定,陈先生看了这篇文章的题目,会不会视我这个不肖的学生为子路,也来个"夫子哂之"？

但我依然愿意坚持写出我个人的感受。因为这对于陈先生晚近思想的认识和阐述,甚至对于当下人文研究领域之"核心价值观"的重新廓清和确立,关系重大。在我看来,意识形态化的人文研究固然可以盛行一时,但真正能够流传后世的文化创造,一定是坚守人本和人道立场、贯彻"独立之精神,自由之思想",弘扬真善美的价值追求,并站在整个人类意义上去思考生命之意义、自由之真谛与学术之尊严的文化创造。长期以来,我们的学术研究分科过细,壁垒渐成,本该涵融浃洽的文史哲研究各行其道,传统知识人所必须加以区分和选

---

① 陈伯海:《中国文化之路》,上海文艺出版社1992年版,第133、134页。
② 陈伯海:《中国文化之路》,上海文艺出版社1992年版,第185页。

择的"三统"(即"道统""政统""学统")的关系变得暧昧支离,互相牵制,难以贯通。此外,还有一个"四部"即经史子集贯通的问题。对于文学研究者而言,仅仅满足于"集部"的研究,而不能上达于"子学""史学"乃至"经学"的研究,无论如何都是一个遗憾。

正是在这个意义上,陈伯海先生的学术成就尤其显得难能可贵,光彩照人。在这样一个学术研究日益"格式化""为人之学"盛行的年代,陈先生醉心于理论思考,几十年如一日地在自己的园地中耕耘,并勇敢地进入到似乎"非请莫入"的其他学术领地中拓荒。近二十年来,陈先生不仅从文学和文学史的研究领域,勇敢地跨越到文化学、美学、哲学的领域,完成了"四部之学"的会通,更值得钦佩的是,在晚近的哲学及思想文化的研究中,陈先生提出的"新生命哲学",以一贯的理论勇气和价值担当,向世人展现了一位古稀之年的中国现代读书人,如何逐渐摆脱和修正既往"政统"对自己学术理念、运思方法乃至话语方式的影响,慎思明辨,辨异玄同,通过中西文化传统的高层次对话,彰显了中国传统智慧对于人类未来走向的启迪意义和终极价值。在这部名为《回归生命本原》的重要著作中,陈先生不仅完成了在哲学"形上之思"的维度上向"生命本原"的"回归",同时也完成了在学术生命拓展维度上从"学统"越过"政统"、直接向着民族文化中最具普世价值的"道统"的"回归"。

至少在我个人看来,这样的双重回归,意义重大。它不仅说明,陈先生的为人为学,已经达到了孔子所说的"为己之学"的境界,同时也可以作为陈先生个人的一种"内在超越"①的最好证明。以下就新生命哲学所反映的儒家情怀和儒家认同稍作申论。

首先,陈先生的"新生命哲学"体现了对人类命运的深切同情和对世界未来走向的终极关怀,这与儒家成己成物、立人达人、以人合天、参赞天地化育的核心精神一脉相承。从儒家经典中诸如"天地之大德曰生""生生之谓易""钓而不纲,弋不射宿""亲亲而仁民,仁民而爱物""民吾同胞,物吾与也"等的表述可以看出,儒家哲学本来就是一种生命哲学。儒家的好生之德、民本思想、生态意

---

　　①　所谓"内在超越",是相对于"外在超越"而言的。陈伯海先生认为,所谓"外在超越",就是在人的经验世界以外另设一超验的本体,而人的超越性精神活动的指向,便是要轶出自身原有的经验世界,以进入和领会这一凌驾其上的本原实体。西方宗教及哲学大抵都存在着"外在超越的困境"。而中国传统智慧中的那种"由人性上达天理""不离乎人的经验世界而又能超拔于个体经验之上的取向",才是典型的"内在超越之路"。参见陈伯海:《回归生命本原》,商务印书馆2012年版,第107—109页。

识、天下关怀等人文价值,本来就是"一以贯之""不可须臾离也"的"道"。正如陈先生在论及"五四"诸人与传统精神的关系时所说:"他们果真与传统精神绝缘了吗? 姑无论他们的思想言论中对传统学术文化仍有相当程度的保留,即以那种愤悱疾呼,唤起民众觉醒,疗救病态社会的人生态度而言,不也还是'天下兴亡,匹夫有责'之类'经世致用'观的一脉相承?"①事实上,一代有一代之儒家。且不说在世界范围内,还有"波士顿的儒家""儒家式的基督徒""儒家式的穆斯林"等说法,对于中国人而言,一个有天下情怀和文化使命感的人文学者骨子里就是一个儒家。早在 1937 年,沈有鼎先生已在《中国哲学今后的开展》一文中指出中国在经历了先秦两汉和唐宋元明清的第一、第二期文化辉煌发展后续,要进入"第三期文化",并且指出第三期文化要以儒家哲学的自觉为动因。杜维明先生又从地域文明的角度立论指出:儒学第一期是从曲阜的地域文化逐步发展成中原文明的主体;第二期宋明儒学的发展使中国文化影响到整个东亚;而"由于东亚社群已经遍布世界不同角落,也可以说,儒学的第三期发展是面向整个世界的"②。从这一角度上说,陈先生基于应对"第二轴心期"到来而提出的"新生命哲学",也可以说是立足"中学"与涵摄受容"西学"的又一波"新儒学"。陈先生的"回归生命本原",毋宁说是回归到张之洞的"中学为体,西学为用"的中华文化主体性的立场上来了。

其次,陈先生的"新生命哲学"提出的回归"天人合一""大化流行""刚健有为""生生不息"等的生命本原,并最终实现"内在超越"的论说,也是儒家思想的核心理念之一。作为一种"哲学的人学"③,儒家的天人观念,其实就是对子贡所"不可得而闻"的"性与天道"的现实回答,是儒家思想中最具"形上"维度的哲学命题。无论是孔子的"不怨天,不尤人。下学而上达,知我者其天乎",还是《易传》的"天行健,君子以自强不息""地势坤,君子以厚德载物";无论是孟子的"尽其心者,知其性也;知其性,则知天矣",还是《中庸》所谓"天命之谓性,率性之谓道,修道之谓教";无论朱熹所谓"天即人,人即天。人之始生,得于天也;既生此人,则天又在人矣",抑或钱穆先生晚年"彻悟"的"人心与天道的合一"乃中国文化对世界最值得珍惜的贡献,等等,古今贤达的这些陈述,无不将中国传统智慧推向"天人合一"的生命本原和终极关怀。陈先生在谈到新生命哲学的"天人

---

① 陈伯海:《中国文化之路》,上海文艺出版社 1992 年版,第 185 页。
② 杜维明:《二十一世纪的儒学》,中华书局 2014 年版,第 30—31 页。
③ 杜维明:《二十一世纪的儒学》,中华书局 2014 年版,第 7 页。

观"时,明确指出:"天人本自一体,由'天道'演化'人道',是本书严格遵行的一个基本理念,这条红线自始至终贯穿于全书各个章节里。"①而在整部书中,陈先生对于中西哲学的深层探讨,的确贯彻了儒家"天人合一"的核心理念。

第三,陈先生的"新生命哲学"在思想方法上贯彻了儒家"允执厥中""和而不同"的中道理想。陈先生的学问始终贯彻着一种爱智慧、求真理的理想主义精神,故其发言遣论,常能"执其两端而用其中",在谈到"中""西""马"三学的融会时,陈先生曾说:"'中''西''马'各有其自身的思想传统与演进脉络,分别研究自无不可,而若从哲学和美学原理的建构考虑问题,则不同思想理念之间正需要大力沟通,好让其在互相碰撞、相互交流的过程中,引发并熔铸出新的、更具有普遍适用性的理念来,这也就是当代中国哲学和美学创新自立之路了。"②在《回归生命本原》一书的论述中,陈先生常能出入中、西、马三种学术思想论域,折中不同的观点,运用不同的方法,并在充分的碰撞与交流之中,得出自己的观点,这种"辨异而玄同""和而不同"的运思方式完全符合儒家"不偏不倚""无过无不及"的中道理想。也许陈先生自己尚未觉察,在其生命的桑榆之年,早年的激进启蒙思想已渐渐消歇,取而代之的是对"和实生物""大化流行""生生不息"的儒家传统的体认和回归,这不是阴差阳错的明珠暗投,而是百川归海的自然归宿。因为生活中的陈先生,本来就是一个宽厚长者、谦谦君子,凡与之打过交道的人,无论同事部下、师友弟子,无不交口称赞其为人为学、道德文章。《论语》中弟子描述孔子,曰:"望之俨然,即之也温,听其言也厉""温而厉,威而不猛,恭而安""子之燕居,申申如也,夭夭如也"……在我所接触过的师长中,陈先生最堪此种描述,可以说,尽管儒家思想在陈先生尚未从学术滋养上升到生命"自觉"的程度,但文如其人,其文章中流露出的那种文质彬彬、情辞并茂、尊贤而又能容众、嘉善而又矜不能的优雅气度,不正是儒家思想长期浸润、潜移默化的"自在""自为"境界么?

第四,陈先生的"新生命哲学"在与西方对比中,能够贯彻孔子所倡导的君子"反求诸己"的批判精神。儒家的批判精神源自其对世道人心的忧患意识。故儒家的批判精神一方面向外,"直道而行""刚健有为""以道事君""勿欺而犯",大义面前,能够"从道不从君";一方面向内,克己复礼,希圣希贤,"见贤思

①　陈伯海:《回归生命本原》,商务印书馆 2012 年版,第 160 页。
②　陈伯海:《生命体验与审美超越·后记》,生活·读书·新知三联书店,第 203 页。

齐焉,见不贤而内自省也""躬自厚而薄责于人",行有不得则反求诸己。陈先生为人为文一直也是秉承着这种忧患意识和批判精神的。在《中国文化之路》中,他展现了对中国文化命运及前途的忧患意识,而在《回归生命本原》中,他又将这一忧患意识扩充至对全球化之后人类共同命运的关注中。他一方面对"天人相分"的西方哲学所带来的信仰失坠、理性动摇、生态破坏的现实危机提出质疑和追问,同时在回归中国传统智慧的大本大源的基本立场上,又能对自身传统进行查漏补缺,深刻反省,譬如,陈先生对"以一反一复、周而复始为常态的"的东方哲学所可能导致的循环论倾向就予以反思和批评,认为:"由循环论导致'天不变,道亦不变'的孤立、精致的观念,最终扼杀了历史的推陈出新。这些缺陷明显地不适应于现代人的生活理念与现代文明的运作需求,当予改造出新。"①这种参校同异、务求折衷的客观态度也是儒家与时俱进、自反精神的具体显现。

　　总之,陈伯海先生标举的"新生命哲学",正是一种立足中国传统文化,在与西学的平等对话中提炼、激活而成的一种"现代新儒学"。尽管陈先生未必以儒家自居,但其学术精神、人格追求和思想底色,却打上了儒家思想的深刻烙印,充满着浓厚的儒家情怀。而且,陈先生在建构"新生命哲学"的过程中,彻底摆脱了近百年来中学面对西学的"他者"心态和弱势地位,以高度的文化自信和理论自信来与世界对话,心胸阔大,气度雍容,虽然是纯粹哲学的思辨,但读起来自有一种感人的力量。陈先生今年已届八十高龄,但精神矍铄,思路清晰,辩才无碍,左右逢源,他对于世界与中国、传统与现代、天道与人道、存在与超越的深层思考不会停止。我们期待着陈先生在"夕阳无限好"的晚年,能够接续古圣先贤的斯文慧命,收视反听,覃思研精,"高高山上立,深深海底行"②,奉献出更具生命关怀、时代高度和终极关怀的思想创造来。

---

　　①　陈伯海:《回归生命本原》,商务印书馆 2012 年版,第 168 页。
　　②　2015 年 5 月 9 日,在上海社科院举行的"历史传统与当代语境——《陈伯海文集》出版座谈暨学术研讨会"上,胡晓明先生以此评价陈伯海先生的学术思想品格及境界。

中国诗学的三个界限

——陈伯海先生著作三种重温有感

上海社会科学院文学研究所　朱生坚

陈伯海先生《中国诗学之现代观》《回归生命本原》《生命体验与审美超越》界定了中国诗学的基本特征,阐释了它的基本概念和范畴。本文在此基础上勾勒中国诗学的三个界限,一是文学性或诗学与诗教的界限,二是雅与俗或诗人与士人、世人的界限,三是生与死或有神论与无神论的界限。在这三种界限上,中国诗学要求实现个人的自觉,成为一个更好的人乃至对人的超越。

一

陈伯海先生在 2005 年撰写的《从古代文论到中国文论——21 世纪古文论研究的断想》一文中倡言,把"古代文论"提升、转变为"中国文论"。这一转换生成的中心目标在于"将传统诗文评(小说、戏曲等批评同样)蕴藏着的普遍性意义发掘出来,给予合理的阐发,使之与现代人的文学活动、审美经验乃至生存智慧相连结,一句话,使传统面向现代而开放其自身"。随后出版的《中国诗学之现代观》(2006 年),正是这种转换生成工作的典范。

同理,"中国诗学"也应该理解为"中国古代诗学"的升级版。这意味着中国诗学不仅仅归属于某一学科,甚至也不仅仅是一种学院式、书斋式的知识,而是一个活生生的文学理论体系,或显或隐地作用于古代以至现当代中国文学创作、传播、接受、评论、研究等各个环节;再者,中国诗学作为中国文化的组成部分,从过去到现在以至未来,影响着它所触及的所有人——不仅限于中国人——的审美观念、伦理观念乃至"形上之思"①。

---

① 陈伯海:《回归生命本原》,商务印书馆 2012 年版,第 1 页。

这并非凭空虚设,而是事实,但是迄今为止,它还处于幽暗微茫的境地,需要循实事而求其是的基础工作。陈伯海先生的《中国诗学之现代观》开其端绪,以一个核心命题界定了中国诗学的基本特征:中国诗学是一种生命论诗学。正因为是一种生命论的诗学,中国诗学是全息式的。从这本书中所阐释的每一个概念、范畴、命题,都映照出中国诗学的整体特征。于 2012 年同时出版的《回归生命本原》和《生命体验与审美超越》则是从中国诗学精神所包含的生命理念出发,立足中国文化土壤,融合西方思想资源,推演"新生命哲学",建构"生命体验美学"。两者互相辉映,也有助于充分、深入理解中国诗学。

在这三部著作所奠定的基础上,本文试着勾勒中国诗学的三个界限。中国诗学之现代观,除了对核心命题的界定、对概念和范畴的阐释之外,还有必要勾勒其界限。这将有助于澄清中国诗学的整体面貌,便于它与中国文化其他领域之间的互动,与世界各国各民族诗学的交流,乃至"促成连结各民族诗学传统的共同诗学原理的建构"①。也就是说,勾勒中国诗学的界限,不是藉此把它固定下来、封闭起来;甚至可以说,界限本身并不重要,尽可突破、跨越,任其消失。

二

中国诗学的界限之一是文学性的界限,或许也可以称为诗学与诗教之间的界限。这两种说法都是借用现成概念"将就着干"(德塞都)的权宜之计。

文学性首先是诗(通常可以用"诗"指代"文学")的界限,然后才是诗学的界限。迄今为止,学界讨论较多的是诗的文学性问题,或称为自律性问题。有人主张树立、也有人主张取消文学性概念,另外,还有人提出"大文学"概念。陈伯海先生主张确立一个文学性的标志,作为适度的参照,而不是严格的限定,避免自我封闭或漫无边际。②相比之下,在诗学研究领域,文学性问题并不突出,因为诗学本来就涵盖文学性内外的问题,也就是包含内部研究和外部研究。③这也恰恰表明诗学实际上包含着一个文学性的界限,只不过诗学跨越了这个界限,并

① 陈伯海:《中国诗学之现代观》,上海古籍出版社 2006 年版,第 11 页。
② 陈伯海:《中国诗学之现代观》,上海古籍出版社 2006 年版,第 67 页。
③ 勒内·韦勒克·奥斯汀·沃伦:《文学理论》,刘象愚等译,江苏教育出版社 2005 年版。此书把文学理论划分为"文学的外部研究"和"文学的内部研究"两部分。

非将其作为自身的边界。

无论如何,文学性之于中国诗学,终究是一个不容忽略的界限。这涉及中国诗学的自律性问题,亦即中国诗学如何为自己立法、为自己安身立命的问题。可以仿照康德的话(《判断力批判》导言第 9 节提到,自律能力是一种高层能力)来说①,文学性的界限既是一个基本的界限,也是一个高层次的界限。问题在于:文学性的界限可以说是全世界所有诗学的天然界限,似乎没有理由特别称之为中国诗学的界限。但是,讨论中国诗学,终究不能忽略文学性的界限,甚至必须首先说到这个界限。何以如此?

在中国历史上,有诗学之前,就有诗教。诗教的传统比诗学的传统更为深远、宏大,前者涵盖了后者,实际上两者经常融为一体。从字源上说,学(教)与教相通,诗学原本无异于诗教。倘若为了讨论中国诗学之便而勉强加以区分的话,大体上可以说,文学性的界限就是中国诗学与诗教之间的界限。好像只有在这个意义上,文学性同样也构成了中国诗学的边界,越过这个边界,诗学就一转而变为诗教。

由此表明,在中国诗学区分于诗教之前,可以看到中国诗学的本来面目。那么,在中国文化传统中,究竟用诗来学什么?教什么?这两个问题实际上是同一个问题。孔子说:"《诗》可以兴,可以观,可以群,可以怨;迩之事父,远之事君;多识于鸟兽草木之名。"(《论语·阳货》)这几句话无边无际。这里不可能展开来说,不如从用诗来学什么、教什么的问题往前推一步,转到另一个问题:诗究竟在说什么?

这个问题好办。有一个现成的答案:诗言志。

早在 1940 年代,朱自清先生就把"诗言志"称为中国诗学的"开山的纲领",陈伯海先生在《中国诗学之现代观》的导言和上编对它作了详细的阐释。其中的关键似乎在于对"志"的理解:

> "诗言志"中的"志",孕育于上古歌谣、乐舞及宗教、巫术等一体化活动中的祝咒意向,经礼乐文明的范铸、改造,转形并确立为与古代社会政教及人生规范相关联的怀抱⋯⋯又由早期诗人的用讽、颂以"明乎得失之迹",发展、演变为后世作者的重在抒写"一己穷通出处"和"情寄八荒之表",其

---

① 康德:《判断力批判》,邓晓芒译,人民出版社 2002 年版,第 32 页。

间分别打上了诗、骚、庄的不同思想烙印,从而使"诗言志"的命题变得更富于弹性,乃能适应后世人们丰富、复杂的生活感受的表达需要。①

这两百来字概括了"志"的丰富内涵及其变化。这里要特别强调的是:诗所言之"志"从一开始就不是个人的,而是群体的情感和意志。尽管诗在大多数情况下以个人的名义,抒写个人的经历、感受和思考,但是,只有那些具备普遍性——确切地说,在特殊性甚至偶然性中让人看到普遍性——的材料才有可能构成一首好诗。对于一个真正成熟的诗人来说,诗"不是表现个性,而是逃避个性"②。所谓逃避,实为扬弃(aufheben)。总之,"诗言志"意味着个人与群体的调和:个人从群体中显现出来,却又未曾离开群体。从另一个角度来说,"志"又是情感与意志、道德的调和。情感看起来是个人性的,事实上,根本就没有孤零零的一个人的情感;至于意志、道德,就更是社会性的。如此说来,情感与意志、道德的调和,同样也意味着个人与群体的调和。

诗所言之"志"决定了诗学所学、诗教所教的东西之一就是让人做到并且享受个人与群体的调和。这是另一种意义上的(用当今的流行语来说是"中国式的")、不同于现代人通常所理解的"个人的自觉"。正如中国诗学从诗教中显现出来,并未带来两者的分裂,这种个人的自觉也不至于使个人脱离群体,更不因为个人的自觉而在个人与群体之间形成冲突和对抗;它更强调个人的自律,或者说,个人乃是在群体之中为自己立法。

在这里,文学性的界限发挥着双重的作用,它促使中国诗学从诗教中显现出来,同时又避免了两者的分裂。而这也正是诗在个人与群体之间所发挥的作用之一。

三

接着就要说到中国诗学的另一个界限:雅俗之辨。

这不是指以往所说的纯文学或雅文学、俗文学或杂文学之间的关系。时至

---

① 陈伯海:《中国诗学之现代观》,上海古籍出版社 2006 年版,第 31 页。

② T.S.艾略特:《传统与个人才能》,卞之琳、李赋宁等译,上海译文出版社 2012 年版,第 11 页。

今日,这些概念简直已经不能成立,至少没有必要纠缠不休了。这里借用雅俗之辨来指称中国诗学的界限,乃是为了引向与之相关的诗人的主体意识。不言而喻,诗人的主体意识在个人的自觉之上,更上了一个层次。

在现代之前,中国诗学(其实何止中国诗学)没有专家。把刘勰、钟嵘、司空图、严羽这些人称为文学理论家或诗论家,实则以一个标签遮蔽了他们的生平经历。很多诗学作者同时也是诗人,他们只是偶尔用诗文来总结、交流或传授写作经验。即便在现当代,很多有分量的诗学著述也出自诗人之手。因此,作为一种生命论诗学的中国诗学与诗人的主体意识息息相关。诗人的主体意识——以莎士比亚的"真实身份"之争为例,就足以让人有理由认为,在近代之前,中国诗人的主体意识可能比同时期的西方诗人要强得多——在很大程度上决定了中国诗学的自我定位和基本走向。

诗人的主体意识不是孤立地形成的。就其与中国诗学相关的部分而言,它需要处理两个关系,一个是诗人与士人(出仕为官,或者立德立功立言)的关系,一个是诗人与世人(平民,常言愚夫愚妇)的关系。

从第一位伟大诗人屈原算起,中国历代以来很少有人专以诗人自命。王公贵胄、世家子弟只是把创作、吟诵诗歌作为一种必要的修养,"横槊赋诗"只是给英雄豪杰的丰功伟业增添几分华彩,普通的读书人也很少从一开始就把做一个诗人当作自己的人生目标。"凡有井水饮处,皆能歌柳词",也填埋不了"奉旨填词"的柳永内心的怅恨。就连中国历史上诗作数量最多的诗人之一陆游,已然走过人生中途,还在自问:"此身合是诗人未?"(《剑门道中遇微雨》)诗人的主体意识与其他身份认同之间有着不可化解的紧张关系,好像总是有些不甘心。

诗人与世人之间的关系也很复杂,如果不说更加复杂的话。屈原固然"哀民生之多艰",但是任何时候都不会忘记自己的出身之高贵、品质之高洁。汉魏晋南北朝绝大多数有名有姓的诗人,不是忘情于山水、玄言,就是奔走于宫阙、筵席,真正贴近日常生活、开田园诗之先河如陶渊明者,堪称少有的例外。这种状况到了唐代,随着士族门阀制度的衰落,才有转折。白居易对平民生活和命运给予深切关注,甚至以"老妪能解"为创作标准。"崇尚自由与个人尊严,热爱生活,热爱自然,对亲友乃至广大的人群常怀着真挚感情,是李白诗歌中最突出也是最可贵的内涵。"而杜甫的一些诗篇"充满激情地写出了生活在社会底层的孤弱的个体受国家力量驱迫的巨大不幸",然而,"也出现了诗人对个体意识的抑制和对皇权国家的依附性的加强"。①

　　诗人的主体意识总是让诗人高不成、低不就,犹豫彷徨,不得安宁。这简直是古今中外的诗人共同的命数。而中国诗学作为一种生命论诗学,始终融合在生活环境之中,正如诗教之"温柔敦厚"、易教之"洁静精微"(《礼记·经解》),究竟不离不弃粗俗庸常,否则,甚或无法留存、传承。陈伯海先生在总结中国诗学的"趣味"说时指出:在我们的传统中,诗歌、艺术与审美均属于人的生命体验活动;让味、嗅、触之类"低级官能"参与审美活动,会使人对审美机能抱有更新、更全面的理解。气、韵、味、趣之类的范畴,虽然较难辨析与领会,"但亦往往更能显示中国诗学的独特精神"②。他相信,随着脑、体力劳动差别不断缩小,"人们的物质生活与精神生活重归一体之际,审美与整体人生的合流自当成为人的必然选择"③。而中国诗学从来都没有离开这个方向。

　　尽管如此,在诗人那里根深蒂固的、悖论式的主体意识,还是给中国诗学带来一种张力,形成一种势能:从俗的东西中点化、提炼出雅的东西来,或者如黄庭坚所说的"以俗为雅"(直接化俗为雅)。这是一个基本的趋向。因此,中国诗学的雅俗界限,倒不如说又是一道有待跨越的栏。另一方面,原本属于精英、贵族的审美文化活动,也会逐渐"飞入寻常百姓家";这与其说是一种普及、下降,倒不如说是平民大众的主动仿效(就跟追逐时尚一样),带动"平均水位"的上升。在任何时候,在一个不断趋于粗鄙化、扁平化的世界里,总是会有人不可遏止地寻找生命的诗意。

　　在此过程中,中国诗学以自身特有的方式发挥作用:不是自上而下的启蒙,而是置身其中的陶冶、感染、激发,有如梁启超《小说与群治之关系》所说的"熏、浸、刺、提"。而它的最终指向,仍然秉持中国传统文化精神,既是在审美的也是在伦理的意义上,总要更上一层楼。无论是作为诗人,还是作为士人或世人,都想着在此过程中,成为一个更好的人。

四

　　大致说来,中国诗学更注重内部世界,而非外部世界,更不用说使外部世界

---

① 骆玉明:《简明中国文学史》,复旦大学出版社 2004 年版,第 145、155、158 页。
② 陈伯海:《中国诗学之现代观》,上海古籍出版社 2006 年版,第 240、220 页。
③ 陈伯海:《生命体验与审美超越》,生活·读书·新知三联书店 2012 年版,第 176 页。

得以形成的理念(Idea)或神(God)。也正因为如此,中国诗学要求唤醒个人的自觉意识和诗人的主体意识,也就内在地包含着前面两个界限。

顺着中国诗学作为一种生命论诗学的内在逻辑,以及前面这两个界限所形成的阶梯,就会不可避免地触及生与死的界限,以及与之密切相关的有神与无神的界限。这个界限看起来更像是中国诗学与世界其他民族的、有神论的诗学之间的界限。在中国诗学内部,很少直接讨论这些问题。

陈伯海先生在《中国诗学之现代观》的结语里说:

> 中国诗学的基本关注点不是别的,乃是诗性生命的建构,说得确切点,是指人的诗性生命体验如何由萌发、成形、超升并最终通过诗歌作品而得到适切的表达,这也正是民族诗学传统的生命论主旨之所在。①

同样,陈先生的著述大体不出"生命论"的领域,遵从"不知生焉知死"的规诫,恪守"不语怪力乱神"的原则。然而,"生年不满百,常怀千岁忧",人总想要以有涯之生求无涯之知,"虽九死其犹未悔"。中国诗学以诗性生命的建构为基本关注点,而这种诗性生命正意味着超越(相对于神的永恒而言)有限的、(相对于神的完美而言)有缺陷的生命。

中国诗学所寻求的超越(transcendent)也是一种"内在超越"——这个概念最初由唐君毅、牟宗三等新儒家提出,就是相对于佛教的"出世间法"、基督教归向上帝的"外在超越"而言的;而他们之所以提出,实则要求安于"内在超越"。这种"内在超越"指向"回归生命本原",或者说"确立自觉生命,归本自然生命,而又开启自由生命"②。最终达到"对个体生命的自我超越,以期融入并归返于那生生不息的'大化流行'之中"③。这就走到了中国诗学的边缘。就总体而言,中国诗学从未跨过这个边缘,还真是"从来就没有什么救世主,也不靠神仙皇帝"(《国际歌》)。

概言之,中国诗学精神是自足的、自适的。这种自足、自适,搞不好就会消磨"向上一路"的力量;反之,搞好了,也会保护这种力量。不过,这种近乎"可爱而不可信"(王国维语)的诗学精神全在于个人领悟,难以普遍推行、扩展。归根

---

① 　陈伯海:《中国诗学之现代观》,上海古籍出版社 2006 年版,第 402 页。
② 　陈伯海:《回归生命本原》,商务印书馆 2012 年版,第 157 页。
③ 　陈伯海:《生命体验与审美超越》,生活・读书・新知三联书店 2012 年版,第 200 页。

到底,中国诗学建立在情感的基础上,而情感通常是具体的、特殊的,带有偶然性。在《中国诗学之现代观》的结语中,陈伯海先生反思中国诗学"无可讳言的短处",就是"理性思维成分的不足,多少影响了其理论的深度与广度"①。

当然,陈先生也以真正的文化自信,多次肯定中国诗学有着无可比拟的长处,"它把天人、群己、心物、体用、情理、意象、出入、形质众多不同的方面扭结在一起,构筑成一个较为圆融贯通的体系,恰足以对那种各执一端、片面引申的现象起弥合作用"②。如前所述,中国诗学是一种"全息式"的体系。它看起来有些散漫、模糊,却是一种灵活变通、具有强大包容力的体系。中国传统文化所特有的"天人合一"的整体思维在中国诗学体系里熠熠生辉。

西方诗学走了另一条路线:经由理性认知,从审美活动走向理念或神。正是因为侧重于理性,西方哲学从古希腊就已经开始(尼采说是从苏格拉底开始)上演了一场"主客二分"的悲剧。到了近代,从康德到黑格尔到尼采,以及马克思,这些在他们的时代里最优秀的思想者,前赴后继,殚精竭虑,也未能彻底消弭这出悲剧的不良影响。一直到了海德格尔,还是不得不凭借隐含神学意蕴的美学思想(或称之为诗性哲学),试图补救西方文化的弊病。

但是,看似泾渭分明的中西方诗学之间仍然有相通的可能。就拿康德来说,他对人类的情感缺乏信任,而诉诸先验原则指导下的理性认识;乃至于上帝存在、灵魂不灭,也无非是为了人类的道德而必须作出的理性假设,实际上他不接受人格化的上帝。不管怎么说,理性主义的有神论倒是确实比较容易支撑普遍的道德观,让普通人在生死攸关之际比较容易抱有信心。而康德关于上帝存在的理性假设实际上开启了一道侧门,可以凭借它所投射的光亮,得到一个洞见:无神论与有神论并非格格不入。西蒙娜·薇依明确表示,无神论者极其接近于真正的信徒。这个见解其实并不神秘。

说到底,无论是人同此心、心同此理,还是人同此心、心同此情,中西诗学之间——以及中国诗学与印度古典诗学、阿拉伯诗学等世界各民族诗学之间——并没有不可逾越的障碍。无神与有神的界限,也无非一条门槛:完全没有必要用任何一种意识形态把它放大、抬高,只要迈开腿,跨过去就是了。跨过这个界限之后,将会发现,有神与无神的诗学最终的相通之处在于:"人类是一种应该

① 陈伯海:《中国诗学之现代观》,上海古籍出版社 2006 年版,第 409 页。
② 陈伯海:《中国诗学之现代观》,上海古籍出版社 2006 年版,第 21 页。

被超越的东西。"①

回到中国诗学来说,它终究不能一直停留在自足、自适的状态,仍然有必要而且有可能再向上一路。当然,作为一种生命论诗学,它仍然要深深扎根在生活,在尘埃中开出花来。关键在于,不惟在思想上"天人合一",更要在实践中"知行合一",然后才会有"超越"的希望。

五

关于中国诗学的三个界限,这里只是作了一个简单的勾勒,不免潦草粗率。当然,中国诗学并不止于这三个界限。

或许有必要说明的是:在这三个界限上,中国诗学要求达到个人的自觉,努力成为一个更好的人,乃至对人的超越。这些要求都是中国诗学提示给每一个人的、仅仅适用于自己的要求。人类终究并非尽善尽美。每一个人和所有人都应该承认、包容、爱护每一个人和所有人的不完善、不完美的人性。中国诗学并不要求尽善尽美高大全,它的本原和理想在于生命之树常青,生生不息。

中国诗学实为中国哲学之精华(如果有"中国哲学"这种东西的话),必将为"各民族诗学传统的共同诗学原理"作出应有的、更大的贡献。过去有一种倾向,谈到中西诗学之间的差异,务求鲜明对照,简直在任何一个方面都是截然相反。现在好像应该反过来,尽可能存异而求同,也就是在保持各自特质、特色的基础上,寻求相同、相通之处。实际上,真正的特质、特色用不着担心它们会泯灭,只要认真用心于相同、相通就好了。

为此,除了梳理中国诗学的界限之外,还有必要调整、重建中国诗学的传统。当然不是为了固守传统,而是惟其如此才有可能真正完成陈伯海先生所开启的"中国诗学之现代观",使中国诗学在历史的维度上有一个可以借力的背景来发挥作用。而这也大概符合当代中国诗歌乃至整个当代中国文学的需要,用王安忆的话来说,"即便是要反抗,也有反抗的目标了"②。惟其如此,中国诗学乃能其命维新。

---

① 尼采:《扎拉图斯特拉如是说》,黄明嘉、娄林译,华东师范大学出版社 2009 年版,第 34 页。
② 王安忆、张新颖:《谈话录》,人民文学出版社 2011 年版,第 100 页。

下　编

"左图右史"的传统及图像在古代社会生活中的作用

中国社会科学院文学研究所　刘跃进　周忠强

图像化，就是指将各种复杂多变的"信息"制作成"图像"并逐渐规模化、制度化。通过这些图像，读图者可以从中获得对各种信息的感知。当今世界，信息传递方式日新月异，图像化成为传达信息的重要方式之一，并发展成为一种以图像来表达意义的文化趋势，对人们的思想和生活都产生广泛而深远的影响。毫不夸张地说，我们现在已经进入新的"读图时代"。

图像化虽然是一种新近兴起的文化热潮，但追本溯源，又是中国历史文化中一直存在着的传统。我们姑且称之曰中华文化中的图像传统。这种图像传统在文字、历史、文学、政治诸方面都有着持久而广泛的生命力，在社会生活中亦发挥着语言文字所不能替代的作用，故有必要进行深入和细致研究。

当然，这里所说中华文化中的图像传统与当今的图像化也许还有很多不同，但是无论如何，其中又有许多值得关注的若干重要联系。温故而知新，回溯中华文化中的图像传统，或有助于我们对当今"新的读图时代"有比较深入的理解。

一

中国文字，就其本质而言，属于象形文字。在其创造之初，可以说与图像同源，互为表里。图像性是象形文字的最主要特征。文字的演变遵循从写实到逐渐抽象化、符号化这一规律。在文字演变完善到相当程度时，书画分离，文字与图像才开始按照不同的路径分别发展。新石器时代最有代表性的绘画艺术为彩陶纹样和先民岩画，这个时期最有特色的彩陶艺术是仰韶文化和马家窑文化，质朴明快、绚丽多彩的彩陶图案引发我们对于先民精神世界的无尽遐思，纯真自然、热烈奔放的史前岩画反映了人类孩提时代朴实的想象和美好的愿望，同样是我们中华民族的祖先贡献给世界艺术宝库的珍贵遗产。中国国家博物馆收藏有一件属于新石器时代仰韶文化的鹳鱼石斧图彩陶缸，陶器上有鱼、鹳鸟和石斧，图像清晰简洁，白鹳用没骨法画成，鹳眼、鱼及石斧的轮廓用黑线描绘，笔法苍劲有力，神态生动自然。据专家考证，此图可能为古代氏族权力的象征，也是图腾艺术的体现，记录了鹳氏族兼并鱼氏族的重大历史事件，在这里图像发挥了与文字相近的记录功能。同样，宁夏贺兰山岩画中大量出现鹿的图像，它们也是先民生活环境的一种真实记录，鹿图像与古代游牧民族的图腾崇拜及其世界观有着密切的关系，画面充实饱满，给人以美的感受。

图 1　鹳鱼石斧图彩陶缸

图 2　贺兰口"父子鹿"岩画

二

　　中国向来有"左图右史"的历史传统。"左图右史"出自《新唐书·杨绾传》："性沉静，独处一室，左图右史，凝尘满席，澹如也。"①"左图右史"，除了表示典籍图史收藏的丰富外，亦说明图与史是不能分离的，即舆图与史书分置左右，在读书的过程中可以互相补充验证。

　　中国舆图的历史可以追溯到商周时期，这里还仅仅说的是真正意义上的地图，至于某些局部的地理性标识，大概可以推至更早的远古时期②。《周礼·大司徒》中大司徒的职务就有执掌地图这一项："大司徒之职，掌建邦之土地之图与其人民之数，以佐王安扰邦国。以天下土地之图，周知九州之地域广轮之数，辨其山林、川泽、丘陵、坟衍原隰之名物。"③甘肃天水放马滩出土的战国秦木版地图，为目前所见中国最早的地图。晋代裴秀曾绘制《禹贡地域图》十八篇，唐代李吉甫的《元和郡县图志》四十七镇，每镇卷首皆有地图，可惜今已佚不存。除地图外，有一种特定类型的"职贡图"亦需引起我们的注意。所谓"职贡图"，指在古代社会，外国及中国境内的少数民族上层向中国皇帝进贡的纪实图像，以图证史，可补历史记载之不足。梁元帝萧绎曾画《职贡图》，已经失传，所幸有北宋摹本流传，虽有残缺，但尚可从中一睹六朝风韵。现存《职贡图卷》据传最

图3　萧绎《职贡图》（宋摹本局部）

---

①　欧阳修：《新唐书》，中华书局1975年版，第4664页。

②　赵珩：《也说"左图右史"》，《读书》2006年第5期。

③　孙诒让：《周礼正义》，中华书局2013年版，第689页。

早出于阎立本之手笔,为唐贞观三年应诏而作。唐人李嗣真有过详细描述,苏东坡也曾赋诗称道,后人时有效仿其意者,故宫博物院就藏有仇英所作《职贡图卷》,清代乾隆时更有名为《皇清职贡图》的专书问世,书中记载为作者亲眼所见,应当是真实可信的风土地理类著作。

图 4　阎立本《职贡图卷》

三

中国文学源自口头,在后来的发展过程中,又与图像发生重要关联。周秦汉唐时期的所谓"图书",就包括"图像"与"文字"两部分;如果只有文字而没有图像,则单称为"书"①。其中,有关山川神怪崇拜为内容的文献,大多是"图"与"书"相结合,如《山海经》。《山海经》本来配有"山海图",《山海经》是对"山海图"的文字说明,陶渊明诗中就有"流观山海图"这样的句子,郭璞注中亦指出了《山海经》与《山海图》图文并茂的特质。王应麟《玉海》引《中兴书目》云:"《山海经图》十卷,本梁张僧繇画,咸平二年校理舒雅……重绘为十卷,……每卷中先类所画名,凡二百四十七种。"②六朝时梁张僧繇所画和宋代舒雅重绘的《山海经图》,现在已不可见,其中一部分也许还保存在明刊本《山海经图》和清初吴任臣《山海经广注》插图中。

王逸《楚辞章句》指出,屈原的《天问》原是因壁画启发而创作出来的:"屈原放逐,忧心愁悴;彷徨山泽,经历陵陆;嗟号昊旻,仰天叹息。见楚有先王之庙及公卿祠堂,图画天地、山川、神灵、琦玮僪佹及古贤圣怪物行事,周流罢倦,休息

---

① 江林昌:《图与书:先秦两汉时期有关山川神怪类文献的分析》,《文学遗产》2008 年第 6 期。

② 王应麟:《玉海》卷十五《地理》,文渊阁本《四库全书》第九四三册,第 357 页。

其下,仰见图像,因书其壁,呵而问之,以泄愤懑,舒泻愁思。"①联系当时楚国高度发展的建筑和绘画艺术,我们有理由相信,王逸的解释并非空穴来风。战国时期类似屈原《天问》中的问天、升天图像,是以各种形式广泛出现的,比如 1949年在长沙陈家大山楚墓中出土的龙凤人物帛画、1973 年在长沙子弹库楚墓中出土的人物御龙帛画。前一幅表现龙凤引导人的灵魂升天,后一幅则是人的灵魂乘龙升天。相当奇特的是,后图中乘龙的男子,也是峨冠博带,颇似后人描摹中的屈原本身形象。此画为战国中期所作,相当于屈原所处时期甚或更早。画中还偶用了金白粉彩,为我们了解古代楚国文化提供了形象的读本。

图 5　龙凤人物帛画　　　　　　图 6　人物御龙帛画

　　东晋著名画家顾恺之画技精湛,谢安曾给予他的绘画以"有苍生以来所无"的高度评价。在他的生花妙笔下,作为古代人物画之一的故实画获得了独立的发展地位,取得了前所未有的辉煌成就。所谓故实画,即取材于具有借鉴作用的历史事迹、传说故事以及文学作品等,其代表作有《洛神赋图》《女史箴图》《列女仁智图》。《洛神赋图》为宋人摹本,是顾恺之根据曹植名作《洛神赋》所作

---

①　洪兴祖:《楚辞补注》,中华书局 1983 年版,第 85 页。

的长卷。《女史箴图》根据张华《女史箴》文创作而成,描写古代妇女所应遵循的
道德规范,每段绘图并题写箴言,颇似今日之连环画形式。原文十二节,所画亦
为十二段。原作已佚,现存有唐摹本,自"冯媛挡熊"至"女史司箴,敢告庶姬"共
九段。原藏圆明园,1860 年火烧圆明园后流失海外,现收藏于大英博物馆。
2001 年,为纪念这幅重要画作进馆一百周年,大英博物馆举行《女史箴图》学术
研讨会。朱彝尊《曝书亭集》卷五十四《顾长康女史箴图跋》云:"康熙壬子春,观
女史箴于江都汪氏,绢虽剥落,气韵绝伦。惜止留其半。男女老幼共二十八人。
象各异迹,所谓意存笔先。画尽意在者,非与。题识小字尤佳,颇似大令十三
行,出虎头己书也。"①认为这是顾恺之自己的书法,则其题写时代为东晋。也有
学者提出《女史箴图》非顾恺之所作,乃北魏孝文帝时期一宫廷画师托顾恺之之
名而作。其题识时代,应早于隋唐。无论画作如何,其所依据的文本则是张华
的《女史箴》,向无疑议。《列女仁智图》取材于汉代刘向所作《列女传》,全卷共
分十五段,每段绘人物并书人名颂赞,画法古朴,具有魏晋时期艺术风貌。东晋
以后,故实画亦有发展,代表作品如南宋马和之《诗经图》等。此外,有关《诗经》
的名物,也有很多画师加以描绘。《诗经》之外,还有《楚辞》的绘画,先师姜亮夫
先生《楚辞书目五种》就多有著录。

图 7　顾恺之《洛神赋图》(宋摹本局部)

① 　朱彝尊:《曝书亭集》,世界书局 1937 年版,第 637 页。

图 8　顾恺之《女史箴图》(唐摹本局部)

随着绘画与诗歌艺术的成熟与完善,题画诗这种艺术形式开始出现并逐渐普及。题画诗是绘画章法的一部分,它通过书法表现到绘画中,使诗、书、画三者之美极为巧妙地结合起来,相互映衬、生发,增强了作品的形式美感,构成了中国画的艺术特色。此外,宋以前的许多赞美绘画或对绘画有感而发的诗歌,虽不题在画上,从广义上讲,也算是题画诗。一般认为,真正的题画诗滥觞于宋代,以黄庭坚为代表诗人,其代表作如《题子瞻枯木》《观伯时画马》《次韵子瞻题郭熙画山》等。

宋元以后,绣像小说逐渐兴盛,绘画与小说相得益彰。鲁迅《且介亭杂文·连环图画琐谈》:"古人'左图右史',现在只剩下一句话,看不见真相了。宋元小说,有的是每页上图下说,却至今还有存留,就是所谓'出相';明清以来,有卷头只画书中人物的,称为'绣像'。有画每回故事的,称为'全图'。那目的,大概是在诱引未读者的购读,增加读者的兴趣和理解。"读者引起兴趣,便有了市场,绣像小说成为当时图书市场最为流行的读物。

四

中国的宫殿、祠庙、官署等体现权力等级的建筑之中,各类题材的壁画更是不胜枚举。1982 年在甘肃省天水市秦安县大地湾原始社会居址内发现一处新石器时代的地画,该地画系马家窑文化时期绘制,距今 4 000 至 5 000 年之间,是我国建筑壁画的滥觞。到了商周时期,则把历史上的著名人物或重要故事图像于庙堂,供人瞻仰或引以为戒,十分注重图像的宣传教育作用。《墨子》云:

"纣为鹿台糟邱,酒池肉林,宫墙文画,雕琢刻镂,锦绣被堂,金玉珍玮。"①《吕氏春秋·谕大》引《商书》:"五世之庙,可以观怪。"②《淮南子·主术》载:"文王周观得失,遍览是非,尧舜所以昌,桀纣所以亡者,皆著于明堂。"高诱注:"著,犹图也。"③《孔子家语》卷三"观周"条:"孔子观乎明堂,睹四门墉有尧、舜之容,桀、纣之象,而各有善恶之状,兴废之诫焉。又有周公相成王抱之负斧扆南面以朝诸侯之图焉。孔子徘徊而望之,谓从者曰:此周之所盛也。"④

在传说和记载中,二世而亡的秦王朝也建造了许多辉煌壮观的宫殿和庙宇,内部装潢富丽,绘制壁画更是不可缺少的。唐代张彦远《历代名画记》:"图画之妙,爰自秦汉,可得而记。降于魏晋,代不乏贤。"⑤秦代画像,由于战争的摧残,致使宫殿被毁、装饰尽没。唯在地下埋葬的部分遗物中还能略窥一二。据陈直《汉书新证》"为吕氏右祖,为刘氏左祖"条考证:"凤翔彪脚镇,曾出土秦代大画砖,为两王宴饮图,持杯皆用左手,知秦代尚左,但汉初改为尚右,周昌传'左迁'是也。周勃入北军,大呼为刘氏左袒,知仍用秦代习俗。"⑥据此画像砖考证秦汉习俗,确有意义。秦咸阳宫遗址墙壁上装饰有黑、赭、红等矿物质颜料绘制的壁画,具有相当高的艺术水平。此外,在咸阳秦代梁山宫遗址还出土了踏步空心砖画像,根据史书记载,秦始皇拥有众多宫殿,梁山宫就是其中之一。这里宫妃云集,是秦始皇寻欢作乐的场所。空心砖画像所描绘的正是这种龙璧环绕的欢乐画面:龙头高昂,不时回首翘望,不可一世;玉璧洁白,时时展露风姿,柔情似水。布局讲究,线条优美,传神写照,尽在不言之中。⑦

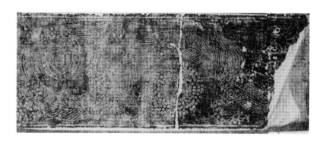

图9 秦代梁山宫遗址踏步空心砖画像

① 孙诒让:《墨子间诂》,中华书局 2001 年版,第 655 页。
② 许维遹:《吕氏春秋集释》,中华书局 2009 年版,第 304 页。
③ 何宁:《淮南子集释》,中华书局 1998 年版,第 695 页。
④ 陈士珂:《孔子家语疏证》,上海书店 1987 年版,第 72 页。
⑤ 张彦远:《历代名画记》,上海人民美术出版社 1964 年版,第 7 页。
⑥ 陈直:《汉书新证》,天津人民出版社 1979 年版,第 4 页。
⑦ 参见刘跃进:《咸阳碑刻》序,题为《咸阳石刻的启示》,该书为李慧、曹发展编,三秦出版社 2003 年版。

　　景帝末年,文翁作蜀郡守,成都起学宫,刻孔子和七十二弟子像。见《玉海》引《益州记》。文翁,《汉书·循吏传》有传:"文翁终于蜀,吏民为立祠堂,岁时祭祀不绝。至今巴蜀好文雅,文翁之化也。"①《汉书·地理志》对此有补充:"景、武间,文翁为蜀守,教民读书法令……及司马相如游宦京师诸侯,以文辞显于世,乡党慕循其迹。后有王褒、严遵、扬雄之徒,文章冠天下。繇文翁倡其教,相如为之师,故孔子曰:'有教亡类。'"②由此可知,文翁是最早在蜀地发展教育的地方官员,自他开始,蜀地在京师求学的学子数量渐与齐鲁相当。由于文翁的贡献,他的名字成为宣扬教化的官员的代名词,杜甫曾有诗云:"但见文翁能化俗,焉知李广不封侯。"至于文翁礼殿图,唐代司马贞在为《史记·仲尼弟子列传》所作的《索隐》中曾三次提及《文翁孔庙图》,宋人笔记中也有很多关于文翁孔庙的相关记载,比如蜀人范镇的《东斋记事》:"成都府学有周公礼殿,及孔子像在其中。其上壁画三皇、五帝及三代以来君臣,即晋王右军与蜀守帖,求三皇、五帝画像是也"。范镇所说的周公礼殿,就是后世习称的文翁礼殿,也就是《索隐》中所说的文翁孔庙。③

　　《论衡·须颂篇》:"宣帝之时,画图汉列士,或不在于画上者,子孙耻之。"④所谓"宣帝之时,画图汉列士",详见《汉书·李广苏建传》。汉宣帝甘露三年(公元前51年),也就是赵充国死后的第二年,汉宣帝在麒麟阁为十一功臣画像,以"思股肱之美"⑤。这些画像是否有题字,现在不得其详。四十二年后,汉成帝刘骜元延四年(公元前9年),扬雄奉诏作《赵充国颂》,何焯《义门读书记》卷四十九:"百余字耳,叙述详赡,可为后人法戒,所以为作者。"扬雄仅用百余字描写赵充国,也不得已而为之,因为他要受制于赵充国画像的约束。赵充国的一生,诚如《赵宽碑》所载,"外定强夷,即序观戎;内建筹策,协霍立宣,图形观口"。对外平定边患,创立赫赫战功。对内又与霍光一起策定宣帝,这可不是一般的业绩,在宣帝、成帝眼中,可谓丰功伟业,否则就不会有他们父子的地位。因此为赵充国画像,自然也在情理之中,而既然是画像,又不可能面面俱到,只能截取若干片段。平定匈奴,那是武帝时代的最大功绩,而对于西羌的软硬兼施、恩威并重

---

①　班固:《汉书》,中华书局1962年版,第3627页。
②　班固:《汉书》,中华书局1962年版,第1645页。
③　胡兰江:《文翁礼殿图小考》《中国典籍与文化》2002年第3期。
④　黄晖:《论衡校释》,中华书局1990年版,第851页。
⑤　班固:《汉书》,中华书局1962年版,第2468页。

的策略且取得成功的,非赵充国莫属,所以画像当以此为题。扬雄的画像也以此为主题。

《后汉书·朱景王杜马刘傅坚马列传》记载,东汉明帝追感前世功臣,永平年间下令追摹二十八位武将画像,悬挂于南宫云台。其外又有王常、李通、窦融、卓茂等,合三十二人。《后汉书·邓张徐张胡列传》载:"熹平六年,灵帝思感旧德,乃图画广及太尉黄琼于省内,诏议郎蔡邕为其颂云。"①根据《赵充国传》,不仅画像,还有论赞。

又据应劭《汉官仪》记载,不仅朝廷悬挂功臣画像,郡府厅事壁也悬挂前任长官之像并书赞。《后汉书·杨李翟应霍爰徐传》载:"(建安)二年,诏拜劭为袁绍军谋校尉。时始迁都于许,旧章堙没,书记罕存。劭慨然叹息,乃缀集所闻,著《汉官礼仪故事》,凡朝廷制度,百官典式,多劭所立。初,父奉为司隶时,并下诸官府郡国,各上前人像赞,劭乃连缀其命,录为《状人纪》。"②显然,这就是为一部画集题写像赞之类的文字,而画像主要又是前代圣贤。可惜的是,这些画像并没有保留下来。

汉代宫殿殿堂中绘有将士贤人、凡夫习俗、孝子烈女、神仙佛教,乃至神鬼天灵等的图像。在汉赋创作中,班固《两都赋》、张衡《二京赋》、扬雄《甘泉赋》对此都有生动的描绘,尤其是王延寿在这方面表现出独特的艺术才能,《鲁灵光殿赋》中的成功描写,如"图画天地,品类群生,杂物奇怪,山神海灵""上纪天辟,遂古之初,五龙比翼,人皇九头,伏羲鳞身,女娲蛇躯""下及三后,淫妃乱主,忠臣孝子,烈士贞女,贤愚成败,靡不载叙""写载其状,托之丹青,千变万化,事各缪形,随色象类,曲得其精",为王延寿赢得了"辞赋英杰"的声誉。又如《后汉书·西域传》载佛教画像:"世传明帝梦见金人,长大,顶有光明,以问群臣。或曰:'西方有神,名曰佛,其形长丈六尺而黄金色。'帝于是遣使天竺问佛道法,遂于中国图画形象焉。楚王英始信其术,中国因此颇有奉其道者。后桓帝好神,数祀浮图、老子,百姓稍有奉者,后遂转盛。"③这些画像,显然是已经有了一定的摹本,从宫廷到民间,逐步在世间流传。

在汉代,画像石格外盛行,且易于保留。北宋沈括《梦溪笔谈》卷十九就有记录:"济州金乡县发一古冢,乃汉大司徒朱鲔墓,石壁皆刻人物、祭器、乐架之

---

①　范晔:《后汉书》,中华书局 1965 年版,第 1511 页。
②　范晔:《后汉书》,中华书局 1965 年版,第 1614 页。
③　范晔:《后汉书》,中华书局 1965 年版,第 2922 页。

类。人之衣冠多品,有如今之幞头者,巾额皆方,悉如今制,但无脚耳。妇人亦有如今之垂肩冠者,如近年所服角冠,两翼抱面,下垂及肩,略无小异。人情不相远,千余年前冠服,已尝如此。其祭器亦有类今之食器者。"①画面之丰富多彩,依稀可以想见。北宋末年赵明诚《金石录》也著录了山东嘉祥武氏祠的榜题。南宋洪适《隶释》还收录武氏祠部分图像摹本。令人惊奇的是,宋人所见的武氏祠,今天依然保留着,给人以千年历史不过一瞬的强烈感触。

汉画中最多见的是灵异动物,包括所谓四灵及飞禽走兽、家畜等。所谓"四灵",即青龙、白虎、朱雀、玄武。《三辅黄图·未央宫》:"苍龙、白虎、朱雀、玄武,天之四灵,以正四方,王者制宫阙殿阁取法焉。"②参见《新编瓦当图录》,就收有四灵瓦当。此外,汉画还有蟾蜍、玉兔、三足乌、龙凤、嘉禾等形象。

古圣先贤、历史故事、神话传说以及统治阶级享乐生活的情景也常见于画像石。其中人物故事画像最为丰富。这些人物故事画像包括:历代帝王,如三皇、五帝、后羿、夏桀、文王及十子、秦始皇;圣贤故事,如孔子见老子、孔门弟子;忠义故事,如周公辅佐成王、赵氏孤儿、二桃杀三士、管仲射小白、完璧归赵、鸿门宴、荆轲刺秦王;孝行故事,如老莱子娱亲、董永孝父等。此外,还有孝子、烈女、神仙、佛教等画像。魏晋时代曹植的《画赞》,可视为总结之作。他说:"观画者见三皇五帝,莫不仰戴;见三季暴主,莫不悲惋;见篡臣贼嗣,莫不切齿;见高节妙士,莫不忘食;见忠节死难,莫不抗首;见忠臣孝子,莫不叹息;见淫夫妒妇,莫不侧目;见令妃顺后,莫不嘉贵。是知存乎鉴者,图画也。"③这足以说明图像确乎发挥着普及文化、宣传教化的巨大作用。

乐舞百戏,包括群舞独舞、相和歌、鼓吹、角、笛、横吹、骑吹、短箫铙歌、箫鼓、总会仙倡、东海黄公、漫衍鱼龙、都卢、巴渝在汉代画像中亦多表现。此外,车马骑乘、仙人神祇、宫阙住宅、耕作技术、纺织作坊、山泽鱼盐、粮食作物及饮食文化等,也是汉代画像中的常见的主题,这些内容在汉代的诗歌、辞赋及文章中时有涉及,现在有了形象的资料作为参考,当有助于我们对于文学作品的理解,进而清晰地认识当时的社会状况。④

---

① 胡道静:《梦溪笔谈校证》,上海古籍出版社 1987 年版,第 630 页。
② 何清谷:《三辅黄图校释》,中华书局 2005 年版,第 160 页。
③ 赵幼文:《曹植集校注》,人民文学出版社 1984 年版,第 67—68 页。
④ 参见曹道衡、刘跃进合著:《先秦两汉文学史料学》下编,中华书局 2005 年版,第 535 页。

图 10　山东嘉祥武氏祠左石室后壁小龛西壁画像,第二层为荆轲刺秦王

五

　　图像之所以在古代社会长盛不衰,与语言文字并行发展,毫无疑问,这与其在社会生活中发挥的巨大作用密切相关。概括起来,主要表现在以下几个方面:

　　首先,图像与文字同源一体,图像本为记录文字的载体,同文字一样,中国早期图像也以叙事、纪事为主要目的。唐代张彦远《历代名画记·叙画之源流》云:"留乎形容,式昭盛德之事,具其成败,以传既往之踪。记传所以叙其事,不能载其容,赞颂有以咏其美,不能备其象,图画之制所以兼之也。"①这里特别强调图画的"叙事"作用,所谓"昭盛德之事""传既往之踪",图画与文字相辅相成,并发挥着文字不可替代的作用。

　　其次,图像不仅可替代文字记录事件,它还发挥着解释文字并进一步阐发的作用,如敦煌经变画的出现即为显例。经变画是用画像来解释某部佛经的思想内容,即经变,亦称变或变相。广言之,凡依据佛经绘制之画,皆可称为"变"。

---

　　①　张彦远:《历代名画记》,上海人民美术出版社 1964 年版,第 4 页。

敦煌经变画则通常指将某一部甚至某几部有关佛经之主要内容组织成首尾完整、主次分明的大画。经变在南北朝时即已出现,据唐张彦远《历代名画记》,南朝宋袁倩画有"维摩诘变",梁时儒童画有"宝积经变"。莫高窟有经变三十三种,持续时间长的有西方净土变、东方药师变、弥勒经变、法华经变、维摩诘经变,数量最多的是东方药师变。敦煌经变内容丰富,形式多样,除了佛经内容外,大量的社会生活内容在经变画中也得到生动地体现。许多经变画技巧高超,堪称艺术珍品。对此,美国学者梅维恒《绘画与表演》有专门的讨论。

图 11　甘肃敦煌莫高窟经变画(局部)

再次,图像还担负着普及文化、宣传教化的使命。据伏俊琏先生研究,敦煌俗赋的源头是秦汉杂赋,秦汉杂赋主要以讲诵的形式传播,其中看图讲诵是其形式之一,而变文的看图讲故事也是从早期俗赋发展而来①。大乘佛教强调对佛像的瞻仰礼拜,无论是石窟造像还是水陆画像,都力图使信众在观看图像的过程中获得精神世界的升华,从而强化信众积德行善、广施福田的信念。又如,

———————

① 伏俊琏:《先秦两汉"看图讲诵"艺术与俗赋的流传》,《天水师范学院学报》2008 年第 6 期。

《左传·宣公三年》载："昔夏之方有德也，远方图物，贡金九牧。铸鼎象物，百物而为之备，使民知神、奸。故民入川泽、山林，不逢不若。魑魅罔两，莫能逢之。用能协于上下，以承天休。"①

据传大禹时期所铸之九鼎，上面就有各种图像，通过察知这些图像，百姓可以保护自身、避除邪秽，在这里，图像就发挥起普及自然知识、宣传文明教化的作用。同理，饕餮纹是商周青铜器上的主要纹饰，《吕氏春秋·先识览》云："周鼎著饕餮，有首无身，食人未咽，害及其身。"②通过饕餮这一形象，周人努力向世间宣扬惜福知足、克制贪欲这一道德训诫，从而保证社会的安定与和谐。

综上，中华文化中的图像传统源远流长，生机无限，重视这一传统，并更好地运用这一传统，将成为我们今后思考与努力的方向所在。

---

① 杨伯峻：《春秋左传注》(修订本)，中华书局 1990 年版，第 669—671 页。
② 许维遹：《吕氏春秋集释》，中华书局 2009 年版，第 398 页。

略说魏晋南北朝文学的自觉

北京大学 傅 刚

一、文、笔之辨

鲁迅先生曾说建安文学是中国文学的自觉时期,这个说法点明了这一时期文学的本质特征,但也诚如袁行霈先生所说,文学的自觉是一个相当漫长的过程,它贯穿于整个魏晋南北朝,是经过大约三百年才实现的。作为文学自觉的一个重要标志,是文学从广义的学术中分化出来,成为独立的一个门类。这在学术史上反映为文、笔之辨。所谓文,大意是指合于今日的纯文学作品,而笔基本是指应用性文体。文、笔之辨在理论家手里展开,始于南朝刘宋时期,但汉末以迄魏晋,作家对文与笔的区分,已经具有了比较自觉的认识。历史资料表明,汉末时对文史和儒生两种身份进行过比较,认为文吏擅长于笺奏一类应用性文体,儒生则擅长于经学,所以两者各有优劣①。对应用性文体进行仔细地辨析,是汉末学术的一个重要内容,辨析的目的并非是文学的诱因,但却促进了文学的自觉化过程。东汉王充在《论衡》中用笔疏作为文吏使用的文体,用赋颂作为班固、傅毅等文人使用的文体,其中已寓含了区分之意。这个发展的过程到了汉末曹魏年间以"文学"与"文章"作界限分明的对举时,显示了文学的自觉的开始。《三国志·刘劭传》载夏侯惠推荐刘劭时提到"文学之士"和"文章之士"。这个说法来源于刘劭《人物志》,刘劭将人流之业分为十三种,称"能属文著述,是谓文章,司马迁、班固是也;能传圣人之业,而不能干事施,是谓儒学,毛公、贯

公是也"。魏晋时期以"文学"指儒学,以"文章"指诗赋等创作,这与南朝时期恰恰相反,但两者间的区分是很明显的。至于魏正始年间,高贵乡公曹髦称王沈为"文籍先生",裴秀为"儒林丈人",表明文章的概念已经独立①。文笔一词在《论衡·超奇》中已经使用,但偏在笔上,不含对立的意思,其后曹操《选举令》也是同样的用法,但是当《三国志·王粲传》裴松之注引《典略》繁钦"既长于书记,又善为诗赋"时,文和笔的区分已经较东汉时十分清楚了。

文和笔的区分,基本是将文学作品与非文学作品区分开来,这是文学发展的必然趋势,反映了历史的要求。随着文学的日益发展,文学地位的提高和独立,文笔的区分也愈渐清晰,同时,对文学特点的认识,也愈为鲜明,这在南朝齐梁时更成为文学批评的一个重要内容。文笔的讨论以刘勰和萧绎为代表。刘勰《文心雕龙·总术》总结时人的看法说是"有韵为文,无韵为笔"。这是以用韵与否来划分文笔,用韵的文体有诗、赋以及颂、赞、吊、诔等,不用韵的文体如诏、策、檄、移等。这种分法简单明了,便于掌握,从形式上厘清了纯文学作品和应用文体间的界限。刘勰《文心雕龙》就是以这个标准来区分文体的,他所论文体主要有三十三类,自《明诗》至《谐隐》是有韵的文,自《史传》至《书记》是无韵的笔。时代稍后出现的《文笔式》一书也贯彻了同样的说法:"制作之道,唯笔与文。文者,诗、赋、铭、颂、箴、赞、吊、诔是也;笔者,诏、策、移、章、奏、书、启等也。即而言之,韵者为文,非韵者为笔。"②与刘勰不同,萧绎更关注作为文学作品的本质特征。他在《金楼子·立言》说:"古人之学者有二,今人之学者有四。夫子门徒,转相师受,通圣人之经者,谓之儒;屈原、宋玉、枚乘、长卿之徒,止于辞赋,则谓之文。今之儒,博穷子史,但能识其事,不能通其理者,谓之学。至如不便为诗如闾纂,善为章奏如伯松,若此之流,泛谓之笔。吟咏风谣,流连哀思者,谓之文。而学者率多不便属辞,守其章句,迟于通变,质于心用。学者不能定礼乐之是非,辩经教之宗旨,徒能扬榷前言,抵掌多识,然而挹源之流,亦是可贵。笔退则非谓成篇,进则不云取义,神其巧惠,笔端而已。至如文者,惟须绮縠纷披,宫徵靡曼,唇吻遒会,情灵摇荡。而古之文笔,其源又异。"萧绎这里是在对古今学者区分对比的基础上提出的文笔概念。所谓古之学者有二,即儒与文;今之

---

① 秦汉以来由文学分为文学和文章,又由文学分为儒和学,文章分为文和笔,经历了漫长的历史过程。参见郭绍虞:《文笔说考辨》,载《照隅室古典文学论集》(下编)。上海古籍出版社1983年版。

② 《文笔式》见录于《文镜秘府论·西卷》,罗根泽《文笔式甄微》(中山大学文史学研究所月刊第三卷第三期,1935年)及王利器《文镜秘府论》(中国社会科学出版社1983年版)都认为出于隋人之手。

学者有四,即儒、学、文、笔。这种区分符合学科发展的实际,是进步的观念。关于儒与学,暂置不论。我们感兴趣的是,萧绎对文笔的区分,并不是以有韵、无韵为界限,而更注重文体的本质特点。对于笔的定义,他称"退则非谓成篇,进则不云取义,神其巧惠,笔端而已",又举例"不便为诗如闾纂,善为章奏如伯松",章奏自然是无韵之体,本属于笔的范围,但萧绎却把"不便为诗"的闾纂也划入笔者之列,这就打破了当时通行的有韵为文,无韵为笔的观念。再看他对文的定义是"吟咏风谣,流连哀思""绮縠纷披,宫徵靡曼,唇吻遒会,情灵摇荡",这里更强调的是辞藻、声律,以及打动人的情思。应该说这种区分并不科学,因为什么作品可以称"绮縠纷披,宫徵靡曼"呢? 又哪些作品叫做"情灵摇荡"呢? 这并没有一个客观标准。但是从对文学作品本质的认识上,萧绎远远超过了同时代的批评家。他提出的不是划分文体的界限,而是文学作品的要求和境界。在他看来,即使是诗,如果像闾纂那样,也不能称为文。萧绎的这一认识对纯文学作品的本质,是把握得很准确的,这样的认识比简单的文笔区分更显示了高度的文学自觉。就南朝批评家重文轻笔的倾向看,文学作品地位高于非文学作品是被世人广泛接受的事实。《南史·任昉传》说任昉"既以文才见知,时人云'任笔沈诗'。昉闻甚以为病。晚节转好著诗,欲以倾沈,用事过多,属辞不得流便,自尔都下士子,转为穿凿,于是有才尽之谈矣"。以这个情况与汉魏时比较,可以看出文学的地位和价值的提高,是确切不疑的了。

二、文苑传及文学馆的确立及总集、别集的编纂

史书列文苑传,最早开始于范晔的《后汉书》。范晔书撰于宋文帝元嘉元年时①,在这之后的元嘉十五年(438 年),文帝立儒、玄、文、史四馆,文学从制度上被确立为一门,是文学自觉和独立的标志。范晔《后汉书·文苑传》未写序论,不知道他特立"文苑"一传的用意。他在《狱中与诸甥侄书》中说自己于诸杂传论"皆有精意深旨",特别是《循吏》以下及《六夷》诸《序论》,"笔势纵放,实天下之奇作。其中合者,往往不减《过秦》篇。尝共比方班氏所作,非但不愧之而

---

① 《宋书·范晔传》载范晔元嘉元年(424)左迁为宣城太守,不得志,于是删众家《后汉书》,以为一家之作。

已"。于此可见范晔对这些《序论》的看重,但他没有写作《文苑传论》,这是非常可惜的事。文学家在汉代的地位类同俳优①,故而扬雄称辞赋乃童子雕虫篆刻,壮士不为。对于这些以文学名家的人物,史家取"文之为义,远矣大矣"②,择选文章尤著者如司马相如等人立传。虽然"立言"为儒家三不朽之一义,但主要是指百家阐明理义之作,至于辞赋,则未免有"繁华失实,流宕忘返"之讥。刘知几从史书体例论史书之得失,固然有道理,但如果没有司马迁、班固等史家的著录,在集部尚未编纂的西汉,作家作品若想保存完好,流传后世,是很难想象的。从这一点看,史家的识见,往往不是后人可以据理所得的。汉魏之际曹丕撰《典论·论文》,公开提倡"文章乃经国之大业,不朽之盛事",又称:"年寿有时而尽,荣乐止乎其身,二者必至之常期,未若文章之无穷。是以古之作者,寄身于翰墨,见意于篇籍,不假良史之辞,不托飞驰之势,而声名自传于后。"曹丕以储君身份宣布文学价值等于史书,虽然这篇文章具有某种政治寓义③,但却是文学自觉背景中的产物,也是文学地位走向独立的标志。正是具有了这样的背景,我们看到,虽然史书列《文苑传》晚至刘宋时才出现,但自汉末以来,史书于作家作品往往多所载录,正是发扬了曹丕的观点。范晔《后汉书·文苑传》没有《序论》,但其后的《南齐书》《梁书》《魏书》等都设立了文学传,并且都作有《序论》或《传论》。为文学家列传,以文学作品为立言,并与立德、立功相等,传名不朽,文学真正取得了独立的地位。

　　文学独立、自觉的另一个标志是总集、别集的编纂。集部据《隋书·经籍志》说是起于东汉,姚振宗《隋书经籍志考证》以为说起源于东汉,但据《后汉书·儒林》《文苑传》所载篇籍约略言之,事实上西汉刘向《诗赋略》五篇,皆诸家赋集、诗歌集,固别集之权舆。至辑东方朔所著诸篇于《别录》,诸体毕备,则明明为别集之类。但刘向、东方朔是目录,还是别集,尚难确定,就编集角度说,西汉尚不具备条件。即使东汉,编集意识也并不普及,所以有人认为文学创作之有目录,自曹植始④。《三国志·魏志·陈思王传》载明帝景初中下诏撰录曹植前后所著赋、颂、诗、铭、杂论百余篇,副藏内外,这是明确的编集。其实曹植在

---

　　① 参见《汉书·严朱吾丘主父徐严终王贾传》,武帝对东方朔、枚皋等文士以俳优蓄之。
　　② 《史通》卷五《载文》。
　　③ 参见曹融南、傅刚:《论曹丕、曹植文学价值观的一致性及产生的历史背景》,载《中国古代文学理论研究》第十一辑,上海古籍出版社 1986 年版。
　　④ 姚名达:《中国目录学史》,商务印书馆 1957 年版。

生前已为自己编集,《艺文类聚》五十五载曹植《前录序》说:"余少而好赋,其所尚也,雅好慷慨,所著繁多,虽触类而作,然芜秽者众,故删定,别撰为《前录》七十八篇。"这是曹植为自己的赋所编集。《晋书·曹志传》记武帝尝阅《六代论》,因问曹植之子曹志是否为其父所作,曹志称其父有手所作目录,待归家后可以寻案。这说明曹植集确已编好,而且家藏目录。汉魏时期尚重子书,然而集部也已受到作家和全社会的重视,这也是曹丕宣称篇籍可以传声不朽的背景。自此以后,别集编纂日渐成风。至于南朝,"家家有制,人人有集"①,甚至像王筠那样,一官一集,作家对于本集的热爱,真可谓是敝帚自珍了。别集的兴盛,促进了总集的编纂。《隋书·经籍志序》说:"总集者,以建安之后,辞赋转繁,众家之集,日以滋广,晋代挚虞,苦览者之劳倦,于是采适孔翠,芟剪繁芜,自诗赋下,务为条贯,合而编之,谓为《流别》。是后文集总钞,作者继轨,属辞之士,以为覃奥,而取则焉。"《隋志》以为总集起于挚虞《文章流别集》,有一定道理,就其"荟萃各体文章,加以删汰别裁,且附以系统评论的大规模总集"②的意义说,的确首推《文章流别集》。不过,总集之编并不始于挚虞,若论起源,当推《楚辞》③。但《楚辞》之体与后世总集有别,诚如《四库全书总目》所说:"他集不与《楚辞》类,《楚辞》亦不与他集类。"裒集各体文章之集,还是在汉末魏晋之时。汉末王逸有《汉诗》百二十三篇④,久佚,不知面貌如何。但在曹魏时却出现了一些具有总集性质的书。如《隋志》著录的应璩《书林》,当是有关书体的总集。又曹丕在《与吴质书》中明确说到追思徐幹、陈琳、应玚、刘桢等人,"顷撰其遗文,都为一集",是曹丕曾为诸子合编过总集。此集没有流传下来,不过谢灵运有《拟魏太子邺中集诗》,证明曹丕此集已经编就,并且流传至刘宋时。魏晋以后,总集日盛,据《隋书·经籍志》著录,当时存者有一百七部,二千二一十三卷,通计亡书,合二百四十九部,五千二百二十四卷。集部兴盛,主要是作品数量增多的原因,此外则是文学批评兴盛所致。中国文学批评除了批评家著书撰文表达批评意见外,更多的时候是通过编选作品来表达观点。比如挚虞《文章流别集》,《隋志》说它"采适孔翠,芟剪繁芜",它对前代作品进行了删汰工作,并且自诗赋以下各文

①　萧绎:《金楼子·立言》,丛书集成初编本。
②　王运熙、杨明:《魏晋南北朝文学批评史》,上海古籍出版社 1989 年版,第 119 页。
③　《四库全书总目》"楚辞章句十七卷"条下称《楚辞》为总集之祖。但在"总集类"条下又说:"王逸所裒,又仅《楚辞》一家,故体例所成,以挚虞《流别》为始。"
④　《后汉书·王逸传》,中华书局标点本,第 2618 页。

体,类聚区分,各为条贯。挚虞对历代作品的态度,就在这部编选的总集中表达了出来。我们看到,这个时期的总集编纂,常常是一人编几种总集,如谢灵运编有《赋集》九十二卷、《诗英》九卷、《诗集》五十卷、《诗集钞》十卷、《杂诗钞》十卷、《回文集》十卷、《七集》十卷、《连珠集》五卷。谢灵运是著名诗人,但他不仅具有写作的热情,对编集也具有同样的热情,这反映这时期作家对文学作品的看重。在上述八种总集中,诗部占了四种,不同的编法,在于表达不同的文学思想,从这里可以看出文学批评促进了总集的编纂。

三、文体辨析及文学特点的认识

文笔之辨其实是文体辨析的产物,文体辨析构成了汉魏六朝主要的文学批评活动。像《文赋》《文章流别论》《翰林论》《文心雕龙》《文选》《文章始》等,都以辨识文体作为主要的目的之一。文体是文学作品的最基本形态,作家写作先要辨识文体,而批评家也根据作家写作中出现的误用文体情况进行批评。文体产生于现实生活的需要,自秦汉以来,经历了由简单到复杂的发展过程。东汉末年,文体大备[1],古代社会生活中所需要的文体基本都有了,但是文体本身的特点、各文体间的界限,在这初期往往容易混淆,虽大作家也不例外,扬雄、班固、傅毅、马融、陆机等,就都受到后世的批评[2]。因此辨析文体成为当时学习和批评的主要内容。自觉进行文体辨析,是文学独立的一个重要标志。将文学作品和非文学作品区分开来,将每种文体的特点、风格、界限区分清楚,有利于写作,有利于批评,是文学进步的表现。

文体是文学作品的最基本表现形态,它产生于现实生活的需要,经历了由简单到繁杂的发展过程。这一过程的规律是立体在先,辨体在后,由于立体的初始阶段,写作者并不存辨体意识,只是应现实需要而表达自己的心声,因此虽然使用某一种文体,但实际上已经有了差讹。最明显的例子是辞赋体。辞与赋

---

① 刘师培《中国中古文学讲义》第三课说:"文章各体至东汉而大备,汉魏之际,文家承其体式,故辨别文体,其说不淆。"人民文学出版社1984年版,第23页。

② 挚虞《文章流别论》说:"昔班固为《安丰戴侯颂》,史岑为《出师颂》、《和熹邓后颂》,与《鲁颂》体意相类,而义辞之异,古今之变也。扬雄《赵充国颂》,颂而似雅;傅毅《显宗颂》,文与《周颂》相似,而杂以风雅之意。若马融《广成》、《上林》之属,纯为今赋之体,而谓之颂,失之远矣。"又,陆机之事,参见《颜氏家训·文章》。

本是两种不同文体,辞是指以屈原为代表的楚辞体,赋是指流行于两汉的文学体裁,代表作家是司马相如等人。但由于赋自辞发展而来,遂使汉人以辞赋并称,而导致两种文体混淆。如屈原作品,向被称作屈赋(见《史记·屈贾列传》及《汉书·艺文志》)。将《楚辞》称为赋是汉人的误识,反映了当时文体辨析水平尚不发达。南北朝时期,辨体已经比较科学,故《文心雕龙》《文选》《文章始》《七录》等都已将《楚辞》与汉赋区别开了。东汉以后,文体日繁,各种文体间常有界限不清的问题,虽大诗人、大作家的写作也不例外。因此,文体辨析遂成为一种历史要求。作为一种历史要求,它反映在文学写作和文学批评两个方面。对写作来说,由于文体混乱,作家难以确定该文体的本质特点,往往会不自觉地超犯该文体的外延,而使某一文体带有另一文体的特点;对批评来说,作家实践的混乱,干扰了批评规则的建立。因为文体分类是批评的基础,体类混乱,风格难以确定,自然不能有效地展开批评。

文体辨析的背景是建立在东汉以来文体日繁的事实之上的。依据对《后汉书》和《三国志》的统计,当时文体的发展已达三十多种,其实,这种统计还去掉了许多被后来证明为非文体的类别。比如《后汉书·班固传》:"固所著《典引》、《宾戏》、《应讥》、诗、赋、铭、诔、颂、书、文、记、论、议、六言,在者凡四十一篇。"很明显,"诗"以下才是文体名称,而《典引》《宾戏》《应讥》分别是班固三篇文章的题目,并非独立的文体。其中《典引》和《宾戏》被《文选》分别收在"符命"和"设论"两类中。李善注引蔡邕解释《典引》说:"典引者,篇名也。典者,常也,法也,引者,伸也,长也。"可见《典引》本为班固所作文章,而非文体。《文选》"符命"类共收三篇,其余两篇是司马相如《封禅文》、杨雄《剧秦美新》,这两篇与班固此文性质相同。《典引序》说:"伏惟相如《封禅》,靡而不典;扬雄《美新》,典而无实,然皆游扬后世,垂为旧式。"说明班固《典引》是按照马、扬二文体例所写。刘勰《文心雕龙》则将这一类文体归入"封禅"。至于《宾戏》,实是《答宾戏》,《文选》入于"设论",《文心雕龙》入于"杂文";《应讥》,性质则同于《答宾戏》。《后汉书》中这种记载,一是说明了当日文体繁盛的状况,二是说明了文体在辨析归类上尚无严格的体例,故界限不明。事实上,直到齐梁,刘勰与萧统在文体的归类上也有许多明显的差异,这都说明当时文体辨析标准不一,认识有差别。这不独在汉魏六朝时期是如此,唐宋以后,直至清末,其实对文体的辨析都还缺乏科学的分析判断。比如关于骈散的界限问题,一直没有得到很好的解决。李兆洛《骈体文抄》与姚鼐《古文辞类纂》就各自使用自己的标准。《后汉书》中关于文体记载的混乱,是比较普遍的,如《崔骃传》于诗赋诸体之外,又记有"婚礼结言、达旨、酒誓"等。但有些记载则可以帮助我们了解当时的文体观念。比如《后汉书》将六言、七言单独著录,而不置入诗中,由此可见当时人关于诗的观念,我们分析、评价六朝七言诗创作时,应该将这一内容考虑进去。这种观念自然也不是《后汉书》一家,即如陆机,他的《鞠歌行序》也说:"三言、七言,虽奇宝名器,不遇知己,终不见重。愿逢知己,以托意焉。"说明七言在当时与传统观念的"诗"有区别。傅玄《拟四愁诗序》说:"张平子作《四愁诗》,体小而俗,七言类也。"也是认为七言作为文体与诗不一样,是小而俗的,不足称道。不过,挚虞《文章流别论》则将三至九言都划入诗一类,这与后来任昉《文章缘起》分类相同。但是,挚虞以为诗以四言为正体。其余杂言多用为俗乐。同时,他还将各杂言诗源头追溯至《诗经》,这则与任昉不同。比如他以七言起源于《诗经·秦风·黄鸟》,"于俳谐倡乐世用之",这也是傅玄所说"俗"的意思。

汉魏六朝的文学写作,一方面是呈现出繁荣的景象,文章体类增多,作品数量加大;另一方面则是文体界限不清,写作体例往往有所混乱。这一现象在当时就受到了批评。《文心雕龙》专设《指瑕》一篇,批评前代作家的疵累,如批评潘岳说:"潘岳为才,善于哀文,然悲内兄,则云感口泽,伤弱子,则云心如疑。《礼》文在尊极,而施之下流,辞虽足哀,义斯替矣。"这是说"口泽"一词本用于尊者(见《礼记·玉藻》),而潘岳却用于内兄,于礼不合,又"如疑"典出《礼记·檀弓》,亦本用于尊亲例,潘岳《金鹿哀辞》却用于幼子。这还是比拟不类的瑕累,与文体不清尚不尽同。《梁书·萧子云传》记:"梁初,郊庙未革牲牷,乐辞皆沈约撰,至是承用,子云始建言宜改。……敕曰:'郊庙歌辞,应须典诰大语,不得杂用子史文章浅言;而沈约所撰,亦多舛谬。'子云答敕曰:'殷荐朝飨,乐以雅名,理应正采《五经》,圣人成教。而汉来此制,不全用经典;约之所撰,弥复浅杂。臣前易约十曲,惟知牲牷既革,宜改歌辞,而犹承例,不嫌流俗乖体。既奉令旨,始得发朦。……谨依成旨,悉改约制。"这是发生在沈约死后的事。沈约因得罪梁武帝,死后谥为"隐",所谓"怀情不尽"也。看来武帝对他成见很深,连自梁初承用至此的郊庙歌辞也敕令萧子云修改,这应该含有个人恩怨在内的。但是武帝所说的理由,即"郊庙歌辞,应须典诰大语",则是一种辨体的思想。梁武所言,不尽是诬,每一文体都须有自己的特定要求,六朝作家往往犯例,也是事实。《颜氏家训·文章》说:"凡诗人之作,刺箴美颂,各有源流,未尝混杂,善恶同篇也。陆机为《齐讴篇》,前叙山川物产风教之盛,后章忽鄙山川之情,殊失厥体。"颜之推认为颂体主美,箴体主刺,二体不得混杂,而致善恶同篇,陆机《齐讴篇》显然是文体不清,不该前颂而后鄙。文体自有源流,具有相对的独立性,但并不是说不容有所发展变化,这也是辨体要注意的问题。至如颜之推批评陆机《挽歌》,就是僵化地看待文体了。他说:"挽歌辞者,或云古者《虞殡》之歌,或云出自田横之客,皆为生者悼往告哀之意。陆平原多为死人自叹之言,诗格既无此例,又乖制作本意。"就挽歌的渊源说,本应是生者悼死者,陆机虽将其改变为自叹,其实于挽歌之体并无损害。魏晋人的生死观与汉魏时期人的觉醒过程有着密切的关系,挽歌身份的变化只是这一过程中的一个极小事件而已。其实在陆机之前的缪袭所作《挽歌》,已经改变了身份,起始者并非陆机。挽歌身份改变的思想史意义,在后来陶渊明的《挽歌》中就充分显现出来了,它构成了晋人风流旷达的一个基本内容。

不过文体的混乱使用,确是汉魏六朝时期的既存事实,这引起了批评家的注意。挚虞《文章流别论》说:"昔班固为《安丰戴侯颂》,史岑为《出师颂》《和熹邓后颂》,与《鲁颂》体意相类,而文辞之异,古今之变也。扬雄《赵充国颂》,颂而似雅;傅毅《显宗颂》,文与《周颂》相似,而杂以风雅之意。若马融《广成》《上林》之属,纯为今赋之体,而谓之颂,失之远矣。"按此处的《上林》当为马融《上林颂》,后人疑为《东巡》,恐非是。刘勰《文心雕龙·颂赞》亦有"马融之《广成》《上林》,雅而似赋"之语可证。詹锳先生《文心雕龙义证》引斯波六郎说:"《玉烛宝典》三有马融《上林颂》之残句。"又引《艺文类聚》所载《典论》说:"议郎马融,以永兴中,帝猎广成,融从,是时北州遭水潦煌虫,撰《上林颂》以讽。"这都说明《上林》为马融所作,所以挚虞才接其后说:"纯为今赋之体,而谓之颂,失之远矣。"挚虞的这段话,说明了当时文体界限不清的情况。本来立体在先,辨体在后,辨体观念的发展,本身也是一个过程。在这过程里,对某一文体本质的认识,外延的界定,也不是一次能够完成的。所以文体的混淆,并不仅仅是作家的问题,批评家也往往对文体的归属发生分歧,以《文选》与《文心雕龙》《文章缘起》相较可知。

文体淆乱的事实既如上述,这给后学者带来了困惑和阻碍。《文镜秘府论·南卷·论体》说:"故词人之作也,先看文之大体,随而用心。遵其所宜,防其所失。故能辞成炼核,动合规矩。而近代作者,好尚互舛,苟见一涂,守而不易,至令摛章缀翰,罕有兼善。岂才思之不足,抑由体制之未该也。"因为每一文体都有自己相对固定的风格,作家首先要鉴定文体,确定界限,才能"遵其所宜,防其所失"。按此篇《论体》之文,王利器先生《校注》以为是隋刘善经所作,那么《论体》中阐述的文体观,代表了南朝人的看法。自汉末魏晋以来,文体辨析一直受到作家、批评家的注意,但从来没有像南朝时期的要求迫切。这是因为南朝时文学地位提高了,写作成为当时社会生活中一件非常重要的事情。不仅高门阀阅世传其业,一些靠军功出身的武人之家,也往往厌武学文。如宋将张兴世之子欣泰,《南史》本传称其"不以武业自居",吏部尚书褚渊问他:"弓马多少?"他回答:"性怯畏马,无力牵弓。"这是一个"主爱雕虫,家弃章句"(《宋书·臧涛传论》)的时代,于是学诗弄笔,竟尔成风。正如钟嵘《诗品序》所说:"故词人作者,罔不爱好。今之士俗,斯风炽矣。才能胜衣,甫就小学,必甘心而驰骛焉。于是庸音杂体,各各为容。"社会风气既如此,家门教育,也以写作为启蒙。《陈书·周文育传》记周荟让兄子弘让教周文育书计,弘让"写蔡邕《劝学》及古诗以遗文育";又《南齐书·萧晔传》记晔与诸王共作短句,诗学谢灵运体,以呈上,报曰:"见汝二十字,诸儿作中最为优者。但康乐放荡,作体不辨有首尾,安仁、士衡深可宗尚,颜延之抑其次也?"这都说明学诗作文确是当时贵游子弟的一大学业。又至南朝,不独文章之体大备,诗体也分家分派。据《南齐书·文学传论》,有谢灵运、颜延之、鲍照三体;此外还有谢惠连体、吴均体、裴子野的古体等等。文学能形成流派,是文学繁荣和进步的重要标志,它一方面促进了写作,另一方面也促进了批评。所以南朝的批评家如钟嵘、刘勰、裴子野、萧纲、萧绎、萧子显等都对各体各派发表过批评。这些批评既有品评得失,判别高下,树立准则的一面,也有辨析体别,指导写作的一面。如萧纲《与湘东王书》说:"又时有效谢康乐、裴鸿胪文者,亦颇有惑焉。何者? 谢客吐言天拔,出于自然,时有不拘,是其糟粕;裴氏乃是良史之才,了无篇什之美。是学谢则不届其精华,但得其冗长;师裴则蔑绝其所长,惟得其所短。谢故巧不可阶,裴亦质不宜慕。"谢体之长在于"吐言天拔,出于自然",因为谢客作诗全凭才气与灵感,所谓"兴会标举"(《诗品上》),无阶梯可循,这也正是齐高帝所说"康乐放荡"的意思。所以谢诗的不可学习,就在于他的没有规矩,不像陆机的"尚规矩"(《诗品上》),易于学习。裴子野体不在于篇什之美,而在于气骨。梁普通七年(527年),梁师北伐,武帝敕子野为喻魏文,受诏立成。"高祖以其事体大,召尚书仆射徐勉、太子詹事周捨、鸿胪卿刘之遴、中书侍郎朱异,集寿光殿以观之,时并叹服。高祖目子野而言曰:'其形虽弱,其文甚壮。'"因为是通喻敌国的文书,必须能显示出本国的气威,所以说是"其事体大"。这样的文字,显然是一般文人不能承担的,裴子野为文,"不尚丽靡之词,其制作多法古"(本传),这样的文体最适于符檄一类散文,这是裴体之长所在,但与时风相左,过于质直,所以萧纲说"质不宜慕"。裴子野本人也是一位批评家,作有《雕虫论》,他的观点比较保守,反对无关乎礼义的文风,这与他尚古体的文风相符。他对当时竞相为文,蔑弃经典章句的风气是不满的,认为这一风气是由宋明帝开始的。他说宋明帝"每有祯祥,及幸宴集,辄陈诗展义,且以命朝臣。其戎士武夫,则托请不暇,困于课限,或买以应诏焉。于是天下向风,人自藻饰,雕虫之艺,盛于时矣"。子野此论,是有事实依据的。《宋书·沈庆之传》记宋孝武帝时一次宴集中,令群臣赋诗,"庆之手不知书,眼不识字,上逼令作诗。庆之曰:'臣不知书,请口授师伯。'上即令颜师伯执笔,庆之口授曰:'微命值多幸,得逢时运昌,朽老筋力尽,徒步还南岗。辞荣此盛世,何愧张子房!'上甚悦,众坐称其辞意之美"。沈庆之虽不识字,却能口诵五言,这也反映了在文风濡染之下,虽武夫也能开口成诗,并且辞意都不错。不管怎么说,南朝的文风昌盛,对文学发展是起了极大的推进作用的。学习写作的人既多,所需要的批评指导就更加迫切。南朝时期批评之风的兴盛,与这种历史要求有很大的关系。

唐诗文本论纲

复旦大学中文系　陈尚君

1981 年春夏间因为学位论文答辩推迟,我开始关注唐诗文献研究,最初的工作是把唐宋典籍中引到的唐诗与清编《全唐诗》作逐篇的对核,并有所记录。至今已经三十三年,有关工作可以分为三个阶段。最初几年在披阅群籍中发现一些前人漏录的唐诗,乃据目录有计划地广览存世古籍,居然有四千多首的新发现,后汇录成中华书局 1992 年出版的《全唐诗补编》。从 1989 年始,与国内一些学者合作编纂《全唐五代诗》,我承担除 200 家别集以外的所有部分编纂。其间傅璇琮、章培恒先生曾分别告我如此分工,你是吃亏的,但我觉若全书能够底成,个人也不必多计较。无奈历二十年终无所成,并因无趣的人事因素迫我退出。此为第二阶段。在年近六十之际,我不能不认真考虑。前年末为某丛书作序时,我说:"在我过于自信的判断中,觉得如果在自己学识逐渐成熟、积累渐次丰富的情况下,不完成此一工作,无论是对个人还是对国家,都是巨大的损失。"乃毅然决定以一己之力,完成全书。工作量之巨大,所涉文献和学术之繁复,以及期待学术目标之讲求,确实都超过了我的预期,所幸一切都还顺利。我始终认为,每一位唐代诗人,每一首唐诗,都有各自的传播接受史,都有其文献流传衍变的特殊记录。要做彻底的清理,就必须调查所有与唐诗保存有关系的文献,包括所有的存世写本和刻本,并逐一地加以记录。检书求备,用书求善,引书求早,论断求稳,是始终坚持的原则。因为这些工作的进行,得以对所有唐诗文本流传中的问题,有不少新的认识,也不断调整工作计划和体例。我想藉本次学术研讨会的机会,将一些初步想法提供出来,听取各位的高见。

今人引用唐诗文本,一般仍引用 307 年前康熙朝编定的《全唐诗》。这部九百卷的大书,由十位江南在籍翰林用一年半时间编完。迅速成书的原因,是充分利用了明末胡震亨《唐音统签》和清初季振宜《全唐诗》的积累。胡、季二书的三种文本现在都已经影印流传,可以逐一检核其间的因陈变化。《全唐诗》虽然带动了其后三百年唐诗研究的展开，但其书本身存在的问题，学者可能并没有完全清晰的认识。据日本学者平冈武夫《唐代的诗篇》的统计，《全唐诗》收诗为49 403首1 555句。现在知道，200多年来发现的该书以外的唐五代佚诗，已经超过8 000首，而该书已收诗中，误收唐以前和宋以后的诗，已知超过1 200首；一首诗分别见于两人或更多人名下之互见诗，佟培基统计有6 800首。至于作者小传之缺讹，诗歌录文之讹误，更是所在多有，不胜枚举。举些最常见名篇的例子来说吧。《登鹳雀楼》作者，典籍记载有王之涣、朱斌、朱佐日三说，这是诗的互见。"姑苏城外寒山寺"那篇，现在一般认为题目是《枫桥夜泊》，但该诗最早记录的《中兴间气集》之武进费氏影宋本，题目是《夜宿松江》。署名杜牧的那首《清明》"清明时节雨纷纷"，杜牧集和《全唐诗》都没有收，应该是南宋后出现于民间，到《千家诗》方附会给杜牧。李白《静夜思》中的两个明月，可确认是明代李攀龙所改。陈子昂的《登幽州台歌》，是明代杨慎拟题。孟浩然的"春眠不觉晓"，在保存孟集初貌的宋本中的题目是《春晚绝句》。这些都是脍炙人口的名篇，历代研究不可谓不多了，尚且如此，一般作者传误情况更为严重。比如花蕊夫人，根据浦江清之研究，旧说后蜀孟昶妃费氏是错的，根据宫词的内证，应为前蜀王建妃徐氏。徐氏姐妹二人皆事王建，旧说是姐，浦考定为妹。此为作者之纠纷。《全唐诗》收花蕊宫词156首，其中伪作近60首，包括唐王建、杜牧和宋代王珪等人诗，而《鉴诫录》所载徐氏姐妹的诗，则应并入。所涉费氏"更无一个是男儿"诗，其实本为王仁裕诗，费氏或略改以对问，或其事本出文人附会。举这些例子是要说明唐诗流传纷歧的情况，远远超过一般读者之认识，没有对文献典籍的通盘清查，很难作出令人信服的整理。

改编《全唐诗》的设想，1957年由李嘉言先生提出，当时主要设想为《全唐诗》做每篇的首句索引，以便检出全书中的重出误收情况，以便鉴别改编。80年代河南大学用人工做《全唐诗每句索引》，也是立足这一设想，即在清编《全唐诗》框架内重新编定唐诗。90年代初《全唐五代诗》之体例，我是参与者和执笔者，改为在以唐宋典籍所存唐诗全面普查基础上重新编纂全部唐诗，较前进了一步。最近二十年电脑普及和古籍数字化，在善本古籍利用、古籍文献检索以及前人研究成果利用方面，都较前有了革命性的变化。相对应的，大型断代诗文全集之编纂也应该有全新的要求。我近年在对唐诗全部文本彻底清理基础上，认识也有许多提升，最重要的：一是唐诗编纂应该尽可能地恢复唐人最初写诗时的面貌。二是前代古籍校勘学更多希望通过文本校刊，改正文本流传中的讹误，写定一个错误较少的文本，但对唐诗来说，仅此远远不够，我近年更多认为要把唐诗文本形成、刊布、流传中的多歧面貌充分地揭示出来，为后人的研究展开立体空间。三是一代全集编纂的目的是储材备用，要全面吸取前人的成绩，尽可能地避免主观臆断、好奇逞气、标新立异，有层次地将文本演变传讹的过程揭示出来。

以上订定原则、确定目标容易，要在五万多首唐诗的重新写定中贯彻始终则谈何容易。在此我想主要谈几个问题，即其一，唐诗文本应该包括哪些义项，应该如何确定收录范围；其二，五万多首唐诗是通过哪些途径得以保存至今，要尽可能地接近唐诗写作的原貌应在群籍利用中注意哪些问题；其三，唐诗最初文本的面貌是如何的，产生歧互的原因有哪些；其四，在求全和求真难以两全其美的情况下，当然应以求真为第一要义，但也应分层次地将各种复杂原因造成的传讹、依托、疑伪、确伪的作品揭载出来。

一、唐诗文本的收录范围

第一点比较容易说。我在十多年前曾有《断代文学全集编纂的回顾与展望》（刊《四川大学学报》2005 年 5 期）一文，曾说到收录范围，包括空间范围、时间范围、语言范围及文体限定等原则。就唐诗来说，空间仅限宽义的大唐帝国范围（比唐王朝有效管理地域为宽），域外人士仅收在唐所作汉语诗和中国典籍所存外人诗。由于宋明以降都认为五代十国是唐之余闰，视为整体，故收录上限为公元 618 年唐之立国，下限只能参差一些，以公元 960 年至 978 年十国陆续归宋为断限。语言范围则只能不收非汉语的作品。文体限定方面极其复杂，我现在采取的是诗词兼收、诗文循传统严断的原则。虽然今人已经有《全唐五代词》的编纂，但纯粹的词在全书中大约不到五十分之一，诗词之间的作品数量太多，且今人编录词作对明清词家认可而其实与唐时诗集距离很远的作品，妥协太多，再次鉴别收录还是有必要的。诗歌各体的收录，仅在清人所定范围外增加具备诗歌形式的偈颂道歌，这已经为学界普遍接受，争议不大。

就诗歌本身的校录来说，我认为完整的校录应该包括以下各项：其一，诗题。其二，诗序（少数有启、书）。其三，本文。其四，署衔或附记。其五，本事。

诗题看似简单，今人见到《全唐诗》里的诗题，以为全部出自唐人手笔，其实不是。诗题的最早文本是在唐诗实际形成过程中人际交流的记录,即彼此多用敬语,文本较为庄重。在敦煌、日本所存唐写本、部分刻石和少数文集中,还可以见到此类题目。稍次文本为作者或眷朋编录文集时改定的题目,庄重的敬语或已改为一般人可以理解的文本。后世诗歌流传中,题目是变动最多的部分。总集、选本编录时要划一体例而改动诗题,后人引录时经常未必需要全引作者长题,后代诗话、选本、类书中不断将原题简化或删除,而在民间流传中,则最简单地引诗,经常将作者与诗题都忽略了。许多诗歌最早见于史书、笔记、诗话的本事记录中,并没有题目,明清编录总集时,为了称引的方便,分别代为拟写题目。此类改题、拟题的诗作,在全部唐诗中大约占五分之一以上,而半数以上的唐诗都会有几个繁简不同或内容差异的诗题。

《张说之文集》中有开元间几次大规模宫廷唱和诗的相对完整的作品保存,每一次都有一篇长序,说明此次唱和的原委。武后时的石淙唱和也是如此,刻石还在嵩阳书院附近,完整拓片也易见。日僧空海、最澄、圆珍归国送行诗原卷尚存,都有序说明原委。敦煌写本中有时诗前有书、启等不同说明字。后世文本流传中,有的诗序始终作为整体保存,但也多有分别保存的。将诗序一并收录,对了解诗意极其重要。前人做了不少拼合,我也检出许多。估计诗、序分别由不同人执笔者,仍会有所缺漏。

诗歌本文当然是录诗的主体。需要说明的是,一首诗存在大量异文,或有完整残缺的记录,原因很复杂。必须考虑作者本人修改和作者诗意重复的因素。杜甫说"新诗改罢自长吟",何尝不是所有诗人的写照。杜牧《张好好诗》真迹和《樊川文集》收录本的文字差异,并非流传造成,应该是此度真迹和他写给外甥裴延翰并编入文集的文本的差异。即便率性作诗的李白,也可找到确切本人改诗,乃至将原诗改得几乎完全不同的记录。至于作者本人之诗意重复,如大历诸人与晚唐李频、方干等人有许多案例,我认为原因在于才情有限而应酬不断,以至如此。就此而言,杜甫在人生困境中大量写诗,句意很少重复,实在难得。贺知章的两首《晓发》,八句五律为:"江皋闻曙钟,轻曳履还舠。海潮夜漠漠,川雾晨溶溶。始见沙上鸟,犹埋云外峰。故乡眇无际,明发怀朋从。"四句五绝为:"故乡杳无际,江皋闻曙钟。始见沙上鸟,犹埋云外峰。"以及《偶游主人园》:"主人不相识,偶坐为林泉。莫谩愁酤酒,囊中自有钱。"诗意当然已经完整。而《宝真斋法书赞》卷八录唐人草书《青峰诗帖》:"野人不相识,偶坐为林泉。莫漫愁沽酒,囊中自有钱。回瞻林下路,已在翠微间。时见云林外,青峰一点圆。"可能是前诗的最初文本。在承认诗歌文本多元成因的前提下,我觉得这些诗歌还是以作别本的方式编录为妥。当然,绝大多数的诗歌文本歧互,是因为流传中的各类原因造成,可以通过校记加以记录揭示的。

在古写本和石刻中,部分唐诗有署衔、时间或附记,这些内容虽然不是诗,但是研究诗歌写作时间、原委的重要记录,也都值得保存。总集或部分别集之附见诗,也有相关内容,有必要加以记录。

本事是诗歌写作缘起、过程以及影响等具体事实的记录,很多见于史书、笔记、诗话、小说中。有时诗歌原本也存,可以和本事记录比读,如乔知之《绿珠怨》的本事,虽然事实的三种记录稍有差异,但与诗歌本身可以印证,是理解诗意的第一手记录。有些本事本身就依据作者原诗之诗题加以敷述,如《本事诗》所录刘禹锡玄都观诗、元稹黄知县诗等即如此。有时本事记录极具传奇,但核诸史实,并非虚构者,如韩翃《章台柳》、崔曙"曙后一星孤"之类。有些因为原诗和其他记录俱在,可以确认传说全出虚构者,如宋之问灵隐寺作诗偶遇骆宾王指点之类。由于许多诗歌仅因本事记录得以保存,其诗其事事实已经成为一个整体,无从割离,如崔护人面桃花、顾况红叶流诗之类皆是。如神仙鬼怪、歌谣谚谶一类作品,十之八九是靠这些记录而得以保留。编录这些诗歌,最好的办法当然是录诗的唐诗,保存本事的最早最完整的记录。凡本事与诗歌有事实差异甚至全出虚构的,宜援据文献,作适当的辩说。我近年特别憬悟到,文学作品的传异、传讹,是文学传播中的特殊和必然现象,虽然无法完全作出合理的解释,但辑录其变化轨迹,对学者进一步研究极其珍贵。

二、五万多首唐诗的保存途径

存世唐诗的总数,就我不太精确的统计,大约为 53 000 多首。这一数字的依据是,《全唐诗》存诗 49 403 首,去除重复、误收大约 4 500 首,加上补遗诗约 8 000 多首(最近二十年陆续有新的发现,但感觉总数还没有达到 9 000 首),作者大约 3 000 人。虽然与明清两代数量巨大的文本比较,这一存诗数不算太大,但因为唐诗在中国诗歌史上的典范地位,历代对于唐诗阅读研究方面上的巨大成就,以及清代已经有《全唐诗》而须达到足以升级换代的高度学术要求来说,唐诗文本的重新写定是一项极其繁复的学术工程,绝非约几个研究生分别负责就能够完成。而要达成上述目标,前期文本调研和学术审视极其重要,关键是弄清这些诗歌通过哪些途径得以保存,所涉典籍具备哪些特点和问题,从而确定整理方案。

就唐诗保存途径来说,最主要的是三方面,即别集、总集和其他。

今存大约三分之二的唐诗是依靠别集保留下来的。见于记载的唐人别集大约500多种,具备第一手保存文献意义的大约不足百种。这些别集虽然似乎每一种别集都有许多版本,今人研究也已经很充分,但似乎没有人将这些别集所存诗与其他典籍所存诗作过彻底的对读,以确认各集的实际价值。我在初步研读后认为可以分为许多不同的层次。(1)别集中能保存唐人第一手写作原貌的别集很少,但有孑存者,如日存唐写卷子本《翰林学士集》而实为许敬宗集残卷者,如《窦氏联珠集》和《李卫公文集》中的部分内容,其特征是诗题保持唱和应制时的原貌,并保存完整的署衔。总集中的《松陵集》也如此,因此而特别珍贵。(2)唐代由作者本人编次,或身后家人或门生编次,虽已经不具备最初人际交际时写作的面貌,但还能保存唐人原编面貌者。在此可以举出王绩、陈子昂、张说、权德舆、皎然、徐铉等集为例。根据诗人手迹校录的文本,如许浑乌丝栏诗真迹、李郢自书诗卷,皆弥足珍贵。皮日休《皮子文薮》是自定行卷文本,陆龟蒙《笠泽丛书》为自订文集,皆可珍袭。唐中后期有一些小型诗集的出现,如李咸用、罗邺、刘沧、苏拯、李中等集,皆与他集很少交集,可以信任。(3)与初编面貌已经有所不同,经过唐末、五代或宋初人改订,但基本格局未变,或稍变而未作重新编次。可以韩愈、柳宗元、白居易等集为例。以上三类别集,除极个别的作品误收外,所收诗大体无误,可以相信,且作为与他集互见考订的依据。凡出唐人原编者,其编次不分体,不分类,也很少编年,大致存前后顺序,又不太精密,另略附同时唱和诗作。这是唐人原编集的基本情况。明以后常批评编次无序者,其实是唐人之面貌。(4)北宋人编次者,有三类编次体例很常见。一是区分古体、近体但不再细分,如王洙编《杜工部集》二十卷本即如此。熟悉宋人文集的学者当可理解,如王禹偁、欧阳修、苏舜钦、司马光诸集皆如此编纂,是当时的流行。二是分类本,如李白、韦应物、孟郊、姚合诸集皆如此,各集编次水平相差较大。如同为宋敏求所编诸集中,孟郊集编纂质量最差,收进《真诰》的道歌,孟云卿、聂夷中的诗篇,甚至可能有五代徐仲雅(字东野)的诗。三是保存文本来源记录者,如宋敏求编《刘宾客外集》保存据各种唱和诗集采诗的依据。另如贺铸补订许浑诗,南宋初年人编黄滔、卢肇诗,也能记录文本来源。(5)南宋人编次唐集,留下具体记载的不多,如杜审言集。但留下南宋刊本者较多,尤以蜀刻本唐集二十四种(上海古籍出版社影印二十三种,台湾藏欧阳詹集去年世界书局影印)和书棚本唐集为可珍贵。宋刻本不仅印制精美,时间较早,而且因当时风气,很少随意伪造、篡改唐诗文本,虽然有刊刻、校勘水平上的差别,但一般没有明人那样的随意编造甚至恶性造伪的情况。我特别要说明的是,明代以后直至近代出现大量的仿宋本、翻宋本乃至所谓影宋本,假的很多。如近代号称江标影宋书棚本《唐人五十家小集》,即属伪托,近代那里还有五十种书棚本唐集?(6)金元至明初本唐集,大体仍存宋之遗风,大体可信。明初唐诗文献大体可以《永乐大典》《唐诗品汇》《诗渊》为断限。《诗渊》错误很多,那是水平差,不是造假。(7)弘治、嘉靖以后,为尊唐的时风所趋,出现数量很大的唐集,且经常以源自宋刻的面貌出现,其实很多出自书坊的伪托。其间皎皎者则为据唐宋常见书编录唐诗集,所据最多的文本为《文苑英华》《初学记》《唐文粹》《乐府诗集》《唐诗纪事》《万首唐人绝句》以及唐人选唐诗等。诸书当时虽宋本不难见到,但因编录草率,错误极多。其编次则一律改为分体本,即将各集的诗歌一律按照乐府、五古、七古、五律、七律、五排、五绝、七绝来分类。这当然为了明人研习唐诗的需要,但若唐人一组诗含诸体,就不免割为几篇。根据王运熙老师对唐人有关诗歌分体的看法,唐人不是如此分体的。如唐人对诗律未叶者多视为齐梁体,开天以前诗人对于古近体诗并没有明确的划分。明代有多种唐集汇刻丛书,其内容大同小异,就是彼此因袭的结果。更恶劣的则是根据各种文献伪造唐集,如已经前人揭发的戴叔伦、殷尧藩、唐彦谦、牟融、张继诸集均包含大量从宋至明的大量伪诗。《全唐诗》所依据的季、胡二书,即是以这些明本为主要依据而编成的,因此造成数量巨大的重出误收情况。当然,明人编刻唐集不是一无是处,但要区别对待。多种明人编刻唐集所收诗,在唐宋类书、总集中可以找到全部文本来源,文字显然更为优长。是否还都要依据别集整理,确实值得认真斟酌。(8)《全唐诗》成书后的唐集编刻,既有学术水平很高的精校精刻本,也有根据《全唐诗》摘出而成的坊俗本,后者如褚亮、魏征各集皆是,续修四库收张蠙集也是后出的文本。

　　总集情况需要分别叙述。最重要的是《文苑英华》,存诗约 200 卷,逾万首,为保存唐诗之最大功臣,也是明人采编唐集之渊薮。明代的闽刻本错误很多,中华书局 1965 年以宋本 140 卷配明本 860 卷影印,且根据傅增湘校记新编目录,为通行佳本。近年国家图书馆出版社也影印了傅氏《文苑英华校记》,台湾史语所影印了 271—280 共十卷,给学者莫大便利。如果有学者能够根据存世的各种《文苑英华》明钞本汇校该书,当然是功德无量的好事。利用上述诸本通校全部唐诗,也足以带来许多新变化。即便杜诗,也是如此。

其他各总集,各自有通行版本优劣的问题。如《河岳英灵集》《中兴间气集》,四部丛刊本实在不敢恭维,好在宋本现在较易见到。《唐文粹》的明刻本最称精刻,比读再造善本影印宋刻本差别不大。《万首唐人绝句》虽然有割裂律诗为绝句、牵扯唐前后诗编入的毛病,但唐人绝句因其得以存录的数量仍很可观。在日本去年拍卖的宋刻本没有行世前,通行的嘉靖本仍是最好的文本。明人增订四十卷万历本虽订正部分误收,但也增加不少新的错误。

《唐诗纪事》虽在分类上归于诗文评,但内容上更接近总集。通行各本仍以中华上编整理本为善,王仲镛校笺本改动原书太多。

宋元间的若干种地方总集、地方志和山岳寺观志,包括大量唐人佚诗,且所收诗也多与通行文本不同,尤堪重视。

其他典籍包括四部群书、佛道二藏、石刻碑拓、敦煌遗书、敦煌文献等,皆于保存唐诗各有价值,在此不一一展开。

三、唐诗最初文本的面貌和产生歧互、讹误的原因

唐代立国 290 年,其间出现诗人当不啻千万,但得有一卷以上诗保存至今者大约仅 200 余人,有一句以上诗存世者大约 3 000 人,亡佚实多。今人编录,但凡有只言片语保存者皆当编录。至于今及见之所谓唐诗者,是依靠各种不同性质之文献保存得以完整或片断地为今人所知,已如前述。那么唐诗最初始面貌的文本应该是如何的呢? 试举日本学者户崎泽彦校订的桂林石刻杜鹃花唱和诗为例:

山居洞前得杜鹃花走笔偶成以简桂帅仆射兼寄呈广州仆射刘公
　　河间张浚
幄中筹策知无暇,洞里观花别有春。独酌高吟问山水,到头幽景属何人。

伏蒙仆射相公许崇龟攀和杜鹃花诗勒诸岩石伏以崇龟本乏成章矧恐绝
唱徒荷发扬之赐终流唐突之爱将厕廷觐先叨荣被谨次用韵兼寄呈桂州
仆射

　　前岭南东道节度使检校右仆射刘崇龟上。
碧幢红苑合洪钧,桂树林前信得春,莫恋花时好风景,磻溪不是钓鱼人。
　　乾宁元年三月廿七日将仕郎前守监察御史张岩书。

　　诗题、署衔、原诗以及刻石始末都很清楚。这是很特殊的例子,有这样幸运
的唐诗数量大约不足千分之一。无论明清人所作编录,还是今人重新加以整
理,最后写定的文本都较最初的文本有很大的不同,即是从多年实际写作的文
本,在其后千年中在不同时间节点、通过不同层次的典籍保存引录,得以完整或
部分地保存至今。记录这些文本的流传并最终写定,是很复杂的过程。如前引
杜鹃花诗唱和,石刻仍在桂林七星山,今存原文是:"山居洞前得杜鹃花走笔偶
成□□/桂帅仆射□寄呈/广州仆射刘公/河间张浚/□中筹策知无□洞里□花
别有/春独酌高吟问山水到头幽景□/□人/伏蒙/仆射□公□□□□和杜鹃花
诗□/□□石□□□□□乏□□□□/绝唱□□□□□□□□唐突□/爱
□□□□□□□□□次用□/□寄呈/桂州□□/前□□□□□□□□□
□□□□□上/碧□红□合洪钧桂树林前□□春/莫□花时好风景/□溪不是钓
鱼人/乾宁元年三月廿七日□仕□前守监察御史张□书/"何堪卒读。行成前引
之完整文本,是征因大量复杂文献,经过反复校订后的结果,可以说,五万多首
唐诗,每一首诗都有其文本保存和传讹的轨迹,需要文献学家的复杂考订来得
以完成。

　　至于唐诗传误之开始,可以说在唐诗写成并流布社会后就开始了。即编
今存唐人的可靠著作,也已经有许多错误,到后代在家弦户诵的过程中,产生
的错误更不胜枚举。在我的认识中,写本时代和刻本时代一样有许多讹误产
生,性质、形态或有不同,但结果是一样的。在完成全部唐诗校订,若有余力,
我会考虑写一本《唐诗校勘述例》。内容包括:A.作者。B.时代。C.诗题。D.
辨体。E.文字讹夺。F.互见。G.本事。H.分合。I.附会。J.依托。在此恕不
一一展开。

四、分层次揭载存世唐诗文本变化

这就要兼顾求全和求真,分层次地揭载全部存世唐诗的文本变化以及各类传讹、依托、疑伪、确伪的作品。

求全与求真是断代诗文全集编纂中两难的选项。即便如唐诗,从宋代以来已经经过无数代学者殚精竭虑的搜寻考订,我自己也已经从役逾三十年,但当我近年利用各种手段参取文献,逐篇逐句地从唐宋元至明初典籍中校录唐诗时,几乎每天都仍会有新的发现。尽管我现在的工作不以唐诗辑佚为目标,但有新发现总是高兴的。虽然绝对的全并不容易达到,相对的全确比前人有很大的推进。

古今校勘的基本原则是以对校为主,重视他校和本校,慎用理校,且在底本确认后,他本错讹不校,异文两通者不校,底本可通者不改。在唐诗校定中情况就有些特殊。除有大量宋元旧本存世的杜、韩等集外,多数唐集以明、清本为主,且各本因袭的情况很多见,对校的意义远逊于他校。考虑到前述之诸多因素,当然更好的办法是区别对待,每一首诗确定底本和参校本。在此有许多变通。如今人整理唐集一般选择收罗作品较完整的文本为底本,我则觉得应该考虑文本的形成过程和如何更接近作者写作之原貌。如陆龟蒙诗,当然以二十卷本的《甫里集》收诗较备,但诗歌的文本已经经过宋人的改写。我的办法是以《笠泽丛书》为第一部分,《松陵集》为第二部分,其次再据《甫里集》来补充,可以尽可能地将作者写诗的原貌表达出来。如许浑的诗,则以乌丝栏诗真迹为第一部分。张籍、王建、元稹、权德舆、刘长卿诗的写定,则首先以宋刻残本为依据。

在异文记录方面,我以为宜宽不宜窄。遍校群书留下记录很不容易,除了确凿的传钞、刊本误字,如《文苑英华》明闽刻的误文而确信不是《英华》原书的异文,四库本涉及民族问题的率意改写,当然一律不取,其余在文本流传过程中形成的文字差异,仍以详尽记录为宜。本文末附一些样稿以示例。

一诗互见多人之诗,大约十之八九可以得到明确鉴别。而世传唐诗而今确定为唐前宋后作品者,亦一概剔除。以上两类诗均编入存目,以保存后人可以覆按的记录。

问题是各类传讹、依托、疑伪的作品,许多属于疑似之间,欲删除而并无确证,欲保存则怎么也不像。一代文献的全面董理,董理者必然见到无数泥沙俱下,要每一首每一句都稳帖妥当,实在不是很容易的事。我现在考虑了许多特殊处理的办法,大体为分层次地说明变化的轨迹,断而不删,存而有别,以便学者取资。

本文的内容今后计划写成十万字以上的详尽说明。本来仅拟写成二三千字的提纲,写出了就长了,大多仍只能点到为止,无法一一举例,幸祈鸿博谅察。

[附录]

一、刘希夷《代白头吟》

代白头吟伯三六一九题作《白头翁》,伯二五五五题作《白头老翁》,斯二〇四九题作《落杨篇》,《新语》、《广记》题作《白头翁咏》,《英华》、《乐府》、《全诗》二〇题作《白头吟》,《诗选》、《纪事》题作《悲代白头翁》,《文粹》、《全诗》五一题作《有所思》,《唐音》、《品汇》、朱本、《全诗》八二题作《代悲白头翁》洛阳斯二〇四九作"落杨"城东《英华》作"中"桃李花,飞来飞去落谁家? 洛阳《文粹》、《诗选》、《全诗》五一作"幽闺"女儿《文粹》、《纪事》作"儿女"惜斯二〇四九作"洗",《文粹》、《全诗》八二作"好"颜色,行逢《文粹》、《全诗》作"坐见"落《诗渊》作"路逢"花《总龟》作"花落"长叹息斯二〇四九作"昔",《总龟》作"惜"今年花落颜色改,明年花开复谁在? 已见斯二〇四九作"既是"松柏摧为薪,更闻伯三六一九作"见"桑田变成《纪事》作"为"海。古《英华》、《诗渊》作"故"人无复洛城《英华》作"阳"东,今人还对落花风斯二〇四九作"蓬"年年岁岁花相似,岁岁年年人不同。寄言伯三六一九作"语"全盛伯二五五五作"今城",伯三六一九作"年少"红颜子,须《英华》、《唐音》、《品汇》、朱本、《全诗》八二作"应"怜半死《诗选》、《纪事》作"谢"白头翁。此翁白头真伯三六一九作"甚",《英华》、《诗渊》作"吁"可怜,伊斯二〇四九作"忆"昔红颜美少年。公子王孙芳树下,清斯二〇四九作"轻"歌妙舞落花前。《英华》、《诗渊》二句在"光禄"二句后。光禄池台《纪事》作"台前"文斯二〇四九作"闻",《诗选》作"间",《纪事》、《唐音》作"开"锦绣,将军楼阁画神仙。一朝卧病无知己伯三六一九、《英华》、《诗选》、《乐府》、《纪事》、《全诗》二〇作"人识",《文粹》、

《唐音》、《品汇》、《诗渊》、朱本、《全诗》五一、八二作"相识"，三春行乐伯三六一九作"千朝游历"在《英华》、《诗渊》作"是"谁边？宛转蛾眉能几时？须臾鹤伯三六一九、《乐府》、《全诗》二〇作"白"发乱如丝伯三六一九作"古难思"。但看古《诗选》、《乐府纪事》、《全诗》二〇作"旧"来歌舞处伯三六一九、伯三四八〇、斯二〇四九、《英华》、《文粹》、《乐府》、《纪事》、《全诗》作"地"，唯有伯三六一九作"见"黄昏鸟雀伯二五五五、斯二〇四九作"鹊"悲《英华》作"飞"。《搜玉小集》、伯三六一九、伯二五五五、斯二〇四九、《文苑英华》二〇七、《唐百家诗选》一、《乐府诗集》四一、《唐诗纪事》一三、《唐音》一五、《唐诗品汇》二五、《诗渊》页四〇六七、《刘廷芝集》、《全唐诗》八二。《刘宾客嘉话录》、《唐语林》五、《诗话总龟》三一引《南部新书》、《类说》五四《刘禹锡佳话》、《临汉隐居诗话》引"同"一韵。伯三四八〇仅存末联。《唐文粹》一八、《全唐诗》五一作宋之问诗。《大唐新语》八、《太平广记》一四三引《大唐新语》引"在"、"同"二韵。《诗话总龟》二〇引"家"、"惜"二韵。

　　《大唐新语》八《文章》：刘希夷一名挺芝，汝州人。少有文华，好为宫体，词旨悲苦，不为时所重。善搊琵琶，尝为白头翁咏曰："今年花落颜色改，明年花开复谁在？"既而自悔曰："我此诗似谶，与石崇'白首同所归'何异也！"乃更作一句云："年年岁岁花相似，岁岁年年人不同。"既而叹曰："此句复似向谶矣。然死生有命，岂复由此。"乃两存之。诗成未几，为奸所杀。或云宋之问害之。后孙翌撰《正声集》，以希夷为集中之最，由是稍为时人所称。

　　《本事诗》：诗人刘希夷尝为诗曰："今年花落颜色改，明年花开复谁在？"忽然悟曰："其不祥欤！"复构思逾时。又曰："年年岁岁花相似，岁岁年年人不同。"又恶之。或解之曰："何必其然。"遂两留之。果以来春之初下世。

　　《唐语林》五：刘希夷诗曰："年年岁岁花相似，岁岁年年人不同。"其舅即宋之问也，苦爱此两句，知其未示人，恳乞此两句，许而不与。之问怒，以土囊压杀之。刘禹锡曰："宋生不得其死，天报之矣。"

　　按：希夷之死，前引三书稍有异辞，均言因此诗而死。宋魏泰《临汉隐居诗话》以为"吾观之问集中尽有好句，而希夷之句殊无可采，不知何至压杀乃夺之"。今人考刘、宋二人年岁相若，宋未必为其舅。

二、崔颢《题黄鹤楼》

题《才调集》无"题"字，伯三六一九、《英华》、《文粹》作"登"黄鹤楼昔人已乘白云《诗选》、《竹庄》作"鹤"去，此《国秀集》、伯三六一九、《英华》、《文粹》作"兹"地空伯三六一九作"唯"遗《国秀集》、《才调集》、伯三六一九、《英华》、《文粹》、《纪事》、《律髓》、黄本、《全诗》作"余"黄鹤楼。黄鹤一去不复返，白云千载空悠悠。晴川历历汉阳树《鄂州杂诗碑》作"戍"，春《鄂州杂诗碑》、《胜览》、《鼓吹》、《三体》、《律髓》、《唐音》、《品汇》、黄本作"芳"草萋萋《国秀集》、伯三六一九、《英华》、《文粹》作"青青"，《纪事》、《鄂州杂诗碑》、《胜览》作"凄凄"鹦鹉洲。日暮乡关何处在《国秀集》、《又玄集》、《才调集》、《英华》、《鼓吹》、《三体》、《律髓》、黄本、《全诗》作"是"？烟波伯三六一九作"花"江上使人愁。《河岳英灵集》下、《国秀集》中、《又玄集》上、《才调集》八、伯三六一九、《文苑英华》三一二、《唐文粹》一六上、《唐百家诗选》四、《湖北金石存佚考》二录熙宁二年江夏《鄂州杂诗碑》、《唐诗纪事》二一、《方舆胜览》二八、《竹庄诗话》一二、《唐诗鼓吹》四、《笺注唐贤绝句三体诗法》一〇、《瀛奎律髓》一、《唐音》八、《唐诗品汇》八三、《崔颢集》下、《全唐诗》一三〇。《千载佳句》下"眺望"引"洲"一韵。《锦绣万花谷后集》二、四录"楼"、"悠"二韵。

　　《类说》一九引《该闻录》：唐崔颢《题黄鹤楼》诗云："昔人已乘白云去，此地空余黄鹤楼。黄鹤一去不复返，白云千载空悠悠。晴川历历汉阳树，芳草凄凄鹦鹉洲。日暮家山何处在？烟波江上使人愁。"太白负大名，尚曰："眼前有景道不得，崔颢题诗在上头。"欲与之较胜负，乃作登凤凰台诗。

　　陈按：《又玄集》题下注："黄鹤乃人名也。"似非原注。

三、杜甫《送惠二归故居》

送惠二归故居《侯鲭录》作"过东溪"，《东坡题跋》作《闻惠子过在溪》，《汉皋诗话》作《闻惠二过东溪》惠子白驹《东坡题跋》、《侯鲭录》作"驴"，《李希声诗话》作曰"鱼"瘦，归溪惟病身。皇《李希声诗话》作"黄"天无老眼，空谷值《东坡题跋》、《洪驹父诗话》、《汉皋诗话》、《李希声诗话》、《侯鲭录》作"滞"，《草堂诗笺》校宋本校一作"滞"斯人。崖《东坡题跋》作"岩"蜜松花白《天兴石刻》作"古"，《汉皋诗话》、《侯鲭录》、《李希声诗话》、《全诗》作"熟"，山杯《天兴石刻》作"村醪"，《草堂诗笺》校宋本校一作"醪"竹叶新《东坡题跋》、《天兴石刻》、《汉皋诗话》、《李希声诗话》、《侯鲭录》作"春"。柴门了生《东坡题跋》、《汉皋诗话》、《李希声诗话》、《全诗》作"无"事，黄《天兴石刻》作"园"绮未称臣。《苕溪渔隐丛话》一三引《洪驹父诗话》、《诸家老杜诗评》二引《洪驹父诗话》、《东坡题跋》二记子美逸诗、《宋朝事实类苑》五九引《李希声诗话》、《六一》引《汉皋诗话》、《侯鲭录》二录刘路左车收唐人新编、《全唐诗》二三四。《东坡题跋》二引《天兴石刻》录"春"、"臣"二韵。

《草堂诗笺》：右一篇见《洪驹父诗话》，刘路左车言，尝收得唐人杂编诗册有之。

四、令狐楚《鄂州使至》

鄂州使至窦七《诗选》作"巩"副使中丞见示与元《诗选》下有"积"字相公献酬之什鄙人《诗选》作"余顷"任户部尚书时《诗选》作"日"中丞是当司员《诗选》无"员"字外郎每示《诗选》作"有"篇章多相唱和今因《诗选》作"因"题"四韵以寄所怀《律髓》、《全诗》题作《和寄窦七中丞》仙吏秦城《律髓》作"蛾"，《全诗》作"峨"别，新诗鄂渚来。才推今八米《诗选》作"斗"，《全诗》作"北斗"，职副《全诗》作"赋"旧三台。雕镂心偏许，缄封手自开。何年相赠答，却得在《律髓》、《全诗》作"到"中台。《窦氏联珠集》、《唐百家诗选》一四、《瀛奎律髓》四二、《全唐诗》三三四。《舆地纪胜》六一引"来"一韵。《韵语阳秋》九引"台"一韵。

《窦氏联珠集》原署：吏部尚书令狐楚。

五、刘禹锡《赠李司空妓》

赠李司空妓《全唐诗》三五五　绝句

高髻《履斋示儿编》作"疏鬓"云鬟《本事诗》、《广记》作"鬓鬟梳头"，《绝句》作"髪鬟梳头"宫样妆，春风一曲杜韦娘。司空见惯寻常《本事诗》、《广记》、《总龟》、《纪事》、《丛话》、《类说》、《宾退录》、《吟窗杂录》、《绝句》、《履斋示儿编》作"浑闲"事，断尽《丛话》作"恼乱"苏州《本事诗》、《纪事》作"江南"刺史肠。《云溪友议》中、《本事诗》、《太平广记》一七七引《本事诗》、二七三引《云溪友议》、《唐诗纪事》三九、《万首唐人绝句》六、《履斋示儿编》一七引《本事诗》、《全唐诗》三六五。《诗话总龟》二六引《古今诗话》、《苕溪渔隐丛话》后集九引《唐宋遗史》、《类说》二七引《唐宋遗史》、《吟窗杂录》二六、《宾退录》九引《唐宋遗史》作韦应物诗。

六、秦韬玉《贫女》

贫　　女

蓬门未识绮罗香，拟托良媒益《鼓吹》、《律髓》作"亦"自伤。谁爱风流高格调，共怜时世俭梳妆。敢将十指夸偏《鉴诫录》、《诗选》、《竹庄诗话》、《鼓吹》、《律髓》作"纤"巧，不把双眉斗画长。苦《鉴诫录》、《才调集》、《竹庄诗话》、《鼓吹》、《律髓》作"最"，《诗选》作"每"恨年年压金线，为他人作嫁衣裳。《秦韬玉诗集》、《才调集》五、《鉴诫录》八、《唐百家诗选》一八、《竹庄诗话》一五、《唐诗鼓吹》四、《瀛奎律髓》三一、《全唐诗》六七○。

> 《鉴诫录》八《作者同》：李山甫有咏贫女，天下称奇。秦侍郎韬玉继之，意转殊绝。李原诗曰："平生不识绣衣裳，闲把荆簪益自伤。镜里只应谙素貌，人间多是信红妆。当年未嫁还忧老，终日求媒即道狂。两意定知无说处，暗垂珠泪滴蚕筐。"秦侍郎继曰（诗略）。

七、罗隐《牡丹花》

牡丹花张本、《又玄集》、《鼓吹题》作牡丹

似共东风《全诗》校一作"君"别有因，绛罗高卷不胜春。若教解语应倾国，任是无情亦《纪事》、《丛话》、《律髓》作"也"动人。芍药与君为近侍，芙蓉何处避芳尘？可怜韩令功成后，辜负秾华过此《又玄集》、《鼓吹》作"一"身。《甲乙集》一、《又玄集》下、《唐诗纪事》六九、《分门纂类唐歌诗》九一、《唐诗鼓吹》八、《全唐诗》六五五。《五代史补》一、《诗话总龟》三九引《抒情集》、《苕溪渔隐丛话》前集四七、《瀛奎律髓》二七引"人"一韵。

八、王操二首

题　水　轩

分飞南渡春风晚，却返家林旧业空。无限离情似杨柳，万条悬放

楚江原。《吟窗杂录》二九引《江表志》、《诗话总龟》三引《郡阁雅谈》。《全唐诗》七八六作无名氏诗。

《吟窗杂录》二九引《江表志》：王操谒宋国老献诗，送数百缣于钟鼓，饮酒数日而尽，醉中挂帆数百里，至落星湾，半醉醒，烟雨中登水心寺，斜行题诗于壁曰(诗略)。

《诗话总龟》三引《郡阁雅谈》：钟山公镇临川，赏牡丹。有小吏手捧砚，举止有士人风。公曰："学诗乎？"曰："粗亲笔砚。"因令口占一篇，其警句云(诗略)。公曰："他日定成器。"因勉令就学。明年，谒岭南李国老，大加称赏，赍数百缣。于金陵酒楼，数日而尽。醉中挂帆数百里，至落星湾，半醒，烟雨中登水心寺，题诗于水轩曰(诗略)。

白　牡　丹

红开西子妆楼晓，翠揭麻姑水殿寒《陈辅之诗话》作"春"。三月莫《总龟》、《全诗》作"能"辞千度《总龟》、《全诗》作"日"醉，一生能得几回看。晓槛竞开花世界，夜阑频结醉因缘。《锦绣万花谷》前集七。《分门纂类唐宋时贤千家诗选》九引前四句作无名氏。《苕溪渔隐丛话》后集二七、《诗话总龟》后集二八并引《陈辅之诗话》引"看"一韵作"唐人牡丹诗"。《诗话总龟》三引《郡阁雅谈》、《全唐诗》七九五作《临川小吏》句。

按：参曹汛《从一联逸句的考证看全唐诗辑佚鉴辨的艰难》，刊《中国典籍与文化》。

中国抒情技艺的一个秘密

华东师范大学中文系　胡晓明

一般论述皆从"和谐"这一美学意义上理解"物相杂故曰文"(《易传》)、"物一无文"(《国语》),本文从更具体的角度讨论,提出:"文"即相间与交错之美。"相间"即变化与区分,"交错"即联系与互动。中国美文的音、篇、句以及兴象风神意境,皆离不开这两个要素。因而"文"既是诗学的观念结构本身,亦是形而下的技艺奥秘。本文重点讨论有关"音成文"一题,钱锺书先生的疏失,以及相间与交错为语文技术,如何落实为具体的篇文和句文。

一、"文"即图式化

"文"是中国文学的一个最基本的概念,但是要把它讲清楚讲透彻又不容易。现代论家都感觉到它有很深很高的意涵。刘若愚《中国文学理论》中,认为"文"是中国文学理论中的"形上理论"。即是说,文是根本性、决定性的一个概念。因为,它无所不在,从最早的"记号""文饰"到文籍、文献、文章、文采、文化、学问、著作、文学,都从"文"这一根蒂中生长而出[①]。但是,这样一来有一个危险,即是将"文"泛化了,就像泛神论,结果也取消了神,泛"文"化的结果,也可能迷失了"文"的根本义。因而,我主张将"文"之意义,分为根本义与引申义。什么是"文"的根本义?刘若愚在众多的文的解释中,还使用了一个"样式"的概念,其实,"样式"正是"文"的根本义。关键是,我们如何理解"样式"?宇文所安在《中国文论》中,也将"文"译为"pattern",认为"文"是"心在宇宙的身体中运作"(man serves the function of mind in the cosmic body)。他说:"书写的'文

---

① 刘若愚:《中国文学理论》,杜国清译,联经出版集团 1981 年版,第 38—42 页。

(字)'不是符号,而是将一切图式化,这因此没有主宰权的竞争关系。每一个层次的'文',既属于宇宙,也属于诗。"①这句话一开始读来委实费解,但是其实是有一点道理的,我们后面会再作解释。这里先说他用的"图式"这个词,正是刘若愚讲的"样式"。但是遗憾的是他们都没有再讲下去,究竟图式或样式是个什么东西。近年来讲得最充分的,是郑毓瑜《"文"的发源:从"天文"与"人文"的类比谈起》,此文正是接着讲,将刘、宇文二氏所论的"图式",联系到中国文学思想与观念中最早、最根本的"引譬连类",将"图式"解为"譬喻世界",重新再认天文与人文(身体与宇宙)之间有类的联通,继而将以古代中国的气感宇宙观,作为重建言辞、句式、段落以及身/心、言/物之间,两个或甚或多元类域之间,如何跨越或相互贯通的网路。郑氏将"图式"(文)本体化同时也身体化了,她的论述自成一体,尤重文的根本理念中的相似、类通、感应、相生、互动等理论与思想的维度②,然而通观其文,着重强调的相似性,仍然忽略了"文"的另一面,即区分性。

还是对比着说,我的分析是:

"文"有根本义与引申义:

引申义:文籍、文章、文献、文学、文辞、文采、文明、文化、文质……

根本义:《说文》:"错画也";《周易》:"物相杂故曰文。"

案,物相杂,即文之"样式"或"图式"。那么,合乎逻辑的一个问题就是,如何解释"物相杂"?

"物相杂"无非就是不同的物放在一起。大致而言,"物相杂"有两种趋势:一是自然的、即兴的、随意的相杂。如瓷器烧制过程中产生的"窑变现象",可谓之"自然型"。桐城派的刘大櫆在《论文偶记》中说:

> 文贵变。易曰:"虎变文炳,豹变文蔚。"又曰:"物相杂,故曰文。"故文者,变之谓也。一集之中篇篇变,一篇之中段段变,一段之中句句变;神变,气变,境变,音节变,字句变,惟昌黎能之。文法有平有奇,须是兼备,乃尽文人之能事。③

---

① 宇文所安:《中国文论》导论,王柏华、陶庆梅译,上海社会科学院出版社2003年版。
② 原刊《政大中文学报》一五期,2011年6月,第113—142页。后收入《引譬连类:文学研究关键字》一书的导论,题为《"文"与"明":从天文与人文的类比谈起》,联经出版集团2012年版,第48—57页。
③ 刘大櫆:《论文偶记》,舒芜校点,人民文学出版社1998年版,第8页。

案,以"变化"来解释相杂,这是自然型的物相杂为文了。中国文学越是发展到近代,越是向自然型的方向发展。

二是人工的、有内在规定、有规律、有技艺的"相杂"。如音乐、如编织、如图案,图式化、格式化的"物相杂",可谓之"图式型",《说文解字注》杂,"所谓五采彰施于五色作服也。引申为凡参错之偁。"案,杂从衣,集声。《玉篇》"集":"合也。"《广韵》:"聚也,会也,同也。"表明:杂首先是多样,其次,多样性不是混乱无序,而是既有类聚的一致性,又有区别的参差与交错,因而它有一个结构在其中。这种类的一致性,我们称为"交错",这种区别的参差性,我们称为"相间"。换言之,文的根本义,正是相间与交错的图式。

案,后者正是古典语文,也是中国文学艺术的重要特色。自然型的物相杂,背后也有很多学问。我这里先不讲。这里论述的是"图式型"的物相杂即文。我们从彩陶中的花纹与图案,可以知道,作为最早的"文",所有的图式中,无疑都有对称的因素,对称的美感背后,其实有一种均衡地相间与交错的思维,我们可以简单称之为有一种"广义的对对子"思维,这种美感思维起源得很早。我们可以想象先民们在一天的劳作之后,在窑洞或田边看月亮星星,看天上的云与飞鸟与地下的水与游鱼,看身边的火对水、锅对瓢、星对昏,门对窗,再回过头来看自己身边的男女、老幼、死生……于是有一天感悟到天地宇宙的一个绝大秘密,就是两两相对,有物必有对,一二生、二生三,三生万物,于是发明了一个汉字:"文",两两交错为"文"。《文心雕龙》说中国美文来自于天地"日月叠璧,以垂丽天之象;山川焕绮,以铺理地之形",其实也是原始思维的一种美的论述。宇文所安说的"没有主宰权的竞争关系。每一个层次的'文',既属于宇宙,也属于诗"正是这个意思:其中的结构(物相杂)没有一个主宰的绝对主体,既属于自然也属于人为。

从广义的对对子思维,于是我们可以再论,"图式化"的表现以及要义:

表层义:对偶、音韵、声调、节奏、句法以及其他语文技艺的文学……

深层义:心在宇宙的身体中运作:天心与人心的应和(阴阳,《文心雕龙·原道》)

表层与深层的结合点:一切语文技艺都有的格式:相间与交错。

中国语言文学的发展,其实正是这种美感思维的发展。

先秦时代:自然型为主。

六朝时代:图式化为主。

唐宋时代:自然与图式分途发展。

元明清时代：自然与图式相交错相竞争。

现代：自然型一统天下。

尽管先秦语文以自然型为主，但已经有了图式化的现象，且不论韵文如诗经、老子，且看早期的赋如《风赋》，里面就有句式的图式化现象：单双、骈散、长短、婉峭。如下列画线的文字正是图式化（格式化、人工技艺化）的文字：

　　　　楚襄王游于兰台之宫，宋玉景差侍。有风飒然而至，王乃披襟而当之，曰："快哉此风！寡人所与庶人共者邪？"……

　　　　夫风生于地，起于青蘋之末；侵淫溪谷，盛怒于土囊之口。缘泰山之阿，舞于松柏之下……

　　　　然后徜徉中庭，北上玉堂，跻于罗帏，经于洞房，乃得为大王之风也。动沙堁，吹死灰，骇溷浊，扬腐余……①

案，其中，类的一致性，即句式的整齐与早期的骈偶化，而区分的相间性，即有意在骈偶、单双、婉峭之间有意无意的区分。

二、"物相杂即文"的思想史文献

然而自然型的物相杂，与图式化的物相杂，并不等于散文与骈文。如果说，阮文在《文笔论》中，所论骈偶、音韵等确实是属于我这里所说的图式化的物相杂（表层义），他所争的是骈文所失去的地位，而我在这里所论的比阮元所争取的东西要更多更深。因为阮氏根本不见有深层义的物相杂。傅山说："'物相杂故曰文'，只此六字可尽文义，非一先生之言所得暖姝。"②上文已明，其秘密即相间与交错。然而我们追到陶纹，也只是一种现象。其实古人已经有此自觉，绝非现代文学史家所说的六朝时代才有文学的自觉。从文献上看，文之本义的源头有三个：

来源于易之阴阳哲学；

---

① 萧统：《文选》第二册，上海古籍出版社 1986 年版，第 581—583 页，下文所引同出此书。

② 傅山：《霜红龛集》卷三十八《杂记》三，山西人民出版社 1985 年版，第 1055 页。

来源于乐之音声反复运算；

来源于周之礼乐文明。

这三个来源是真正的文之自觉。而文的核心义，乃大大强化于六朝之美文，而不是六朝或魏晋人才发现了文学的自觉。

先说礼乐文明。"周人尚文"（《史记·梁孝王世家》）；"郁郁乎文哉"（《论语·八佾》），周之文化创造性，可以用"文"来品题。这是众所周知的事实。我们知道"周文"是文明创造，是人文主义，区别殷商时代的重鬼神，但文明与人文，只是文的引申义。除此之外，文有没有相间与交错的本义？关键是如何理解周文的核心内容。周公制礼作乐，礼别异（相间），乐和同（交错）。这里就完全符合文的本义。而周文另一核心要义的表述是亲亲与尊尊，亲亲，即仁爱，发源于血缘亲人之间的爱，爱即心的"交错"。而尊尊，即秩序，根源于政治生活中上下左右的位序、责任与义务，此即"相间"。因而，周文的伟大实践，即将相间与交错发展而为一套政治人生之理、理想社会之道。

再说阴阳。朱子最清楚发挥易的思想：文即阴阳相间与交错。他说："'物相杂，故曰文'。卦中有阴爻，又有阳爻，相间错则为文。若有阴无阳，有阳无阴，如何得有文？"（《朱子语类》卷第七十六）

易学中的其他术语，如"入"，即交错；"文章"即交错变化。李道平疏"物相杂"一句，谓："'物相杂，故曰文'。虞翻曰：乾，阳物。坤，阴物。<u>纯乾纯坤之时，未有文章。阳物入坤，阴物入乾，更相杂成六十四卦，乃有文章，'故曰文'</u>[疏]'乾，阳物。坤，阴物'，上传文。纯乾纯坤，阴阳未变，其时未有文章。郑语曰'物一无文'是也。乾坤交通，故'阳物入坤，阴物入乾'，而成六子。八卦更相错杂，成六十四卦，刚文柔，柔文刚而文章成焉。说文曰'文，错画也'。盖即'物相杂，故曰文'之义也。"[①]这即是相间与交错的文义，在易学上的根据。

再说音乐。首先是古义"音"与"声"不同。来源于乐记对音乐的人工性、图式化甚至格律化的强调。《乐记》曰："声相应故生变，变成方谓之音；比音而乐之，及干戚羽旄，谓之乐。"郑注曰："宫商角徵羽杂比曰音，单出曰声。乐之器弹其宫则众宫应，然不足乐，是以变之使杂也。方犹文章也。"[②]此杂声和乐之义

---

① 李道平：《周易集解纂疏·系辞第九》，中华书局 1994 年版，第 676 页。

② 郑玄注：十三经注疏本《礼记·乐记》，孔颖达疏，北京大学出版社 1999 年版，第 1074 页。

也。单声不足为乐,变杂五声使之交错成文,谓之比音,故亦曰"声成文谓之音",比音斯和乐矣。(清黄以周《礼书通故》第四十四《乐律通故》)

后来在齐梁时代,根据"声成文"的道理,自觉创造了语言的音乐性。沈约曰:"五色相宣,八音协畅,由乎玄黄律吕,各适物宜。欲使宫羽相变,低昂中节,前有浮声,则后须切响,一篇之内,音韵尽殊,各句之中,轻重悉异,妙达此旨,始可言文。"(《宋书·谢灵运传论》)最值得注意的就是其中运用了相间与交错的原则,冯胜利先生有相当精当的研究。相间与交错,古人用的语言是"反复运算"。"迭"即不同声音的相间,"代"即不同声音的交错。陆机《文赋》"音声之反复运算,若五色之相宣",李善曰:"言音声反复运算而成文章,若五色相宣而为绣也。"李翰曰:"音声,谓宫商合韵也,至于宫商合韵,递相间错,犹如五色文采以相宣明也。"①。

三、再论声成文,兼说钱锺书先生之失误

钱锺书先生有一篇很有名的文章论诗歌文学中的"通感",但是他将声成文也说成是"通感"则是明显的误解。他说:

> 我们的《礼记·乐记》有一节极美妙的文章,把听觉和视觉通连。"故歌者,上如抗,下如队,止如槁木,倨中矩,句中钩,累累乎端如贯珠",孔颖达《礼记正义》对这节的主旨作了扼要的说明:"声音感动于人,令人心想其形状如此。"《诗·关雎·序》:"声成文,谓之音。"孔颖达《毛诗正义》:"使五声为曲,似五色成文。"这些都真是"以耳为目"了!(《通感》,载《文学评论》1962年第1期)

他在《管锥编》中《毛诗关雎(二)》也继续申论这个说法:

> 又"声成文,谓之音",《正义》:"声之清浊,杂比成文"。即《易·系辞》:"物相杂,故曰文",或陆机《文赋》:"暨音声之反复运算,若五色之相宣。"夫

---

① 萧统:《文选》,卷第十七《文赋》,第766页。

文乃眼色为缘,属眼识界,音乃耳声为缘,属耳识界;"成文为音",是通耳于眼、比声于色。以听有声说成视有形①。

"通感"不是一般的比喻,而是感官上的打通。我们看钱先生举的通感例子:

> 白居易《和皇甫郎中秋晓同登天宫阁》:"清脆秋丝管。"
> 贾岛《客思》:"促织声尖尖似针。"
> 丁谓《公舍春日》:"莺声圆滑堪清耳。"
> 《儿女英雄传》第四回:"唱得好的叫小良人儿,那个嗓子真是掉在地下摔三截儿!"
> 王维《过青溪水作》:"色静深松里。"
> 刘长卿《秋日登吴公台上寺远眺》"寒磬满空林。"
> 杜牧《阿房宫赋》:"歌台暖响。"

当然不止钱先生一人论通感。陈望道说:"官能的交错——就是感觉的交杂错综。这是近代人神经极敏所生的一种现象。例如德国诗人兑梅尔《沼上诗》中有'暗的声音'一语,明暗是视觉上的现象,声音的听觉上是无所谓明也无所谓暗的。是'暗的声音'是视听两官感觉的混杂,就所谓官能的交错了。"②而五音比五色,看似打通了视与听,然而细想:"声成文",是声音之间的交错,不是不同官能之间的交错,因而不是通感。如果讲成通感,就完全忽略抹杀了"声成文"的本义是真实的不同声音的相间与交错;而声音的相间与交错,不必一定要想到五色相宣的画面。不必一定有视与听的感官相交错。五色相宣只是比喻而已。因而,钱先生的说法是对"声成文"的误读。混同于通感,就失去了"文"的正解。声文与形文一样,不能离开相间与交错之美。

四、明清时期文学及艺术批评中讨论相间与交错即文

明人周子文《艺薮谈宗》卷四论:"'物相杂,故曰文'。文须五色错综,乃成

---

① 钱锺书:《管锥编》,中华书局 1979 年版,第 59 页。
② 陈望道:《陈望道文集》,卷一《文学小辞典》,上海教育出版社 1980 年版,第 509 页。

华采；须经纬就绪，乃成条理。"错综，乃成华采；即是交错之美。经纬，乃成条理，正是相间之功。周氏其实已经意识到其中的关键。

清人刘熙载有更明确的认识。《艺概·经义概》谓："《易·系传》：'物相杂故曰文。'《国语》：'物一无文。'徐锴《说文通论》：'强弱相成，刚柔相形。故于文，人爻为文。'《朱子语录》：'两物相对待故有文，若相离去，便不成文矣。'为文者，盍思文之所由生乎？"①明案，所谓"文之所由生"，即文之根本，文相生相创的内在机制。"相形"、"相对"，即相间。"物无一则无文"，即交错为文。刘氏又对"物一无文"有新解，他说：

> 《国语》言"物一无文"，后人更当知物无一则无文。盖一乃文之真宰，必有一在其中，斯能用夫不一者也。

案，前一个"一"，是单一、无变化。后一个"一"，是不相离，是统一性，即交错性。这个一，可以表现为作品的主题、文章内在的生气以及风格的整体性等主宰性的因素，文似看山不喜平，总归有一个起伏绵延的"山"在那里。此外，刘氏明确认为相杂即"对"：

> 《易·系传》言"物相杂故曰文"，《国语》言"物一无文"，可见文之为物，必有对也。然对必有主是对者矣。

"然对必有主是对者"，即两两相对相间的要素中，由相互交错而发生的意义联系。譬如，在西湖的山与水、雨与晴、明与晦、浓与淡之间，有宜人怡心的"西子"，作为灵魂的存在（苏轼《饮湖上初晴后雨》）；在扬州的隐山远水、秋草明月、玉人夜桥之间，有悠然的箫声在其中摇漾（杜牧《寄扬州韩绰判官》）。"文"（相间与交错的）的表现有章法（篇法）、句法、音韵、风格等。刘熙载《艺概·经义概》明确论及：

---

① 刘熙载：《艺概》，上海古籍出版社，第182页，以下引文同此书。案，若干版本的《艺概》，原文皆为："《易系传》言：'物相杂故曰文'，《国语》言：'物一无文'，可见文之为物，必有对也，然对必有主是对者矣。"并无后引徐锴《说文通论》与《朱子语录》，然钱锺书先生《管锥编》里面却是如上所引。见《管锥编》第一册，第52页。中华书局1979年版。

> 章法之相间,如反正、浅深、虚实、顺逆皆是;
>
> 句法之相间,如明暗、长短、单双、婉峭皆是。

章法与明清八股文的评点与训练更有关。八股中所谓"八股",就是四组特殊对仗的文字,是特殊、复杂对仗思维的产物。如钱基博所论:八股文之工,"严于立界(犯上连下,例所不许),巧于比类(截搭钓渡),化散为整,即同见异,通其层累曲折之致。"其中,"严于立界"与"即同见异"即是相间,重在区分;而"巧于比类"与"化散为整"即是交错,强调融合。在相间与交错之间,八股文尤为重视"相间",即各种对照、排比、正反、破立、推挽的本事。①此外,韵文中更为自由的词也是极为重视相间与交错之编织技术。如《艺概》卷四论词的章法:

> 词或前景后情,或前情后景,或情景齐到,相间相融,各有其妙。

句法来源甚古。前论《风赋》即有长短、单双、婉峭之别。元人陈绎曾《文式》卷下《论作文法》:

> 文字一篇之中,须有数行整齐处。或缓或急,或显或晦,缓急显晦相间,使人不知其缓急显晦。常使经纬相通,有一脉过,接乎其间,然后可。

案,这里明确讲到了"相间",也讲到了"相通"(交错)。无论诗赋与八股文有多少不一样,相间与交错的原则都是离不开的。清人李锳《诗法易简录》卷六七评李白《远别离》、卷一五言古诗评辛延年《羽林郎》:

> 通篇凡四用兮字。……奇偶相间、错综变化,音节与笔法相辅而行也。
>
> "两鬟何窈窕,一世良所无。一鬟五百万,两鬟千万余。"此四句单行以疏其气,古文古诗无不奇偶相间者,盖一阴一阳之道递相乘除有如此。

---

① 试举一例:八股文《原泉混混》第一股:"泉而有原者,乃水之所以发微不见。"第二股:"原之为泉者,乃水之所以充周不穷。"第三股:"而不见其混混乎? 泉涓涓而始流,有自无生有之意焉。"第四股:"而不见其不舍昼夜乎? 泉滔滔而不息,有自少生多之意焉。"发微与充周,成为泉与原之"相间",而自无生有、自少生多,亦是泉本身之"相间",后层层展衍为四达与一曲、小大、浅深、广狭、远近、潆洄与恣肆等"相间",最终汇而为君子精进不已的交错融会大义。参见赵耀基、李旭等编著《清代八股文选读》,上海古籍出版社 2012 年版,第 123 页。

老杜格律细诗法精,有关杜诗的章法句法,骨子里都有相间与交错之美。如云:

> 《送李校书二十六韵》"顾我"以下,妙将己与校书两两比较,相间成章。见李壮而我衰,李为亲而勇往,我无家而安归。慕之、祝之,文情凄婉。(《读杜心解》)
>
> 《奉送王信州崟北归》此诗篇法之相间,音节之相承,如画花之有凹凸,山水之有起伏回抱,当循其节拍,顿挫而自得之。
>
> 浦二田云:……四篇(《飞仙阁》、《龙门阁》、《五盘》、《石柜阁》)一苦一愉,以相间成章,总见章法变化处。(《杜诗镜铨》卷七)

最后一条论组诗的结构,而讨论得最多的是所谓"虚实相间格",好些诗评都指向这一条:

> 《杜诗详注》引黄生评《归雁》:事起景接,事转景收,亦虚实相间格。
>
> 《陪裴使君登岳阳楼》仇评:首二登岳阳楼,三四陪裴使君,五六楼前春景,七八自叙行踪。此虚实相间格也。
>
> 《严公仲夏枉驾草堂》仇评:上四记严公交情,下四述草堂景事,……末作自谦之语,与起处宾主相应,此虚实相间。

相间与交错,不仅是具体的写作技艺,还有比较抽象的文章美学,如节奏、浓淡、以及文气的宽紧、文脉的断续,文法的抑扬等。如云:

> 刘少彝诸作,丽藻夺目,绝无近日纤趋之习。所可改者,文章之妙,必须浓淡相间、长短错综,八斗之华,稍稍割美删繁,须以轻微之意剂之。(明陈懿典《陈学士先生初集》卷三十四)
>
> 文之飔处为宽,拍处为紧。用宽用紧,取其相间相形。若全宽,是无宽;全紧,是无紧也。
>
> 文忽然者为断,变化之谓也。如敛笔后忽放笔是。复然者为续,贯注之谓也。如前已敛笔,中放笔,后复敛笔,以应前是。
>
> 抑扬之法有四:曰欲抑先扬、欲扬先抑、欲抑先抑、欲扬先扬。沉郁顿挫,必于是得之。(刘熙载《艺概》卷六)

无论如何变化,总之离不开相间与交错,因而,这不是一种"窑变式"的自然语文,而仍然是一种有其内在格式,一种图式化的语文。

古典美学有其相通性,书法也是如此,其中奇正、巧拙、顿挫、收放、疏密、枯湿、明晦、推挽等,无不体现"物相杂"的美学。董其昌的《画禅室随笔》说:"作书所最忌者,位置等匀。且如一字中,须有收有放,有精神相挽处。王大令之书从无左右并头者。右军如凤翥鸾翔,似奇反正。米元章谓大年千文,观其有偏侧之势,出二王外。此皆言布置不当平匀,当长短错综、疏密相间也。作书之法,在能放纵又能攒促,每一字中失此两窍,便如黑夜独行全是魔道矣。"包世臣《艺舟双楫》亦论:"先以搭锋养其机,浓墨助其彩,然而以枯墨显出之,遂使一幅之中,秾纤相间、顺逆互用,致饰取悦,几于龋齿堕髻矣。"(卷六《论书》二)。至于舞蹈艺术,更是从音乐的声成文而来,《乐记》曰:"屈伸、俯仰、缀兆、舒疾,乐之文也。"表明相间与交错是一切艺术的"文眼"。

五、"以对偶成篇":论江淹赋的两个问题

第一个问题,在江淹的《恨》《别》两赋中,不仅是骈字丽语,而且更是"以对偶成篇",这一特点,是骈文的技艺,与他的思想有何关系?

骈赋的对偶,实能将许多抽象的命题用对举的方式抽绎出来,并加以很好的表达。《恨赋》第二段中,作者一一细数了八种千古恨事。而将帝王与列侯、名将与美人、才士与高人相对举,就不仅是其篇章结构上的一种巧构之笔,而且其中其实也蕴含着江淹对于人生的种种哲学思考,或者说是其人生哲学的外在体现。

秦始皇与赵王迁,一为帝王,一为诸侯。一为得意者,想得到更多而不满足;一为失意人,想收回失去的而不得。一个是未能寻得虚幻的仙山,满足延寿之欲,故是死后之憾;一个则是不得返故土而饮恨,故是生前之悲。然江淹将此二人并举,是为了指向同一个不争的事实:人生始终就是一种不满足的状态,而人就是一种遗憾的动物……

李陵与明妃,同者,两人皆是背井离乡,背负着身处异域之憾。异者,则是有着屈辱与荣耀的区别。但是以抽象的眼光来看,恨虽千差万别,但人生

的遗憾与悲哀乃是超越永恒、善恶、荣辱、黑白和敌我的,这也是江淹的人生哲学。

至于冯衍与嵇康,两人反差甚是明显。从命运结局来看,一个是无疾而终,且享天伦之乐,只不过错过了明君圣主,错过了一展雄才的大好时机;一个则是含冤下狱,被杀身亡。当然也是未能施展抱负。但江淹将两人并举,可见在其眼里,士人命运无论是终老晚年还是英年屈死,在人生长长的遗憾面前都是一律平等、毫无差别可言的。这种"唯遗憾至上"的虚无主义,归根究底,仍然来自他的人生哲学。

由此可见,江淹创作这篇作品的思路,其实正是以理一而分殊,"一"是交错,"分"是相间;以交错为经,以相间为纬。交错为主干,相间为枝叶。

第二个问题,《别赋》是否有钱锺书先生所说的"偏枯"之病?《别赋》的结构,熔议论文、戏剧与诗歌为一炉。开宗明义,点题设论:"黯然销魂者,唯别而已矣!"指出了离别的距离之远,时间之久,因而更添悲伤。然后笔锋顺势而下,绾合一般离别的双方——"行子"和"居人"的处境和心境,描写一种种超越在家与外出、男与女之区别,成为一种永恒的伤心事。接下来便列举了公卿(庙堂)与侠士(江湖)相对、从军之春日与去国之秋天相对、男女夫妇相对,以及成仙之人天之别与乎情恋之世俗之别相对,展开一系列人间情境,表达富于人生普遍情感张力的离别悲伤,最后归结到无法形容与表达离别悲伤之重。中间有照应、复还,结尾有回抱。显然,这是典型的以对偶成篇。不仅结构简明,层次明晰,而且使短短篇章,极富于戏剧性,也极富于人生哲理。

《别赋》第七节,描写"华阴上士"求道入山,与世间作人天之别,这真实反映了古代社会因宗教信仰而导致人间离别,给家人带来苦痛。韩愈《谁氏子》云:"非痴非狂谁氏子?去入王屋称道士。白头老母遮门啼,挽断衫袖留不止。翠眉新妇年二十,载送还家哭穿市。"以及《红楼梦》第一回,甄士隐随疯道士"飘飘而去",其妻子封氏哭个死去活来。钱锺书称全赋唯此节偏枯不称,其实此一内容甚有普遍性重要性。

由骈文可见,相间与交错之技艺,不仅是艺术,而且是思想。只不过,技艺是明显的、可传的,思想却是隐性的,秘传的。这需要我们去从作品中挖掘出思想。

六、以孟浩然与叶嘉莹诗为例,相间与交错之鉴赏

> 山光忽西落,池月渐东上。(东西、山月)
> 散发乘夜凉,开轩卧闲敞。(时间、空间)
> 荷风送香气,竹露滴清响。(嗅、听)
> 欲取鸣琴弹,恨无知音赏。(无人)
> 感此怀故人,中宵劳梦想。(孟浩然《夏日南亭怀辛大》)

案,我们看这首小诗,二、三联人与自然非常亲,身体、听、嗅觉,有机融合在一起。表现人心与自然的一幅大和谐。然而如果用"相间与交错"的理论来解析,则更为具体入微。譬如第一二句,有东、西相对,山、月相间,"忽"、"渐"相衬,非常撑开的一个空间,又收得很紧。第五六句,有嗅觉与听觉的相间,又有夏夜的清爽相交错。最后四句,则是无人赏与有故人的对比,从对比中,表明大自然、身体、神思的清旷,最后写出欲将此清旷的美好,分享友人,从大自然中得到的和谐之美,转而为人心与人心的和谐之美。诗思之自然化,与自然物之生命化,在这首诗中得到很美妙的呈现。再如:

> 木落雁南度,北风江上寒。我家湘水曲,遥隔楚云端。乡泪客中尽,归帆天际看。迷津欲有问,平海夕漫漫。(《早寒江上有怀》)

案,从情与景的角度来看,不是简单的前景后情,而是交错式的。即第三、五、七句实写,而第四、六、八句虚写,因实而虚,一片神行。前人评此诗"回翔容与",正是相间与交错的音乐化。最后一句那种无着落、无挂搭的心,只有在执着的问家乡的衬托下,才更动人。下面是孟浩然的名篇:

> 挂席几千里,名山都未逢。泊舟浔阳郭,始见香炉峰。尝读远公传,永怀尘外踪。东林精舍近,日暮但闻钟。(《晚泊浔阳望香炉峰》)

案,孟浩然的这首名诗被王渔洋评为"色相俱空"的神韵。关键即能化实为

虚。本来,"挂席几千里,名山都未逢。泊舟浔阳郭,始见香炉峰"这一江上之旅,是诗人"晚泊浔阳望香炉峰"之时的回忆与感想,是诗人的亲身经历,然而正是因为有了"尝读远公传"这一句,变成一疑问。因为,慧皎《高僧传》中的"慧远传",有"释慧远欲往罗浮山,及届浔阳,见庐峰清静,足以息心,始住龙泉精舍"云云,因而"挂席几千里,名山都未逢。泊舟浔阳郭,始见香炉峰"究竟是指传记中的远公,还是指诗人孟浩然的亲临?因而似真似幻,亦实亦虚,变得回忆与想象不分,诗人真身与书中古人迷离,交错亦复相间,合二为一,又一而能二,诗歌的兴象高妙,莫此为甚。最后再以叶嘉莹《病中答友人问行程》为例:

敢问花期与雪期,衰年孤旅剩堪悲。我生久是无家客,羞说行程归不归。①

案,叶嘉莹诗中的"雪"与"花"、"家"与"路"、"归不归"不只是字面上的意思,不只是回不回温哥华的犹豫不决,而更有比兴寄托的意思在里面。我以为,这里的"家"是精神乡关,这里的"孤旅",是文化心灵的远游不归与终身跋涉,这里的"花期"与"雪期",也分明是文化中国与现实中国的冷暖交替、四季轮回与阴晴明灭。叶先生不仅是写出了她个人的存在感受,而且,20 世纪所有的游子心情:漂泊异乡、旅食东西、无"家"可归,而又终身心系文化家国的行者情怀……

结　　论

一、陈寅恪先生说:"中国文字,固有其种种特点,其文法绝非属于'印度及欧罗巴 Indo-European 系',乃属于'缅甸西藏系'。中文文法亦必因语言文字特点不同,不能应用西文文法之标准,而中文应与'缅甸西藏系'文作比较的研究,始能成立完善的文法。现在此种比较的研究,尚未成立,'对对子'即是最能表现中国文字特点,与文法最有关系之方法。"②对对子不仅最能体现中国语文特征的论述,而且也能表现思想之特征。陈先生又说:"妙对不惟字面上平仄虚实

①　引自胡晓明《古典今义劄记》,海天出版社 2013 年版,第 1—3 页。
②　陈寅恪:《与刘叔雅论国文试题书》,《金明馆堂丛稿二编》,生活·读书·新知三联书店 2001 年版,第 249 页。

尽对，'意思'亦要对工，且上下联之意思须'对'而不同，不同而能合，即辩证法之一正，一反，一合。"表明：对对子思维即是文之根本，相间并非不相干的相间，而是"'对'而不同"，交错即"不同而能合"，类似于辩证法思维。陈先生的论点值得细思。

二、相间与交错作为文的根本思维，渗透、包含同时超越修辞学所说的对偶、平仄、顿挫、开阖等技艺，既是一种长期训练与默会的知识与文体要求，也是自觉的理论主张。

三、从创作论来说，相间与交错，作为"文"的根本结构，是文学与文章的自性生命力，如果尊重语文本身的生机，就要重新认识中国文学的"因文生情"的机制；现代文学观由于过于强调作家与个性，忽略了语文作为有机生命的存在，是一教训。

四、从风格论来说，古典中国文学的主流是图式化的艺术。即技艺化的文学。而现代文学失去了这个本色，即失去了中国古典语文的美感，导致了过于欧化、过于口语化与俗化的语文趋向。

五、从批评论来说，相间与交错之美，有显性的与秘传的之分。形式与技艺是显性的，对对子的思维则是秘传的。我们从古代文学批评那里，传承与整理了显性的形式与技艺，我们更要从古代诗人文学家的作品里，挖掘和整理秘传的那些对对子思维与智慧。

六、至于叙事文学中"文"思维的运用，因为不涉及大量图式化的语言模式与现成思路，如何成为一种自觉，或者是一种后设的解读，可能是一个更复杂的问题，容另文探论。

2016 年 1 月 21 日于丽娃河畔，3 月 7 日改订

附记：此文曾在香港中文大学中国语言文学系举办的"抒情与艺术"研讨会上宣读，得到郑毓瑜、廖栋梁、张宏生、冯胜利等教授的参与讨论回应，所获实多，专此感谢。同时在博士生课程上得到刘天倪提供钱锺书材料、彭爽同学参与讨论并校对文献，一并感谢。

张华《情诗》的意义

上海师范大学图书馆　曹　旭

《情诗》和《杂诗》，是张华诗歌的代表作，也是西晋初年诗歌新变的经典；代表了西晋"重情辞""精细化""私我化"的抒情风格；成了后代诗歌体貌的源头；而体现在《情诗》中"先情后辞"、"尚泽悦"的创作理念，不仅影响了陆机"缘情绮靡"的诗歌理论，也开启了晋、宋、齐、梁、陈诗学的阀门，是很有意义的。

最早对张华诗歌风格做出品评的是江淹。江淹《杂体诗三十首》用摹拟的方法，对前人的诗歌风格进行评价和确认，所拟西晋第一位诗人就是张华，标题是"张司空离情"，摹拟得惟妙惟肖①。此后，由于《文选》和《玉台新咏》的选录②，《文心雕龙》和《诗品》的品评，张华《情诗》便成了中国文学史上的一个重要品牌，并被确认下来。但齐梁至今，张华是如何用他的《情诗》把"古诗"和汉、魏诗改变成晋诗的？他又何以成为由"诗言志"向"诗言情"过渡的界碑？《情诗》和《杂诗》中蕴藏的这些重要内涵，并没有完全被人解读出来。

本文拟从文学作品的本位出发，通过对张华《情诗》的文本细读、比较研究，对张华《情诗》和《杂诗》的体式渊源、历史品评、审美价值及诗学意义，作较全面深入的探讨。

一、张华的《情诗》与《杂诗》

张华(232—300)，字茂先，范阳方城(今河北固安县)人。出身寒微，《晋书》

---

① 江淹《张司空离情》诗云："秋月映帘栊，悬光入丹墀。佳人抚鸣琴，清夜守空帷。兰径少行迹，玉台生网丝。庭树发红彩，闺草含碧滋。延伫整绫绮，万里赠所思。愿垂湛露惠，信我皎日期。"

② 《文选》选《杂诗》一首、《情诗》二首；《玉台新咏》选《情诗》五首，由此可见齐梁人对张华《情诗》、《杂诗》的重视。

本传中说他"少孤贫",曾以牧羊为生,早年曾作《鹪鹩赋》自寄,为陈留阮籍所激赏。魏末,荐为太常博士;晋武帝时,因力主伐吴有功,屡迁官至司空;八王之乱中被赵王司马伦杀害。张华博学多能,知识面广博,诗赋词章、图纬方技、历史掌故,无不精通。作为弥缝补缺,在乱世中支撑西晋政权大厦的张华,是太康时期的政治领袖。在晋初文坛,一说张华与张协、张载并称"三张"①。在创作上,张华以重"情"的诗学观念,扶持、培养了一大批诗人和作家,形成了一个颇具特色的文学集团②。对左思,特别是对陆机、陆云的影响,使他成了建安"诗言志"向西晋"诗缘情绮靡"的中介。

张华《情诗》一共五首。第一首开宗明义,交代人物、场景和"情"与"思"的缘由;第二首写思妇月下的眷念;第三首写思妇整夜失眠;第四首写山川阻隔,路远会难;第五首转到"久滞淫"的游子,摘兰蕙而无从寄赠。五诗独自成篇,而从环境描写、情绪连贯、男女主人公身份、写作人称看,又是一个整体,可视为组诗,合成夫妻别离后"情思"的全过程。

此外,张华《杂诗》三首,风格内容与《情诗》大同小异,其实是《情诗》的姊妹篇,可视为《情诗》的扩展与补充。如第一首"繁霜降当夕,悲风中夜兴",是《情诗》第三首"佳人处遐远,兰室无容光"的扩展补充;第二首"白蘋齐素叶,朱草茂丹华"是《情诗》第五首"兰蕙缘情渠,繁华荫绿渚"的扩展补充;第三首"房栊自来风,户庭无行迹。兼葭生床下,蛛蝥网四壁"是《情诗》第一首"昔柳生户牖,庭内自成荫。翔鸟鸣翠偶,草虫相和吟"感物怀人细节的扩展与补充;此外如《感婚诗》"素颜发红华,美目流清扬",与《情诗》也很相近,至少在美学风格上是一致的。所以历代评论家都把《情诗》和《杂诗》视为一体。(本文论《情诗》,亦包含了对《杂诗》的评论。)

---

① "三张",一指西晋诗人张协、张载、张亢兄弟三人。《晋书·张载传》:"亢字季阳,才藻不逮二昆,亦有属缀。又解音乐技术。时人谓载、协、亢,陆机、云曰:二陆三张。"唐《晋书》材料来源之一是梁钟嵘《诗品》。《诗品序》云:"太康中,三张、二陆、两潘、一左,勃尔复兴,踸武前王。"清咸丰时张锡瑜《钟记室诗平》以为,此"三张",当指张华、张协、张载。因《诗品》未品亢诗;又"中品·鲍照"条说鲍照"其源出于二张"(张协、张华),故"二张""三张"中,均有张华在。可以参考。

② 据《晋书》本传记载,张华"性好人物,诱进不倦"。结合《晋书》"文苑""忠义""隐逸"诸传和《世说新语》看,受张华提携、奖掖、扶持、庇护过的后进新秀有左思、陆机、陆云、褚陶、荀鸣鹤、束皙、陈寿、索靖、鲁胜、范乔、张轨、成公绥、陶侃等人。

二、张华诗歌风格体制的渊源

假如"深从六艺溯流别"（章学诚语），追溯张华《情诗》风格体制来源的话，那是有迹可循的。

（一）钟嵘《诗品》说："其源出于王粲。"

梁钟嵘《诗品》最早指出张华："其源出于王粲。"但是，根据在哪里？许多人弄不明白。宋濂《答章秀才论诗书》说："（张华诗）学仲宣。"其实是照钟嵘《诗品》说一遍，自己并没有根据；故许学夷《诗源辨体》卷四说："宋景濂谓安仁、茂先、景阳学仲宣，此论出于钟嵘，不免以形似求之。"至如《四库提要》诟病钟嵘某人出于某人，"若一一亲见者"，则不免拘泥。有人以为，"王粲之诗以《七哀诗》最为著称，他善写哀情，文辞清丽，张华诗风的确与其近似"①。

其实，张华"源出"王粲的信息，有一条太康年间的材料可以参考：陆云《与兄平原书》之十二说："仲宣（王粲）文，如兄言，实得张（华）公力。"即陆机曾对陆云说，仲宣（王粲）的诗文，现在这么流行，实在是张华倡导的结果；陆云写信回复陆机说，兄所言极是。

西晋诗坛所以重"情"尚"文"，张华极力推崇王粲的擅美和词采是重要的原因。张华以自己政治、文化领袖的身份，学习王粲的风格，揄扬鼓吹，不遗余力。所以机、云兄弟私下议论此事，既可作张华"源出王粲"之旁证，也说明了张华《情诗》风格的来源。

对"建安七子"中王粲和刘桢的评价，虽如江淹《杂体诗三十首序》所言"公幹（刘桢）、仲宣（王粲）之论，家有曲直"，不尽一致。但是，主流的看法，是王粲高于刘桢。

沈约《宋书·谢灵运传论》说："子建（曹植）、仲宣（王粲）以气质为体，并标能擅美，独映当时。"把王粲与曹植相提并论。刘勰《文心雕龙·才略》篇说："仲宣（王粲）溢才，捷而能密。文多兼善，辞少瑕累。摘其诗赋，则七子之冠冕乎！"沈约是齐梁时期的"文宗"，他的看法具有代表意义。他与刘勰"七子冠冕"的观点，本质上是因为西晋以后的宋、齐、梁诗学，走的都是王粲标能擅美的情辞道

---

①　苏瑞隆：《鲍照诗文研究》，中华书局 2006 年版，第 278 页。

路,只有异调的钟嵘对此表示不满。

在《诗品》中,刘桢、王粲都是"偏美"的诗人,王粲偏美在"情辞",刘桢偏美在"风骨",钟嵘把刘桢置于王粲之上。《诗品序》说:"曹(植)、刘(桢)殆文章之圣,陆(机)、谢(灵运)为体贰之才。"刘桢是"自陈思已下,桢称独步"(《诗品·魏文学刘桢诗》);王粲是"在曹、刘间别构一体"(《诗品·魏侍中王粲诗》)。比起"情辞"美学来,钟嵘对"风骨"美学更加重视。因此,钟嵘对张华"儿女情多"的不满,其实也涉及到对王粲"情辞"的不满;甚至还涉及到对沈约的不满①。事实和逻辑都可以证明,钟嵘把张华的风格源流追溯到王粲是正确的。

(二)张华是曹植《情诗》与《杂诗》的传人

除了王粲,我以为,张华的诗歌源流其实还和曹植有关系。因为情兼雅怨、体被文质的曹植被认为是"骨气奇高"和"词采华茂"的代表,兼有刘桢和王粲诗歌的优点;张华也学到曹植诗歌"词采华茂"的方面。

在萧统《文选》中,"杂诗",与"补亡""述德""劝励""献诗""公宴""祖饯""咏史""游仙""招隐""游览""咏怀""哀伤""赠答""行旅""军戎""挽歌"并列在一起,作为中国诗歌主题分类学中的一个大类。李善注"杂诗"说:"杂者,不拘流例,遇物即言,故云杂也。""情诗"没有单独的类,便归为"杂诗"。

同写《情诗》和《杂诗》,并且都入选《文选》的,只有两个诗人。一个是曹植,第二个是张华。这似乎有意无意地表明了,以"情诗"为标题的写作,开创者是曹植,继承人是张华;"情"与"诗"为标题的组合方式,正从建安的曹植向西晋的张华延伸;曹植《杂诗》其四的"南国有佳人",很可能是张华《情诗》"北方有佳人"的摹本。曹植《杂诗》中的"织妇空闺"和"良人从军"主题,无疑连成张华《情诗》主题的线索。曹植《杂诗》其三写:"西北有织妇,绮缟何缤纷。明晨秉机杼,日昃不成文。太息终长夜,悲啸入青云。妾身守空闺,良人行从军。自期三年归,今已历九春。飞鸟绕树翔,噭噭鸣索群。愿为南流景,驰光见我君。"假如放在张华的《情诗》里,一般人是分辨不出作者的;不仅曹植的"明晨秉机杼,日昃不成文",到了张华那里,变成"终晨抚管弦,日夕不成音";曹植的"良人行从军""妾身守空闺",到了张华那里,变成"君子寻时役,幽妾怀苦心";连临别时许诺回家的时间也是相同的,曹植是"自期三年归,今已历九春",张华是"初为三载

---

① 曹旭、杨远义:《钟嵘与沈约:齐梁诗学理论的碰撞与展开》,《上海师范大学学报》2009年第6期。

别,于今久滞淫"。接下来都是写景,一写树木,二写飞鸟。曹植是"飞鸟绕树翔,嗷嗷鸣索群";张华扩展为"昔柳生户牖,庭内自成荫。翔鸟鸣翠偶,草虫相和吟"。

此外,《文选》未收,逯钦立《先秦汉魏晋南北朝诗》题为曹植《杂诗七首》的第七首:"揽衣出中闺,逍遥步两楹。闲房何寂寞,绿草被阶庭。空室自生风,百鸟翩南征。春思安可忘?忧戚与我并。佳人在远道,妾身单且茕。欢会难再遇,芝兰不重荣。人皆弃旧爱,君岂若平生。寄松为女萝,依水如浮萍。束身奉衿带,朝夕不堕倾。倘终顾盼恩,永副我中情。"那就更像张华的《情诗》。不对,应该说张华的《情诗》,更像曹植的《杂诗》了。不仅语言像,诗歌美学和意境更像。

在思妇寂寞,良人怀归的大主题下,抒发时光流逝和对佳人容貌难持久的珍惜,语短情长,含蓄委婉。尽管钟嵘从他的诗学观念出发,坚决反对庶出"楚辞"的张华[1]和嫡传《国风》的曹植有什么瓜葛,但曹植的《杂诗》和《情诗》,同样是张华《杂诗》《情诗》取法的主要对象,所有读过《文选》的人,都会对此深信不疑。

(三) 汉末失名氏"古诗",是张华《情诗》的第三个源头

张华《情诗》其实还有第三个来源,汉末失名氏的"古诗",同样也是张华《情诗》的源头。若比较《情诗》与"古诗"的主题、用语和篇章结构,我们就会得出这样的结论。

《情诗》第一首以佳人鸣琴起兴:"北方有佳人,端坐鼓鸣琴。终晨抚管弦,日夕不成音。忧来结不解,我思存所钦。"这与"古诗"《西北有高楼》中的"西北有高楼,上与浮云齐""上有弦歌声,音响一何悲! 谁能为此曲? 无乃杞梁妻"非常类似。都写佳人弹琴,音响悲苦;最后寄托情思的方式:"古诗"是"愿为双鸣鹤,奋翅起高飞";《情诗》是"愿托晨风翼,束带侍衣衾";一为"鸣鹤",一为"晨风",均以翔鸟为喻,用鸟意象,在写法上也是一致的。

第二首写夜晚,清风明月是佳人的意象;第三首感叹长夜难眠,是独处深闺的妻子思念远行丈夫的内心独白。其中"清风动帷帘,晨月照幽房"和"古诗"的"明月何皎皎,照我罗床帏"篇章结构相同,许多句子也相似。

---

[1]　按照钟嵘《诗品》的说法,张华源出王粲,王粲源出李陵,李陵源出"楚辞"。张华即为"楚辞"一系在西晋之传人。《诗品》把所有诗人的渊源分为"《国风》"、《小雅》、楚辞"三系。"楚辞"一系诗人,乃是《国风》主流诗人之旁支。

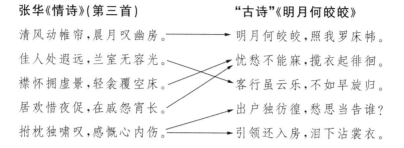

《情诗》中的"清风动帷帘,晨月照幽房",即"古诗"《明月何皎皎》的"明月何皎皎,照我罗床帏";《情诗》中的"居欢惜夜促,在戚怨宵长"即"古诗"中的"忧愁不能寐";《情诗》中的"襟怀拥虚景,青衾覆空床"即"古诗"中的"明月何皎皎""揽衣起徘徊";《情诗》中的"抚枕独啸叹,感慨心内伤",即"古诗"中的"引领还入房,泪下沾裳衣"。弥漫在《情诗》和"古诗"中让我们产生淡淡哀伤的月亮,也是同一个月亮。

第四首"君居北海阳,妾在江南阴。悬邈修涂远,山川阻且深",写地域、山川阻隔,无缘会面的艰难。与"古诗""行行重行行,与君生别离""相去万余里,各在天一涯"类似,"悬邈修途远,山川阻且深"与"道路阻且长,会面安可知"意思完全相同。

《情诗》第五首,一般以为是描写游子思家的诗。亦是对"古诗"《涉江采芙蓉》的承袭,且加比较:

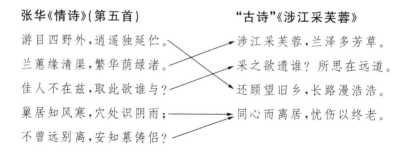

两首诗的情境、描写内容和诗中的情思,都很类似。都写外出的游子在途中见到清澈的小河,河边长满兰蕙芳草,游子想采了赠给自己心爱的人,但心爱的人在远方,因此产生怅惘的思念之情。

至此,我们不必再举其他证据,也可以证明张华的《情诗》,是学习、模仿"古诗"来的。西晋初年,张华首开学习、模仿"古诗"的风气。由此可知,收在《文选》里陆机的《拟古》诗十二首，应该受到张华的影响；并是当时整个"拟古"风气的产物，并不是陆机一个人突然拟起"古诗"来。

三、张华诗学的历史品评

要弄清楚对张华诗学的历史评价，就必须弄清齐梁时代钟嵘《诗品》的品评——那是对张华诗歌最全面的品评。

（一）考察异文：弄清张华品第的真相

钟嵘《诗品》把张华放在"中品"。"中品·张华条"说：

> 其源出于王粲。其体华艳，兴托不奇；巧用文字，务为妍冶。虽名高曩代，而疏亮之士，犹恨其儿女情多，风云气少。谢康乐云："张公虽复千篇，犹一体耳。"今置之中品，疑弱；处之下科，恨少。在季、孟之间耳。

以上品评，除了"其源出于王粲"难解外，还有两个疑点：一是"兴托不奇"；二是"今置之中品，疑弱；处之下科，恨少"。一般人的理解是，钟嵘不满张华《情诗》中"儿女情多，风云气少"而给予的贬抑。

置于中品的诗人，有几种情况：一种如"魏尚书何晏、晋冯翊太守孙楚、晋著作郎王赞、晋司徒掾张翰、晋中书令潘尼"等人，是"宜居中品"的[1]；第二种如"任昉"，是"擢居中品"的[2]，第三种如"晋处士郭泰机、晋常侍顾恺之、宋谢世基、宋参军顾迈、宋参军戴凯"等人，是"越居中品"的[3]。对比之下，张华连"中品"都"疑弱"，有点不够格，这不符合张华在西晋文学史上的地位，也不符合张华在《诗品》中的地位。因此，引起了许多人的疑惑。

王叔岷《钟嵘诗品疏证》[4]说："'中'疑'上'之误。上品疑弱，下科恨少，明其所以列之中品之故，故下文云：'在季、孟之间'也。"眼光敏锐，判断正确，但没有版本根据。我经过考证，有一点发现。宋人何汶《竹庄诗话》、魏庆之《诗人玉

---

① 参见拙著《诗品集注》"魏尚书何晏"诸人条。
② 参见拙著《诗品集注》"梁太常任昉"条。
③ 参见拙著《诗品集注》"晋处士郭泰机"诸人条。
④ 见 1943 年《学原》三卷三、四期合刊。

屑》引古本《诗品》"张华条"云：

> 兴托多奇。
>
> 今置之甲科（即上品），疑弱；抑之（《诗人玉屑》作"乙之"，意同）中品，恨少，在季、孟之间耳。

第一个疑点"兴托不奇"，《竹庄诗话》《诗人玉屑》引作"兴托多奇"，意思和通行本文字完全相反。第二个疑点"今置之中品，疑弱；处之下科，恨少"，《竹庄诗话》《诗人玉屑》引作"今置之甲科（即上品），疑弱；抑之中品，恨少"，"中品"变"上品"；"下品"变"中品"，比原来的品语几乎相差一个等级，且变"处之"为"抑之"，字面的感情色彩也不同。

宋诗话以外，《诗品》中最具校勘价值的明刻宋本《吟窗杂录》及其系统的《格致丛书》《诗法统宗》《砑评词府灵蛇》诸明本，均作"兴托多奇"，与宋诗话所引古本《诗品》同，成了有力的旁证。又，《诗品》张华条末句"在季、孟之间耳"，语式、语意，全本司马迁《史记·孔子世家》。《史记·孔子世家》说："鲁乱，孔子适齐。异日，景公止孔子曰：'奉子以季氏，吾不能。以季、孟之间待之。'"《集解》孔安国曰："鲁三卿：季氏为正卿，最贵；孟氏为下卿，不用事。言待之以二者之间也。"钟嵘以张华比孔子，说他虽名高暨代，但置之甲科，却有所不能；只能抑之中品。

（二）《诗品》对张华评价的两重性

《诗品》对张华的品评始终很矛盾：一方面，张华放弃建安刘桢风骨的方向，走王粲"情""辞"的道路，主张诗歌的辞藻、修饰和一系列的形式美学，并在《情诗》的创作实践中，"巧用文字""务为妍冶"，形成了"靡曼"和"华艳"的风格，与钟嵘主张风骨的诗歌美学背道而驰。因此，尽管《情诗》在魏晋诗坛享有盛名，钟嵘也说张华"名高暨代"，但仍给予一定的贬抑，把他列入中品，并引用"疏亮之士"的话说——"恨其儿女情多，风云气少"。

另一方面，钟嵘又赞同张华对陆机等人的评价，甚至赞赏张华的创作方法。《诗品序》说："至乎吟咏情性，亦何贵于用事？'思君如流水'，既是即目；'高台多悲风'，亦唯所见；'清晨登陇首'，羌无故实；'明月照积雪'，讵出经史？观古今胜语，多非补假，皆由直寻。"写诗不贵用事，不贵故实，提倡"自然英旨"，"直寻""真美"，是钟嵘体现在《诗品》中最重要的诗学观之一，而"羌无故实"的样板,钟嵘就举张华的"清晨登陇首"一诗为例。这使张华的佳句在《诗品》中与曹植(高台多悲风)、谢灵运(明月照积雪)等人的佳句并列为"古今胜语"。由此可见,张华的诗歌创作,至少部分"羌无故实"的诗歌,和钟嵘不贵用事的诗学理想和"即目"的创作方法是不谋而合的。

问题在于,历来注家多不知"清晨登陇首"为张华诗句。如陈延杰《诗品注》此句:"未详所出";古直《钟记室诗品笺》说:作者"今考未得";许文雨《钟嵘诗品讲疏》以为钟嵘误合吴均《答柳恽》与沈约,《有所思》首句而成①。杜天縻《广注诗品》亦谓:"未详所出,待考",叶长青《诗品集释》失注。这在很大程度影响了人们对张华诗歌的理解,也影响了人们对钟嵘评张华原意的理解,唯王叔岷《读钟嵘诗品札记》指出为张华断句②。

《诗品》除肯定张华"清晨登陇首"诗"羌无故实"外,《诗品序》末列举五言警策时,还有"茂先寒夕"一语。注家以为,可能指张华的《杂诗》,因诗中有"繁霜降当夕"之句。

日本学者林田慎之助教授在《中国中世纪文学批评史》中论述张华时,用了"博物的记录""鹪鹩之赋""情诗的系谱""游侠乐府的世界",称张华是"魏晋南朝文学、思想上的坐标",是很有识见的③。由于通行本《诗品》文字讹误,影响了我们的理解;弄清《诗品》张华条原文,就弄清了钟嵘对张华和《情诗》评价的真相。

(三) 从古到今诗人:张华独享"情多"

在《诗品》品评先秦至齐梁,从古到今一百二十三位诗人("古诗"算一人)中,张华是唯一一个被称为"情多"的诗人。"情多"的品评,不仅为张华所独享,也为《情诗》所独享。

其实"情多"一词,并不是钟嵘的发明,钟嵘是借鉴谢灵运评王粲来的。因此,还是和张华的诗风源出王粲有关。

谢灵运《拟魏太子邺中集诗八首》其二写王粲,小序说王粲:"家本秦川,

---

① 许文雨《钟嵘诗品讲疏》:"吴均《答柳恽》首句云:'清晨发陇西',沈约《有所思》起句云:'西征登陇首'。仲伟殆误合二句为一句耶?"

② 王叔岷:《说文月刊》5 卷 1—2 期指出此为张华断句。诗见《北堂书抄》卷百五十七。诗云:"清晨登陇首,坎凛行山难。岭阪峻阻曲,羊肠独盘桓。"但未引起人们的重视,由后世此句仍失注阙如可知。其《钟嵘诗品疏证》又云:"则仲伟所举,固茂先句矣。"

③ 参见日本林田慎之助《中国中世纪文学评论史》第三章第三节"占据魏晋南朝文学坐标的张华"(昭和五十四年二月创文社)。笔者译,待出版。

贵公子孙。遭乱流寓,自伤情多。"钟嵘对谢灵运这首诗非常欣赏。《诗品序》末列举五言诗警策佳作,就有"灵运《邺中》"之句,即指谢灵运《拟魏太子邺中集诗》。因此,对"情多"一语自然熟知。谢灵运说王粲"自伤情多",钟嵘拈出"情多"二字,用到张华身上。王粲是张华的"源",张华是王粲的"流";通过"情多"的贯穿,不仅有语言上的承袭,也有源出上的暗示,这也许是钟嵘的一种匠心。不过,同是"情多",其内涵并不完全相同:王粲是遭乱流寓,悲士不遇;张华则写男女相思。这从一个角度告诉我们,西晋太康诗人的"情多",正源出建安诗人的"情多";同时,西晋诗人以"儿女情多",向遭乱流寓"自伤情多"的"建安"诗歌告别。《情诗》——"情"——"多"。从某种意义上说,张华的《情诗》,就是告别建安诗歌美学的宣言书——这就涉及张华《情诗》的意义。

四、张华《情诗》的意义

张华的《情诗》有几方面的意义:

（一）把"古诗"和汉、魏诗改变成晋诗

"古诗"和汉、魏诗各以经典的姿态成为时代的标识。那是那个时代的诗人蘸着自己的鲜血和痛苦抒写出来的情志。三国的废墟还在冒着袅袅的余烬,西晋统一的人们已开始放声歌唱。虽然诗歌内部的体制会有继承性,但西晋诗歌不会重复以前同样的旋律不再发展、不再前进。

张华的《情诗》学习王粲、曹植和"古诗",但张华不以"拟古"为目的,不是拟"古诗"得"古诗",学曹植得曹植,学王粲得王粲。而是学习前人的艺术手法,写出新体式的晋调。其中的变化,如江淹《杂体诗三十首》并序说:"蓝朱成彩,杂错之变无穷;宫角为音,靡曼之态不极。故蛾眉讵同貌,而俱动于魄;芳草宁共气,而皆悦于魂。"那么,张华是如何从"古诗"和曹植、王粲中腾挪变化出"晋造"来的呢?

1. 用"私我化"的儿女情,悄悄改变建安诗歌的主题基调

首先,张华改变了建安诗歌的主题基调,使诗歌从带风云气的国家社稷的宏大主题,转向"私我化"的儿女小感情;这种"私我化",与建安时期建功立业的誓言是不同的;建功立业虽然也是私人的,但它的指向却是国家和时代;张华

《情诗》的指向,则完全是私我的日常生活。在和平统一,建功立业不再是主旋律,风云气已经用不上的时候,诗歌自然会朝着小我、朝着闲情逸致和儿女情多的方向发展。正如在邺城取得短暂和平安逸的时期,丕、植和建安诗人也写饮酒、看花、走马、斗鸡之类的诗一样。

具体说,在张华以前,直接以"情诗"做诗歌题目的很少,曹植"情诗"写的是朋友之情,表达的是怀才不遇的愤慨,和送别诗差不多。张华则扬弃了曹植、王粲抒发政治怀抱的风云之气,用"情诗"来写夫妻之情,以表达思妇旷夫相思的主题。

可见,"晋造"区别"汉风"、"魏制"的第一个不同,是主题基调的变化。其标志就是"情多"。从张华的"情多",到潘岳写作《悼亡诗》——那是一种特指丈夫悼念妻子的情诗。在妻子的灵柩前,时间已失去意义;因此房栊伤心、山冈悲悼,诗之不足,继之以赋;赋之不足,继以哀永逝文,以表达夫妻之间的感情——那是比张华《情诗》更悲痛、更"私我化"、更"精细化"的永恒的离情——这不仅是潘岳的极致、晋诗的极致,也开辟了中国诗学的极致——这些,就是从张华晋调的"情多"中分化发展出来的。

2. 学汉魏乐府铺陈刻画,为镶嵌对偶,变"比兴之法"为"赋法"

张华《情诗》的主题,是从"古诗"借鉴过来的。"古诗"中有不少游子思妇、夫妻生离死别的诗,描写了人间失意、彷徨、痛苦、伤感的相思,但是,张华的写法和"古诗"多有不同。这就涉及"晋造"与"汉风""魏制"的第二个不同,即在写作方法上的差异。

我们先对比一下张华《情诗》(其五)和他所学习的"古诗"《涉江采芙蓉》之间的不同:

"古诗"《涉江采芙蓉》中"兰泽多芳草"五字,在张华《情诗》中被铺衍成"兰蕙缘清渠,繁华荫绿渚"十字;"古诗"中"采之欲遗谁"一句,在张华《情诗》中被铺衍成"佳人不在兹,取此欲谁与"两句;"古诗"中"还顾望旧乡"一句,在张华《情诗》中被铺衍成"游目四野外,逍遥独延伫"两句;"古诗"结尾"同心而离居,忧伤以终老"两句,在张华《情诗》中被铺衍成"巢居知风寒,穴处识阴雨;不曾远别离,安知慕俦侣"四句;在数量上都增加了一倍。

其中"巢居"之鸟,"穴处"之蚁,"知风寒,识阴雨",都怀有卑微者的敏感,而不像建安时代动不动就出现诗人宏大的自我抒情形象;而鸟的感觉,蚁的感觉,也是人的感觉。是人内心最深切、最细腻的感受。比喻"不曾远别离,安知慕俦侣"的体会,独特的创造,成了《情诗》艺术上的高标。

　　这种一句变成两句,两句变成四句的铺陈是"赋的写法"。"赋法"是汉魏乐府创作中的传统,同时是西晋诗变化汉魏诗的一个突破口。我们只要看看西晋,乃至宋、齐、梁、陈诗人对"日出东南隅"等汉魏乐府民歌不亦乐乎的模拟,就可以知道,从西晋开始,大量运用汉魏乐府中的"赋法",刻画铺陈,改造此前"古诗"中"比兴"的传统,成了此后延绵不绝的风习。

　　同时,汉字"形、声、义"特点与诗歌有着与生俱来的血缘关系,对偶是汉语诗歌之树必然结出的果子。不同时代,有的果子结得少,有的果子结得多。汉代的果子结得少,到魏的时期多起来,到了西晋则更多。王粲和曹植在诗中已大量使用对偶,曹植还追求响字和亮字。这一倾向,到了西晋的张华那里更是变本加厉;翻开张华的诗页,对偶句法触目皆是。如《情诗》的"清风动帷帘,晨月照幽房",几乎从开始对偶到结束;如《杂诗》"逍遥游春宫,容与缘池阿。白蘋齐素叶,朱草茂丹华。微风摇蕙若,层波动芰荷。荣彩曜中林,流馨入绮罗",也全是对偶;张华的其他诗都是如此。如《博陵王宫侠曲》写侠客:"雄儿任气侠,声盖少年场。借友行报怨,杀人租市旁。吴刀鸣手中,利剑严秋霜。腰间叉素戟,手持白头镶。腾超如激电,回旋如流光。奋击当手决,交尸自纵横。宁为殇鬼雄,义不入圜墙。生从命子游,死闻侠骨香。身没心不征,勇气加四方。"喜欢对偶到这种程度,恐怕连唐代的杜甫看了都会吃惊。

　　为什么少用"比兴",多用"赋法"呢?因为随着社会生活的变化,诗人想把越来越多的琐细的生活内容写进诗里,而源于《诗经》感发兴起的"比兴",很难对生活进行细致入微的描写和刻画,必须用赋法,因为越来越多的对偶句,大面积的铺排,只有用赋的写法才能镶嵌和承载。

　　文论家也看到了这种源于《诗经》"赋、比、兴"之一的赋法的必要性,但提出适度,不能完全用"比兴"或用"赋法",钟嵘《诗品序》说:"弘斯三义,酌而用之,干之以风力,润之以丹彩,使咏之者无极,闻之者动心,是诗之至也。若专用比兴,则患在意深,意深则词踬。若但用赋体,则患在意浮,意浮则文散。嬉成流移,文无止泊,有芜漫之累矣。"张华《情诗》用了很多"赋法",但第五首末四句"巢居""穴处",乃是比兴,而且用得很奇妙,《诗品》说张华"兴托多奇"也许正因为此?但不管怎么说,其时的刻画描写正作为诗歌发展的内驱动力成为流行的时尚,成为一种不可阻挡的艺术潮流①。

---

①　曹旭、文志华:《辞赋遗传与宫体诗新变》,《上海师范大学学报》2011年第3期。

可以说,除了诗歌主题基调的改变,越来越盛行的对偶句法,大面积的铺排,致使句法和诗歌排列的改变,也是诗风改变的一个重要原因。

3. 晋人喜欢"博物","物"浸润"诗",成晋诗中的典故

写作《情诗》的张华,同时又是博物君子。张华编撰了我国第一部博物学著作《博物志》,分类记载了山川地理、神话古史、神仙方术、飞禽走兽、人物传记等内容,是《山海经》后,我国又一部包罗万象的奇书。在和平的环境下,晋人的眼界不断开阔,眼里的"物"不断多起来。认识"物"的本质是认识自然、认识历史、认识人自身、认识一切与人有关的事物,这是不错的,但这种认识,很容易与其他意识混淆起来,浸润到诗歌里。虽然以后中国诗学证明,恰到好处地运用典故,可以增加诗歌的内涵和张力,但刚开始的时候,"物"浸润入诗变成典故不啻是诗中的"结石"。对偶同义反复,容易削弱诗歌的凝练;典故也直接影响到诗歌进行的"速度",导致注重描写、铺排、对偶和典故的西晋诗,节奏缓慢,阅读不畅。

张华的《情诗》虽然不染"博物",但风气影响宋、齐、梁,愈演愈烈。因此,"晋造"改变"汉风""魏制",还与"博物"带来的"典故"有关。

4. 用晋人的"描述",改变"古诗"的"叙述"

"古诗"、曹植、王粲的诗歌中也有"描述"的成分,特别是曹植、王粲的诗歌,"描述"的成分有时还比较多。但发展至晋初的张华、张协、陆机、潘岳,乃至鲍照、谢灵运那里,"描述"的句法越来越多。钟嵘评张华"巧用文字";评张协"又巧构形似之言";评鲍照"善制形状写物之词",评谢灵运"尚巧似"等,所有的"巧用""巧构""巧似"和"形似""形状写物",都是指他们在写景状物时用了"描述"的方法;生动地描绘场景,摹写事物,刻画人物形象,而不是像以前那样主要运用"比兴"作线性的叙述。

张华改变了"古诗"多用简练、朴实、醇厚、清新的语言,对景物的变化和人生的感慨作叙述;而用"描述"的方法。低回婉转,技巧翻新,即以设喻、排比、绘声绘色的方法,生动、形象地还原事物存在的形态,这就使诗歌的风格更加绮靡华丽,成了晋调。

由于直线的"叙述"能推进诗歌情节的发展,而曲线的、暂作停留的"描叙"较难推进情节发展,"比兴"抒情节奏快,"赋法"铺陈节奏慢;故而汉魏诗歌"直抒胸臆"节奏快,张华细腻的"描叙"和暗示节奏慢,张华用慢节奏的《情诗》,改变了节奏相对较快的"古诗"和建安诗。"汉风""魏制""晋造"的区别,还与诗歌

的节奏感不同有关。

同时，晋诗使"古诗"中原来可能具有的象征意义，如曹植《杂诗》可能有的寄托，到了张华的《情诗》里，变成"知风寒""识阴雨""不曾远别离，安知慕俦侣"，的生活感受，变成纯粹的思妇游子诗，不再具有象征上的意义①。

不管怎么说，魏至西晋，诗学观念变化引起创作、诗风上的变化。虽然语言多、节奏慢、比兴寄托缺失，但在描写刻画和铺陈烘托方面，则显然进了一步；语言更"精致化"，也更"文人化"了。对女性心理的描绘更细腻、更深入了；并且，因为节奏慢而形成回环往复、一往情深的特点——这些就是张华《情诗》与"古诗"以及王粲、曹植诗歌的联系与区别——这是时尚和风潮，也是当时诗歌主流的趋向。

5. 张华《情诗》之"晋调"，与唐人句法更近

张华对诗歌从内涵、形式上做了进一步的拓展，经过改造的《情诗》句法，往往与唐人的近体诗更近。故王闿运评《情诗》说："'巢居'二句，选言不妍，始知枯桑二语之妙。结二句则意新苦语也。"又说："'轻衾'句，凄凉如画。"评《杂诗》（晷度随天运）说："司空琢句，往往逼近唐人，如'死闻侠骨香''朱火青无光'是也。"王闿运说得一点不错。假如我把张华这首诗删去几句，变成：

> 晷度随天运，四时互相承。繁霜降当夕，悲风中夜兴。朱火青无光，兰膏坐自凝。重衾无暖气，慨然独拊膺。

平仄再调一调，那就是初唐的五律了。

郑振铎《中国文学史》说张华"能以平淡不饰之笔，写真挚不隐之情"，说张华的诗"意未必曲折，辞未必绝工，语未必极新颖，句未必极秾丽，而其情思却终是很恳切坦白，使人感动的"，正是张华《情诗》新变后给他的艺术感动。

（二）张华《情诗》成了刘宋时代诗歌风格的源头

根据《诗品》，我们可以看出，除了《国风》和楚辞以外，就个人论，张华不仅是对后世影响最大的诗人之一，也是为后世取法最多的诗人之一。有宋一代，就有六位中品诗人源出张华。他们是宋参军鲍照、宋豫章太守谢瞻、宋仆射谢混、宋太尉袁淑、宋征君王微和宋征虏将军王僧达。

---

① 曹旭、文志华：《宫体诗与萧纲的文学放荡论》，《上海师范大学学报》2010 年第 4 期。

1. 对鲍照"靡嫚"的二重影响

《诗品》中品"鲍照"条说:"其源出于二张(张协、张华)。善制形状写物之词。得景阳(张协)之诡诡,含茂先(张华)之靡嫚。骨节强于谢混,驱迈疾于颜延。总四家(张协、张华、谢混、颜延之)而擅美,跨两代而孤出。"表明鲍照在"形状写物"方面受到"二张"的影响,并且学到了张华的"靡嫚"。从钟嵘"总四家而擅美"的肯定语气中可以看出,作为"一家"的张华,其"靡嫚",也是可"擅"之"美",是他的长处。而"四家"中的谢混本人也源出张华,这样重叠一层,更可见张华的诗风,对鲍照具有奠基性的二重影响。

2. 谢瞻、谢混、袁淑、王微、王僧达五诗人同源出张华

谢瞻、谢混、袁淑、王微、王僧达五位中品诗人,各有成就,各有自己的风格特征。如谢瞻辞采之美,与族叔混、族弟灵运相抗;谢混诗风清新,大变玄言之气;袁淑辞采遒艳,别具一格;王微通晓音律,擅长书画,诗风清丽;王僧达"白日无精景,黄沙千里昏",写大漠苍莽,瀚海无边,其气直逼唐人。他们的诗风虽有差别,有的差别还很大,但又有共同特征,钟嵘敏锐地察觉到这一点,《诗品》中品"谢瞻"等五人条说:"其源出于张华,才力苦弱,故务其清浅,殊得风流媚趣。"

值得注意的是,张华影响鲍照的诗歌是"靡嫚";影响"谢瞻"等五人的是"清浅"和"风流媚趣"。由此可知,在钟嵘眼里,张华的诗风是"靡嫚""清浅"和有"风流媚趣"的,这与《诗品》"张华"条品语正相一致。

刘勰对张华诗风的看法,与钟嵘大体相同。刘勰《文心雕龙·乐府》篇说:"张华新篇,亦充庭万。"《明诗》篇说:"故平子得其雅,叔夜含其润,茂先凝其清。"《时序》篇说:"张华短章,奕奕清畅。""清""丽"的确是张华诗歌最重要的特点。王夫之《古诗评选》也说:"张公始为轻俊,以洒子建、仲宣之朴涩。"

鲍照如果没有从张华那里学到"靡嫚"的风格和"形状写物"的方法,"总四家而擅美","四家"就剩下"三家","跨两代而孤出"也难实现。

同样,谢瞻、谢混、袁淑、王微、王僧达五人,"才力苦弱",假如不是源出张华,从张华那里学到"清浅"和"风流媚趣",也许他们中的某些人还进不了人才济济的"中品"。

总之,在晋初奠定离情的主题上,在"清晨登陇首"即目写真的创作方法上;在"清畅"、清新的诗歌特点以及用"靡嫚""清浅""风流媚趣",把"古诗"和曹植、王粲改变成晋调上,以《情诗》为代表的张华诗歌,成了开拓西晋并为刘宋诗人师法的一种源头。

（三）"先情后辞"是"缘情绮靡"的先导

1. 西晋初年以张华为核心的文学集团

伐吴灭蜀后，随着三国的统一，在张华门下，不仅集中了一批原属曹魏文学集团的中原人士，还聚集了一批来到洛阳的吴、蜀俊逸之士。除了山东来的左思，还有"伐吴之役，利获二俊"的陆机、陆云兄弟。在权力、人心和文化的意义上，形成了西晋以张华为核心的文学集团。

《晋书》本传说："初，陆机兄弟志气高爽，自以吴之名家，初入洛，不推中国人士；见华一面如旧，钦华师范，如师资之礼焉。"而张华不仅为"二陆"延誉，还介绍他们与当时的名家认识，扩大他们的交游，提高他们的知名度。陆机也处处把张华当成老师，什么事都问张华；从现实中的利害关系，哪些人值得拜访，哪些人不值得拜访，到诗文写作、诗歌欣赏和诗歌评论，从张华都对陆机发生巨大的影响，是陆氏兄弟心悦诚服的指导者。

2. 张华：指导陆机文风的第一人

陆机的文章虽然好，但有饾饤文意和堆砌辞藻的毛病，张华对此提出批评。《世说新语》刘孝标注引《文章传》说：

> 机善属文，司空张华见其文章，篇篇称善。犹讥其作文大冶；谓曰："人之作文，患于不才；至子为文，乃患太多也。"

张华的批评很讲艺术。他不是直接说陆机的文章写得不好，而说篇篇都好；先全面肯定，再说他有的文章艰深繁芜，堆砌辞藻。艰深繁芜，堆砌辞藻总是缺点了，但张华说，那是因为他的"才多"造成的。这让陆机听得很舒服，容易改正。"才多"成"患"，致使文风艰深繁芜——张华是对陆机诗学批评的第一人。

张华死后，拥有张华书籍的秘书监挚虞撰定官书，著《文章流别志论》，其论陆机，是否承张华之说，论佚不传，不得而知。但此后李充撰《翰林论》，即承张华的说法。钟嵘《诗品》"上品"评陆机时，曾引张华、李充的话说："张公（华）叹其大才，信矣！"又说："《翰林》笃论，故叹陆（机）为深。"《世说新语·文学》篇引孙绰语曰："陆文深而芜。"《文心雕龙·才略》篇说："陆机才欲窥深，辞务索广。"说皆源于张华。

此外，机、云兄弟还从张华那里学到了文章要清畅、省净，不作冗长语的特点。陆云《与兄平原书》分析张华的"情(清)省"说：

> 张公(华)文无他异，正自情(清)省无烦长，作文正尔自复佳。

此话正表明机、云兄弟讨论、学习张华文章"情(清)省"的风格，改变自己繁芜艰深文章的认识。

3. 张华"先情后辞""尚悦泽"，实为陆机"缘情绮靡"之先导

最让陆机最受惠的，是张华对陆机诗学思想的指导，这使陆机的诗学观念全然改变。陆云《与兄平原书》说：

> (兄)往日论文，先辞而后情，尚絜(势)而不取悦泽①。尝忆兄道张公(华)父子论文，实欲自得，今日便欲宗其言。

陆云的这封信是一条非常重要的材料；它至少说了三方面的内容：

一是说明了"二陆"兄弟以前对文章的看法，原本是"先辞后情"，即把"语言辞藻"放在第一位，把"思想感情"放在第二位的。

二是这段话划分了"魏制晋造"的界限。这里的"势"，指诗歌刚柔兼备的张力；"悦泽"，指感情上的"愉悦"，辞藻"泽润"之审美。

诗歌选择"情"，还是选择"辞"，尚"势"，还是尚"悦泽"，是建安以来不同文学观念争论的焦点。江淹《杂体诗三十首序》中说："楚谣汉风，既非一骨；魏制晋造，固亦二体……公幹、仲宣之论，家有曲直。"正表达了"魏制""晋造"不同诗学观念的分界。刘勰写《文心雕龙》的时候，曾引用陆云的这段话批评刘桢。

与王粲同为"建安七子"的刘桢，诗歌创作重"气"尚"势"，以为"文之体指(势)，实(有)强弱，使其辞已尽而势有余，天下一人耳，不可得也②"。(《文心雕龙·定势》篇引，出处今佚)刘勰不赞同刘桢的说法，指出："公幹所谈，颇亦兼气；然文之任势，势有刚柔，不必壮言慷慨，乃称势也。"刘勰觉得刘桢对"势"的解释，兼有"气"的成分，应该把"势"和"气"分开来。接着引陆云"往日论文，先辞而后情，尚势而不取悦泽，及张公论文，则欲宗其言"的话，说明"势"也有"刚

----

①②　此句文字向有误夺，谢肇淛、黄侃、范文澜、刘永济诸家均有说未妥。杨明照《文心雕龙校注拾遗》谓："'指'疑为'势'之误。草书'势'、'指'二字之形甚近。《南齐书·文学陆厥传》：'刘桢奏书，大明体势之致。'即此文当作'体势'之切证。""实下似脱一'有'字。"

柔"之分,也要滋润一点,"泽"一点:"夫情固先辞,势实须泽,可谓先迷后能从善矣。"由此可见,刘勰在王粲和刘桢之间,在"泽"和"气";"情"和"辞"之间,是毫不犹豫地赞同王粲和张华的"情"与"悦泽"的诗学观念的。

需要说明的是,陆云《与兄平原书》中的"尚絜而不取悦泽",《文心雕龙·定势》篇引作"尚势而不取悦泽"①,今本《与兄平原书》中的"絜"为形误。《文心雕龙·定势》篇引作"势"是正确的。

三是如果排一个时间表:机、云兄弟在太康末(约 289 年)入洛阳,与张华交往,接受张华指导。十年后,即在永康元年(300 年)四十岁时,陆机写作《文赋》②,提出了"诗缘情而绮靡"的文学思想③,把中国诗学抒情的本质论提到一个新的高度。而陆云《与兄平原书》三十五札,大多数写于他转任大将军右司马时的永宁二年(302 年)夏,即在陆机写作《文赋》的二年以后。这就明白无误地告诉我们,陆机"诗缘情而绮靡"的文学思想,确实受到张华"先情后辞"的影响,在转变了"先辞后情"后才产生的。在《文赋》问世二年后陆云的这封信中,明确地说陆机——"便欲宗其(张华)言",是听从张华指导,把"先辞后情",改为"先情后辞";把"诗缘辞",改为"诗缘情"的结果。

从刘勰《文心雕龙》追溯陆云,一直追溯到张华,我们便可以看出,张华代表西晋,在"情"和"辞"中选择"情";在"文"和"气"中选择"文";在"势"和"悦泽"中选择"悦泽"。这是他个人的行为,也一个时代的行为。代表了西晋与建安三国时期诗学的分野,是三国归晋以后审美风气转变、诗歌风气转变的重要标志。

五、结　语

在中国诗学中,"抒情"是一个比叙事更重要的传统,从先秦、两汉至西晋经历了一个情感观发展的历程。先秦诗言志,志包含了情志,是诗歌抒情奠基的时代;两汉诗和抒情的关联更加紧密,是诗歌情感观演进的时代;至西晋,写作

---

①　黄侃:《文心雕龙札记》说:"尚势,今本《陆士龙集》作尚洁,盖草书'势'、'絜'形近,初讹为'絜',又讹为'洁'也。"根据刘勰的引用和黄侃的考证,"絜"应该作"势"。

②　参见逯钦立:《〈文赋〉撰出年代考》,文载《学原》第 2 卷第 1 期,1948 年出版。学术界对这说法,基本认同。如周勋初在《〈文赋〉写作年代新探》(收入《文史探微》,上海古籍出版社 1987 年版)中,亦持相同意见。

③　《文赋》说:"诗缘情而绮靡,赋体物而浏亮。碑披文以相质,诔缠绵而悽怆。"

《情诗》的张华,上承《楚辞》"香草美人"之遗绪,近挹汉末"古诗"旷夫思妇之主题;学习王粲、曹植抒情的新因素;用私我化的"情多",改变汉魏以来慷慨抒情的诗风;在诗中镶嵌大量对偶句;以"赋法"铺排改变传统的"比兴"写法;用"描叙"代替"叙述";放慢诗歌的节奏和速度,使汉魏诗的质实、刚健和慷慨多气,向西晋的"悦泽""绮靡"和重视文采的方向转变;把硬朗的"汉风"、"魏制",一步步变成绮靡的"晋调"。

在张华那里,三国文化和诗学铸成新品格。其核心便是"先情后辞"的文学本质论,"尚泽悦"和"务为妍冶"的诗学观念。在创作上,影响了刘宋的鲍照、谢瞻、谢混、袁淑、王微、王僧达;也开启了唐人句法的阀门。在理论上,影响了同时代的陆机、陆云,其"情多""靡嫚""先情后辞"和"尚悦泽",成了陆机《文赋》中"诗缘情而绮靡"的先导。

本文从"文学本位"出发,通过对张华《情诗》系列的文本细读、对比、研究,论述张华《情诗》的体式渊源、历史品评、审美价值,由此揭示张华作为我国诗歌由"诗言志"向"诗缘情"转变重要的中介人,以及在整个中国诗学"抒情"传统中界碑的意义。

苏联理论模式与中国学术重建

——以当代文艺学的学科命运为例

上海交通大学人文学院　夏中义

一

"当代中国学术重建"作为命题,若置于当下语境,会令智者侧重于"东西方关系"路径,去议论如何为当代学术建设注入"中国意识"(诸如用汉语即"中国话"来讲"中国经验""中国问题"),而切忌中国学界持续沦为西方思潮的跑马场。这诚然是切中时弊的警世语。晚近三十年来(自 20 世纪 80 年代始),伴随新时期对外开放,被挡在国门外甚久的西学曾像海水倒灌。这大概是继清末洋务运动以降第三次"西学东渐"大潮。这次大潮对于经历"思想解放"的大陆学界突破极左禁区、拓宽学识视野,无疑功不可没。但同时,20 世纪 90 年代以来中国学界在译介、研读、传播、应用西学一案所弥漫的仓促、躁动、粗陋、肤浅与机械沿袭等症候,疮痍国中,恐也是事实。

其中,最司空见惯却习焉不察的怪现象是,一篇博士学位论文的研究对象明明是"中国经验""中国问题",却偏偏要从域外引进某异质理论来作方法套在中国对象头上,仿佛不这么做,便不足以显示其博学或理论功底深厚。更有甚者,为了见证西学方法的英明,而不惮牺牲中国对象的独特性暨丰富性。这看表面,似属学思青涩,因为他竟然不懂任何方法的正当性,而首先取决于它在多大程度上能契合对象的被阐释期待。但究其实质,怕另有猫腻。这套借西学来扭曲乃至肢解中国对象的流行"方法"之所以在大陆见怪不怪,是因为它旨在降低学术门槛,可让精明者在谋取利益最大化时将成本降到下限。其秘诀是:于逻辑层面机械腾挪或推演既定西学的思维框架,总比在实证层面细深考辨中国对象的独特性暨丰富性来得省力,毋庸说还能忽悠外行。这与其说是在做学术,毋宁说是在做小生意,自欺欺人。

　　对于如上轻慢中国学术尊严的史实,在学界的集体记忆中,大抵是20世纪90年代以来的事。其实不尽然,王元化1986年在中国文心雕龙学会屯溪年会上明确指出,1949年后的中国文、史、哲研究(包括王元化的《文心雕龙创作论》,1979年版),全是在苏联理论模式的统辖下做出来的。由日丹诺夫主导设定的苏联理论模式可概述为一对正负三角形关系,这就是:正三角形关系从政治上的革命→哲学上的唯物→文艺上的现实主义;负三角形关系从政治上的反动→哲学上的唯心→文艺上的非现实主义乃至反现实主义。在那个年代,谁不恪守如上模式,谁就无计在学界赢得地位或维系其影响因子。

　　于是,李泽厚在1956年以反映论(所谓"哲学上的唯物")来批判朱光潜的所谓"资产阶级唯心主义美学"而俨然立一家之说;冯友兰在1962年推出《中国哲学史新编》卷一,把先秦思想史写成"唯物论与唯心论的斗争史",换来了领袖青睐及亲切接见。相反,高尔泰在"美学大讨论"时撰文《论美》未套用《唯物主义与经验批判主义》中的反映论,而从《1844年经济学——哲学手稿》汲得若干文化人类学元素,却被判作犯忌,出局,20岁被打成右派。那年头,因畏寒而南迁羊城的陈寅恪,在1954—1964年不屑用苏联理论模式来研究中国文史(如撰《论再生缘》与《柳如是别传》),其代价势必是"盖棺有期,出版无日"。事实上,陈寅恪1962年亲手编定的《金明馆丛稿初编》,也是拖到粉碎"四人帮"后的1980年才艰难问世(上海古籍出版社),距作者含冤去世已11年矣。

　　这段被苏联模式所主导的学术痛史,不应被遗忘。在此,笔者愿以当代文艺学的学科命运为例来说明。

二

　　话说当代文艺学的学科命运,不能不提20世纪80年代。20世纪80年代是驱动当代文艺学命运转折的重大拐点。这就是说,是20世纪80年代让当代文艺学重建有幸获得既"中国"又"学术"的历史机遇。这就亟需说清1949—1979年间的文艺学境况(简称"80前"学科),何以既非"中国",又非"学术"。

　　所谓"非中国",是说"80前"的学科境况,全系苏联模式所分娩的教科书在唱主角,大体分三个阶段:一是1949—1953年,中国高校文学系科始以季莫菲耶夫《文学概论》为范本；二是 1954—1963 年，继以毕达可夫《文艺学引论》（讲义）为楷模；三是 1964—1979 年，则以周扬挂帅、以群主编《文学的基本原理》为权威统编教材，此书系国人所撰，然纵观全书的体例框架、思维规程及观念系统，与苏联模式一脉相承。它长了一张中国脸，但其眼神、脸部表情所洋溢的全是苏联基因，活脱脱是混血儿。

所谓"非学术"，则是说"80 前"学科（从季莫菲耶夫、毕达可夫到以群）从未实事求是地首先视文学为审美性文句艺术来论述其"内部规律"，相反，它更关切"外部规律"，即它对"文学能做什么"的兴趣，要远超对"文学本是什么"的兴趣。说白了，"80 前"学科眼中的文学，实已被剥离其艺术审美性状，而代之以政治实用机制。

简言之，"80 前"学科陈述文学"是什么、为什么、有何用"时，始终受制于苏联模式的既定"立场、方法、观点"。明乎此，再来说 20 世纪 80 年代是当代文艺学重建的拐点，其第一要义，当是它宣告了苏联模式主导"80 前"学科的历史终结。此终结，典出恩格斯《费尔巴哈与德国古典哲学的终结》这一书名。意谓 20 世纪 80 年代后，苏联文论在中国教材虽遗痕犹存，然像"80 前"学科那般甘愿承受苏联模式之霸凌、不以为辱、反以为荣的大格局，毕竟淡出。

不妨一一比对。先看"立场"。有人注意到《上海文学》杂志 1979 年 4 月号已刊檄文《为文学正名——驳"文学是阶级斗争的工具"》，率先挑战了苏联模式，其实，率先者仍数刘再复，1978 年深秋他在胡耀邦主持的理论务虚会上早提出"文艺不是阶级斗争的武器"（见当年《光明日报》）。再看"方法"。从 1984 年"方法论热"到 1985"方法论年"，无论是黄海澄、林兴宅先后引进系统科学理论作为美学及现代文学研究之方法，还是刘再复倡导文学主体性、鲁枢元领衔了文艺心理学在新时期的学科重建，其目标皆是在诀别反映论（苏联模式的哲学符号）对中国文学学术的独断论导向。还有"观点"。1986 年被学界追认为是"观念年"，是因为"立场"转换、"方法"多元所激发的文学观念大解放，狂飙般地摇撼了苏联模式的僵硬框架，使其雪崩般地垮塌。这恰巧形象地注解了"摧枯拉朽"这句成语。无论是从哲学、美学还是文艺学角度讲，苏联模式本是日丹诺夫靠铁腕强行焊接的空架子，它在逻辑上未必站得住，在历史上（1953 年斯大林死后）于苏联境内已遭冷落，故它最后倒在中国文艺学重建的 1986 年，也算是另一种"圆寂"。

1986 年后，苏联模式残留于中国的文论遗产大多被刷新、跨越。比如，1986

年后文学学界很少有人会坚持文学本质仍在其认识性而讳言审美性；也很少有人会持续神化现实主义，而不将此视作与 19 世纪欧洲的浪漫主义、象征主义、自然主义平起平坐、轮番波涌的艺术浪潮；同时也几乎没人会再像躲避瘟疫似地躲避文学想象、个性、天才、潜意识、无意识等似带"唯心论"嫌疑的字眼，相反，人们更愿好奇地探询在灵感荡漾的心灵深处，一个逸出了作家的初始意图的文学性格，是否真像突然拥有魔力的精灵一般能推着作家走……这诚然不是斯大林版的"世界观"理论所能理喻，而只有谦虚地领教弗洛伊德关于"本我、自我、超我"的深蕴心理学，才可能解码。

总之，告别苏联模式的中国文艺学在 20 世纪 80 年代挣脱的仅仅是锁链，而它换来的是希望的重建，宛若凤凰涅槃。

三

中国文艺学的"80 后"重建，距今近 30 年。大凡亲历者抚今追昔，在感慨逝者如斯之余，皆缅怀 80 年代确是当代学术史上最难得的黄金岁月暨精神家园。这表征学术史判断也类似审美，须隔开一段时空距离，才得以掂出对象的含金量或天生丽质。距离即"隔"，这个"隔"，亦即"滤"，极重要：当某时段抖落凡庸的琐碎尘埃，它镌刻在学界记忆中的珍贵痕迹也就闪光如金子。而另一时段则可能除了撒一地鸡毛，还是鸡毛，不见凤羽麟角。

与此相连，某些令学术史记忆突然闪光的名字，在 30 年前也大多是名不见经传的中青年学子。然时隔 30 年再回首凝眸，才恍然悟得他们可能已是进入了当代学术史的或"列传"或"世家"或"本纪"级的人物。因为若粗疏地撒去这串姓名，弥足珍贵的 80 年代新潮学案也就顿失其史述根基，整个 80 年代的文艺学重建作为学术史实也就消遁于无形。

这一切，对"当代中国学术重建"来说，意味着什么？它意味着："重建"若不仅仅是一个诉诸清议、集贤茶叙的话题，而同时拟是呼吁有识者联袂协作的工程，那么，"重建"这一关键词的内涵探讨，也就有需要从"为何重建"（务虚）逐步过渡到"怎么重建"（务实）。

若对新时期思潮有记忆，不应忘记王瑶在 1986 年曾有一个导致翌年立项的国家社科课题"中国文学研究现代化进程"的重要发言，其旨正在于想通过对百年中国学术先贤(从梁启超、王国维、陈寅恪、胡适到王元化等 20 位大家)的治学得失的系统概述及方法评估,来为新时期学术"重建"提供厚实且靠谱的"资学通鉴"。故很有必要将王瑶当年为此课题所预设的"核心理念"复述如下:

从黄宗羲写作第一部学术史《明儒学案》以来,产生过不少总结一代学术成就的著作。这些著作辨章学术、考镜源流,对后学很有帮助。近代以来的中国文学研究,颇多建树,值得专门总结。一百年的学术史实际上已经成了某种"传统",对这一传统的隔膜与误解,很容易产生虚无主义态度或热衷于横扫一切的偏激。每个人都不愿沿着前人开辟的道路继续前进,都想重起炉灶,都重新经历了一番痛苦的摸索,而不曾很好地借鉴前辈的经验教训,这是近代以来学术思潮迭起,但都匆匆过场、热闹有余而成就不大的一个重要原因。需要认真研究这百年来的学术实践,为今人提供一些值得借鉴的学术规范和一切行之有效的治学方法。

承聆遗训,心得有三:

其一,"当代中国学术重建"之前提,是须具"百年学术史"襟怀的,它是对 1949 年前的现代学术正脉的有序绵延,是对此"传统"的"照着说"与"接着说"。这是"当代中国学术重建"的血缘之根。循此根,"重建"不会迷失大方向。无视此根,"重建"很少能挡住权柄或钱袋的诱惑,它不是被闲扯为以讹传讹的乌托邦,就是怕隔一世代再来一次"横扫一切的偏激"。本文追述的苏联模式主导"80 前"学科的那段痛史可谓殷鉴。

其二,"当代中国学术重建"之所以应借鉴"前人开辟的道路",而不宜轻率地"重起炉灶",末了"都匆匆过场,热闹有余而成就不大",是因为学术史既然属史,那么史不仅靠一代代地累层而筑,更靠学者在同一世代的不懈著述,或"聚沙成塔"或"滴水穿石"。"聚沙成塔",是指断代学术所广延的总体论域及体量;"滴水穿石",则指断代学思对其所直面的重大命题的价值洞察。这就是说,大凡有助于中国学术演进的点点滴滴,若还原到给定学者的日常书斋,这不过是他专业修行的微观功课;但若置于学术史的宏观视野,则此著述很可能已是标识该世代学术(学科)所达到的峰值。

这便提醒学界,日后再讲"当代中国学术重建",其重点不仅要强调用"中国话"来研究"中国经验""中国问题",恐怕更宜强调要极珍惜且认证是哪位"中国人",对哪个"中国经验""中国问题",在哪些著作中给出了堪称"峰值"的贡献。这是中国学界应有的"敝帚自珍",也是中国学术得以自信的"如数家珍"。若后学能谦恭地沿着先哲时贤的足迹抵此"峰值"再往前走,这对个人来说,当是爬到巨人肩上才望得更远;这对"当代中国学术重建"而言,则是能从总体上规避学术史沦于低水平循环。

其三,那些能成为"当代学术演进链"不可或缺的人格环节的学者,之所以很值得学界尊敬,是因为其实绩不仅表征个人的聪慧、刻苦或学术虔诚,同时也标志中国学术在某论域所呈示的难得的高度、厚度与力度。故所谓"中国学术与世界对话",恐怕也不是只有出国,到欧美学府去抢话筒这一路径,相反,另一条更具尊严的路径,大概是你在中国真能将某"中国经验""中国问题"研究透了,举世瞩目,大洋彼岸会有同道甘愿"飘洋过海来看你",到家门口与你促膝会晤。

另,讨论"当代中国学术重建",还有一点不能不指出的是:王瑶俯瞰"中国文学研究现代化进程"时,基本上是着眼于现代语境,当代语境主要是作为"潜参照"躲在纸背(除《王元化的文学观念与学术思想》个别章节外),并没有跑到纸面上来与现代语境作彼此间的特征对质。鉴于当代学术 60 年,前 30 年学界因受制于苏联模式甚苦甚惧且内化为精神创伤,故 1979 年后启动的"当代学术重建"若无前驱者的道义担当,即把自身燃成一炬"思想解放"之火来辉映学界,"当代学术重建"恐怕至今仍是一句只在黑暗中呻吟的怨词。于是也就可理解,从 1979 年后的 80 年代到 1989 年后的 90 年代,那些曾感动中国的学界人士诸如李泽厚、刘再复、王元化等,为何他们在回应时代重大命题时的文字几乎全系"有思想的学术"与"有学术的思想"? 因为若无"思想"的闪电,"当代学术重建"将看不到自己的正道而重蹈泥潭;而无"学术"的知性支撑,所谓"思想"也可能因心志激烈而经不起理性的历史证伪。

也正是从这点楔入,不难觉察谁想在当代语境中当一个有良知的人文学者,不降志,不辱身,不追求时尚,在任何困境皆葆有说出自己最该说的真话之勇气,甚至为了正义他已落得遍体鳞伤,但仍不折不挠地对其信仰说出含泪的肯定,这真的大不易。"一生负气成今日,四海无人对夕阳。"陈寅恪一辈子就靠这根傲骨活着。相信一个有尊严地参与"当代学术重建"的学人,他多少也得让自己长出这根傲骨。

"演 义"考

华东师范大学中文系　谭　帆

"演义"之义界似已有"定论",即"演义"者,历史演义之谓也。长久以来,殆无疑义。原其始,大约创说于鲁迅先生,鲁迅先生于中国小说史研究厥功甚伟,而举其要者,一在于以明确的"小说史意识"揭示中国古代小说之发展历史;二在于以小说类型观念梳理古代通俗小说的演化轨迹,所谓"历史演义""神魔小说""人情小说"等是也。以"历史演义"作为一种小说类型,最早见于鲁迅先生的《小说史大略》,指称《三国演义》《水浒传》等作品;《中国小说史略》未用"历史演义"这一称谓,而以"讲史"称之;《中国小说的历史的变迁》一文亦然,称《三国演义》等作品本于"讲史"。后人据此延伸,称"历史演义"或"讲史演义",20世纪50年代以来的小说论著和教科书更大都以鲁迅先生之学说为圭臬而少有辨析,并由此确认了"演义"的基本内涵:"演义"是小说类型概念,是指以历史为题材的小说作品。然而,中国小说史的实际情形并非如此,翻检明清两代的小说史料,我们看到,"演义"并不是一个类型概念,而是一种文体概念,以"演义"命名的通俗小说更远远超出了历史题材的范畴。古今认识之差异可谓大矣,"演义"一辞由此不得不详加考辨,以清其源、正其本。

一

近人章炳麟于《洪秀全演义序》(1905年)一文对"演义"之由来及其演化作了如下阐述:

演义之萌芽,盖远起于战国,今观晚周诸子说上世故事,多根本经典,而以己意饰增,或言或事,率多数倍。若《六韬》之出于太公,则演其事者也。若《素问》之托于岐伯，则演其言者也。演言者，宋、明诸儒因之为《大学衍义》；演事者，则小说家之能事，根据旧史，观其会通，察其情伪，推己意以明古人之用心，而附之以街谈巷议，亦使田家妇子，知有秦、汉至今帝王师相之业；不然，则中夏齐民之不知故国，将与印度同列。然则演事者虽多稗传，而存古之功亦大矣。①

章氏将"演义"分成"演言"与"演事"两个系统，所谓"演言"是指对义理之阐释，而"演事"则是对史事的推演，并认为"演言"由"宋、明诸儒因之为《大学衍义》"。"演事"则"小说家之能事"。此说颇具眼力，有合理性，然章氏将"演言"限定为宋明诸儒之著述，"演事"局限于"根据旧史，观其会通，察其情伪"则尚待商榷与完善。

案"演义"一辞较早见于西晋潘岳的《西征赋》："灵壅川以止斗，晋演义以献说。"《文选·西征赋》李善注云："《国语》曰：灵王二十二年，榖、洛二水斗，欲毁王宫。王欲壅之，太子晋谏曰：不可。晋闻古之长人，不隳山，不防川。今吾执政实有所辟，而祸夫二川之神。贾逵曰：斗者，两会似於斗。小雅曰：演，广远也。"②刘宋范晔《后汉书》卷八十三《周党传》亦谓："党等文不能演义，武不能死君。"③故"演义"之本义是演说铺陈某种道理并加以引申。后晋刘昫《旧唐书》卷一百四十四说得更为明晰："披图演义，发于尔志，与金镜而高悬，将座右而同置。"④南宋朱熹《朱子语类》卷一百二十六亦云："因语禅家，云：当初入中国，只有《四十二章经》，后来既久，无可得说，晋宋而下，始相与演义。"⑤其中含义可谓一脉相承。

以"演义"作为书籍之名较早见于唐人苏鹗的《苏氏演义》，《苏氏演义》原作《演义》，《新唐书》收入"子部小说家类"，十卷，《宋史》收入"经解类"和"杂家类"，亦题十卷。《四库全书》据《永乐大典》辑录，收入"子部杂家类"，改题《苏氏演义》，二卷。《四库全书总目提要》（以下简称《提要》）云：

①　(清)章炳麟：《洪秀全演义序》，(清)黄小配著：《洪秀全演义》，上海古籍出版社 1981 年版，第 1 页。

②　(梁)萧统编、(唐)李善注：《文选》卷一　，中华书局 1977 年版，第 149 页。

③　(宋)范晔：《后汉书》卷八十三《逸民列传》，(宋)范晔撰、(唐)李贤等注：《后汉书》，中华书局 1965 年版，第 2762 页。

④　(后晋)刘昫等撰：《旧唐书》卷一百四十四，中华书局 1975 年版，第 3922 页。

⑤　(宋)黎靖德编、王星贤点校：《朱子语类》卷一百二十六，中华书局 1986 年版，第 3028 页。

　　唐苏鹗撰。鹗字德祥,武功人,宰相颋之族也。光启中登进士第,仕履无考。尝撰《杜阳杂编》,世有传本。此书久佚,今始据《永乐大典》所引哀辑成编。《杂编》特小说家言,此书则于典制名物,具有考证。……训诂典核,皆资博识。陈振孙《书录解题》称其"考究书传,订正名物,辨证伪缪,可与李涪《刊误》、李济翁《资暇集》、邱光庭《兼明书》并驱"。良非溢美。①

　　《演义》重于典制名物的考订,如卷上开首即考"风"之义,云:"风者,告也,号也。《河图记》曰:风者,天地之使乃告号令耳,凡风动则虫生,故风字从虫。"②包括对历史典实、地理,甚至动物虫鱼的考订,如考尧舜之禅让、考"首阳山"之来历、考"乌鱼""蟋蟀"等。还有许多是对一些具体字汇的释义,如"措大""坊"等。有些涉及人物的考订有一定的故事性,如对隋代侯白的一则描述:

　　　　侯白,字君素,魏郡邺人。始举秀才,隋朝颇见贵重,博闻多知,谐谑辩论,应对不穷,人皆悦之。或买酒馔,求其言论,必启齿发题,解颐而返,所在观之如市。越公更加礼重,文帝命侍从以备顾问。撰《酒律》《笑林》,人皆传录。③

　　故检阅《苏氏演义》之内涵,则所谓"演义"者,释义考证之谓也。除《苏氏演义》外,唐人尚有称佛经注疏为"演义"者,如《大方广佛花岩经随疏演义钞》四十卷,唐释澄观撰,有辽刻本和辽写本传世。④

　　至宋代,宋儒释经之风盛行,《大学衍义》而外,直用"演义"一辞者有刘元刚《三经演义》十一卷,演说《孝经》《论语》《孟子》,《宋史·艺文志》"经解类"著录;钱时《尚书演义》,《宋史》卷四百七"列传"第一百六十六著录;《宋史》卷四十三还有"比览林光世《易范》,明《易》推星配象演义"一语。可见"演义"一辞至此已从释义考证渐演化为对经典的阐释,明胡经《易演义》十八卷、徐师曾《今文周易

　　①　(清)永瑢等撰:《四库全书总目提要》卷一百十八子部杂家类二,中华书局1965年版,第1016页。
　　②　(唐)苏颚:《苏氏演义》卷上,见《丛书集成初编·资暇集及其他二种》,商务印书馆民国28年(1939年)版,第1页。
　　③　(唐)苏颚:《苏氏演义》卷下,见《丛书集成初编·资暇集及其他二种》,商务印书馆民国28年(1939年)版,第23页。
　　④　存目见《中国古籍善本书目》"子部下·释家类·注疏",上海古籍出版社1996年12月第1版,第938页。未见。

演义》十二卷、梁寅《诗演义》十五卷与此同义。姑以《诗演义》为例作一说明，《诗演义》，《明史》著录八卷，《四库全书》著录十五卷，《提要》云：

> 《诗演义》十五卷，元梁寅撰。寅有《周易参义》，已著录。是书推演朱子《诗传》之义，故以演义为名。前有《自序》云此书为幼学而作，"博稽训诂，以启其塞，根之义理，以达其机。隐也，使之显，略也，使之详"。今考其书，大抵浅显易见，切近不支。元儒之学主于笃实，犹胜虚谈高论、横生臆解者也。①

《诗演义》作者梁寅为元明间人，此书之《自序》末署洪武十六年（1383 年），故成书当于明初，是书为幼学而作，"本以申朱子《集传》之义"，"先释字后明一句之旨"（《凡例》）。故所谓《诗演义》者，乃是以通俗化的形式演朱子《诗集传》之义也。

值得注意的是，以"演义"命名的书籍渐由经义进入了文学领域，"演言"一系由此进入了对文学经典的阐释。如明陆容《菽园杂记》卷十四记载元进士张伯成所作之《杜律演义》、明焦竑《玉堂丛语》卷一载杨慎《绝句演义》等。《菽园杂记》云："《杜律虞注》本名《杜律演义》，元进士临川张伯成之所作也，后人谬以为虞伯生所注。予尝见《演义》刻本，有天顺丁丑临川黎送久大序及伯成传序。其略云：注少陵诗者非一，皆弗如吾乡先进士张氏伯成《七言律诗演义》，训释字理极精详，抑扬趣致极其切当。盖少陵有言外之诗，而《演义》得诗外之意也。"②《杜律演义》，一卷，张性撰，今存明嘉靖十六年（1537 年）刻本，题"京口石门张性伯成演"，全书选取杜甫律诗 34 首，据题材分为"楼阁桥梁""寺观""音乐""将帅""宗族""释子""纪行""述怀""怀古""游宴眺望""简寄酬赠""寻访送饯""杂赋"十三类，每类标出具体诗题，先录原诗，继之训释，以作品赏析为主，今录《蜀相》一诗之训释以概其余：

> 祠堂，孔明庙也，昭烈即帝位，亮册为丞相，录尚书事。成都万里桥南岸道西有城，故锦官也。亮在草庐，先主凡三往乃见。两朝，先主、后主之

---

① （清）永瑢等撰：《四库全书总目》卷一六经部诗类二，中华书局 1965 年版，第 128 页。
② （明）陆容：《菽园杂记》卷十四，《明代笔记小说大观》第一册，上海古籍出版社 2005 年版，第 512—513 页。

朝也。此公初到成都,访诸葛庙而赋也。起句问祠堂在何处可寻,接句自答在城外古柏阴森处也。次联咏祠堂之景,自春色空好音,幽闲之地,少人经过也。因睹此景,追感当时先主之顾草庐,至再至三,如是频繁者,屈己求贤以为恢复天下之计也。武侯既出,遂以讨贼为己任,开基济业,历事两君。其言曰竭股肱之力,效忠贞之节,继之以死,此老臣之心也。先主之计若此之大,武侯之心若此其忠,惜乎渭滨之师(司)马懿怯战自守,故未见大捷而武侯死矣,乃千载之遗恨,所以长使英雄之士思而泣也。前四句咏祠堂之事,后四句咏武侯之事。①

可见所谓"演义"乃是对杜甫诗歌的通俗化阐释。

二

就文学角度而言,章氏所谓"演事"一系较早可追溯到唐代的变文,变文为唐代说唱文学之一体,其体制不一,有散说体、有赋体,亦有骈散结合、说唱并陈的形式,但其内容基本一致,即对于故事的演说,包括佛经故事、历史故事和当代时事。至宋代说话兴起,"演事"一系发展更为迅速,史称南宋"说话"有四家,其中"小说"与"讲史"对后世影响更大。然唐宋两代尚未有以"演义"指称"演事"类书籍者,唐人有称之为"变"者,如《汉将王陵变》,亦有称之为"话本"者,如《韩擒虎话本》;宋人将演述史事的作品一般称之为"讲史""讲史书"和"说史"等,如《都城记胜》谓:"讲史书,讲说前代书史文传兴废争战之事。"亦有称之为"演史"者,如周密《武林旧事》卷六"演史丘几山"。"演史""演义",音义最近,以致后人误以"演义"即"演史"之延伸②。

将通俗小说称为"演义"始于《三国志通俗演义》,而近人视"演义"与"历史演义"为同一内涵亦由此而来。庸愚子于弘治七年(1494年)撰《三国志通俗演

---

①　《杜律演义》,藏南京图书馆善本室。

②　黄霖、韩同文选注:《中国历代小说论著选》(修订本),《醉翁谈录·舍耕叙引》"演史"注云:"演史,亦称讲史,宋元间说话的一种,讲说历代兴废与战争故事,依据史传加以敷衍,记录时多用浅近文言,成为讲史话本,是我国小说史最早具有长篇规模的作品,后发展为演义。"江西人民出版社2000年版,第94页。

义序》,其云:"若东原罗贯中,以平阳陈寿《传》,考诸国史,自汉灵帝中平元年,终于晋太康元年之事,留心损益,目之曰《三国志通俗演义》。文不甚深,言不甚俗,事纪其实,亦庶几乎史,盖欲读诵者,人人得而知之,若《诗》所谓里巷歌谣之义也。"①嘉靖元年(1522 年),司理监刊出《三国志通俗演义》,旋即在社会上产生了很大影响,"演义"一辞也随之流行。修髯子《三国志通俗演义引》一文率先对"演义"之义界作了阐释:

> 史氏所志,事详而文古,义微而旨深,非通儒夙学,展卷间,鲜不便思困睡。故好事者以俗近语,隐括成编,欲天下之人,入耳而通其事,因事而悟其义,因义而兴乎感,不待研精覃思,知正统必当扶,窃位必当诛,忠孝节义必当师,奸贪谀佞必当去,是是非非,了然于心目之下,裨益风教,广且大焉。②

所谓"以俗近语,隐括成编,欲天下之人,入耳而通其事,因事而悟其义,因义而兴乎感"即指"演义"之特性及其功能。故"演义"一辞在小说领域的最初含义应是以通俗的形式演正史之义,如《三国志通俗演义》就是对陈寿《三国志》的"通俗化",包括"故事"与"语言"。可观道人《新列国志叙》谓:"罗贯中氏《三国志》一书以国史演为通俗,汪洋百余回,为世所尚。嗣是效颦日众,因而有《夏书》《商书》《列国》《两汉》《唐书》《残唐》《南北宋》诸刻,其浩瀚几与正史分签并架。"③梦藏道人于《三国志演义序》中说得更为直截:"罗贯中氏取其书(指陈寿《三国志》)演之,更六十五篇为百二十回。合则连珠,分则辨物,实有意旨,不发跃如。其必杂以街巷之谭者,正欲愚夫愚妇共晓共畅人与是非之公。"④此一含义为小说作者所信从,甄伟作《西汉通俗演义》即然,其《序》云:

---

①　(明)庸愚子:《三国志通俗演义序》,(明)罗贯中《三国志通俗演义》,上海古籍出版社《古本小说集成》影印嘉靖本,第1—5页。
②　(明)修髯子:《三国志通俗演义引》,(明)罗贯中《三国志通俗演义》,上海古籍出版社《古本小说集成》影印嘉靖本,第1—2页。
③　(明)可观道人:《新列国志·叙》,(明)墨憨斋新编:《新列国志》,上海古籍出版社《古本小说集成》金阊叶敬池梓本,第1—2页。
④　(明)梦藏道人:《三国志演义序》,明崇祯五年遗香堂刊本,引自丁锡根《中国历代小说序跋集》,人民文学出版社1996年版,第896页。

西汉有马迁史,辞简义古,为千载良史,天下古今诵之。予又何以通俗为耶?俗不可通,则义不必演矣。义不必演,则此书亦不必作矣。又何以楚汉二十年事敷演数万言以为书耶?盖迁史诚不可易也。予为通俗演义者,非敢传远示后,补史所未尽也;不过因闲居无聊,偶阅西汉卷,见其间多牵强附会,支离鄙俚,未足以发明楚汉故事,遂因略以致详,考史以广义。①

明代小说创作中的所谓"按鉴演义"者即指这一内涵。然此一含义仅是"演义"的初始义,明人以"演义"指称通俗小说实则普遍越出了这一规定,即"演义"者,非专指对某一史书的"通俗化",而是对历史现象、人物故事的通俗化叙述。从现有十余种以"演义"命名的明人小说中我们即可清晰地看出这一趋向,十余种小说为:

《三国志通俗演义》、《大宋中兴通俗演义》、《唐书志传通俗演义》、《三宝太监西洋记通俗演义》、《封神演义》、《征播奏捷传通俗演义》、《三教开迷归正演义》、《杨家通俗演义》、《开辟衍绎通俗志传》(内封中栏题"开辟演义")、《残唐五代史演义》、《东汉十二帝通俗演义》、《七十二朝人物演义》、《西汉通俗演义》、《孙庞斗志演义》、《两汉演义传》。

上述作品除《三国志通俗演义》和《唐书志传通俗演义》外,余者均淡化了史书概念。而《三国志通俗演义》后世简化为《三国演义》也就成了一个自然而然、普遍可以接受的事实。

明人以"演义"指称通俗小说,在概念的内涵上主要涉及两个方面:一是"通俗性"。雉衡山人《东西晋演义序》云:"一代肇兴,必有一代之史,而有信史有野史。好事者蒃取而演之,以通俗谕人,名曰演义,盖自罗贯中《水浒传》《三国传》始也。"②故"通俗"是"演义"区别于其他小说的首要特性,陈继儒于《唐书演义序》中说得更为直截了当:"往自前后汉魏吴蜀唐宋咸有正史,其事文载之不啻

---

① (明)甄伟:《西汉通俗演义序》,据孙楷第《日本东京所见小说书目》录日本宫内省图书寮藏明万历壬子金陵周氏大业堂本《重刻西汉通俗演义八卷一百零一则》附《西汉通俗演义序》,见孙楷第《日本东京所见小说书目》,人民文学出版社 1958 年版,第 55 页。

② (明)雉衡山人:《东西晋演义序》,(明)雉衡山人:《东西晋演义》,上海古籍出版社古本小说集成本,第 1 页。

详矣。后是则有演义,演义,以通俗为义也者。故今流俗即目不挂司马班陈一字,然皆能道赤帝,诧□马,悲伏龙,凭曹瞒者,则演义之为耳。演义固喻俗书哉,义意远矣!"①二是"风教性"。朱之蕃《三教开迷演义叙》云:"演义者,其取喻在夫人人身心性命、四肢百骸、情欲玩好之间,而其究极在天地万物、人心底里、毛髓良知之内……于扶持世教风化岂曰小补之哉。"②无碍居士《警世通言叙》谓"通俗演义一种,遂足以佐经书史传之穷。"③东山主人在《云合奇踪序》中则以正反两方面阐述了"演义"之功能:

> 田间里巷自好之士,目不涉史传,而于两汉三国、东西晋、隋唐等书,每喜搜揽。于一代之治乱兴衰,贤佞得失,多能津津称述,使闻之者倏喜倏怒,亦足启发人之性灵,其间讖谣神鬼,不无荒诞,殆亦以世俗好怪喜新,始以是动人耳目。及其终归灭亡,始识帝王受命自有真,反侧子且爽然自失矣。夫邪妄煽惑,何代无之;使于愚夫愚妇之前,谈经说史,群且笑为迂妄,惟以往事彰彰于人耳目者,张皇铺演,若徐寿辉、陈友谅之徒,乘隙窃发,莫大智勇自矜,乃不数年身死族灭,巫术无灵,险众失恃,徒为太祖作驱除耳。倘鉴于此,人人顺时安命,不为邪说之所动摇,斯演义之益,岂不甚伟!④

由此可见,以"通俗"的形式来实施经书史传对于民众所无法完成的教化使命是"演义"的基本特性和价值功能。明人正是以此来确立"演义"的存在依据及其地位的。这一确立对通俗小说的发展有其积极的作用。

三

明人拈出"演义"一辞指称通俗小说实则为了通俗小说的文体独立,故在

① 《唐书演义序》,(明)无名氏:《唐书志传题评》,中华书局《古本小说丛刊》第二十八辑影印世德堂刊本,1991 年版,第 1 页。
② (明)朱之蕃:《三教开迷演义叙》,(明)潘镜若编次《三教开迷归正演义》,上海古籍出版社古本小说集成本,第 4—8 页。
③ (明)无碍居士:《警世通言·叙》,(明)冯梦龙:《警世通言》,上海古籍出版社古本小说集成影兼善堂本,第 4 页。
④ (明)东山主人:《云合奇踪序》,引自丁锡根《中国历代小说序跋集》,人民文学出版社 1996 年版,第 1005 页。

追溯通俗小说的文体渊源时，人们便习惯地以"演义"一辞作界定，以区别其他小说。绿天馆主人《古今小说叙》云："史统散而小说兴。始乎周季，盛于唐，而浸淫于宋。韩非、列御寇诸人，小说之祖也。《吴越春秋》等书，虽出炎汉，然秦火之后，□□犹希。迨开元以降，而文人□□横矣。若通俗演义，不知何肪，按南宋供奉局，有说话人，如□□书之流，其文必通俗，其作者莫可考。泥马倦勤，以太上享天下之养，仁寿清暇，喜阅话本，命内珰日进一帙，当意，则以金钱厚酬。于是内珰辈广求先代奇迹及闾里新闻，倩人敷演进御，以怡天颜。然一览辄置，卒多浮沉内庭，其传布民间者，什不一二耳。然如《玩江楼》《双鱼坠记》等类，又皆鄙俚浅薄，齿牙弗馨焉。暨施、罗两公，鼓吹胡元，而《三国志》《水浒》《平妖》诸传，遂成巨观。"①笑花主人于《今古奇观序》中亦承其说：

> 小说者，正史之馀也。《庄》《列》所载化人、佝偻丈人，昔事不列于史。《穆天子》《四公传》《吴越春秋》，皆小说之类也，《开元遗事》《红线》《无双》《香丸》《隐娘》诸传，《睽车》《夷坚》各志，名为小说，而其文雅驯，间阎罕能道之。优人黄幡绰、敬新磨等，搬演杂剧，隐讽时事，事属乌有，虽通于俗，其本不传。至有宋孝皇以天下养太上，命侍从访民间奇事，日进一回，谓之说话人，而通俗演义一种，乃始盛行。②

从上述引文的追溯中，我们不难看到明人对小说流变的认识观念，他们以"演义"一辞来指称通俗小说，其目的正是要强化通俗小说的独特性和独立性。

由于明人对通俗小说独立性的强化，故"演义"一辞也便越出了初始专指以历史为题材的小说之疆界。一般认为，"演义"主要是指以历史为题材的小说作品，近人以"历史演义""英雄传奇""神魔小说""世情小说"来划归长篇章回小说之类型后，人们更视"演义"为"历史演义"或"讲史演义"之专称。但其实，这一认识并不符合实际情况，在明人看来，无论是历史题材还是神话传说，无论是长篇章回还是短篇话本，统统可用"演义"指称之，上引十余种书目已说明了这一

---

① (明)绿天馆主人：《古今小说·叙》，(明)冯梦龙编：《古今小说》，上海古籍出版社古本小说集成影印本，第1—4页。

② (明)笑花主人：《今古奇观》序，抱瓮老人：《今古奇观》，上海古籍出版社古本小说集成本，第1—2页。

现象。而在具体的阐述中，史料更是比比皆是，顾起鹤《三教开迷传引》谓："顾世之演义传记颇多，如《三国》之智，《水浒》之侠，《西游》之幻，皆足以省睡魔而广智虑。"①天许斋《古今小说识语》云："本斋购得古今名人演义一百二十种，先以三分之一为初刻云。"②睡乡居士《二刻拍案惊奇序》亦云："至演义一家，幻易而真难，固不可相衡而论矣。即如《西游》一记，怪诞不经，读者皆知其谬。……即空观主人者，其人奇，其文奇，其遇亦奇，因取其抑塞磊落之才，出绪余以为传奇，又降而为演义。"③而凌濛初亦将其《拍案惊奇》称之为"演义"："这本话文，出在《空缄记》，如今依传编成演义一回，所以奉劝世人为善。"④可见在明人的观念中，不仅《三国演义》《水浒传》称为"演义"，《西游记》亦可称为"演义"，甚至连"三言""二拍"也可称之为"演义"。谢肇淛《文海披沙》卷七中就直称《西游记》为《西游记演义》⑤。而在小说的具体题署中，这一迹象也颇为明晰，且大都以"通俗演义"直称之，如《包龙图判百家公案》全称《新刊京本通俗演义增像包龙图判百家公案》、《鼓掌绝尘》全称《新镌出像批评通俗演义鼓掌绝尘》、《型世言》各卷卷首题"峥霄馆评定通俗演义型世言"、《南北两宋志传》全称"全像按鉴演义南北两宋志传"、《三国志后传》题"新镌全像通俗演义续三国志"、《东西晋志传》内封横题"通俗演义"、《七曜平妖传》目次题"新编皇明通俗演义七曜平妖全传"、《魏忠贤小说斥奸书》正文卷端题"峥霄馆评定出像通俗演义魏忠贤小说斥奸书"、《有夏志传》卷端题"按鉴演义帝王御世有夏志传"、《岳武穆尽忠报国传》内封右栏题"重订按鉴通俗演义"等，其中有话本小说，也有讲史小说。故质言之，"演义"者，通俗小说之谓也。

"演义"专指通俗小说，它与"小说"一辞的关系又如何呢？我们不妨对明人"小说"一辞之使用境况作一铺叙以明两者之关系。

"小说"一辞源远流长，其内涵在中国小说史上形成了两股线索，一是由《庄

---

① 顾起鹤：《三教开迷传引》，(明)潘镜若编次《三教开迷归正演义》，古本小说集成本，第2页。

② 见天许斋藏板《全像古今小说》扉页，(明)冯梦龙编：《古今小说》，上海古籍出版社古本小说集成影天许斋本。

③ (明)睡乡居士：《二刻拍案惊奇序》，(明)凌濛初《二刻拍案惊奇》，上海古籍出版社古本小说集成影印本，第5—7页。

④ (明)凌濛初：《拍案惊奇》卷二十《李克让竟达空函，刘元晋双生贵子》，上海古籍出版社古本小说集成本，第879页。

⑤ (明)谢肇淛《文海披沙》卷七《西游记》："俗传有《西游记演义》载玄奘取经西域，道遇魔祟甚多。读者皆嗤其俚妄，余谓不足嗤也，古亦有之。"见《续修四库全书》1130册子部杂家类《文海披沙》，上海古籍出版社，第323页。

子》"饰小说以干县令,其于大达亦远矣"肇端①,经桓谭"若其小说家,合丛残小语,近取譬论,以作短书,治身理家,有可观之辞"②和班固《汉志》"小说家者流,盖出于稗官,街谈巷语,道听途说者之所造也"③的延续和发展,至唐刘知己《史通》的阐释,确认了"小说"的指称对象乃是唐前归入"子部"或"史部"的古小说,唐及唐以后的笔记小说亦置于这一"小说"概念名下。二是由民间"说话"一系衍生的"小说"概念,如裴松之注《三国志》引《魏略》之"俳优小说"、《唐会要》卷四之"人间小说"、段式成《酉阳杂俎》续集卷四之"市人小说"等,至宋代"说话"艺术繁兴,耐得翁《都城记胜》、吴自牧《梦粱录》、罗烨《醉翁谈录》均将"小说"指称通俗的"说话"艺术。

明人对于"小说"一辞的使用基本上承上述两股线索而来,较早使用"小说"一辞的是都穆在弘治十八年(1505 年)为《续博物志》所作的《后记》:"山珍海错无补乎养生,而饮食者往往取之而不弃,盖饱饮之余,异味忽陈,则不觉齿舌之爽,亦人情然也。小说杂记饮食之珍错也,有之不为大益,而无之不可,岂非以其能资人之多识而怪僻不足论邪。"④在此之前,人们对《剪灯新话》等作品多以"稗官""传奇""传记"称之,如吴植于洪武十四年(1381 年)序《剪灯新话》:"余观宗吉先生《剪灯新话》,其词则传奇之流,其意则子氏之寓言也。"⑤洪武三十年(1397 年)凌云翰序《剪灯新话》则谓:"是编虽稗官之流,而劝善惩恶,动存鉴戒,不可谓无补于世。"⑥而赵弼于宣德三年(1428 年)作《效颦集后序》,宣称其《效颦集》乃"效洪景卢、瞿宗吉,编述传记二十六篇,皆闻先辈硕老所谈与己目之所击者。"⑦

明人普遍使用"小说"一辞大约在嘉靖以后,郎瑛《七修类稿》卷二十二云:"小说起宋仁宗,盖时太平盛久,国家闲暇,日欲进一奇怪之事以娱之。故小说得胜头回之后,即云'话说赵宋某年'。……若夫近时苏刻几十家小说者,乃文

①　(清)郭庆藩辑:《庄子集释》卷九上,中华书局 1961 年版,第 925 页。

②　(汉)桓谭:《桓子新论》,引自(梁)萧统注、(唐)李善注:《文选》卷三十一江文通杂体诗《李都尉从军陵》注,上海古籍出版社,1986 年版,第 1453 页。

③　(汉)班固:《汉书·艺文志》,(汉)班固著、(唐)颜师古注:《汉书》卷三十,中华书局 1962 年版,第 1745 页。

④　(明)都穆:《续博物志后记》,引自丁锡根《中国历代小说序跋集》,人民文学出版社 1996 年版,第 91 页。

⑤　(明)吴植:《〈剪灯新话〉序》,(明)瞿佑等著、周楞伽校注:《〈剪灯新话〉外二种》,上海古籍出版社 1981 年版,第 4 页。

⑥　(明)凌云翰:《〈剪灯新话〉序》,(明)瞿佑等著、周楞伽校注:《〈剪灯新话〉外二种》,上海古籍出版社 1981 年版,第 3—4 页。

⑦　(明)赵弼:《效颦集后序》,(明)赵弼:《效颦集》,上海古籍出版社续修四库全书本,第 549 页。

章家之一体,诗话、传记之流也,又非如此之小说。"①《七修类稿》刊于嘉靖二十六年(1547年),时《三国志通俗演义》和《水浒传》均已刊行多年,故郎瑛已将"小说"一辞直指通俗小说。嘉靖三十一年(1552年),小说家熊大木刊出《新刊大宋演义中兴英烈传》,在《序》中,他对时人"谓小说不可紊之以正史"的观点提出驳论,申言"史书小说有不同者,无足怪矣。"②亦将"小说"指称通俗小说。而嘉靖年间刊刻的洪楩《六十家小说》更有将文言传奇和通俗话本同置于"小说"名下的趋势,该书作为一部小说集,既选取说经讲史话本如《花灯轿莲女成佛记》和《汉李广世号飞将军》,亦取传奇小说《蓝桥记》,只要其可供消遣和娱乐,都不妨称之为"小说"。此书分为《雨窗集》《欹枕集》《长灯集》《随航集》《解闲集》和《醒梦集》六集,其选择趋向已十分明晰。"小说"这一概念在嘉靖以来的变化与通俗小说的崛起密切相关,嘉靖元年(1522年),司理监刊《三国志通俗演义》,以后不久,《水浒传》也开始刊行流传,刊于嘉靖十年(1531年)的李开先《一笑散·时调》即云:"崔后渠、熊南沙、唐荆川、王遵岩、陈后冈谓《水浒传》委曲详尽,血脉贯通,《史记》而下,便是此书。且古来更未有一事而二十册者。倘以奸盗诈伪病之,不知序事之法,学史之妙者也。"③由《三国》《水浒》的刊行所发端,通俗小说的创作和刊刻在嘉靖以来有了很大的发展,这一局面致使小说称谓的使用有了相应的变化,其中之一就是"小说"一辞使用的普遍化。且看以下史料:

　　　　牛溲马勃,良医所珍,孰谓稗官小说,不足为世道重轻哉!(修髯子《三国志通俗演义引》)④

　　　　小说之兴,始于宋仁宗。(天都外臣《水浒传叙》)⑤

　　　　五日,沈伯远携其伯景倩所藏《金瓶梅》小说来,大抵市诨之极秽者耳,而锋焰远逊《水浒传》。袁中郎极口赞之,亦好奇之过。(李日华《味水轩日记》卷七)⑥

---

① (明)郎瑛:《七修类稿》卷二十二,上海书店出版社2001年版,第229页。
② (明)熊大木:《序武穆王演义》,(明)熊大木:《大宋中兴通俗演义》,上海古籍出版社古本小说集成影杨氏清江堂刊本,第4—5页。
③ (明)李开先:《一笑散》,文学古籍刊行社1955年版,第10页B面。
④ (明)修髯子:《三国志通俗演义引》,(明)罗贯中编次:《三国志通俗演义》,上海古籍出版社古本小说集成本,第3—4页。
⑤ (明)天都外臣:《水浒传叙》,见《水浒全传》,人民文学出版社1954年版,第1825页。
⑥ (明)李日华著:《味水轩日记》,上海远东出版社1996年版,第496页。

　　小说,子书流也,然谈说理道或近于经,又有类注疏者;纪述事迹,或通于史,又有类志传者。他如孟棨《本事》、卢瓌《抒情》,例以诗话、文评,附见集类,究其体制,实小说者流也。至于子类杂家,尤相出入。郑氏谓古今书家所不能分有九,而不知最易混淆者,小说也。(胡应麟《少室山房笔丛·九流绪论》下)①

　　风流小说,最忌淫亵等语以伤风雅,然平铺直叙,又失当时亲昵情景。兹编无一字淫哇,而意中妙境尽婉转逗出,作者苦心,临编自见。(《隋炀帝艳史凡例》)②

　　今小说之行世者,无虑百种,然而失真之病,起于好奇。(睡乡居士《二刻拍案惊奇序》)③

　　上述材料始自嘉靖元年(1522年),终于崇祯五年(1632年),时间跨度过百年,在指称对象上,有长篇章回小说、志怪传奇、笔记和拟话本。可见"小说"一辞已成为当时指称小说这一文类的基本术语。

　　"演义"与"小说"是明人使用最为普遍的两个术语,两者之间的关系大致这样:"小说"早于"演义"而出现,其指称范围包括文言和通俗小说两大门类,故"小说"概念可以包容"演义"概念,反之则不能。"演义"是通俗小说的专称,而在指称通俗小说这一对象上,"小说"与"演义"在概念的外延上是重合的。对于这一概念的区分,明万历年间的胡应麟曾作过尝试,他认为,所谓"小说"专指文言小说,包括"志怪""传奇""杂录""丛谈""辨订""箴规"六大门类,而"演义"则指《水浒传》《三国志通俗演义》等通俗小说。《庄岳委谈》下云:"今世传街谈巷语,有所谓演义者,盖尤在传奇杂剧下。"又云:"关壮缪明烛一端,则大可笑,乃读书之士,亦什九信之,何也? 盖由胜国末,村学究编魏、吴、蜀演义,因《传》有'羽守邳,见执曹氏'之文,撰为斯说,而俚儒潘氏,又不考而赞其大节,遂致谈者纷纷。案《三国志·羽传》及裴松之注,及《通鉴》《纲目》,并无其文,演义何所据哉?"④胡应麟的这一划分有一定的合理性,但其清理是为了捍卫"小说"的传

---

　　① (明)胡应麟:《九流绪论下》,《少室山房笔丛》卷二九,上海书店2009年版,第283页。

　　② 见《艳史凡例》,(明)齐东野人编演:《隋炀帝艳史》,上海古籍出版社古本小说集成影印本,第5—6页。

　　③ (明)睡乡居士:《二刻拍案惊奇序》,(明)凌濛初:《二刻拍案惊奇》,上海古籍出版社古本小说集成影印本,第2页。

　　④ (明)胡应麟:《少室山房笔丛·庄岳委谈下》,上海书店出版社2009年版,第432页、436页。

统内涵,而在一定程度上蔑视通俗小说。当然,胡氏的划分在小说史上其实并未起过太大作用,在明中后期,"小说"和演义"在指称通俗小说这一对象上是基本通用的。

<h1 align="center">四</h1>

明人以"演义"指称通俗小说,与"小说"一辞同为常用之术语,这一强化通俗小说文体独立的概念对小说的发展颇多裨益,尤其是通俗小说的发展。清以来,对"演义"一辞的阐释已没有明代那么热闹,基本循明人之观念而较少改变,但"演义"见之于书名者仍不绝如缕。

在清代,较早对"演义"作阐释的是清初托名冯梦龙所撰的《列女演义序》,在《序》中,作者从功能和叙述方法两方面分析了"演义"之特性,但细细体味,也不过是明人观念的延续而已,如"义深者演而浅之,文简者绎而细之。约于一字者,广详其本末,该于一语者,遍析其源流"无疑是明代甄伟"因略而致详,考史以广义"(《西汉通俗演义序》)的翻版,并无更多的发明。由此也说明了明代的"演义"观已得到了延续。

章学诚在《丙辰札记》中对通俗小说的评判也可看出明人观念的延续:

> 凡演义之书,如《列国志》、《东西汉》、《说唐》及《南北宋》,多纪实事;《西游》、《金瓶》之类,全凭虚构,皆无伤也。惟《三国演义》,则七分实事,三分虚构,以致观者往往为所惑乱,如桃园等事,学士大夫直作故事用矣。故演义之属,虽无当于著述之伦,然流俗耳目渐染,实有益于劝惩。但须实则概从其实,虚则明著寓言,不可虚实错杂如《三国》之淆人耳。[①]

很明显,在章学诚的观念中,所谓"演义"乃通俗小说之全体,而非仅指《三国演义》等以历史为题材者。

钮琇在《觚賸续编》中对"演义"的追溯颇有意味:"传奇演义,即诗歌纪传之

_____

① (清)章学诚:《丙辰札记》,《章氏遗书外编》卷第三,见《清代学术笔记丛刊》第28册,学苑出版社2005年版,第73页。

变而为通俗者,哀艳奇恣,各有专家,其文章近于游戏。大约空中结撰,寄姓氏于有无之间,以征其诡幻。"①在此,钮琇以"传奇"与"诗歌"对举,"演义"与"记传"比并,似乎在论证"演义"乃"记传"之通俗化,"演义"是以"记传"这种历史题材为内涵的,然细考之,其所谓"记传"不过是指称一种体式,是以人物和故事为主体的表现方式而已,并非是指"演义"与历史题材小说的对应关系,就如戏曲不是诗歌的通俗化一样。刘廷玑《在园杂志》卷二中的一段言论亦尝引起后人之误解,其谓:"再则《三国演义》,演义者,本有其事而添设敷演,非无中生有者比也。"②后人据此认定所谓"演义"即指"本有其事而添设敷演"的历史题材小说。③但其实,此处之所谓"演义"者,乃前文《三国演义》的简称,非指"演义"之体式。观刘氏《在园杂志》评判了数十种通俗小说,《三国演义》仅其中之一,而在对众多通俗小说评判之后,刘氏最后结论云:"演义,小说之别名,非出正道,自当凛遵谕旨,永行禁绝。"④故清人以"演义"指称一切通俗小说,既是对明人观念的延续,同时也体现了他们实际的思想认识。蔡元放《东周列国志读法》谓:"一切演义小说之书,任是大部,其中有名人物纵是极多,不过十数百数,事迹不过数十百件,从无如《列国志》中人物事迹之至多极广者。"⑤其中将"演义小说"并举即说明了这一问题,而时至清后期的天目山樵张文虎犹然这样表述:"近世演义书,如《红楼梦》实出《金瓶梅》,其陷溺人心则有过之。"⑥将《红楼梦》《金瓶梅》称之为"演义",绝非是其观念上的含混不清。

　　从清代以"演义"命名的通俗小说中,我们也可看出这一趋向:

　　　　《新世宏勋》(顺治刻本,嘉庆刻本改题"新史奇观演义全传")、《樵史通
　　俗演义》、《后七国乐田演义》、《古今列女传演义》、《梁武帝西来演义》、《说
　　岳全传》(正文题"增订尽忠演义说岳传")、《隋唐演义》、《二十四史通俗演
　　义》、《说唐演义全传》、《后三国石珠演义》、《反唐演义传》、《异说征西演义

　　①　(清)钮琇:《觚賸续编》卷一《言觚·文章有本》,《笔记小说大观》第三十编五,新兴书局 1979 年版,第 3163 页。
　　②　(清)刘廷玑:《在园杂志》卷二,《清代笔记小说大观》本,上海古籍出版社 2007 年版,第 2172 页。
　　③　见赵朝政《明清演义小说理论概说》,《杭州大学学报》1985 年 3 期。
　　④　(清)刘廷玑:《在园杂志》卷三,《清代笔记小说大观》本,上海古籍出版社 2007 年版,第 2197 页。
　　⑤　(清)蔡元放批评:《东周列国志·读法》,(明)冯梦龙编、(清)蔡元放评:《东周列国志》,岳麓书社 2002 年版,第 2 页。
　　⑥　(清)张文虎:《天目山樵识语》,见(清)吴敬梓著、李汉秋辑校:《〈儒林外史〉会校会评本》,上海古籍出版社 1984 年版,第 771 页。

全传》《东汉演义评》《南史演义》《北史演义》《草木春秋演义》《西周演义》《万花楼演义》《升仙传演义》《瓦岗寨演义》《莲子瓶演义传》《青史演义》《天门阵演义十二寡妇征西》《台战演义》《扫荡粤逆演义》《羊石园演义》《捉拿康梁二逆演义》《火烧上海红庙演义》《中东大战演义》《万国演义》《泰西历史演义》《通商原委演义》(即《罂粟花》)《洪秀全演义》《两晋演义》《中外通商始末记演义》《掌故演义》《左文襄公征西演义》《现身说法演义》《逐日演义》《吴三桂演义》。

　　在以上四十种小说书目中，虽然有部分小说确以历史故事为其题材，而不像明人那样，明确地将"二拍"、《型世言》等话本小说直称为"演义"。但若作仔细分析，所谓历史题材者，已是一个非常宽泛的概念，神话、传说等均已纳入历史题材的范畴，而更多的则纯为虚构，如《新世宏勋》《樵史通俗演义》叙晚明故事，虽有一定的史实依据，但虚构之成分更为浓烈；至如《万花楼演义》《升仙传演义》《莲子瓶演义传》等则全属臆想。故所谓"演义"亦与"历史题材"者并无直接对应关系，"演义"之义界明清两代可谓一脉相承。

　　晚清以来，随着西方小说类型概念的引入，"历史小说"作为一种小说类型与"政治小说"、"科学小说"等得到了广泛的重视。"演义"这一概念也在这种创作和理论背景中得到了新的审视，而其中最为重要的是进一步确认了"演义"作为文体概念的内涵。《中国惟一之文学报〈新小说〉》一文即谓：

　　　　历史小说者，专以历史上事实为材料，而用演义体叙述之，盖读正史则易生厌，读演义则易生感。征诸陈寿之《三国志》与坊间通行之《三国演义》，其比较釐然矣。①

　　历史小说是以"历史上事实为材料，而用演义体叙述之"，显然，"历史小说"是一种小说类型，"演义"是一种文体。而所谓"演义体"者包括叙述方式与语言特色，黄人《小说小话》谓：

---

　　①　新小说报社《中国唯一之文学报〈新小说〉》，刊于《新民丛报》十四号上广告，光绪二十八年七月十五日，见《中国近代期刊汇刊》第二辑《新民丛报》影印本，中华书局 2008 年 4 月第 1 版。

历史小说,当以旧有之《三国志演义》《隋唐演义》及新译之《金塔剖尸记》《火山报仇录》等为正格。盖历史所略者应详之,历史所详者应略之,方合小说体裁,且耸动阅者之耳目。若近人所谓历史小说者,但就书之本文,演为俗语,别无点缀斡旋处,冗长拖沓,并失全史文之真精神,与教会中所译土语之《新旧约》无异,历史不成历史,小说不成小说。谓将供观者之记忆乎,则不如直览史文之简要也;谓将使观者易解乎,则头绪纷繁,事虽显而意仍晦也。或曰:"彼所谓演义者耳,毋苛求也。"曰:"演义者,恐其义之晦塞无味,而为之点缀,为之斡旋也,兹则演词而已,演式而已,何演义之足云。"①

综观中国古代通俗小说史,确乎存在一脉以正史为材料,略加点染或"演义"的小说流派,即明人称其"按鉴演义"、清人称其"依史以演义"或"史事演义"者②,此一流派以《三国志通俗演义》为其起始,至晚清以吴趼人为代表的历史小说为其收束,吴氏之历史小说"以发明正史事实为宗旨,以借古鉴今为诱导"③,正与《三国演义》等历史小说同趣。这一脉小说可以称之为"历史演义",但仅是演义小说之一部分,两者是从属关系而非对等关系,今人视"演义"与"历史演义"为同义,正是"含混"了这一层关系④。

通过上述粗略考辨,我们的最终结论是:(1)"演义"源远流长,有"演言"与"演事"两个系统,"演言"是对义理的通俗化阐释,"演事"是对正史及现实人物故事的通俗化叙述。(2)"演义"一辞在小说领域,是一个小说文体概念,指称通俗小说这一文体,而非单一的小说类型概念,故在小说研究中,以"历史演义"直接对应"演义"的格局应有所改变,"历史演义"仅是演义小说的一个组成部分。(3)"演义"在历史小说领域,其最初的含义是"正史"的通俗化,所谓"按鉴演义",但总体上已越出这一界限。

---

① 黄人:《小说小话》,署名"蛮",载《小说林》第二期,丁未年(1907年)二月,《评林》第8页。
② "依史以演义"一语见托名金人瑞的《三国志演义序》,"史事演义"一语见清徐时栋《烟屿楼笔记》卷四,转引自《明清小说资料选编》(上),齐鲁书社1989年版。
③ 我佛山人《两晋演义序》,载《月月小说》第一号,光绪三十二年九月望日发行(第三次印本),第3页。
④ 《辞海》释"演义"为:"旧时长篇小说的一类。由讲史话本发展而来,系根据史传敷演成文,并经过作者的艺术加工。"《辞海》缩印本,上海辞书出版社1980年版。

多民族特点与世界性眼光

——《中国诗歌通史》撰写中的理论思考

首都师范大学中国诗歌研究中心　赵敏俐

中国是一个诗的国度,诗的传统源远流长。从传说中的炎黄时代,到21世纪的今天,中国人从来没有停止过诗的歌唱;由56个民族组成的中华民族大家庭,以其多样化的语言和诗体形式,不断丰富着中华民族的诗歌宝库①。可以说,诗歌是中国文学发展史中最有生命力与代表性的文学样式。它记录了中华民族的悠久历史,描述了华夏儿女丰富多彩的生活,再现了鲜活生动的民族心灵,展示了中华民族的优雅品格与艺术才具。因而,完整地描述中国诗歌发展的悠久历史,是中国文学史家义不容辞的责任。

站在21世纪的起点上撰写一部中国诗歌史,同时需要具有世界的眼光。当下的中国已经不再是一个自给自足的封闭国度,而是一个开放的现代国家,世界文化已经融入中国,中国已经成为世界的一部分。因而,从世界文化的角度认识和发现中国诗歌的民族特色,认识它在世界文学史上的独特价值,这是历史给我们提出的新的要求,更是中国学者的自觉意识,也是我们撰写这部诗歌通史的认识起点。

一、中国诗歌的基本特征与"诗言志"传统

诗歌作为全世界共有的文学艺术样式,不同的国家对它的理解并不相同,

---

① 中国人从古至今创造了多少诗歌? 没有人能够统计完整。司马迁说周代社会"诗有三千余篇",但是收入《诗三百》中的诗歌仅为三百零五首而已。现存的《全唐诗》为清人所编,收录作品四万余首,显然远不是唐代诗歌创作的全部。《全宋诗》为今人所编,收录作品远超唐代,而现存的清代诗歌数量,恐怕远超历朝历代存诗之总和。至于20世纪的中国诗歌,更没有办法做出确切统计。这是汉民族诗歌的状况。至于少数民族的诗歌,由于历史和文化的原因,佚失的作品更多,即便如此,现存的各少数民族诗歌仍然无法统计。其诗体形式更是纷繁多样,仅以民间长族诗为例,就有创世史诗、英雄史诗、民间叙事长诗、抒情长诗、历史长诗、信歌、经诗、文论诗、套歌、哲理长诗等多种。至于从古至今中国诗歌所用的语言,除汉语之外,还有七十多种少数民族的语言,四百多种方言和次方言。

它们也承载着不同的民族传统。"歌咏所兴,宜自生民始也"①,早在传说中的上古时期,中华民族就开始了诗的歌唱。《吴越春秋》里所记载的《弹歌》、《礼记·郊特牲》中的《蜡辞》,《尚书·益稷》中的《赓歌》、《吕氏春秋·音初》里的《侯人歌》,《周易》卦爻辞中的古歌,以及传为尧舜时期的《卿云歌》《南风歌》《击壤歌》等等,都是见于记载的上古诗歌。它们有的较为真实可靠,有的带有传闻的性质,还有的可能出于后人的假托,但是却从多个方面向我们展示了中国诗歌的早期形态。从形式上讲,诗歌舞一体是其基本特征;从内容上讲,则涵盖了先民生活的各个方面:其中有劳动歌、有祭祀歌、有图腾歌、有战争歌,有以爱情、婚姻为题材的歌、也有表现各种世俗生活的歌。可见,早在上古时代,诗歌就已经成为先民生活的一部分,处处都有诗的歌唱。《吕氏春秋·古乐篇》曰:"昔葛天氏之乐,三人操牛尾,投足以歌八阕:一曰'载民',二曰'玄鸟',三曰'遂草木',四曰'奋五谷',五曰'敬天常',六曰'达帝功',七曰'依地德',八曰'总万物之极'。"②它用简洁的语言,向我们描述了上古时代一个歌舞狂欢的盛会场景。它说明,中华民族天生就是一个具有诗性气质的民族,诗歌从一开始就承载着中国人丰富多彩的现实生活,表达着他们的喜怒哀乐之情,这奠定了中国诗歌的基本特征,并开启了几千年的中华民族诗歌传统。

中华民族诗歌传统的形成,与其所生存的独特地理环境和文明起源的类型直接相关。中华民族地处东亚大陆,东南两面环绕大海,西面有喜马拉雅山崛起所形成的天然屏障,北面毗邻的是气候寒冷的东西伯利亚,自然而然形成了一个相对封闭的地理区域,由此而形成了不同于中亚、北非和欧洲的独立的东亚文明。在这片广阔的大地上,早在 6 000—7 000 年以前,自南到北就已经出现了河姆渡文化、仰韶文化、红山文化等多处新石器时代文化③。其中,气候湿润温暖的黄河与长江流域,在公元前 3 000 年左右出现了以炎黄为首领的氏族部落,进而建立了以高度的农耕文明为基础的古代国家。农业文明的起源来自于中国人对于天地运行规律和万物生长规律的掌握,也培养了中国人"天人合

---

① 　沈约:《宋书·谢灵运传》,中华书局 1974 年版,第 1778 页。
② 　陈奇猷校释:《吕氏春秋校释》,学林出版社 1984 年版,第 284 页。
③ 　河姆渡文化以发现于浙江余姚河姆而命名,持续时间为公元前 5 000 年至前 3 000 年之间,并在其中发现了 7 000 年之前的人工栽培稻。仰韶文化以发现于河南省三门峡市渑池县仰韶村而命名,持续时间大约在公元前 5 000 年至前 3 000 年,红山文化因最早发现于内蒙赤峰市而命名,以后在辽河流域有多处发现。存在时间为公元前 4 000 年至前 3 000 年。三处新石器文化遗址分别出现于中国的南方、中原和北方,说明中华大地早在六七千年之前已经进入新石器时代。

一""以人为本"的宇宙观和人生观。因而,中国人没有形成像西方人一样的宗教意识,也没有产生一个像西方基督教那样的上帝。在中国文化中,人的命运一开始就由自己来把握。他们很早就掌握了诗歌这一艺术形式,将自己的喜怒哀乐寄托其中,使诗成为表达世俗生活与人生情感的艺术,成为歌颂自我、直面现实的艺术。现存的上古歌谣已经初现此民族特点,至《诗经》时代已经基本定型。其中有祭祀诗、农事诗、燕飨诗、战争徭役诗、政治美刺诗、婚姻爱情诗以及表现各种内容的世俗生活诗,举凡念亲、爱国、怀旧、思乡等各种喜怒哀乐之情,均可在诗中得到淋漓尽致的表达。诗人直面自身的现实生活,尽情地抒写着各种情感。自兹以降,由楚辞、汉乐府、魏晋六朝诗歌、唐诗、宋词、元曲、明清时调到现当代的新诗,无论是汉民族还是各少数民族,莫不继承着这一传统。在这里,人就是自己生活的主宰,也是诗歌创作的全部内容,情感投射的全部指向。只要是有人的地方,就有诗的歌唱;只要关乎人类的生活,就有相应的诗歌创作。诗是中国人的一种生存方式,也是中国文化的一种特殊表现形态,中华民族自古以来就是一个在"诗意中栖居"的民族。

　　中国人生活在这样一个诗的世界,自古就形成了对于诗歌艺术本质的独特理解。中国最早的诗与歌舞合为一体,在文字没有产生之前,诗歌以口传的形式存在,音乐显然是诗义表达的重要载体,因而中国人把诗归之于乐。受"天人合一"观念的影响,中国人认为诗歌起源是人的心灵受外物感动的结果,因此中国人最早的诗歌起源论就是心灵感动说,或者叫做感物说。《礼记·乐记》曰:"凡音之起,由人心生也。人心之动,物使之然也。感于物而动,故形于声。声相应,故生变;变成方,谓之音。比音而乐之,及干戚羽旄,谓之乐。"[1]中国诗歌从一开始就直面现实,是心灵的表达,因而中国人很早就提出了"诗言志"的理论,并将"和"作为最高的艺术理想。《尚书·舜典》:"帝曰:'夔! 命汝典乐,教胄子,直而温,宽而栗,刚而无虐,简而无傲。诗言志,歌永言,声依永,律和声。八音克谐,无相夺伦,神人以和。'夔曰:'於! 予击石拊石,百兽率舞。'"[2]

　　《尚书·舜典》中提出了中国诗学的开山纲领为"诗言志"。何谓"志"?《毛诗序》说:"在心为志,发言为诗。"如此说来,"志"包含了人的内心所想的一切。

---

　　[1]　郑玄注,孔颖达疏:《礼记正义》,《十三经注疏》,中华书局 1980 年版,第 1527 页。

　　[2]　孔颖达疏:《尚书正义》,同上引,第 117 页。按:现在学术界一般认为《舜典》不会是舜时的著作,而是后人根据传闻所做的追记。但即便如此,它的产生最晚也当在战国前期,仍然是中国早期重要的诗歌理论文献,是对此前中国人的诗乐观的总结,代表了中国人早期对诗乐本质的认识。

人的内心所想有多么丰富,诗的内容就会有多么丰富。人之所想不仅包括情感,还包括人在社会活动中所获取的所有经验与知识,因而中国早期的诗歌内容也包括这些方面。闻一多将"志"解释为三个意义:"一记忆,二记录,三怀抱"[①],并认为中国早期的诗歌有记忆和记录的功能,这不仅可以在汉语诗歌中找到例证,如《商颂·玄鸟》《诗经·大雅·生民》等诗中关于这两个民族起源的记忆和记录,也可以得到中国少数民族诗歌的证明,如《格萨尔王传》《江格尔》等那样的长篇史诗也是如此。但是在中国文化传统中,"志"这个词语的核心意义还是指人的意志、思想、感情,指的是人对客观社会的认识,亦即人的心灵。因此,几千年的中国诗歌,虽然不乏"记忆"和"记录"的内容,但是其核心却是以抒写"怀抱"为特征的抒情诗。在几千年的汉民族诗歌里,诗人们更多的时候是将"记忆"和"记录"融汇于"怀抱"之中,并形成了中国诗歌以抒情为主的特有风貌。一部中国诗歌史,不仅生动地再现了中华民族的心灵,寄托了中国人美好的生活理想,表现了中国人的智慧和艺术才能,而且还以艺术的方式记录了中华民族的历史,展现了中华文化的独特魅力。

农业社会培养了中国人"天人合一"的哲学观,进而培养了中国人的诗性思维。在中国人看来,人世间的一切都是按照天的自然法则而生成,人与自然界的统一和谐是最佳状态。在与大自然和谐相处的过程中,自然万物最易触动人的心灵,因而,人类对于宇宙万物的认识,均从观天法地入手,均由万物之象而悟出。《周易·系辞》曰:"圣人有以见天下之赜,而拟诸其形容,象其物宜,是故谓之象。"[②]这就是中国人的智慧特点和思维方式,通过形象来把握世界,由自然到社会到人生,再从人生到社会到自然。而中国诗歌则最为典型地体现了中国人的诗性思维特征。其"感物而动"的创作模式及其实践,验证了中国人"天人合一"的宇宙观与认识论;以"比兴"为基础而发展起来的写作手法与艺术境界的营造,体现了中国人以"人化自然"为特征的审美理想追求。因而,这使中国诗歌不仅仅是生活的记录,情感的抒发,还包含了中国人对于宇宙和人生的诗意的审美式把握,具有深刻的哲学内容。例如陶渊明本为晋宋时代的著名诗人,但后人却同时把他看成是一位思想家,认为他的诗歌体现了魏晋玄学的最高境界。在中国诗歌传统中,优秀的诗篇中总是充满了哲学的内涵,伟大的诗

---

① 见闻一多《歌与诗》,《闻一多全集》第 10 卷,湖北人民出版社 1993 年版,第 8 页。
② 韩康伯注,孔颖达正义:《周易正义》,《十三经注疏》,中华书局 1980 年版,第 79 页。

人总是兼具思想家与哲学家的气质。从这一角度来讲，中国诗歌的形式和内容超出了文学与艺术的范畴，它不仅是一部诗歌史，同时也包括了中国人对于自然社会和人生的认识与评价，是一部艺术化了的具有中国特色的哲学史。

二、中国诗的文化功能与诗人的社会责任

按今天的观点来看，"诗"属于文学的范畴，或者称之为"语言的艺术"，但是在古代社会，中国人始终没有把"诗"当作一种"纯粹"的艺术，而让它承担着多种文化功能。诗在中国古代社会里无处不在，它生存于社会生活的每一个角落。人们在何种场合需要诗，诗就出现在何处。中国古代很早就有采诗献诗之说。《国语·周语》："故天子听政，使公卿至于列士献诗。"《晋语六》："在列者献诗使勿兜，风听胪言于市，辨祅祥于谣。"①《左传》中则记载了大量的春秋时代诸侯国外交行人赋诗言志之事。《周礼·春官宗伯》："以乐德教国子，中、和、祗、庸、孝、友；以乐语教国子，兴、道、讽、诵、言、语。""教六诗：曰风、曰赋、曰比、曰兴、曰雅、曰颂。"②可见，作为中国古代第一部诗集《诗经》的采录与编辑，就具有多重的功利目的，可以用于宗教、典礼、教育、听政、讽谏、娱乐等各个方面。孔子曰："小子何莫学夫《诗》？《诗》可以兴，可以观，可以群，可以怨。迩之事父，远之事君，多识于鸟兽草木之名。"③这说明，孔子也并不把"诗三百"当成纯粹的艺术，同样强调它的各种实用功能。孔颖达曰："夫《诗》者，论功颂德之歌，止僻防邪之训，虽无为而自发，乃有益于生灵。六情静于中，百物荡于外，情缘物动，物感情迁。若政遇醇和，则欢娱被于朝野；时当惨黩，亦怨刺形于咏歌。作之者所以畅怀舒愤，闻之者足以塞违从正。发诸情性，谐于律吕，故曰'感天地，动鬼神，莫近于《诗》'。此乃《诗》之为用，其利大矣。"④《诗经》题材的多样化和丰富多彩的内容，就是其多重功能的最好证明。自兹以后，历朝历代的中国诗歌，莫不继承了这一传统，在社会生活中扮演多种角色。昭明太子编《文选》，将诗歌按题材分为"献诗""公宴""祖饯""咏史""百一""游仙""招隐""游览""咏怀""哀

---

① 徐元诰撰，王树民、沈长云点校：《国语集解》，中华书局2002年版，第11页、387—388页。
② 郑玄注，贾公彦疏：《周礼注疏》，《十三经注疏》，中华书局1980年版，第787、796页。
③ 何晏集解，邢昺疏：《论语注疏》，《十三经注疏》，中华书局1980年版，第2525页。
④ 孔颖达：《毛诗正义序》，同上引，第261页。

伤""赠答一""赠答二""赠答三""赠答四""行旅上""行旅下""军戎""郊庙""乐府上""乐府下""挽歌""杂歌""杂诗上""杂诗下""杂拟上""杂拟下"二十六卷，按今天的眼光看来，其分类标准颇显杂乱，其实却正好符合当时诗歌创作的状况。这其中，赠答、祖饯、公宴、献诗等占有相当大的比重，说明诗歌在当时文人士大夫阶层的社会交往中发挥着重要作用，承担着重要的交际功能。而《史记》《汉书》《后汉书》等历代史书中所记载的大量的民歌民谣多用于美刺时政，则说明在普通民众阶层，诗歌仍然扮演着社会批评的重要角色。唐代是中国诗歌最为繁荣的时代，诗歌已经成为唐人生活的一种方式，处处都有诗的存在。人们习惯于以诗歌语言来传达各自的思想和情感，除言志、抒怀之外，其他如闻讯、陈情、干谒、请托、公告等社会活动，都可以通过诗的形式完成，诗歌的社会功能更为广泛。宋代以降，这种情况继续发展，诗人还用它来进行美刺、说理、交际、应酬、消遣、娱乐乃至炫耀才学。迄至现代，学习和创作传统诗歌，依然是表现中国人文化修养水平的重要方式。中国诗歌的这一特点，在中国少数民族诗歌当中也有鲜明的表现，诗歌同样在审美、抒情、教育、传授、刺政、择偶、娱乐和交往等社会生活中发挥着重要作用。

中国诗歌以抒情为主又兼具多种功能，这构成了中国诗歌鲜明的民族特色。因为它是抒情的艺术，诗情生发于人的心中，"哀乐之心感，而歌咏之声发"（《汉书·艺文志》），所以它有强大的生命力，人人都可以成为诗人。因为它具有多种实用功能，和现实生活紧密相联，"饥者歌其食，劳者歌其事"（《春秋公羊传·宣公十五年》何休注），所以它有广泛的社会基础，它生活于现实世界的每一个角落，随时都可以听到诗的歌唱。因此，要认识中国诗歌，就要了解中国人的情感、生活、风俗、习惯，了解中国的历史与文化。在中国文化中，诗是艺术，是心灵的历史，也是生活的万花筒，社会的百科全书；它有艺术审美的价值，更有认识社会的价值；它有感召人心的力量，更有生活教育的力量。

在中国诗歌史上，诗人具有特殊重要的地位。这不仅因为诗人是诗歌的创作主体，而且还因为中国人有着崇高的诗歌理想追求。中国人将诗的发生视为心灵对外物的感动，承认每个人都有可以成为诗人的天性，但是这并不能保证所有的心灵感发都可以成为优美的诗章，所有的人都可以成为伟大的诗人。《礼记·乐记》曰："夫物之感人无穷，而人之好恶无节，则是物至而人化物也。人化物也者，灭天理而穷人欲者也。"[1]因此，一个人如果要创作出好的诗歌，就

---

[1] 郑玄注，孔颖达疏：《礼记正义》，《十三经注疏》，中华书局1980年版，第1529页。

一定要有正确的人生价值观念,有良好的人格修养,有高尚的道德追求。这对作为创作主体的诗人提出了极高的要求。"乐者乐也。君子乐得其道,小人乐得其欲。以道制欲,则乐而不乱;以欲忘道,则惑而不乐。""德者,性之端也;乐者,德之华也;金石丝竹,乐之器也。诗言其志也,歌咏其声也,舞动其容也。三者本于心,然后乐器从之。是故情深而文明,气盛而化神。"①诗歌艺术的极致,应该是人类美好德性的外在优美显现,只有如此才能称得上是"乐",才能给人以美的享受,这只有通过诗人不断地净化心灵,然后才能在他的创作中实现。中国古代诗人与外国诗人和现代诗人不同,还与中国古代社会的政治结构紧密相关。在中国古代,诗歌创作的主体是文人,而文人的人生理想则是辅助圣君达到天下大治的贤臣,因而中国的诗人总是自觉地担当着崇高的社会责任,具有圣人的情怀。刘勰《文心雕龙》讲为文之枢纽是"原道""征圣"与"宗经",这里"原道"讲的是对文学艺术本质的体认,"征圣"是向圣人学习,而"宗经"则是以圣人的文章为法。在这里,核心是"征圣"。一个人必须具有圣人的情怀,他才能真正的体道,才能够做到"文以载道",写出好的诗文。在中国历史上,道德上的圣人是尧舜,文化上的圣人是孔子,诗中的圣人是杜甫。杜甫之所以被后人尊为"诗圣",诗歌艺术技巧的高超固然是其重要的方面,但最根本的原因还是他具有一颗忧国忧民的胸怀,有民胞物与的精神,这是他所以创作出好诗的根本。他不仅为后世诗人树立了诗歌创作的榜样,还树立了做人的楷模。

所以,一部中国诗歌史,不仅是诗歌作品发展的历史,同时还是一部中国诗人成长的历史。中国人评价诗歌从来就离不开评价诗人,把诗人的思想境界与人格修养放在重要方面。司马迁在《史记·屈原贾生列传》中说:"屈平之作《离骚》,盖自怨生也。《国风》好色而不淫,《小雅》怨诽而不乱。若《离骚》者,可谓兼之矣。上称帝喾,下道齐桓,中述汤武,以刺世事。明道德之广崇,治乱之条贯,靡不毕见。其文约,其辞微,其志絜,其行廉,其称文小而其指极大,举类迩而见义远。其志絜,故其称物芳。其行廉,故死而不容自疏。濯淖汙泥之中,蝉蜕于浊秽,以浮游尘埃之外,不获世之滋垢,皭然泥而不滓者也。推此志也,虽与日月争光可也。"②在汉人看来,屈原的《离骚》之所以写的好,是因为它包含了那么丰富的历史、文化、思想内容,其艺术水平又是那么高超,与屈原崇高的社

---

①　郑玄注,孔颖达疏:《礼记正义》,《十三经注疏》,中华书局 1980 年版,第 1536 页。
②　司马迁:《史记》,中华书局 1959 年版,第 2482 页。

会理想与高尚的人格节操密不可分。正因为《离骚》是屈原用血泪凝结而成的生命之歌,因而才能达到"与日月争光"的高度。诗品即人品,诗如其人,这是中国人评价诗歌的一条重要原则。

　　作为以"言志"为传统的中国古代诗歌,自然也处处表现了诗人的生活情趣与文化理想,体现出他们的人生价值观念。例如《诗经》中形成的"风雅"传统,在《离骚》中所展现的香草美人形象与美政理想,在汉代骚体抒情诗中所表现的怀才不遇与生不逢时之感,在建安诗歌中所形成的慷慨悲凉风骨,在陶渊明诗歌中所寄托的隐逸之怀与田园情趣,在盛唐边塞诗中所抒写的建功立业之志,在李白诗中所张扬的个性气质,在杜甫诗歌中所展现的忧国忧民情怀,在苏东坡诗歌中所体现的儒道禅思想的融合与乐观旷达的人生态度,无不体现了他们的人生理想和生活价值观念。后世诗人们所提出的一系列创作主张,如江西诗派的以才学为诗,明代前后七子的倡导复古,公安派与性灵派推崇性灵诗学,同样寄托了他们的文化理想。至如清初遗民诗里所抒写的国亡家破之痛,黄遵宪、王国维、胡适、郭沫若、闻一多、徐志摩、戴望舒、艾青、穆旦等近现代著名诗人的诗歌名篇,更向我们展现了中国诗人博大的胸怀和崇高的社会责任感,展示了中国古典诗歌走向现代过程中所追求的自由、民主、平等、博爱的精神,表达了他们对诗歌这一文学样式的特殊体认。因此,不了解中国的诗人,我们便无法了解中国诗歌。一部中国诗歌史,实际上就是一部中国诗人的心灵史和思想史。

三、中国诗歌的形式之美与诗体的多样性

　　中国诗歌之所以在世界上具有独特的地位,还因为它有特殊的形式。它的主要载体为汉语言文字,它以象形为主,一字一音,一音一义,字有声调,句法灵活,读起来抑扬顿挫、节奏分明,本身就富有音乐的美。中国人先天就具有诗性思维,感物而动的创作方式让他们很容易将客观外物与主观情志融为一体,象形化的文字最适合表现生动的意象,构成诗意的图画。因而,中国古典诗歌最常用的诗体形态是以字数的多少为标志组成诗行,其中又以四言诗、五言诗、七言诗为主体,以押偶句尾韵为常例,可以自然地形成声音的对称与句式的对偶,从而构成汉语诗歌特殊的形式之美。中国语言文字先天地具有符合声律的要素,早在《诗经》的作品里就已经表现得非常明显:"参差荇菜,左右流之。窈窕

淑女,寤寐求之。"(《周南·关雎》)短短的四句诗,前两句与后两句形成对偶句式,而且非常严整。"参差"对"窈窕",都是形容词,前者双声,后者叠韵。"荇菜"对"淑女",都是名词,前者为植物,后者为人物。"左右"对"寤寐",前者指方位,后者指状态,在句中都用作状语,其中"左右"是一对反义词,"寤寐"也是一对反义词。"流"对"求",都是动词。再从节奏韵律来讲,整齐的四言句式,二二节奏,偶句同以"之"字结尾,倒数第二字"流""求"同押幽部韵,音韵流畅。中国诗歌的语言形式,在《诗经》时代竟然可以表现得如此完美,不能不令人称奇。从诗义来讲,以一左一右采择水中参差的荇菜,比喻诗人无论醒来还是睡觉无时不在思念深闺之淑女。按《毛传》所说,由淑女所采的荇菜乃祭祀所用之物,因而由荇菜生发对淑女思念的联想,既是感物而动的抒情方式,符合中国诗歌创作的文化传统,又符合当时的社会生活习俗,起承转合,一气连贯,自然而又贴切。一般认为,中国诗歌讲究声律要到南北朝齐梁时期,但那只是发现了汉语四声的平仄音律,而作为格律诗的其他要素,如文字的对偶、句尾的押韵和诗行的节奏,此前人们早已经有了很好的掌握。《诗经》中此类句式已经很多,如"昔我往矣,杨柳依依。今我来思,雨雪霏霏"(《小雅·采薇》);"就其深矣,方之舟之。就其浅矣,泳之游之"(《邶风·谷风》);"凤凰鸣矣,于彼高冈。梧桐生矣,于彼朝阳"(《大雅·卷阿》)。至汉代以后,讲究整齐的对偶句法和流畅的韵律,已经是诗歌创作的基本规则。"凯风吹长棘,夭夭枝叶倾。黄鸟相飞追,咬咬弄音声。""百川东到海,何时复西归?少壮不努力,老大徒伤悲。"在汉乐府流畅的韵律和连贯的诗意中,其实已经包含着语言的整齐与句式的对偶。从四言到五言再到七言,从骚体到杂言乐府再到词与曲,无论这其间发生了多少变化,但是其音韵流畅、字句对偶、押偶句尾韵、重视诗行节奏、讲究平仄等基本要素却始终不变,这也是中国古典诗歌形式的基本特征和它的魅力之所在。

中国诗歌富有节奏韵律之美,和音乐也有着密不可分的关系。在中国文化传统中,诗乐同源,中国诗歌从产生的那天起就是可以歌唱的,音乐是中国诗歌当中不可缺少的要素。"诗言志,歌永言,声依永,律和声","歌诗"是中国古代诗歌重要的表达方式。因为中国诗歌具有音乐美,所以不但可以歌唱,也可以"诵"与"吟"。《周礼·春官宗伯·大司乐》:"以乐语教国子,兴、道、讽、诵、言、语。"郑玄注:"以声节之曰诵。"《九章·渔父》:"屈原既放,游于江潭,行吟泽畔。"《盐铁论·相刺》:"故曾子倚山而吟,山鸟下翔;师旷鼓琴,百兽率舞。"①可

---

①　桓宽:《盐铁论》,《诸子集成》第 8 册,上海书店 1986 年版,第 23 页。

见,"诵""吟"也都是一种富有音乐节奏的表达方式。中国语言的四声与音乐的五音之间有相互对应的关系,古人早就有所认识。早在三国时期李登编著的《声类》和晋代吕静编著的《韵集》,就用宫商角徵羽来分类。唐代段安节的《琵琶录》、徐景安的《乐书》和宋人姜夔《大乐议》都有相关的论述①。正因为如此,中国诗歌的各类体式,在其发端之初大都与音乐歌唱有关,最后才成为脱离音乐的徒诗。四言诗在《诗经》时代都是乐歌,楚辞体最早的来源是楚歌,现存最早的五言诗都可以歌唱,文人五言诗本源于乐府,汉代典型的杂言诗是《鼓吹铙歌十八曲》,词与曲本来就是歌唱的艺术。只有七言诗在汉以前产生时与音乐的关系不甚明显,但是在诸多诗体中,又以七言诗的"二二三"节奏最为流畅,同样是人们充分把握了它的音乐节奏之后才走向成熟的。这说明,是音乐滋养了中国古典诗歌的各类体式,中国诗歌具有典型的音乐节奏之美。

　　中国诗歌的艺术形式之美,还来自其所营造的审美意象,这又源自古人对天人关系的根本认识。《周易·系辞下》:"古者包牺氏之王天下也,仰则观象于天,俯则观法于地,观鸟兽之文与地之宜,近取诸身,远取诸物,于是始作八卦,以通神明之德,以类万物之情。"②《周易》中的八卦最初本是古人用以记事的符号,具有文字的性质,它的来源正是取象于物。在古人看来,中国的文字也是通过取象于物的原则创造出来的。许慎《说文解字叙》开篇即引用了《周易》中的这段名言,继而言之:"仓颉之初作书,盖依类象形,故谓之文。其后形声相益,即谓之字。文者物象之本,字者言孳乳而浸多也。"③同样,中国人认为诗歌起源于人的心灵感动,而心灵的感动则正是由外物而引发,因此,主客一体,通过对宇宙万象的描写来传达诗人内在的心声,就成为中国诗歌创作最重要的方式,这就是后人从《诗经》中总结出来的"比兴"之法。可见,中国的文字与中国的诗歌,在取象于物这一点上是相同的。因而,通过外在的物象描写来表达诗人丰富的内心世界,再通过文字而构成意象,通过意象抵达至美的境界,从而传达出

---

　　① 中国最早的韵书是三国时期李登编著的《声类》和晋代吕静编著的《韵集》,这两书早已亡佚。《魏书·江式传》:"(吕)静别放故左校令李登《声类》之法,作《韵集》五卷,宫商角徵羽各为一篇。"又,据唐代封演《闻见记》所言,《声类》是"以五声命字,不立诸部"。段安节《琵琶录》:"太宗庙挑丝竹为胡部。用宫、商、角、徵、羽,并分平、上、去、入四声。其徵音,有其声无其调。"徐景安《乐书》:"上平声为宫,下平声为商,上声为祉(徵),去声为羽,入声为角。"姜夔《大乐议》:"七音元协四声,或有自然之理。今以平入配重浊,以上去配轻清奏之,多不谐协。"

　　② 韩康伯注,孔颖达正义:《周易正义》,《十三经注疏》,中华书局1980年版,第87页。

　　③ 许慎撰,段玉裁注:《说文解字注》,上海古籍出版社1981年版,第754页。

诗人复杂的思想情感,这就是中国诗歌美学的基本特征,也是中国古典诗歌大不同于外国诗歌之所在。刘勰《文心雕龙·物色》曰:"是以诗人感物,联类不穷。流连万象之际,沉吟视听之区。写气图貌,既随物以宛转;属采附声,亦与心而徘徊。故'灼灼'状桃花之鲜,'依依'尽杨柳之貌,'杲杲'为出日之容,'瀌瀌'拟雨雪之状,'喈喈'逐黄鸟之声,'喓喓'学草虫之韵。'皎日''嘒星',一言穷理;'参差''沃若',两字连形;并以少总多,情貌无遗矣。虽复思经千载,将何易夺?"[①]这段名言,今人多在分析《诗经》物象描写特色之时加以引用,其实完全可以适用于所有中国古代诗歌。它说明,"人化的自然"这一西方近代学者才开始认识到的哲学问题,中国人在几千年以前早就有了深刻的体认。

"人化自然"在诗歌艺术中的表现就是"自然人化"。它通过富有形象特征的汉字表现出来,形成了中国诗歌特有的形象与意蕴,并且在创作实践中不断发展,由《诗经》的"比兴",到楚辞的"香草美人",再到刘勰的"物色"论,由《周易》中的"设卦观象",到庄子的"得意忘言",再到魏晋六朝的"言意之辨",这两股潮流的汇合,到唐代以后逐渐形成了从诗人的主观感悟出发,体味诗歌中"意"与"境"统一之美的系统诗歌理论;从王昌龄的"三境说"("物境""情境""意境"),皎然的"取境论",严羽的"妙悟论",到明代中晚期的"性灵观",王渔洋的"神韵说",再到王国维的"境界论",诗人们不断地深化对中国诗歌艺术美学的体验,多层面地揭示了中国诗歌艺术的独特之美。它是创作论、批评论和鉴赏论的统一,也标志着中国诗歌理论从早期以"言志""载道"为主的功利观向后期以"意境""韵味""性灵"为主的审美观的转化。这就是中国诗歌独特的艺术美学,对世界诗歌艺术所作出的杰出贡献。它源自于中国人"天人合一"的宇宙观与"人化自然"的艺术论,它所追求的不仅仅是一种以感悟宇宙、净化心灵为特征的美学风范,而且是一种富有诗情画意的人类生活方式,是从更高的层面展现着中华民族的文化特征,实现其自古以来一直追寻的"诗意的栖居"的社会理想。

中国诗歌在这一审美理想的追求过程中,形成了诸多的诗体,并通过诗体的兴衰交替和交叉互用来展示中国诗歌发展的历史。大体来讲,在汉语诗歌系统中,主要有四言诗、五言诗、七言诗、乐府诗、楚辞体诗、词、曲,等等。这些不同的诗歌体式,其产生有时间的前后,由《诗经》时代的以四言为主到楚辞体的

---

① 　王利器校笺:《文心雕龙校证》,上海古籍出版社 1980 年版,第 278 页。

产生,是先秦诗歌的主要诗体。五言诗、七言诗和乐府诗,则是从汉到唐的主要诗歌体式。词发端于唐而兴盛于宋,曲发端于唐宋而兴盛于元。至此,中国古典诗歌的体式基本完备。这说明,每一种诗体的产生,都有特殊的时代背景和历史文化原因,也与那一时代的语言现状息息相关。这使得每一种诗体都有相对固定的诗体形态,也形成了不同的美学风貌。正是这种新诗体的不断生成,标志着中国诗歌的历史不断进入新的时代。因而,对诗歌体式与体貌的探讨,包括对用词、格律、章法、意象、风格、流派等等的研究与关注,就成为中国诗歌史上的一个重要现象,辩体甚至成为明清诗歌史上展开争论的重要命题。许学夷在《诗源辩体自序》开篇即曰:"仲尼曰:'中庸其至矣乎?民鲜能久矣。'后进言诗,上述齐梁,下称晚季,于道为不及。昌谷诸子,首推《郊祀》,次举《铙歌》,于道为过近。袁氏、钟氏出,欲背古师心,诡诞相尚,于道为难。予辩体之作也,实有所惩云。尝谓诗有源流,体有正变。于篇首既论其要矣,就过不及而揆之,斯得其中。"①所以,察诗体之兴衰,就成为把握中国诗歌发展脉络的一个重要方式。值得注意的是,中国历史上每一种新诗体的产生,并不意味着以往诗体的消失,而意味着诗歌体式的不断丰富。这构成了中国诗歌体式独特的运行方式——在继承中改造,在复古中创新;时而互相影响,时而门派分明。各种诗体共存于某一时代,不仅显现其诗歌创作的丰富多彩,往往在其文学思想的表达与社会功能的承担方面也各有侧重。大体来讲,前代的诗体渐趋古雅,近起的诗体趋于新俗。如汉代的四言诗更多地用于宗庙祭祀与颂美讽谏,明显地继承了《诗经》的雅颂传统;楚辞体诗更多地抒写诗人的个体情怀,与屈原的《离骚》在精神上一脉相承;乐府诗多用于杂言与五言,承担着更多的审美娱乐功能;文人五言诗出于乐府,所表达的多是文人们的世俗情怀;而七言诗在汉代虽已大量出现,可是它们主要应用于字书和镜铭当中,表现了鲜明的实用文体特征。魏晋以后,五言诗由新俗之体逐步趋向高雅,成为文人抒情诗的主要形式,七言诗也完成了从应用性文体向抒情诗体的转化。而乐府诗则由清商乐发展到吴声西曲,继续承担着更多的世俗娱乐功能。唐代以后,五七言诗走向律化,乐府古题也成为古雅的形式,它们共同承担了以"言志"为主的中国抒情诗传统,而词这一新兴的文体形式则承担了原本由乐府所承担的世俗娱乐功能。"诗庄词媚"之说虽然不尽准确,但是它大体上可以概括自唐到宋这一历史阶段中两种

---

① 许学夷《诗源辩体》,1922 年海上裒庐影印本。

诗体约定俗成的功能划分与艺术审美取向。宋代以后,词这一文体逐渐雅化并向诗体靠拢,于是又有曲这一诗体的兴盛。明代以后,中国古代社会不再有新的诗体产生,诗人们只好在旧文体中进行新的探索,辩体显得尤其重要,复古主义与性灵诗学所以成为明清两代主要的诗歌发展流派。这两大流派在近代社会变革中相互碰撞,于是有了白话新诗的产生。新诗在近百年来承担了历史变革所赋予它的文化责任,但是在诗体形式上却有待于向古典诗歌学习以使之逐步完善。这就是中国诗史上持续不断的诗体运动,它的表象是诗体的兴衰交替,实质上则是中国古代诗歌内容的与世迁移和社会审美风尚的随时而变。正是在这种变化中,强化了中国诗歌独特的艺术形式之美,也完善了中国古典诗歌的形式美学理论。所以,一部中国诗歌史,也可以看成是中国诗歌形式不断丰富和不断发展完善的历史。

四、中华文化的多元一体与诗歌的多民族特点

中国诗歌在世界诗歌史上之所以独具特色,与其多民族的特点是紧密相关的。在这片广袤的东亚大地上,很早就形成了以汉民族为主体的中华大家庭。形成了以汉语为主体、以其他少数民族语言相辅助的诗歌史写作传统。从时间上讲,它上下纵贯数千年;从空间上讲,它包括现有的 56 个民族;从诗歌所用语言来讲,从古到今共使用了 70 多种语言,400 多种方言。这在世界各国文学中是少有的。

其实,一部以汉语言为主要载体的诗歌通史,也不仅仅是单纯的汉民族的诗歌史。准确地说,汉字从古以来就不仅仅属于汉族,而是属于中华民族这个大家庭的。中华民族本来就是多民族的融合体。近代以来的考古发掘已经证明,早在公元前 5 000 年左右,在中华大地上就同时存在着仰韶文化、红山文化、河姆渡文化等多种文化类型,它们同是中华文明的起源。传说中的炎黄二帝,原本是以凤与龙为图腾的两大部落,殷商与姬周则是两个不同的民族。春秋时代的华夏大地上,所谓的南蛮、北狄、西戎、东夷,与中原各国杂居相处,因此我们可以说,先秦本来就是汉民族文化多元共生的时期。秦汉帝国大一统之后,在其版图之内的先秦时代的各民族逐渐融而为一,在汉王朝内形成了一个新的多源融合的民族,这才有了"汉人"和"汉族"的称谓。魏晋南北朝时期,晋人南

渡,与南越之人相互融合,北方则有"五胡十六国"的朝代更迭,中国历史又经历了一个将近四百年的多民族融合时期。至隋唐复归于一统之后,南北朝时期的各少数民族再一次融合于汉民族之内,汉民族的多元性特征更为明显。北宋与西夏、辽并立,南宋先后与金、元南北对立。忽必烈建都北京,清朝时满族入主中原,这又是多民族融合的两个重要时期。因此,一部以汉语记载下来的中华民族的历史,本来就是一部多民族融合的历史。在这种语境下所产生的中国诗歌,本来就包含着历史上各民族人民的共同创作。《越人歌》《敕勒歌》《木兰辞》等,都是当时"少数民族"的杰作,大诗人屈原的创作深受荆蛮民族的影响,陶渊明的出身或为溪族,刘禹锡为匈奴人后裔,元稹为鲜卑人后裔,《全金诗》《全元诗》《全金元词》所收的作品,大量的都出于金人、蒙古人之手,清代满族人所创作的汉语诗词更是无计其数。此外,历史上还有许多少数民族也用汉语进行诗歌创作。因此,准确地说,即便是我们仅以传统的汉语诗歌为主而撰写的诗歌史,同样不是汉族诗歌史,而是包含多民族诗歌创作的中国诗歌史。

这种多民族的融合不仅极大地丰富了汉语诗歌的内容,也丰富了汉语诗歌的形式,汉语诗歌的众多诗体,也是在多民族融合的过程中逐步形成的。中国最早成熟的诗歌形式为四言诗,其本身应为上古民族文化融合的产物。在此基础上产生的楚辞体诗,同时吸收了当时南方民族诗歌的语言特点。秦始皇时代班壹避难于楼烦,受其影响而作鼓吹之乐,汉博望侯张骞入西域,带回《摩诃兜勒》一曲,李延年以之创作"新声二十八解",受其影响而产生的汉《鼓吹铙歌》十八曲全为杂言,与以齐言为主的诗骚体大不相同,可见中国的杂言体诗歌是受多民族文化影响的产物。佛经翻译丰富了人们的音韵学知识,从而方便了诗人对新体诗律的表述①。词体的产生与散曲的创作,也分别从不同程度受西域及北方诸少数民族诗歌语言的影响。当代中国新诗体的产生,更是深受西方诗歌汉译的影响。多民族文化对汉语诗歌的影响之大,仅从诗歌体式的变迁就可以清楚地看到。

在中华民族形成的过程中,虽然以汉语汉字为基础的中原文化在国家与民族的统一过程中发挥过巨大的作用,历史上有众多少数民族融入汉族大家庭,并逐渐采用了汉语言文字。但是,仍然有众多的少数民族保持着自己的语言文

---

① 按汉语四声的发现,主要应与中国诗歌的传唱特点有关,吴相洲教授对此曾有专论。此外,南北朝佛经诵读时对四声特别关注,对汉语四声的认识及格律诗的产生,自然也会发生一定的影响。

字,也创作和流传下来大量的诗歌作品,它们与汉语诗歌交相辉映,共同构成中国诗歌发展的壮美华章。这些少数民族的诗歌,虽然因为其民族成长的时间有早晚不同,其文明程度的发展历程不同,因而显示出与汉语诗歌的差异,因而很难将这些诗歌按照汉语诗歌史的线索整合在一起。但是它们同处于中华民族的历史地理版图,它们之间仍然存在着多种关联。根据中华民族文化版图的实际情况,我们可以把中国各少数民族按其所居住的地域分为中原旱地文化圈、北方森林草原狩猎游牧文化圈、西南高原农牧文化圈和江南稻作文化圈四大版块。生活在四大板块中的各少数民族,在所使用的语言和诗歌形式方面往往有更多的共同性,通过历时性的考察,我们不但可以发现这些少数民族的诗歌发展历程,并对其做出大致的描述,而且,可以更好地认识各文化圈之间的政治一体、经济互补、文化互动和血缘互渗的关系,进而更全面地认识中华民族诗歌创作中多元一体的文化格局。

各少数民族诗歌不仅使用着诸多不同的语言,其诗歌形式同样丰富多彩。居住在西北地区的少数民族,很早就产生了《自然风光歌》《节日歌》和《狩猎歌》等作品,并被记录于《突厥语大词典》中。产生于西南少数民族中的《盖房歌》描绘了早期彝族先民从巢居、穴居到屋居的过程,纳西族的《犁牛歌》语言极其简朴,仅由呼喝耕牛的声音构成,具有原始诗歌的鲜明特色。在云南一些少数民族中流传着丰富的祭祀歌,如《祭火神》《祭锅庄》《祭龙歌》《敬竹词》《祭树神》等。壮侗诸民族还有一种神话短歌,用简短朴实的歌词概括一个神话的主要内容,这种短歌可能是创世史诗的肇端,如侗族的《棉婆孵蛋》。康熙六十年(1721年)黄叔璥任巡视台湾御史,组织人员到台湾西部各地村社采录歌曲,运用汉文字拟音加以纪录,并转译成汉文内容,记载了当时台湾熟悉的 34 首歌曲,共分为六类,有颂祀歌、耕猎歌、纳饷歌、会饮歌、祝年歌、抒情歌,体式多样,成为研究台湾古代诗歌的宝贵材料①。各民族长篇诗歌的体类同样丰富,包括创世史诗、英雄史诗、叙事长诗、抒情长诗、伦理道德长诗、宗教经诗、信体长诗、历史长诗、文论长诗和套歌等十大类别。这些长诗,一个民族有几百部、上千部的不在少数。其中包括以汉族题材创作的大量民族民间长诗,弥补了中原地区汉语诗歌缺少民间长诗的遗憾。各少数民族诗歌由于语言不同,语系不同,作为诗体构成的音律特点也不相同,仅以少数民族诗歌所用韵律来讲,就

---

① 黄叔璥三十四首番曲收录于《台海使槎录》(台湾文献丛刊第 4 种)之《番俗六考》诸篇之中。

明显不同于汉族诗歌以押偶句尾韵为主的特点,如苗族与瑶族诗歌押调韵,有的民族诗歌押头韵,以阿尔泰语系民族如维吾尔族、蒙古族最多,还有的民族诗歌运用尾顿韵、局部反复韵、调韵、头脚韵、局部韵、复合韵,等等。这些,极大的丰富了中华民族诗歌宝库,同时它也以艺术的形式,揭示了中华民族多元统一的文化特征。

五、中国诗歌与生生不息的民族精神

中国是世界四大文明古国之一,数千年来,中华民族的历史发生过无数次的朝代变迁,经受过多次的文化浩劫,但最终还是以其强大的生命力延续下来,文明不但没有中断,而且一步一步地向着更高的文明国度迈进,这在世界文明史上是独一无二的。诗歌作为中华民族最早发展起来的文学艺术形式,承载着连绵不断的中华文明,也充分体现了中华民族自强不息的民族精神。"文变染乎世情,兴废寄乎时序"。它用艺术的方式,记录了历史的变迁,表达了人民的意愿,抒写了民族的心灵,寄托了人民的理想。

在这一历史发展过程中,有三次重大的历史文化变迁最值得重视,第一次是殷周之际的革命,第二次是秦汉封建帝国制度的建立,第三次是辛亥革命推翻了清王朝。王国维说"中国制度与文化之变革,莫巨于殷周之际",它不仅是一家一姓之兴衰,而是"旧制度废而新制度兴,旧文化废而新文化兴"①。从中华文明史的角度来讲,周代是中华文明成熟之始,它将上古政治制度推向完善,建立了以家族血缘为核心的宗法制国家,制定了礼乐规范,从西周建国到战国时代周王朝的最终消亡,延续了将近八百年的历史。它将中国社会从上古时代所积累起来的文化进行了全面的总结,以《诗》《书》《易》《礼》《乐》《春秋》为代表的"六经"完成于此时,以孔孟老庄为代表的诸子百家学说诞生于此时。放眼于世界文明,这是一段被后人称之为"人类轴心"的历史时期,它是中华民族思想文化和文明的渊薮,其福泽广被于后世。同时,这一时期既是中国诗歌的发端期,也是中国诗歌传统的奠基期。代表这一时期诗歌艺术成就的首先是《诗经》,它是中国现存的第一部诗集,它以四言为主,杂有一言、二言、五言等诗句,无论从

---

① 王国维:《殷周制度论》,《观堂集林》,中华书局 1959 年版,第 451、453 页。

诗体的规范、句法的严整、还是从内容的丰富和写作手法的高超等方面来看,都已经达到了极高的水平。它是中国上古诗歌的总结与升华,代表了上古诗歌的最高成就,是中华民族诗歌从原始走向成熟的标志,也是中国后世诗歌的源头活水。从《诗经》时代经过近三百年的发展而有屈原的出现,以《九歌》与《离骚》为代表的楚辞体是先秦诗歌的又一高峰,也标志着文人士大夫作为中国诗歌创作主体地位的突显。刘勰《文心雕龙·辨骚》曰:"自《风》、《雅》寝声,莫或抽绪,奇文郁起,其《离骚》哉!固已轩翥诗人之后,奋飞辞家之前,岂去圣之未远,而楚人之多才乎!"①四言体与楚辞体之并立,共同成为中国诗歌流传最为久远的艺术形式。《诗经》与楚辞在中国诗歌史上的地位和对中国后世诗歌的影响,还在于沉积于其中的上古文化内容和传承于后世的艺术精神。它们共同继承了绵长久远的上古文化,开启了中国诗歌以"言志"为核心的抒情诗传统。它们立足于丰富多彩的上古社会的世俗生活,因而才会有《国风》与《九歌》那样风姿绰约的作品。它们共同产生于世袭的贵族社会,体现了鲜明的贵族文化精神,《诗经》中的《雅》、《颂》与楚辞中的《离骚》因此而伟大。它们在艺术表现手法上前后继承,由《诗经》中的比兴传统到楚辞中的香草美人,共同强化了感物而动的中国人的诗性思维方式和艺术创作方法。这些都成为上古社会诗歌留给后世的一笔巨大的精神财富。

中国社会第二次重大的政治变革是秦汉帝国政治制度的建立。它经过战国时代二百多年的社会激荡而形成,其核心是建立了一个从中央到地方的官僚政治制度,这一制度曾经是世界上先进的政治制度,经过历朝历代的不断改革与完善,自秦皇、汉武、唐宗、宋祖、成吉思汗直到明清,延续了两千多年。但是这一制度也有先天的缺陷,由于缺少对绝对皇权和各级官僚特权的制衡而呈现周期性的波动,从而造成一次次的历史浩劫与重建,这就是带有先天宿命式的朝代轮回,给中国人民带来无尽的灾难。但中华民族之所以历两千年而不衰,进而凝结成一个疆域越来越广,民族越来越多的文化共同体,是因为绵长久远的中华文化给了它强有力的支持。而中国诗歌正是这一伟大文化的重要组成部分,它上承诗骚之精神,将关心民生疾苦、批判黑暗政治、追求社会和谐、抒写美好人生当作诗歌创作的主导方向,从而成为这个社会的良知,超越现实的希望,成为凝聚中华民族的重要精神力量。从诗歌体式来讲,它由上古时代的诗

---

① 　王利器校笺:《文心雕龙校证》,上海古籍出版社1980年版,第27页。

骚体变而为以五七言古体与近体格律诗为主;从创作者来讲,以文人士大夫为主体的诗人成为这一时期诗歌创作的主要力量,产生了诸如陶渊明、李白、杜甫、苏轼等中华民族史上一大批杰出的诗人。在每一次朝代的轮回之中,诗歌都显示出强大的力量,特别是人民受苦国难当头的朝代变更之际,往往成为中国诗歌创作的繁荣时期。汉唐建安、安史之乱及明清易代之际在中国诗歌史上各自留下了辉煌的一页。中国古典诗歌传统,在这两千年内汇集而成为一条奔腾不息的大河,无论在形式和内容上都达到了古典诗歌美的极致。每个时代都产生许多不同的诗歌流派,都有新的诗歌审美典范形成,都展现出不同的时代特色。同时,中国的古典诗歌理论也在这一时期发展成熟,同样是流派纷呈,各臻其致。值得注意的是,这一历史时期也是各少数民族诗歌更多地融入汉民族诗歌的时期,南北朝时期的北朝各民族朝代,辽、金、元和清王朝分别是这一时期各民族诗歌融合的高潮。与此同时,各少数民族用本民族语言进行诗歌创作,在这一时期也得到了前所未有的大发展,中华民族诗歌语言的多样化与诗歌体式的多样化特征得到进一步的显现。这是中国诗歌发展史上的主要时段,也是我们的诗歌通史描述的主要部分,是所有欣赏、认识和研究中国诗歌史的主体部分。

以辛亥革命为标志的 20 世纪初期,是中国历史发展中第三个重大的变革时期,它结束了中国两千年的封建帝国统治,代之而起的是具有现代意义的新的中国。"周虽旧邦,其命维新",这一翻天覆地的历史变革,也许比前两次历史变革的意义更为深远,因为从这时开始,中华民族不再是一个东亚大陆上的独立文明形态,它已经逐步融合于世界文化之中。虽然在两千年的封建帝国时期,我们也曾受过来自印度佛教文化的影响,自汉代而开通的丝绸之路,也曾将西方的文明种子带到中国,但总的来说影响不大,不足以改变中国文化独立自足的特点,而以辛亥革命为标志的中国近代变革,却是在西方文化的影响下发生的,古今文化的矛盾交汇与斗争之激烈,远超历史上任何一个时期。从诗歌史的角度来讲,它表现出几个鲜明的特征:第一是随着封建官僚社会的灭亡,与之相伴而生的文人士大夫阶层同时解体,中国诗歌创作主体发生了巨变,取而代之的是一个新的知识分子群体。第二是随着白话文的兴盛,数千年以来形成的古典诗歌体式在诗坛上不再占有主流地位,代之而兴的是用现代语言所写的白话体新诗。第三是随着中西方文化的交流,中国诗歌长期以来在封闭的文化环境里形成的诗歌美学传统衰落,西方化与现代化为中国诗坛建立新的审美风范提供了更为丰富的资源。这一阶段的中国诗歌,基本上是一个围绕着上述三点,从"诗体"与"诗质"两个方面进行变革与重建的过程。在这一过程中,中国现代诗歌并没有与传统完全割裂,近百年来中国社会的巨大变革,促使当代诗人仍然继承了中国古代士大夫文人关注社会的品质,他们的创作同样继承了古典诗歌中的"言志"与"载道"的优秀传统,从辛亥革命、五四运动、抗日战争到上个世纪 50 年代以后发生的一系列政治运动和"新时期"以来的改革开放,他们无不是积极的参与者。与此同时,强化汉语言诗歌节奏韵律鲜明的民族特征,充分利用汉语言文字的形象化特点,营造含蓄蕴藉的诗体意象,仍然是现当代诗人所努力追求的方向,并由此而产生了一些新的典范。值得注意的是,在中国诗歌现代化的进程中,随着科学技术的进步和传播媒介的发达,诗与乐的结合再次成为中国诗歌发展的一个重要方向,一些优秀的诗歌作品随着歌声的飘扬得到更为广泛的传播,在社会中发挥着越来越大的作用,歌词由此而成为当代诗歌中新的一体,正在越来越受到人们的重视。另一方面,古典诗歌形式在近百年来并未断绝,仍然不乏一些优秀的诗人和优秀的作品,近二十多年来甚至更有复兴的迹象。这一方面说明传统力量的强大,旧的诗体在承担现代使命方面仍然可以发挥作用;另一方面也说明,一种新的诗歌典范的形成,必须要从旧有的形式中吸取营养。对中国诗歌发展的这一新的历史阶段,我们充满了无限的期待。

《周易·系辞上》曰:"日新之谓盛德,生生之谓易。"《正义》曰:"圣人以能变通体化,合变其德,日日增新,是德之盛极,故谓之盛德也。""生生,不绝之辞。阴阳变转,后生次于前生,是万物恒生,谓之易也。"[1]"生生不息"并不是简单的重复,而是不断地有新的变化。数千年的中国诗歌之所以长盛不衰,正体现着中华文化这种生生不息的精神。它代代传承,不断更新,正所谓"文律运周,日新其业。变则其久,通则不乏"(《文心雕龙·通变》)。但是在这种生生不息的变化当中,又有一种不变的东西在内,那就是中国诗歌直面现实,抒写心志,追求和谐之美的基本精神。中国诗歌将笔触直接深入到现实生活,它所描写的是人人生活中所经历的往事,因而带有天然的亲切感。中国诗歌所抒写的是普通人的心声,因而能与当代读者的心灵发生强烈的共鸣。中国诗歌所追求的理想是和谐之美,包括人与人之间的和谐,人与自然之间的和谐。时代虽然可以变

---

① 　韩康伯注,孔颖达正义:《周易正义》,《十三经注疏》,中华书局 1980 年版,第 78 页。

化,但是追求和谐乃是古今共同的理想。因而,这使中国诗歌具有穿越时空的力量,在当代社会仍然具有极大的社会认识价值、思想教育价值和艺术审美价值,是指导当代生活的高尚元素。曹操对战乱所造成的"白骨露于野,千里无鸡鸣"的社会惨状的描写,时时刻刻向贪婪而野蛮的人类暴行发出警示;杜甫"朱门酒肉臭,路有冻死骨"的诗句,形象地揭示了社会分配的不公与封建官僚制度的腐朽,时时向我们展示着诗人"民胞物与"精神之伟大。而在现代工业社会所造成的人伦关系与天人关系的不断破坏的情况之下,以和谐为美的中国诗歌传统在当代社会益发具有纠偏补弊的价值,意境优美的中国古典诗歌,每一首都在向我们展现着"诗意栖居"的境界。"江南可采莲,莲叶何田田,鱼戏莲叶间。鱼戏莲叶东,鱼戏莲叶西,鱼戏莲叶南,鱼叶莲叶北。"这岂不就是当代人梦寐以求、心驰神往的自由之境,遍寻世界而不得的心灵家园?"莫笑农家腊酒浑,丰年留客足鸡豚。山重水复疑无路,柳暗花明又一村。箫鼓追随春社近,衣冠简朴古风存。从今若许闲乘月,拄杖无时夜叩门。"这不就是今人所向往的丰衣足食、民风淳朴的和谐社会美景?屈原"好修为常"的高洁人格,陶渊明"心远地自偏"的心灵宁静,李太白"安能摧眉折腰事权贵"的独立个性,苏东坡"休将白发唱黄鸡"的达观,无一不是当代人所难以企及的人生境界。中国诗歌所抒写的这一切,代表了人类社会对美好生活理想的追求,具有永恒的价值。

六、中国诗歌史研究的历史回顾与我们的诗歌史观

中国古代很早就有诗歌史意识。相传中国古代第一部诗歌总集《诗经》为孔子删定而成,至汉代《毛诗序》已开始从历史的角度对它进行评价,由此而开创了"风雅正变"的诗歌史理论模式。郑玄的《诗谱序》结合西周历代帝王的政治变迁论《诗经》作品的创作兴衰,将这一理论进一步发展。班固在《汉书·艺文志·诗赋略》中对屈原到汉人的"赋"体创作以及汉武帝立乐府采歌谣的论述,也可以看成是对这段诗歌发展史的简单总结。此后,沈约《宋书·谢灵运传论》、刘勰《文心雕龙·时序》、钟嵘《诗品序》,都可以看作是诗歌史的简述。明人许学夷《诗源辩体》分周汉、六朝、唐、宋、元论述历代诗歌发展及作家作品,俨然是一部简明的中国诗歌史著作。

当然,具有现代意义的中国诗歌史著作的撰写,从20世纪才真正开始。它

带着当代人的历史意识和审美观念,对几千年的中国诗歌进行新的述评。不过,这时候对于中国诗歌史的叙述,大多包容在文学史类著作当中。1927 年出版的陈钟凡的《中国韵文通论》,包括诗、词、曲、赋各类,上自《诗经》,下至金元以来散曲,应是中国现代第一部诗歌史类著作,可惜此书所论诗歌,未能涉及宋代以后的文人诗歌,是其缺憾。①第一部以"诗史"命名的著作,是李维 1928 年出版的《诗史》,该书虽然只有 11 万字,却从诗的起源写到清末②。较有影响的则是 1931 年陆侃如、冯沅君合著的《中国诗史》,此书从《诗经》楚辞写起,包括乐府、词,至元明清散曲而结束,遗憾的是与陈钟凡的著作一样没能论述宋代以后的文人诗歌,实际上并不完整。③此外,这一时期还产生了诸如王易的《中国词曲史》、刘毓盘的《词史》、罗根泽的《乐府文学史》、萧涤非的《汉魏六朝乐府文学史》、朱谦之的《中国音乐文学史》、梁启超的《中国之美文及其历史》等分体的诗歌史著作,各有特点。但总的来说,相比较于这一时期甚为丰富的包容各种文体的文学史著作,有关中国诗歌史的论著还是偏少。④1949 年以后,特别是 1979年以后,中国文学史的编写进入一个新的高潮,出版了多部有影响的《中国文学史》,但是在中国诗歌史的写作方面,仍然以断代诗歌史为主,具有通史性质的较有影响的著作,仅有张松如主编《中国诗歌史论丛书》。⑤此书虽然侧重于对中国诗歌进行史的描述,但是有较强的以论代史倾向。如今,有关中国各体文学史的研究撰写取得了较大进展,在戏曲、小说、散文方面都已经有了一部甚至几部通史性的著作,唯独没有一部系统的大型的中国诗歌通史。这与我们这个诗的国度是极不相称的。

---

① 陈钟凡:《中国韵文通论》,上海中华书局印行,1927 年 2 月出版。与之相类的还有龙榆生的《中国韵文史》,篇幅虽然不长,却包括了从先秦到元明清的诗与词曲,较为全面,商务印书馆印行,1934 年 8月出版,时间略晚。

② 李维:《诗史》,北京石棱精舍发行,1928 年 10 月初版。

③ 陆侃如、冯沅君《中国诗史》,1931 年 1 月出版上册,7 月出版中册,12 月出版下册,由大江书铺印行。1956 年作家出版社重版,有较大删节。百花文艺出版社 1999 年有重印本,但是未标明版本出处。

④ 王易:《中国词曲史》原为 1926 年作者在心远大学任教时所编教材,初版时间不详,1932 年 5 月神州国光社发行再版本。1944 年 12 月,上海中国联合出版公司用原纸型,以 32 开本重印发行。以后有多种版本。刘毓盘:《词史》,1931 年 2 月,上海群众图书公司发行,此后有多种版本。罗根泽:《乐府文学史》,北平文化学社印行,1931 年 1 月出版。萧涤非:《汉魏六朝乐府文学史》,1933 年清华研究院毕业论文,1944 年 10 月,重庆中国文化服务社印行,人民文学出版社 1984 年有新排版。朱谦之:《中国音乐文学史》,商务印书馆 1935 年出版。梁启超:《中国之美文及其历史》,中华书局印行,1936 年 3 月出版。

⑤ 张松如主编的《中国诗歌史论丛书》,吉林教育出版社,1995 年出版。丛书共分为《先秦诗歌史论》《汉代诗歌史论》《魏晋南北朝诗歌史论》《隋唐五代诗歌史论》《宋代诗歌史论》《辽金元诗歌史论》《明清诗歌史论》《中国近代诗歌史论》《中国现代诗歌史论》9 部,总字数在 300 万字左右。

　　大型的中国诗歌通史之所以至今没有出现,根本的原因是研究对象难以全面系统地把握。受近代西方文化的影响,近百年的中国文学史研究也形成了一些固定的思维模式,其中重要的一点就是寻找"文学史发展规律"。其实,在文学发展的历史上,并不存如自然科学那样可以无数次重复和验证的"规律"。各时代、各民族和每一位诗人的每一首诗歌,都呈现出不同的形态。后代的诗人向前代学习,也只是学习他们的经验与技巧,其目的是创作出属于自己的作品。从这一角度来讲,我们认为诗歌史的目的并不是为了总结规律,而是描述过程,寻找经验。历史悠久、内容丰富、体式众多的中国诗歌,是世界文学史上一个巨大的艺术宝库,如何开掘这一宝库,引导当下中国乃至世界的诗人和诗歌爱好者前来采宝鉴宝,从而积累诗歌创作与批评的宝贵经验,创作出更多更好的诗歌,这才是诗歌史的任务,也是时代赋予我们的历史使命。由此,在学习和总结以往文学史著作的基础上,我们逐渐形成了较为明确的诗歌史观,也找到了一个观照和描述中国诗歌史的基本方式,其核心在于一个"通"字。

　　"通"的第一要义是指打通古代诗歌与现代诗歌的断限,打通汉民族诗歌与少数民族诗歌的分界。回顾以往的诗歌史,打通古今之作甚少,更没有将汉民族诗歌与少数民族诗歌放在一起的史著。显然,这不符合中华民族多元一体的文化格局,也不能反映中华民族数千年而不绝的文化传承。对于今天的国人来讲,没有比认识到这两点更为重要的历史意识了。中华民族由五十六个民族构成,汉民族本身就是一个多民族融合的复合体。正是这种多元一体的文化格局,才成就了中华民族的伟大,成就了中国诗歌的丰富多彩。而中国诗歌从古代走向现代,乃是一个不曾间断的历史过程,不了解中国古代诗歌的发展,就不知道中国现当代诗歌何以发生。同样,不了解中国现代诗歌的情况,就不能正确认识中国古代诗歌的现代意义。因而,多元一体,打通古今,也就是我们这套《中国诗歌通史》撰写的第一要义。它由此而确定了我们这套通史的基本格局,纵向上以史为线索,横向上兼顾各少数民族,共分为先秦卷、两汉卷、魏晋南北朝隋代卷、唐五代卷、宋代卷、辽金元卷、明代卷、清代卷、现代卷、当代卷和少数民族卷十一卷。前十卷以汉民族诗歌为论述的主体,同时描述各历史时期民族文化融合的过程,从而说明汉民族诗歌本身就是多元一体文化格局的产物。后一卷专论具有鲜明特色的各少数民族诗歌,同时从史的线索描述其发展的过程,说明它们各自在中华民族诗歌板块中的地位以及其与汉民族诗歌之间互相影响的关系,从而使其成为名副其实的包括中华大家庭五十六个民族在内的连通古今的"诗歌通史"。

　　打通古今开拓了我们的诗歌史视野,使我们更加清楚地认识到"一代有一代之文学"的真谛。它不仅意味着每一个时代的诗歌都有着与前后代不同的主要文体形式,更重要的是每个时代的诗歌都有着不同的历史文化特征,反映了不同的时代思潮,形成了不同的审美典范。打通汉民族诗歌与少数民族诗歌的分界,使我们更加清晰地看到了中国诗歌的多民族特点,认识到中华民族诗歌多元一体的文化格局。这要求我们尽可能地回归中国诗歌发展的原生状态,回归到对诗歌文本与作为创作主体的诗人的民族文化解读,促使我们对诗歌史进行更加细致、深入的研究,发现每一个历史时段诗歌发展的不同特点与表现方式。这引发我们对诗歌史更深一层的理解:中国诗歌的整体特征,正是通过每一个朝代、每一个民族和每一位诗人富有个性的诗歌创作才得以呈现的。一部多卷本的诗歌通史著作,首先要做的工作,就是要写出每一时代中国诗歌发展的独特风貌。举例来讲,先秦以诗骚体为主,两汉是歌诗与诵诗相分离的时代,魏晋南北朝隋代文人的地位开始突显,唐代是一个诗的世界,宋代的诗与词两峰并峙,辽金元诗的文化多元,明代的诗歌流派纷呈,清代集前代各体之成,现代实现了从古体到新诗的时代转换,当代诗坛又开始了对诗歌体式新的探讨,少数民族诗歌语言多样,诗体丰富,与汉民族诗歌相互影响。正是上述各时代诗歌特点的集合,才展现了中华民族诗歌的总体风貌。

　　"通"的第二要义是立足于 21 世纪世界文化格局的史家"通识"。绵长久远、丰富多彩的中国诗歌,不仅是中国人民的宝贵精神财富,也是世界文化的重要组成部分。生活于 21 世纪的中国人,无论其生活方式、风俗习惯还是思想意识,都已经融入整个世界,因而,我们再也不可能像古人那样站在纯粹的中国文化立场上来看待中国诗歌,我们已经具有了鲜明的当代意识和世界意识。伟大的历史学家司马迁说他撰写《史记》的目的是"欲以究天人之际,通古今之变,成一家之言"。对于我们今天的史家来讲,如果想"成一家之言",不仅需要"究天人之际,通古今之变",还要"观中西之别",亦即在中国文化与世界文化的比较中重新认识中国诗歌的民族特征。回顾近百年来的中国文学研究,曾经深受西方文化的影响,热衷于用西方的文学理论、文学史观和文学研究方法,顺应着现实政治的需要来诠释中国文学,分别建构了以民间文学正统论、以阶级斗争为主的意识形态论、文学即人学的人性论等为理论框架的诗歌史,甚至连"文学"这一概念也具有浓郁的西方理论色彩,却很少认真地考虑中国文学与西方文学的区别。然而,经过 100 多年的历史发展,当我们逐渐对世界文学有了更多的了解认识之后,返观中国文学,可以站在更高的层面发现中国诗歌与西方诗歌的不同。因而,在"究天人之际,通古今之变"的基础上"观中西之别",自然成为我们撰写中国诗歌通史的另一重要指导思想。

"观中西之别"意味着我们这套中国诗歌通史的写作要超越以往的诗歌史写作框架,追寻中国诗歌发生的文化形态,对中国诗歌原典进行新的解读,发现中国诗歌的民族特点。中华文明原本是独立于西方的一种文明形态,在这种形态下产生的中国诗歌,有着独特的发生之源,中国人对它也有着不同于西方的艺术体认。中国人认为诗起源人的心灵的"感物而动",形成了以"言志"为核心的抒情诗传统。农业文明培养了中国人"天人合一"的宇宙观和人生观,确立了"以人为本"的生活态度,将诗歌作为直面现实,抒写人生的艺术,在现实生活中承担着多种实用功能。中国人在诗歌中寄托了生活的理想,自古就追求着人与自然、人与社会的和谐,探求着"诗意的栖居"的生存方式。中国人将诗视为心灵的表达,强调诗品与人品的统一,诗歌因此而成为人生修养的重要部分,闪耀着人性理想的光辉。中国诗歌有着独特的艺术形式,一字一音的汉语言文字天然地具有诗歌的节奏韵律之美,"感物而动"的创作模式与"天人合一"的思维方式,使中国诗歌富有形象鲜明、意境深远的美学风范。多元一体的文化格局造就了中国诗歌内容的博大兼容与体式的丰富多彩,生生不息的民族精神推动着中国诗歌在继承传统中不断地创新……这一切,正是中国诗歌的民族特点,它彰显了东方文化的智慧和美学风范,是对世界文学所作的杰出贡献,也是中国文化参与当代世界文化建设的重要资源。

关于王元化年轻时的信念

——读陈伯海先生"至老弥坚"说有所思①

华东师范大学王元化研究中心　陆晓光

王元化上世纪"反思"在学界一度被怀疑为"转型"。陈伯海先生首次提出王元化信念"至老弥坚"说。本文认为：王元化信念包括"科学信仰"和"政治信仰"两个内核，前者表现为人文知识者追求真知的学术精神，后者践行于中共党性原则的组织纪律中，两者是相通而互补。王元化晚年批评"侈谈自由主义"的对象包括："政治派别"的自由主义、"市场至上"的自由主义，以及"以西学为坐标"的自由主义。王元化倡导"独立之精神，自由之思想"，立意是建设一种既富民族精神又具世界意义的新文化。王元化敬重林毓生式"自由主义"，要义首先在于学问态度的"认真"和为人处世的恪守"纪律"，两者也折射出王元化"科学信仰和政治信仰"的内核。陈伯海评断王元化信念"至老弥坚"的潜在依据之一，是其对马克思学说"自由"价值的新见识。

陈伯海先生数年前在王元化研究中心举办的一次纪念讲座中说：

> 我们都感觉到，经历90年代反思之后，元化先生在许多问题的认识上有了不同程度的改变，有人说他"转型"，他自己则坚决予以否认。究竟如何来看待这个问题呢？我在长时间里对此亦产生过困惑，重读他《沉思与反思》一书恍若有悟。我发现，文章里尽管对过去肯定的东西作了重新理解，但决不是简单的否定，乃是一种更深入的思考。特别是其思考的立足点并没有转移，而仍然固守人文知识分子的本位，固守人文精神的内核。尽管他后来的生涯中历经磨难，而年轻时的信念，不但未曾衰减，反倒至老弥坚。②

---

① 本文系2015年5月9日上海社科院文研所举办"历史传统与当代语境——《陈伯海文集》出版座谈暨学术研讨会"上的发言稿。

② 陈伯海：《我的一点纪念》，原载《中华读书报》2012年12月15日。节录见陆晓光《王元化人文研思录》，华东师范大学出版社2015年版，第69页。

其中重读的《沉思与反思》出版于元化先生去世前一年,首篇《我的三次反思》在《王元化文集》(10 卷)中是"总序"①。有学者认为:"王元化之为王元化,其精神内核在于'反思'。"②笔者于此也深以为然③,而受陈伯海先生上引讲演的启发,更意识到王元化思想历程同时具有"至老弥坚"的内核。近期出版的拙著《王元化人文研思录》中引此为良箴④。本文期望对王元化年轻时的信念及其晚年固守的人文精神内核有所再认识。

一、关于王元化晚年的"仍然固守"

王元化晚年在一次访谈中回答过何为传统文化中"吾道一以贯之"的问题:

> 按照儒家传统观念,"一以贯之"是指学问和道德品格的一致性。这自然十分重要,我也是这样主张的。但一般人往往把这句话了理解为一个人的思想必须始终一样,不容有所变易。……在思想转化中,是否同时保存了一贯性的东西,主要看是不是基于自己的学术良心做认真的思考,是不是保持了自己独立的人格和自由的思想,而不为潮流所裹挟。(大意)⑤

将"吾道一以贯之"阐释为一种基于学术良心而认真思考的追求,学术良心的内核则在于坚持独立的人格和自由的思想。可以说,这一独特阐释也折射出王元化本人生涯历程的执着追求和深切体验。

在 1986 年出版的《文化发展八议》中,王元化写道:"抗战爆发后我一直定居上海","始终没有离开文化工作岗位"。⑥

王元化早年是在中共地下党文委领导下从事文化工作,晚年的主要岗位是上海市委宣传部。上面文字写于他从中共上海市委宣传部部长岗位上卸任后

---

① 《王元化集》,湖北教育出版社 2007 年版,第 1—10 卷,第 1—10 页。
② 《王元化集》第 10 卷(学术年表引复旦大学张汝伦教授文章语),湖北教育出版社 2007 年版,第 448 页。
③ 陆晓光:《论王元化新世纪"第四次"反思》,载《华东师范大学学报》2009 年第 1 期。
④ 陆晓光:《王元化人文研思录》,华东师范大学出版社 2015 年版,第 69 页。
⑤ 王元化:《沉思与反思》,上海辞书出版社 2007 年版,第 17、19 页。
⑥ 王元化:《文化发展八议》,湖南人民出版社 1988 年版,第 90 页。

的第二年。因此他所"始终没有离开"的首先并主要是中共领导下的思想文化工作岗位。

2000 年初王元化应邀在《党政论坛》上发表《新世纪寄语》，其中写道：

> 在这一百年里发生了太多的事变。……其中有许多事令我感动，有许多事令我震撼，也有许多事使我得到了深刻的教训。……我离开工作岗位已经十多年，但我没有放弃读书和写作。我始终关注着中国的文化建设问题。①

其时王元化已进入耄耋之年，这里的"没有放弃"和"始终关注"，是在他从职务岗位上离休后的十多年，并且他的关注不是出于个人兴趣或养生情致，而是基于对百年历史变迁的感动、震动和经验教训。

2001 年王元化在《人文精神与二十一世纪的对话》中写道：

> 我理解的探求真理的态度，仍然是一种执着虔敬诚实的热忱，是人文知识者的一种高尚的气质。……在这个思想和观念变成走马灯的时代，我们很容易看出十九世纪的好处，毕竟那是一个对思想和学术充满虔敬之心和潜心耕耘的时代。②

面对新世纪文化建设问题的王元化，他首先想到的仍然是"十九世纪的好处"（马克思《资本论》也是 19 世纪作品）；面对思想观念"变成走马灯"的时尚，他尤其神往百年前那个充满虔敬之心和潜心耕耘的时代。可见经历"三次反思"后的王元化，其思考问题的立足点不仅没有转移，而且其态度诚可谓是"仍然固守"。③

王元化所固守的人文精神之内核究竟是什么？下面这段话也是写于新世纪初，其中提示了他与 19 世纪人文知识者的某种区别：

---

① 《王元化集》第 10 卷（学术年表），湖北教育出版社 2007 年版，第 423 页。《党政论坛》为中共上海市委党校主办的思想理论刊物，王元化该寄语刊于 2000 年第 1 期。

② 《王元化集》第 10 卷（学术年表），湖北教育出版社 2007 年版，第 434 页。

③ 王元化晚年回忆他早年所读多有"十九世纪浸染人道主义精神的作品"，"直到今天，西方十九世纪文学仍是我最喜爱的读物"（王元化《思辨录》，上海古籍出版社 2004 年版，第 465 页）。

我生于 1920 年,从小就受了五四思潮的洗礼。我的科学信仰和政治信仰,使我亲身体验过这样一种意识形态化的启蒙心态。①

如果说"科学信仰"是指五四新文化思潮,那么"政治信仰"则显然是指青年王元化加入中共后接受的马克思主义学说。这两个方面也正是他晚年对"启蒙心态"问题的反思所及:"我所说的启蒙心态是指对于人的力量和理性的能力的过分信赖,以为可以无坚不摧,不会受到任何局限,而将它绝对化起来。"——这意味着对科学信仰当初所据的"理性"有所反思②;"一旦认为绝对或终极真理可致,就会很容易宣称终极真理已达到,那么剩下可做的事情当然不会是对真理的探索和追求,而是对异己的讨伐了"③。——这一反思针对的显然又是"阶级斗争为纲"年代"大批判"式的政治信仰④。因此,经历曲折生涯的晚年王元化,对其早年接受的"科学信仰和政治信仰"无疑是有新认知⑤。那么这是否意味着其年轻时的信念有所"转型"? 笔者认为,正是在此"信仰"攸关的层面,最足以表征王元化精神内核的"至老弥坚"。下面也是晚年王元化关于其早年"信仰"的追思:

我们一代的知识分子,大多是理想主义者。尽管不少人后来宣称向理想主义告别,但毕竟不能超越从小就已渗透在血液中,成为生存命脉的思想根源。(1997 年)⑥

——可见其早年接受的"理想主义",至晚年已经由观念形态而转化为"渗透在血液中"的生存命脉。

我是吸取上海地下党精神乳汁长大成人的。文委中那些令我至今难

　　① 《王元化集》第 10 卷(学术年表),湖北教育出版社 2007 年版,第 424 页。
　　② "即使像十九世纪的经典思想家,也一直不能离开启蒙的光环之下,也反对怀疑,而相信人的力量什么都可以摧毁,认为拥有了理性的能力也就能够掌握和改造世界。"(同上,第 424 页)
　　③ 王元化:《九十年代反思录》,上海古籍出版社 2000 年版,第 143—144 页。
　　④ "自以为掌握真理的时候,他就会以真理的名义,将反对自己与自己有分歧的人,当作异端,不是加以改造,就是把他消灭掉。"(王元化《沉思与反思》,上海辞书出版社 2007 年版,第 63 页)
　　⑤ 参见陆晓光:《"新人文精神"——清园王元化的最后遗产》,载《文艺理论研究》2010 年第 2 期。
　　⑥ 王元化:《思辨录》,上海古籍出版社 2004 年版,第 428 页。

忘的人,对我的思想形成和人格的培养,曾经发生过巨大影响。他们就是孙冶方、陈修良、林淡秋、顾准、姜椿芳、黄明,这些我视为大哥大姐的同志。(1999 年)①

——可见其晚年渗透在血液中的"理想主义",其主要渊源正是早年吮吸的中共地下党文委"精神乳汁"。

　　我只要一息尚存,仍将按党性、原则、良心讲话,绝不徒挂空名,求一己之利。(1981 年)②

——可见在经历"胡风案"及"文革"磨难后的 80 年代开始,王元化矢志践行的仍然是"党性、原则、良心"。

　　我是一个受过去人文精神浸染的人,……这就使我在一些价值观念、道德理想、为人处世所遵守的准则等方面与追踪时代潮流的青年朋友有了分歧。(2002 年)③

——此又可见,王元化所遵循的"党性原则",与其受过浸染的 19 世纪人文精神是相辅相成,融为一体的。换言之,他所固守的"为人处世所遵守的准则",不是抽象的教条,不是"光秃秃"的原则④,而是由包括 19 世纪人文精神在内的思想资源所支撑。因此这些准则是作为一种"情志"("经过思想深化的感情和被感情渗透的思想"⑤)而贯穿践行于其生涯轨迹中。这从下面三例也是他的自述经历中可以管窥:

————————————

　　①　王元化:《人物·书话·纪事》,人民文学出版社 2006 年版,第 93—95 页。

　　②　王元化:《清园书简》(《致陈冰夷》),湖北教育出版社 2003 年版,第 328 页。陈冰夷(1916—2009),中国社会科学院外国文学研究所原副所长、中国作家协会书记处原书记、《世界文学》杂志原主编,著名翻译家。其作品曾获 1997 年鲁迅文学奖。

　　③　《王元化集》第 10 卷(学术年表),湖北教育出版社 2007 年版,第 439 页。

　　④　"这些信念和追求并不只是一些光秃秃的冲动,而是有内容的,考虑后果的,负责任的。"(王元化《沉思与反思》,上海辞书出版社 2007 年版,第 64 页)

　　⑤　王元化:《读文心雕龙》,新星出版社 2007 年版,第 185 页。又"情志"是指"充塞渗透到全部心情的那种基本的理性内容。"(同书第 177 页)"情志既非思想又非感情,同时既有思想的某种性质又有感情的某种性质。"(王元化《九十年代反思录》,上海古籍出版社 2000 年版,第 231 页)

一是在上海沦陷时期:"抗日活动转入地下,座谈会取消了,刊物不办了,不是工作需要的来往切断了,犯忌的书籍自行销毁了。我们必须遵守地下工作的原则,甚至必须牺牲自己的爱好和读书的兴趣。……我们充分尝到在敌人刺刀下丧失家国之苦。"(1941年)①——可见王元化青年时代开始就遵守的准则之一是个人利益服从组织需要。

二是在新中国成立前的上海白色恐怖时期,王元化被组织上派往《展望》杂志任主编:"《展望》是由上海地下党所掌握的唯一刊物。"《展望》半年后遭查封,王元化又被派往负责编辑《地下文萃》,其时该刊前身《文萃》的三名编辑已"全遭敌人杀害"。王元化接任主编后:"有一次,我们约定在西藏路大上海电影院门口碰头。当天交接稿件的任务顺利完成了,可是后来受到了组织上的严厉批评。因为在我们交接稿件的头一天,敌人恰恰在这家影院门口捕去了两个人。我们那次没有遭到意外真是万幸。"②——可见王元化当年遵守的还是必须冒生命危险的准则。

三是80年代王元化担任上海市委宣传部长时期,中纪委曾派一位老同志到上海调查王元化襄助原中宣部部长周扬起草讲话稿的事:"当时我因颈椎病发作,住在医院治疗,在病床上向这位老同志讲了过程。他听了之后说,这和他所听到的情况很不一样,不属于纪律检查范围,与他们的工作无关,原来十分严峻的态度一下子松弛下来。"③——由此又可见,王元化先生的"政治信仰"即便在遭遇怀疑或面临分歧时,事实上他也是自觉恪守党组织的纪律和规矩。

尤其值得回顾并省思的是,50年代王元化因涉胡风案而被隔离审查,此后又因此而长期蒙冤。如果说王元化当时之所以被牵连进胡风案,关键原因是他不愿违心承认胡风是"反革命"的话④,那么他为此付出的代价也可谓是出于对"科学信仰"的执着。因为科学信仰的核心理念是求真知,后者的基本要求包括

---

① 《王元化集》第10卷(学术年表),湖北教育出版社2007年版,第316页。
② 王元化:《从〈展望〉到〈地下文萃〉》,原载《红旗飘飘》第二十二集,后收入王元化《文化发展八议》,湖南人民出版社1988年版,第68页。
③ 《王元化集》第10卷(学术年表),湖北教育出版社2007年版,第355页。
④ 据亲历者的著名作家李子云文章回忆,当时中宣部领导人周扬提出,只要王元化承认胡风是个反革命分子,就可将他作为人民内部矛盾处理。"但王元化认为这个结论缺乏有说服力的证据,予以拒绝。""领导曾给了他逃出'阶级敌人'厄运的机会,他居然不接受。结果他是戴上'胡风反革命分子'的帽子出来的。"(钱钢《一切诚念终将相遇——解读王元化》,湖北教育出版社2003年版,第194页)

说真话的实事求是精神①。王元化曾用"精神危机"来形容他当时的恐惧感："过去长期被我信奉为美好的神圣的东西,转瞬之间轰毁,变得空荡荡了。"然而当他在隔离室沉下心读书时,所读的书却几乎全是"马恩列斯毛"系列,并且收获之一是"享受到了思想自由的大欢乐"②。可见王元化即便在蒙冤受难时期,支撑他的依然主要是与其"科学信仰和政治信仰"密切相关的思想资源和追求。值得注意的是,晚年王元化之于胡风案还另有一段心结,这段心结是他特别嘱托后人必须在他"闭上眼睛后才能公开"。这就是在胡风案之前,胡风一派也曾指责王元化是必须予以"拆穿他"的"两面派"。王元化所述原委是:

> 其实很简单。我那个时候弄新文艺出版社,出一些书。胡风那个人宗派意识很强,他们只是要把胡风一派的书可以出,别人的书都不可以出。……后来华东文化方面的主管部门不让出,说其中有些问题。他们不服气,我也跟他们说,这是不能硬来的,要按组织原则。但是他们不大懂。他们就写信给胡风,说王元化不愿意斗争。于是他们说我是两面派,对领导不敢提意见,实际上心里是有意见这就是要"拆穿他"的意思的由来。③

粗略看来,这段心结似乎只是老朋友之间过去曾经也有过的某种恩怨,这种"其实很简单"的恩怨通常也完全可能被认为不值得再提。而它却成为王元化长期隐忍于心,至晚年去世前才骨鲠在喉,不吐不快的心结。何以如此?我以为关键在于其中的"要按组织原则,但是他们不大懂"一句。王元化之所以生前长时期不愿提这段往事,是因为他与胡风等当年的左翼知识人在思想信念方面不无相近相通处,也是因为他与胡风等人都为此不无相近相通的思想信念而蒙冤受难,更是因为他不愿再伤害共同经历长期蒙冤的身边老友的感情。而他之所以特别嘱托后人必须在他"闭上眼睛后才能公开"这段往事,乃是因为他对

---

① "我一直记得伽利略创地动说受到教廷审判时宣告自己错误的情景。当这一切完毕后,他怀着屈辱站起来说:'可是地球还是动的!'至今我一想到这,我的心仍会感到战栗。"(王元化《思辨录》,上海古籍出版社 2004 年版,第 495 页)

② 王元化:《思辨录》(自序),上海古籍出版社 2004 年版,第 4 页。

③ 吴琦幸:《王元化谈话录(1986—2008)》(钱伯城序),上海人民出版社 2015 年版,第 3 页。又钱伯城序文引彭小莲语:"这话断然是王元化说的。……早在 2002 年的春天,我去衡山路的庆余别墅看望王先生的时候,他就跟我说了同样的话。我不知道如何反驳王先生的观点。"(同书第 5 页)钱序又认为:"虽然周扬不一定心口如一,但他执行的是'组织原则'是无疑的。……我看这正是王元化对吴琦幸郑重说的'组织原则','但是他们不大懂'的问题。"(同书第 6 页)

"组织原则"的格外看重。换言之,这段往事成为他心结的原因乃是,他将"组织原则"视为自己一生践行"政治信仰"的主要所循和所在。

简言之,王元化的"科学信仰"主要表现为人文知识者追求真知的学术精神上,其"政治信仰"主要践行于党性原则的组织纪律中,两者的差异是相通而互补①。某种程度上可以说,他的曲折生涯及其以"反思"为特征的思想历程,正是缘于这两者间的差异;更确切地说是缘于在此差异之间的坚持和固守。晚年王元化于1998年获上海文学艺术杰出贡献奖,他在答辞中回顾了自己"屡遭挫折""走过弯路"而仍旧思考、探索和追求的历程,而结尾是以马克思《资本论》一段箴言以明志:"任何科学批评的意见我都是欢迎的,而对于我从来就不让步的所谓舆论的偏见,我仍然遵守伟大的佛罗伦萨诗人的格言:走你的路,让人去说话!"②——这段箴言曾经被他60年代完成初稿的《文心雕龙创作论》引用。我以为其中的"仍然遵守",最为鲜明恰切地表征了王元化所固守的"科学信仰与政治信仰"之内核的差异及其统一性③。

二、关于王元化批评的"侈谈自由主义"

王元化晚年反思对象不仅针对"极左思潮",也触及一些内涵不同的来自海外的新思潮。就本文论题而言,尤其值得重视的是他关于"自由主义"的批评。

例如2000年9月,他在上海社科院历史所举办的"二十世纪学术思潮反思"研讨会上提出:"一个令人深思的问题是,为什么外国的东西到了中国往往会走样? 比如大家谈得很多的自由主义,对于自由主义的真正内容其实并不清楚,却在那里侈

---

① "中国文化中辩证理性起于古代经典易经";"辩证逻辑的核心是'同与异俱于一',即差异性与同一性的合一性,这种同一性产生真正的文化自主与多元。"(方汉文著《比较文明学》第五卷,中华书局2014年版,第375页、第361页)又:"未来文明的模式,依笔者之见,应当是一种以人文精神为指导的,以科学技术为社会动力的文明,可以称之为人文科学文明。"(同书,第410页)

② 王元化:《集外旧闻钞》,上海文艺出版社2001年版,第231页。

③ "其实政治是不能缺少学术思想的基础的。近代以来政治素质的低落和学术思想的衰微是有关联的。前几年我提出有学术的思想和有思想的学术也正是为了说明同一道理。"(王元化《九十年代反思录》,上海古籍出版社2000年版,第155页)又:熊十力五十年代初提出:"学术思想政府可以提倡一种主流,而不可阻遏学术界自由研究、独立创造之风气。否则,学术思想锢蔽,而政治的社会制度何由发展日新?"半世纪后王元化评议:"学术与政治关系问题,迄今仍在争议。我赞成熊老所谓学术衰蔽将影响政治不振之说。激进者则反之。"(王元化《九十年代日记》,浙江人民出版社2001年版,第243页)

谈自由主义。"他认为这种风气乃是"近百年来中国学术界浮躁心态的表现"①。

再如也是写于该年的《一九九一年回忆录》中,他率直批评海外学者提出的所谓"三分法"并不适合中国大陆思想界:"在激进、自由、保守三种人中,如果要我站队,我不知道应该站在哪里。有些方面我的主张是激进的,但在另外一些事上,我又是很保守的。"他认为三分法模式的缺陷更在于思想方法:"这种机械的分类将人的复杂思想化为一种简单符号,阉割了人的有血有肉的性格与生命,再没有比它更粗暴、更违反真实了。"而当90年代中后期中国上也兴起模仿三分法的论调时,他又尖锐指出其本土特色的另一面:"我们这里更多用它来作为一种批判手段,如称和自己意见不同的人是什么什么主义之类。"②

然而耐人寻思的是,王元化在批评海外"三分法"的同时也坦言:"我自己认为自己的思想,基本上属于自由主义的。"③这是王元化思想历程中首次对"自由主义"价值的肯定,并且是高度认同的肯定。"自由主义"在我国现当代思想史上历来是一个负面意义占主导认知的话语,例如毛泽东同志早在1937年写的专文《反对自由主义》中就明确论断:"自由主义是机会主义的一种表现,是和马克思主义根本冲突的。"④然而它在中国台湾,却是一种与大陆推重的"民主"虽有差异却可能兼容互补的价值:"'自由主义'(liberalism)重视的是自由的价值和个人权利,而'民主'(democracy)则强调平等和自我统治(self-governance)。"⑤王元化晚年曾强调:凡自成体系的学说皆有其专名或术语,纵使所用名词与他人同,而其特定涵义不可混为一谈。"马克思《资本论》及恩格斯《费尔巴哈论》中皆有此说,但许多理论家对这一问题却很少注意。"⑥因此问题关键在于,王元化究竟在何种意义上认同"自由主义"。鉴于他表示认同"自由主义"的时间是在90年代初,而在此之前和之后他所读西方自由主义经典著作都不多⑦,由此大体可以判断,他

①　《王元化集》第10卷(学术年表),湖北教育出版社2007年版,第426页。
②　《王元化集》第10卷(学术年表),湖北教育出版社2007年版,第428页。
③　《王元化集》第10卷(学术年表),湖北教育出版社2007年版,第427—428页。
④　毛泽东《反对自由主义》,人民网:http://www.people.com.cn/GB/channel1/10/20000529/80819.html.
⑤　摘自台湾大学文学院哲学系2010年"自由主义"(Liberalism)课程简介,见台湾大学课程网页:http://ocw.aca.ntu.edu.tw/ntu-ocw/index.php/ocw/cou_intro/099S120.
⑥　王元化:《九十年代日记》,浙江人民出版社2001年版,第121页。
⑦　例如王元化对西方当代自由主义代表性学者哈耶克的著述直接阅读不多。1999年的访谈答问写道:"最近大陆开始介绍哈耶克的著作蔚然成风,我尚未细读他的书。友人曾赠送几本给我,还没来得及读,就被另一位年轻友人借走了,至今未还。"(王元化《九十年代反思录》,上海古籍出版社2000年版,第142页)

对"自由主义"的接受很大程度上是基于本人思想历程和本土历史经验。尽管王元化于此术语未有专题阐明,笔者以为结合他同时期的相关思想考察,如下三方面可见其"自由主义"独特内涵的所在。

其一,王元化认同的不是"政治派别"的自由主义。换言之,他是在学术研究范围内推重自由主义价值的。他明确反对海外"三分法"的原因之一就是其"政治派别"性:

> 这(指三分法)实际上是用政治派别来划分,把左说成是激进派,把右说成是保守派。"四人帮"粉碎后,就有过"'四人帮'右得不能再右了"的说法,因为左是革命的,右是反动的,所以"四人帮"也就不代表极左思潮了。……将政治上的概念套到学术思想上,就如过去将党派性、两条路线斗争等政治概念套到哲学上一样是不妥的。①

而他之所以反对将政治上的概念套用到学术思想上,也是基于其反思后的认知,因为学术思想上某种"主义"的所指,往往也表现在不同甚至完全对立的党派政治中。例如关于"激进主义":

> 我对激进主义一词的用法与此不同。我是把激进主义作为采取激烈手段,见解偏激,思想狂热,趋于极端的一种表现,它并不是专属于哪一个政治党派的。在这种意义上,"四人帮"是激进主义,在政治上被称为极右的希特勒的纳粹党和墨索里尼的棒喝团,也都是激进主义。②

在王元化看来,基于"政治派别"划分的"自由主义"与学术思想上的"自由主

---

① 王元化:《九十年代反思录》,上海古籍出版社2000年版,第7页。

② 王元化:《九十年代反思录》,上海古籍出版社2000年版,第7页。《九十年代日记》又引日本学者池田大作"颇与我过去所论有暗合"的见解:"'造反有理'与无政府主义正是表里一体。无政府的黄金定律正是'自由'吧?但是这种'自由'是怪论,是必须予以注意的那种纠缠极端凶暴的邪论。那种以追求'自由'而引发的运动,就是导致出其结果会招致'独裁''专制'的'自由的邪论'。看看近代的历史,无政府主义的狂热风景,一定被恐怖政治和强权政治作为手段加以利用。"(浙江人民出版社2001年版,第431页)又引中国社会科学院《历史研究》副主编张亦工致王元化信:"长期以来,许多人缺少这种独立和自由的意识,而一旦想到'独立'、'自由',往往出以极端、激烈、甚至暴烈、乖戾,结果很可能适得其反,并不能实现真正的独立自由。改革开放二十多年以来,……对于多数人而言,思维方式似乎没有发生根本的变化,更缺乏明确、系统的认识。"(同前第444页)

义",两者容易混淆而性质迥别。可以说,这种混淆也正是他 90 年代反思所期望纠正的"意识形态化的启蒙心态"表现之一。

其二,王元化认同的也不是"市场至上"的自由主义。上世纪 90 年代正是中国市场经济机制的建设时期。一般认为市场经济的理论依据是"经济自由主义"(economic liberalism)。如果说经济自由主义与学术思想中的自由主义之间有着某种共生关系的话,那么王元化对这种关系至少是持谨慎审视的态度。吴敬琏先生是国内比较公认的市场经济学代表性人物,而京剧文化学者翁思再曾经在一次学术讲座中特别提及:

> 吴敬琏曾问过我是不是已经形成了王门学派的问题? 我把这话传给了元化先生,先生第一时间没有讲话,过几天他跟我说:"不要提什么学派,学派要有个体系。我还够不上一个体系。首先是经济学我一点不懂,第二是搞学术要自己搞,不要成派"。①

这里转达的"首先是经济学我一点不懂",应该不是王元化的谦词。如果说经济自由主义的主要原则是无条件尊重资本追求利润最大化的逻辑(所谓"看不见的手"),那么作为人文学者的王元化,他对这一逻辑在思想文化领域中的负面影响却是有深切体验并持久思考。例如,早在 80 年代末他就质疑过一种认为只要经济搞上去了,思想文化也会自然提高和繁荣:"我们曾一再复述这种观点……事实上,经济搞上去了,思想未必上去的例子是不少的。有的国家因发现珍贵资源而富了起来,但是文化仍处在落后状态。有的国家经济搞得很好,人民可以拿到高工资,但思想处于禁锢状态。但是我们要建设的却是有高度文明和高度民主的现代化国家。"②进入 90 年代市场经济建设期后他明确指出:"我认为文化思想的价值在于其本身,商业手段虽然可以把它炒得热火朝天,却不能改变真善美的价值法则。"③而随着市场经济体系的日渐形成,王元化对思想文化领域中"市场至上"势态的感触更为痛切,以至将它称为一种"新的压抑形式",命名为一种"一元化的意识形态统治":

---

① 翁思再:《京剧与王元化的中国文化之问》,《华东师范大学》2015 年 3 月 19 日。又:"现在学术界也有拉帮结派之风,但我不参加互助组,也不参加合作社,准备单干到底。"(《九十年代日记》,第 452 页)又:"王元化经常心忧的一件事,是上世纪 90 年代以后的学界,山头林立,党派意气。"(许纪霖《王元化:单干到底》,载《学习博览》2008 年第 11 期)

② 王元化:《思辨录》,上海古籍出版社 2004 年版,第 27 页。

③ 王元化:《九十年代反思录》,上海古籍出版社 2000 年版,第 86 页。

> 商品的规律使它(市场时尚)具有强烈的支配力量,控制和规范着文化消费者的需求,助长一元化(如市场至上等)的意识形态统治,产生着新的压抑形式。所以我赞成知识人在大众文化面前保持清醒的头脑和批判意识。(2001 年)①

由此可见,王元化所认同的"自由主义"与完全推崇市场法则的"经济自由主义"不仅迥然别趣,而且毋宁说前者的鲜明特征正是着力于揭示、批判和消解后者的负面性。

其三,王元化认同的更不是"以西学为坐标"的自由主义。《九十年代反思录》中多次论及"五四"文化研究的盲点,其中关键词之一是"独立之精神,自由之思想":

> 我认为过去写"五四"思想史很少涉及"独立之精神,自由之思想"。这句话是陈寅恪在王国维纪念碑铭中提出来的,很少被人注意,倒是表现"五四"文化精神的重要方面之一。(1999 年)②

"独立之精神,自由之思想"在今天已是学术界耳熟能详,乃至成为某种"主义"话语的标签。它是在现代思想史上淹没近百年后,才由王元化首次明确评断为"五四"新文化遗产的重要方面。因此上引评断对于理解王元化倡导的"自由主义"可能提供关键性启示。另一方面,王国维、陈寅恪都是中国现代史上最早吸收西方学术文化的代表性学者,而他们历来被归为五四新文化阵营之外。王元化揭示他们"泥古不化,墨守传统"的表象后面具有"空诸依傍,精神独立"之内质。后者显然是指他们的学术思想不以"西学"为坐标:

> 以西学为坐标的风习又来已久。……"五四"以来新文艺阵营的人多持这种态度。我本人也有同样的经历,几达十余年之久。③

---

① 　王元化:《沉思与反思》,上海辞书出版社 2007 年版,第 62 页。

② 　王元化:《对"五四"的再认识答客问》,见《九十年代反思录》,上海古籍出版社 2000 年版,第 133 页。又王元化在 1998 年的《对"五四"的思考》中也有类似表述:"我认为,近年来受到学术界重视的'独立的思想和自由的精神',是'五四'文化思潮的一个重要特征。"(同书第 125 页)

③ 　王元化:《九十年代反思录》,上海古籍出版社 2000 年版,第 200 页。又曰:"研究中国文化,不可避免地需要以西学作为比较的参照系,但又不可以西学为主体,用中国文化去比附。"(同书第 40 页)

而王陈的学术特征正是不以西学为坐标而承传创新中国文化,他们长期之被淹没无闻也正是由于"以西学为坐标"风习的主导。就王、陈的学术追求与中国传统文化资源之连续性而言,王元化甚至认为他们"似较以西洋为师的陈、胡等人为高"。①虽然这一评断并非不可讨论,然而它足以表明王元化心仪的"自由主义"内涵之特质。于此互文足义的是下面论断:

> 外来思想如果不和中国传统文化思想资源结合起来,就很难在中国文化土壤上扎根。②

这个论断与其说是受到王国维、陈寅恪的"独立精神"之启示,毋宁说是基于王元化对其长期未能在中国文化土壤上扎根之原因的反思。这一反思的精神资源也包括王元化 60 年代曾经受教的新儒家开山人物熊十力。熊十力《语要》有曰:

> 哲学有国民性,诸子之绪,当发其微。若一意袭外人肤表,以乱吾之真,将使民性毁弃,渐无独立研究与自由发展之真精神,率一世之青年,以追随外人时下浅薄之风会。

王元化 90 年代反思时期两度引鉴而感慨:"此语发自半个多世纪以前,斗转星移,世事沧桑,但此种风习依旧,此实可悲,令人长叹息者!"③晚年王元化推重的另一段《十力语要》更有另一种超越个体"自救"的"独立之精神"的境界:

> 吾国人今日所急需要者,思想独立,学术独立,精神独立,依自不依他,高视阔步,而游乎广天博地之间,空诸依傍,自诚自明,以此自树,将为世界文化开发新生命,岂唯自救而已哉?(1994 年)④

这样一种"空诸依傍"的思想自由,这样一种"依自不依他"的精神独立,这样一种"为世界文化开发新生命"的情志,其与以西学为坐标的"自由主义"之差

---

①④　王元化:《九十年代日记》,浙江人民出版社 2001 年版,第 243 页。

②　王元化:《九十年代反思录》,上海古籍出版社 2000 年版,第 131 页。

③　王元化:《九十年代日记》,浙江人民出版社 2001 年版,第 247 页。

别,诚可谓不可以道里计。想必缘此之故,熊十力当年曾被目为一个"只知歌颂传统的国粹派"①,而半世纪后王元化亦被"三分说者"划归"国粹派"②。

三、关于王元化敬重林毓生式"自由主义"的要义

林毓生先生是王元化晚年"挚友"③,并且王元化是将林毓生视为一名典范"自由主义"学者而敬重。林毓生师从过诺贝尔经济奖得主哈耶克(1899—1992),后者被国际学界公认为新自由主义理论的主要代表④。因此我们尤其需要考察王元化敬重林毓生先生是基于什么原因。

王元化与林毓生的相识始于上世纪 90 年代初,而他晚年"反思"也大体是在同时期开始。该时期王元化一方面严厉批评"三分法"模式及"侈谈自由主义"的风气,另一方面却明确表示认同"自由主义"。后者之原因,从他写于 90 年代初(1991 年)的《记林毓生》一文⑤可得管窥。

在《记林毓生》这篇不到 2 000 字的短文中,王元化勾勒出林毓生肖像的诸多特征。例如:"他不是关在书斋里啃书本的学究,而是一个关心世事和人类命运的知识分子"(这与王元化的学术关怀类);他幼年是"在北平上小学"(王元化也是),后来"随着双亲到台湾落户,对台湾有着深厚的感情"(青年王元化抗战爆发后南下流亡,此后一直定居上海);"他关心台湾的民主进程"(王元化晚年写过讨论卢梭《社会契约论》"民主"观的长文);"他是以一个超党派偏见的学者来谈论这一切的"(这也是 50 年代王元化读《资本论》的一个重大发现:"'超利害关系的研究'和'无拘无束的研究'是存在的"⑥)。中国文化历来有知人论世的传统,仅此可见,王元化与他敬重的林毓生先生首先有着生涯沧桑和学问情志上的诸多共鸣。

---

① 王元化:《九十年代日记》,浙江人民出版社 2001 年版,第 247 页。
② 王元化:《九十年代日记》,浙江人民出版社 2001 年版,第 424 页。
③ 林毓生序,见《王元化晚年谈话录》,吴琦幸著,上海人民出版社 2013 年版,第 1 页。
④ 王元化对哈耶克思想是敬重并有所吸纳的,1997 年写道:"友人寄来《市场经济的道德基础》,文中颇可采录:哈耶克在批判'自然道德'本能的、狭隘的道德规范时,强调了自私与自利的区别(参见《通往奴役之路》)。"(王元化《思辨录》,上海古籍出版社 2004 年版,第 60 页)
⑤ 王元化:《人物·书话·纪事》,人民文学出版社 2006 年版,第 36—38 页。
⑥ 王元化:《沉思与反思》,上海辞书出版社 2007 年版,第 4 页。

　　然而《记林毓生》一文中的"敬重"更集中表现在王元化的自叹不如处。后者之一是林毓生对待学术的认真精神：

　　　　他讲话的时候,对于遣词用语是非常顶真的;

　　　　他那毫不苟且的认真性格,使得他在讲话的时候,唯恐词不达意;

　　　　后来我们接触多了,我发现这种认真精神在他修改自己文章时更为显著;

　　　　他的认真被有些人视为"迂",但我不这样看,因为我也有同样的性格,虽然在程度上我是比不上他的。

　　该短文中四度使用"认真"(或"顶真")一词,可见这一点堪称王元化敬重的关键之处。毛泽东同志有句名言："世界上怕就怕认真二字,共产党就最讲认真。"①而林毓生先生作为非中共的海外学者,其认真精神却也达到了毫不逊色的程度。这想必也是令王元化多少感到惊讶的原因。这一关键处表面上看似乎与"自由主义"无甚关联,而在王元化 90 年代反思中,却是他深切感触到的最为基本而常被忽略的紧要之处："自从自由、民主、人权等等名词由西方传入中国以来,人们都会说,可是却很少有深入的钻研,结果在人们头脑中只剩下一个朦胧的概念。这是把学术排除在思想之外的结果。它带来的危害就是使思想变成一个简单的口号。"②因此王元化首先是从中国学术思想界普遍缺乏而急需树立的某种学问态度之要素的层面(尤其包括对待新名词新术语的认真钻研态度)敬重林毓生先生的。如果说这种钻研精神在自由主义学者身上表现得最为出色,那么王元化非常乐意认同自己的思想学术也"属于自由主义"。

　　《记林毓生》短文中另一段文字直接描述了林毓生作为"自由主义者"的独特言行：

　　　　他认为自由并不废弃纪律。他很注重躬行践履,使自己的行为符合自由主义的思想原则。后来有一次,我和他在一个大厅中听演讲,我觉得演

────────────────

① 　毛泽东 1957 年 11 月 17 日在莫斯科大学对中国留苏学生的讲话。人民网：http://dangjian.people.com.cn/n/2014/0121/c117092-24180133.html.

② 　王元化：《九十年代反思录》,上海古籍出版社 2000 年版,第 158 页。

讲内容空洞,就约他一同出去在哈佛校园散步。没料到竟遭拒绝,他认为这样做不好。他在这方面是极其认真的,虽然我知道他对这类演讲也不会感到兴趣。他作为一个自由主义者,绝不像我们这里那些人一样,拉旗帜,立山头,拉帮结派,在行为上和自由主义背道而驰。他把自由主义原则贯串在自己的行动里,这是他值得敬重处。①

　　"自由并不废弃纪律",这一被平实表出的林毓生的"自由主义"观,在王元化当时与之对话的情景中引起了不小的心灵震动:学术会议中邀请对方个别散步而"没料到竟遭拒绝"。原因之一在于,中国文化传统中的"自由"时常被理解乃至赞赏为"不遵礼法的率性"(阮籍),"庄周式的随便"(鲁迅)等。与此习惯思维并非完全无关的是,毛泽东同志在写于1937年的著名《反对自由主义》专文中,最严厉批评的现象就是"不要组织纪律""心目中没有集体生活的原则,只有自由放任""它使革命队伍失掉严密的组织和纪律"②。青年王元化是在抗战翌年加入中共,因此对毛泽东主席的"反对自由主义"无疑是早有学习并引为戒律的。半个世纪后他却在与海外"自由主义"学者的直接交流中,首次得闻"自由并不废弃纪律"说。毛泽东同志当年还尖锐指出,这种"不要组织纪律"的自由主义更表现在言行相悖的形式上:"这些人说的是马克思主义,行的是自由主义"。而林毓生的"自由主义原则"不仅不废弃纪律,也不仅知行合一地落实在行动上,而且其恪守之严还超出了王元化所理解的"纪律"范围。这样的"自由主义",在中国学术文化语境中毋宁可以称之为"纪律主义"。就其与上引文字中"拉旗帜,立山头,拉帮结派"的"自由主义"的鲜明反差而言,这种"纪律主义"更是急需引进以为疗救方法的异邦之新声。
　　前面指出晚年王元化反思过其早年的"科学信仰与政治信仰"。与此并非巧合的是,《记林毓生》中最为敬重并自叹不如的两个方面是:学问态度的"非常顶真"和践行"纪律"的"极其认真"。如果说前者主要是基于"科学信仰"的学术精神,那么后者对于王元化而言,更与其"政治信仰"所要求的"遵守组织原则"的践行方式相耦合。在这个意义上,王元化对林毓生"自由主义"的格外敬重,

---

　　①　王元化:《人物·书话·纪事》,人民文学出版社2006年版,第38页。
　　②　毛泽东《反对自由主义》,人民网:http://www.people.com.cn/GB/channel1/10/20000529/80819.html.

也可谓表征并丰富了他本人"渗透在血液中的理想主义"①。我以为,不妨将王元化该文中自叹"比不上"的这两个方面,概括为"林毓生式"自由主义的首要之义。因为,这也正是王元化 90 年代反思中一方面严厉批评"侈谈自由主义",另一方面却乐意格外认同"自由主义"的关键原因之所在②。

就林毓生的学术思想或观点而言,王元化是在对其《中国意识危机》一书发表反对意见,并经过比较激烈的争论后,引为敬重的朋友的。"虽然我们的意见并未达到一致。心灵的相契有时比观点上的分歧更为重要。"③两位前辈成为"挚友"后,其学术思想的差异依然存在。林毓生先生是长期在海外生活、学习和研究的著名学者,其学术背景主要以欧美思想文化见长;王元化则一直定居于中国大陆,并且是老资格的中共思想文化背景的代表性学者。因此两位前辈"意见并未达到一致"乃是自然。弥足珍贵的是,他们之间"观点上的分歧"并没有影响、妨碍,反而促成了相互的格外敬重。我以为这可能是王元化与林毓生"挚友"关系的最富启发和教益处。

然而王元化对林毓生另一部代表作《中国传统的创造性转化》的推荐和援引,却表明即便在"意见"或"观点"方面,他们之间也不乏"心灵的相契":

> 林教授是一位严谨的学者,他说中国知识分子常犯一些情绪不稳定的毛病,不是过分自谦自卑,就是心浮气躁,狂妄自大。他说要了解另外一种文化是非常困难的事。把另外一种文化的一些东西当做口号是相当简单

---

①　拙文《怀念吴征镒院士与王元化先生》也讨论过"科学精神"与"英美自由主义"的渊源关系(参见陆晓光《王元化人文研思录》,华东师范大学出版社 2015 年版,第 27—32 页)。又:长期侨居英国伦敦的马克思,在其《资本论》中批判性反思过"商品例如劳动力的买者和卖者的自由"(《马克思恩格斯全集》第 23 卷,第 199 页,301 页),而同时他也设想过"自由人的联合体"(同书第 95 页),并将"每个人的全面而自由的发展"作为"更高级"社会形态的标志。(同书第 649 页)就学术领域而言,《资本论》初版序言高度认同"自由的科学研究",尽管它会遇到"代表私人利益的复仇女神"(同书第 12 页)。《资本论》对于求真知的"属于自由学派"的学者也是高度敬重,其中评赞之一是:"罗杰斯教授虽然是新教正统派的故乡牛津大学的政治经济学教授,却在他所著的《英国农业史和价格史》一书的序言中强调宗教改革使人民群众贫困化。"(同书第790 页)另一个评赞是学术态度:"这部著作是辛勤劳动的成果。"(同书第 738、744 页)。

②　王元化晚年反思认为,学术领域尤其必须遵守"游戏规则",他回忆早年经历:"记得抗战初我到上海不久,读到友人林淡秋翻译的一部苏联作品,其中记述高尔基和一位革命领导人的对话,高尔基认为那斗争手段太残酷了,这位领导人开导他说:'当两个人进行激烈拼搏的时候,你能说打出的哪一拳是对的,哪一拳是错的?'当时我认为这话是对极了。多年以后,仔细想想,觉得有些不对了。文化论争更不能用这种为达目的而不择手段的办法,而必须遵守'游戏规则',否则谈不到学术民主和自由讨论的。"(王元化《九十年代日记》,浙江人民出版社 2001 年版,第 408 页)

③　王元化:《思辨录》,上海古籍出版社 2004 年版,第 493 页。

的。但口号式的了解并不是真正的了解。这种口号是很做作的,不自然的,反映我们内心问题的假权威。他举以前在台湾文学界流行的"现代主义"和"新批评"(New Criticism)为例,说随便把在外国环境中因特殊的背景与问题而发展出来的东西当做我们自己的权威,实在是没有根据的。这种办法的结果是:可怕的口号变成了权威,亦即把外国的一些观念从它们的历史的来源中切断,断章取义地变成了自己的口号的时候,自然就会犯形式主义的谬误(formatistic fallacy)。这些话虽然是针对台湾学术界的一些情况而发,却也切中我们这里的时弊。(1993)①

"可怕的口号变成了权威"——这也正是王元化当年批评"侈谈自由主义"时所忧虑。

与"林毓生式"自由主义足以相提并论的是其前辈学者胡适之。王元化视胡适为五四新文化运动中"代表自由主义思想的人物"②。他敬重胡适作为人文知识者的志气和骨气:"生平不降志,不辱身,不追赶时髦,也不回避危险。"这句话在90年代被王元化引为自勉鞭策的良箴:"每次我在大学讲演时都背诵了这几句话,作为向听众的献词,因为我觉得今天能够像他那样做到这一点,就不愧为一个中国的知识分子了。"③然而就胡适的学术思想而言,却是晚年王元化不甚恭维的。因为"胡适似乎很少对中国传统学术与西方不同的、其本身独具的价值与特点,给予肯定的评价"④。林毓生先生则明显不同,其代表著《中国传统的创造性转化》的书名,就鲜明传达了对中国传统文化的高度重视。这里摘录片段以见:

> 如果说自由主义中一个最重要的观念是"道德自主性"(the moral autonomy of man),那么儒家的"仁的哲学"的确蕴涵了这个观念。这也是儒家哲学传统中最有生机的一部分,历代都有或多或少的阐发与肯定。……儒家的"仁的哲学"确可作为我们为了发展中国自由主义所应努力进行的"文化传统创造性转化"的一部分基础。⑤

---

① 王元化:《思辨录》,上海古籍出版社 2004 年版,第 370 页。
② 王元化:《九十年代反思录》,上海古籍出版社 2000 年版,第 136 页。
③ 王元化:《九十年代日记》,浙江人民出版社 2001 年版,第 470 页。
④ 王元化:《人物小记》("谈胡适小集"篇),东方出版中心 2008 年版,第 41 页。
⑤ 林毓生:《中国传统的创造性转换》(修订版),生活·读书·新知三联书店 2011 年版,第 324 页。

——这种对中国传统文化之现代价值的肯定与重视，与当年"打到孔家店"风潮中的胡适"自由主义"是迥然别趣。

> 一个人只有在他对人生的意义有清楚的自觉，对生命的资源有清楚的自知的时候，才能享有自由。根据这些资源，在人生中才能以自由意志获致道德的尊严——这是从内在的观点来界定自由。在这方面，儒家仁的哲学所建立的成人之教是可以与康德的道德哲学汇合而产生正面贡献的。①

——这种视儒家哲学可望与康德哲学等交流而提供世界意义的论断，更是不啻超出了当年胡适"自由主义"的想象力。

> 如果我们能把儒家思想中这种"道德自主性"，赋予自由主义的新意义，加以发扬光大，则中国自由主义起码在思想上是可以建立起来的。②

如果说林毓生先生致力开发的"自由主义新意义"，其目标不仅在于拓展一条中国传统文化与西方现代思想接轨的新途径，更在于将经过"创造性转化"的中国文化传统提升为世界性资源，那么这也正是王元化晚年反思后的共识：

> 二十世纪知识人做的和想的，都在中国有极充分的体现，以中国近代思想作反思对象，有可能产生一些具有世界普遍意义的命题。③

这样一种为世界提供"普遍意义"的自信，以这样一种期望为内涵的"自由主义"，也是中国文化走向世界的必需资源和途径。这种期望未必限于"自由主义"。法国哲学家雅克·德里达曾于 2001 年来中国访问时与王元化见面座谈。德里达的学术思想背景与林毓生先生不同，他是《马克思的幽灵》一书的作者（中文本由社会科学出版社 2011 年出版），他访问中国的初衷是因为："在近四十年的这种逐渐国际化过程中缺了某种十分重要的东西，那就是中国。对此我

---

① 林毓生《中国传统的创造性转换》（修订版），生活·读书·新知三联书店 2011 年版，第 325 页。
② 林毓生《中国传统的创造性转换》（修订版），生活·读书·新知三联书店 2011 年版，第 314 页。
③ 王元化：《沉思与反思》，上海辞书出版社 2007 年版，第 64 页。

是意识到了的，尽管我无法弥补。"①

四、关于陈伯海先生的"自由"新论

由上所述大体可知，王元化晚年"反思"之所以在学术界一度引起是否"转型"的困惑，关键原因在于其对"自由主义"的新认知和敬重。本文开首所引陈伯海关于王元化晚年的"仍然固守"且"至老弥坚"，这一评断的潜在依据或缘由也触及到本文讨论的"自由"问题。限于篇幅，这里从新出版的《陈伯海文集》②中摘录如下两项研究成果的片段，以供管窥一斑并借鉴。

其一是作于 2002 年的专题论文《论"自由人联合体"》③

马克思学说中有一个重要的人文核心不常为人注目，那就是有关"自由人"和"自由人联合体"的构想。《共产党宣言》中明确宣告要"以每个人的自由发展为一切人自由发展的条件"作为奋斗目标。又在《1857—1858年经济学手稿》中明确指明未来社会的人当是"建立在个人全面发展和他们共同的社会生产能力成为他们的社会财富这一基础上的自由个性"。可见，有关"自由人"和"自由人联合体"的说法并非率然之谈。

陈伯海先生早在 60 年代就曾"特别醉心"于马恩列斯毛的"经典大师"著作④。直至 80 年代，其学术研究的着眼点"主要在于发现和总结历史的规律性"。而从 90 年代开始"逐渐认识到，世间万事万物皆处在不断流动与变化之中，本不存在一成不变的性能和'放之四海而皆准'的'铁的必然性'"。⑤"那种涵盖一切而普遍有效的'规律'与'模子'实际上是不存在的"。⑥可见其学术思想也经历了深切的"反思"。上引《论"自由人联合体"》是写于 21 世纪初，并且所论

---

①　庄国欧：《抵抗解构：解读德里达和王元化的对话》，《东方丛刊》2006 年第 1 期。张宁《德里达访谈》，《视界》第三辑，河北教育出版社。

②　《陈伯海文集》（六卷本），上海社会科学院出版社 2015 年版。

③　《陈伯海文集》第四卷（《中国文化研究》），上海社会科学院出版社 2015 年版，第 170—173 页。

④　《陈伯海文集》第二卷（《中国文学史学》），上海社会科学院出版社 2015 年版，第 419 页。

⑤　《陈伯海文集》第一卷（前言），上海社会科学院出版社 2015 年版，第 4 页。

⑥　《陈伯海文集》第二卷（《中国文学史学》），上海社会科学院出版社 2015 年版，第 423 页。

的是以往"不常为人注意"的重要命题。可见其反思后对早年"醉心"的学说是既有扬弃又有新价值的发掘和认知。

该文新见之一是：

> "自由人"只能意谓独立自主的人……这种独立自主地选择生命创造活动的自由，亦便是"自由人"的根本标志了；由他们的创造活动所构成的协作关系与组织形式，就成了"自由人联合体"。

其中以"独立自主"为"自由人"的根本标志，亦可见与上世纪 90 年代"独立之精神，自由之思想"的潜在互动。该文还指出以往对马克思学说的认知偏颇："革命者的设想是彻底废弃私有财产制度。"可是初步实践的结果却是，这种消灭了私有产权的社会财富，往往成为虚设的共有财产，"甚至更坏一些"。因而当初废弃和消灭资本主义私有财产意义的"自由人"的理想，亦归趋于"子虚乌有"。

然而该文却由此致力发掘"自由人"命题的新意蕴，其论点之一是：

> 依据马克思的提示，独立自主的人格与独立自主的财产权应是密切相关联的。……社会主义的要义虽在于废弃资本主义私有制，却不等于废弃一切个人的所有制。相反，要使集中在少数资本家手里的产权变为全社会人人皆有的产权，亦即人人都能拥有且可供其实际运作的"资本"，使人人都成为"资本家"（有产者），则社会的平等和个人的自由方得以在一定程度上实现。

让"人人成为资本家"，以提供"每个人的自由"的条件，这一阐释显然超出了以往马克思理论研究话语的想象力，而其给出的可能性依据则是对"新兴知识经济格局"的观察：

> 在人身奴役制度被解除的情况下……当"活的劳动"普遍提升到高智力主导的水平之上，就有可能对"物化"形态的资本形成优势控制，形成为社会的"第一生产力"；而拥有这"第一生产力"的人，自亦拥有属于自己的优势"资本"，遂有可能取得"自由人"的资格，且得通过相互协作以组合成"自由人联合体"了。

　　无论是否赞同该文的论点,其中将"自由人"视为马克思人文理想的关键词,并且是由马克思经济学方法而阐发"自由人"的现实可能性,这一思路却是明白无疑的。笔者以为对马克思学说的这一新见识,未必没有吸纳当代西方"自由主义"的思想因素,尽管在西马著作中鲜见类似之阐释。

　　《陈伯海文集》对"自由"价值的另一独创性研讨见于其关于"生命哲学"的专著中。①该书"结语"写道:

　　　　自由作为人的本性,同时便是人生意义的最高体现。②

　　　　自由乃是一个应用范围极为广泛的概念:经济上、政治上、法律上、道德上、科学认知、审美活动、宗教信仰,以至日常生活各领域里,都会碰到有关自由的问题,而不同时代、不同民族、不同派别、不同观念的人们,对自由又皆有各不相同的理解,这就给解决问题带来了特殊的困难。……如何在荆棘丛生的地块里开辟出一条通达之路,为适应当代生活所需建立的自由理念提示一个可供采择的方向呢? 这也是新生命哲学的旨归所在了。③

　　可见该书以"自由"作为最高理念来论述"生命哲学",不仅出于个体的生命感悟或需求,更蕴含着对"当代生活"的关怀,其立意是为社会文化发展提供一个可供"采择的方向"。

　　　　日常生活中的自由须以纪律为限界,道德行为的自由以道德规范、道德风尚为限界,政治、经济等公共事务上的自由以法律(包括各种法规、行规)为界限,科学研究的自由以科学良知和学术规范为限界,等等。……不存在什么毫无限制的自由和完全绝对的自由。④

　　这种首先"须以纪律为限界"的自由论,与前述林毓生的"自由并不废弃纪律"说显然很相通。陈伯海先生是大陆较早意识到林毓生著述之价值的学者,其《中国诗学之现代观》后记中写道:"海外学者如林毓生教授,早在 20 世纪 80

---

　　① 见《陈伯海文集》第五卷中的《回归生命本原——我的生命哲学概观》,上海社会科学院出版社2015 年版,第 1—190 页。该部分曾以《回归生命本原》为书名单独出版,商务印书馆 2012 年。

　　②③ 《陈伯海文集》第五卷(《哲思与审美》),上海社会科学院出版社 2015 年版,第 170 页。

　　④ 《陈伯海文集》第五卷(《哲思与审美》),上海社会科学院出版社 2015 年版,第 171 页。

年代之初即已提出'传统的创造性转化'的命题。……为什么到古文论领域就容不得'现代转化'呢？①因此有理由推想，其以"自由"为最高理念的"生命哲学"，很可能也包含受到林毓生学术启发的因素。

然而值得注意的显著不同是，该书中作为"结语"的标题，是引毛泽东诗词的"万类霜天竞自由"。其卒章文字如下：

> 毛泽东《沁园春·长沙》词云："看万山红遍，层林尽染，漫江碧透，百舸争流，鹰击长空，鱼翔浅底，万类霜天尽自由。"从这幅气象恢弘、色彩绚丽的秋意画里，处处能感受到生命的跃动，动静飞潜皆有自由，生机勃发即为自由，虽属诗人之想象，不正是对于生命、创造、自由交相为用的宇宙图景所作的真切而生动的写照吗？尤其是末一句按断，在继承和发挥传统哲学"天地之大德曰生"的思想精义的基础上，自然融入了当今世界万类勃兴、各争胜强的理念，即可视以为新生命哲学自由观的发凡起例。姑志于此，愿有心者共赏玩之！②

将毛泽东该诗词意境视为"新生命哲学自由观"的"发凡起例"。管见所及在西学理论中是全然未有且难以想象。陈伯海先生对于"毛泽东思想"曾有深切反思，例如1988年他在《论民族新文化主体意识之探求》中指出：长期以来我国思想观念倾向于贬低和取消个性意识，社会主义被简单归结为"一大二公"乃至"愈大愈公"；这种抹杀人的个性爱好与独立思考的观念，容易导致使人成为"驯服工具"，而无从抵制"文化大革命"③。他何以在经历反思后仍然选择以"万类霜天竞自由"为"发凡起例"？④ 笔者初步判断是，这可能缘于其对中国思想文化资源的独特认知⑤。其另一部专著《生命体验和审美超越》后记中写道：

---

① 《陈伯海文集》第三卷（《古文论研究》），上海社会科学院出版社2015年版，第300页。

② 《陈伯海文集》第五卷（《哲思与审美》），上海社会科学院出版社2015年版，第186页。

③ 《陈伯海文集》第四卷（中国文化研究），上海社会科学院出版社2015年版，第285—286页。

④ 作者"前言"中强调该书是"精心打造的结果"。（《陈伯海文集》第一卷，第3页）又该书"后记"落款时间为2010年7月。（《陈伯海文集》第五卷，上海社会科学院出版社2015年版，第190页）

⑤ 陈伯海《唐诗学》论古典诗词的现代意义时写道："文学的变革如何将时代的需要与民族的传统统一起来，便于在人民大众的心灵中扎根。""我以为如能对包括唐诗在内的民族诗歌传统给予更多的重视与钻研，或许不无裨益。"（《陈伯海文集》第一卷，上海社会科学院出版社2015年版，第160页）

中、西、马各有其自身的思想传统与演进脉络,不同思想理念之间正需要大力沟通,好让其在相互碰撞、相互交流中,引发并熔铸出新的、更具有普遍适用性的理念来。这也就是当代中国哲学和美学创新自立之路了。……从当前时代需要出发给予推陈出新,发扬光大,恰可用以弥补西方既有观念的不足,值得我们精心对待。①

其中明确表述的"弥补西方不足"之意识,与前述德里达访问中国所意识的"无法弥补",两者可谓殊途同归而互文足义。在这个意义上,陈伯海研讨"自由"论域而立意开拓古典诗词新意境,当也表征了其"自由之思想"的个体经验,以及他本人年轻时信念经历反思后的"至老弥坚"。

---

① 《陈伯海文集》第五卷(《哲思与审美》),上海社会科学院出版社 2015 年版,第 382 页。该卷中的《生命体验与审美超越》部分也曾单独出版,生活·读书·新知三联书店 2012 年版。

欧化白话文潮流为什么没有在明末清初时兴起

复旦大学中文系　袁　进

明末清初是西方传教士来华传教的一个高潮,这时候也出现了一些新型的欧化白话文①,只是它们还是个别的现象,未能形成一个欧化白话文的潮流。这个潮流一直到清末民初才开始形成。为什么会造成这一现象? 本文试图提出一些看法,以就正于方家。

明末清初时期,来华的西方传教士为了实现传教的使命,需要仔细研究当时中国的语言。为了学会中国的语言,他们花费了大量的精力。今天我们看看他们对当时汉语的研究成果,或许也可以明了当时汉语的状况,他们所面对的当时中国是一种怎么样的语言场景。

当时西方传教士已经编撰了一些汉语语法著作,我们试看瓦罗的《华语官话语法》:

> 汉语有三种说话的语体。
>
> 第一种是高雅、优美的语体,很少使用复合词,怎么写就怎么说,这种语体只是在受过教育的人们中间使用,也只有他们才能懂。如果我们的教士能学会这种语体,那当然是一件很好的事情,因为那些有教养的中国人听到他用这种语体说话,把汉语说得很优雅时,必定把他看作一个学问渊博的人。然而事实上,由于我们每个人都受到环境条件的限制,用这种语体来说话对我们而言是极其困难的。

---

① 如徐光启的《造物主垂像略说》,见《中西初识》,中国中外关系史学会编,大象出版社,1999 年,第 59—70 页;以及南怀仁《教要序论》,该书原出于康熙九年;冯秉正《盛世刍荛》,见徐宗泽《明清间耶稣会士译著提要》第 75 页,等等。对他们将在另外的论文中专门论述。

　　第二种语体处于高雅和粗俗之间的中间位置,它能够被大多数人所理解,也使用一些复合词;但在凭上下文能够确定意思的时候,就不用复合词。这一语体还使用某些优雅的文学词语,而且所有的人都能理解。对我们来说,在准备布道宣教时,无论面对的是教徒还是异教徒,掌握这种语体都是十分必要的。因为,如果我们不以粗陋鄙俗的语言令他们生厌,他们就能饶有兴致地听讲,从而使得我们传布的教义更容易为他们接受。

　　第三种是粗俗的语体,可以用来向妇人和农夫布道。这种语体虽说是最初级的,但是学起来最容易,所以也是我们开始学习的起点。①

　　这就是当时西方传教士所认识到的中国语言的状况,早在比瓦罗更早的明代耶稣会会士书简中,西方传教士已经发现:"在中国人中可以区分三种层次的语言:老百姓的语言,体面人的语言和书面的语言。"②可见这一看法确实体现了当时社会书面语言的实际存在状况,这一认识不仅统治了明末清初的来华西方传教士,而且也统治了后来 19 世纪的来华西方传教士。我把传教士所说的第一种语体称之为"典雅的文言",把传教士所说的第二种语体称之为"浅近文言",把传教士所说的第三种语体称之为"古白话",用以区别于后来受到西方传教士影响,接受外国语言文学影响的"欧化白话"。这三种书面语言涵盖了当时汉族社会的全部书面语言。

　　对于西方传教士来说,能够学会典雅的文言,无疑是最有利于天主教的传播,能够得到社会的尊敬,进入社会上层。这也是利玛窦所作的努力。但是,学会典雅的文言对于出身于不同文化环境的西方传教士毕竟是实在太难了! 能够做到像利玛窦这样的西方传教士毕竟是凤毛麟角,就是利玛窦所写的传教篇章也很难说就达到了典雅文言的标准。所以对于绝大多数的西方传教士来说,他们并没有"取法乎上得乎中"的思想,因为这几乎是不可能的事情,他们大多自己就放弃了学会典雅文言的追求。这从他们自己撰写的语法书上也体现出来,他们把学习汉语的眼光倾注在学习浅近文言和古白话上。

　　那么,当时的浅近文言和古白话究竟是怎样的一个语言难易程度呢? 瓦罗给我们举出了具体的例证:

―――――――――――

　　① 瓦罗:《华语官话语法》,外语教学与研究出版社 2003 年版,第 11 页。

　　② 《耶稣会士中国书简——中国回忆录》,大象出版社 2001 年版,第 282 页。

欲升天者,可行真善路。若不然,岂得到。(第二种语体)

但凡人要升天,该当为善,若不为善,自然不会升天。(第三种语体)①

瓦罗认为,同一个句子分别以两种语体来表达,其差异可以一目了然。他试图通过此方式的运用,来说明这两种语言的不同和难易程度:

第一个句子用了"欲"和"者"这两个词,这是一种优雅明白的说法;凡是具有中等理解能力的人,或者说话说得相当好的人,都能够理解。在第二个句子里,用的是"但凡"和"要"这两个较通俗的词,任何一个能说或者能懂一点官话的夫人和农妇,都能够理解。第一个句子用了"可""真"和"路",这是优美文雅的说法;第二个句子则用"该当"表示必须的意思。

我们可以看到,其"第二种语体"的语言难易程度,就相当于"浅近文言"的语言难易程度。但是其"第三种语体"则与古代白话文相当,比起后来"五四"的白话文,其语言难易程度无疑要高一些,后来近代的白话文,其程度往往不如明清时的白话文。为什么会造成这种状况?我放到以后再作分析,这里只是提醒大家注意一下这个现象。

我们还必须看到西方传教士对语言难易程度的理解,是以"词"为基础的,他们采取了极为简易的办法,把若干词作为典雅的标志,把另外若干词作为通俗的标志。这种做法当然是一条区分难易程度的捷径,自有它的道理,起码是很容易学会,但是它又是不完整的,我们很难想象典雅的文言只需要有若干典雅的词包装就可以了。正因为采用这种方式区分表述语句的雅俗,我们将在下面的若干引文中可以看到,西方传教士在行文时常常是把典雅的文言语句和不够典雅的直接表白的俗语组合在一起,形成一种亦雅亦俗的表述,加上一些典雅的包装词。这种表述让士大夫瞧不起,以为它不文不白,反倒是成全了它浅近文言的风格。这也是当时西方传教士不得不如此的事情,因为学习中国的文言文,熟练掌握和运用文言文对于西方传教士毕竟是太难了,他们只能采取变通的方法。这种做法后来就在西方传教士中延续下来,一直延续到 20 世纪初,成为他们运用中文的一种行文风格,越是在文言论述中,越能看到这样的情景。

---

① 　瓦罗:《华语官话语法》,外语教学与研究出版社 2003 年版,第 12 页。

那么,为什么利玛窦他们较少直接用官话来写作传教著作呢？要回答这个问题,我们必须回到当时的风俗习惯,利玛窦看到的当时中国人写作的风俗习惯是这样的:

  在风格和结构上,他们的书面语言与日常谈话中所用的语言差别很大,没有一本书是用口语写成的。一个作家用接近口语的体裁写书,将被认为是把他自己和他的书置于等同于普通老百姓的水平。然而,说起来也很奇怪,尽管在写作时所用的文言和日常生活中的白话很不相同,但所用的字词却是两者通用的。因此两种形式的区别,完全是个人风格和结构的问题。所有中国的字词无一例外都是单音字,我从未遇到过双音或多音字,虽然有些字可能包含两个甚至三个元音,其中有些是双元音。①

利玛窦说得有点过分,他可能确实没有看到用类似口语写成的如语类之类的书籍;但是,当时的社会风俗,也确实是不用口语写书而只用书面语写书,即使是古代白话文,也已经不是当时的口语,而是一种书面语。利玛窦发现:中文的同音字太多,读者不可能依靠听写来笔录一部书,因为发音相同的各种中文不同的书写符号不可能用耳朵听准,但是可以用眼睛把符号的形状和它们的意义分辨清楚。"事实上常常发生这样的事:几个人在一起谈话,即使说得很清楚,很简洁,彼此也不能全部准确理解对方的意思。有时候不得不把所说过的话重复一次或几次,或甚至得把它写出来才行。如果手边没有纸笔,他们就沾水把符号写在什么东西上,或者用手指在空中划,或甚至写在对方的手上。这样的情况更经常地发生在有文化的上流阶级谈话的时候,因为他们说的话更纯正,更文绉绉并且更趋于文言。"②利玛窦已经意识到,汉语同西方的语言不同,是两种语言体系。用今天法国后现代理论家德里达喜欢用的理论术语来说:西方的语言是"语音中心主义"的语言,而汉语完全不是"语音中心主义"的语言,而是"书写中心主义"的语言。利玛窦因为时代关系,虽然还不能区分"语音中心主义"和"书写中心主义",但是他已经凭着直觉认识到:"我认为中国语言含糊不清的性质,乃是因为自古以来他们就一直把绝大的注意力放在书面语的发展上,而不大关心口语。就是现在,他们的辩才也只见之于他们的写作而不在

————————

  ①② 《利玛窦中国札记》,中华书局 1983 年版,第 28 页。

于口语。"①这样与西方语言完全不同的"书写中心主义"的语言和社会风俗,无疑促使利玛窦等西方传教士对于用口语创作持比较慎重的态度,尤其是在他们非常注重士大夫观感的时候,他们当然不愿意降低他们传教的品位。

然而,随着明朝由鼎盛走向衰亡,战乱时期,士大夫的地位也日趋衰落,向普通老百姓传教也出现倾斜;到了清代,由于满族的入侵,大量的满族人成为全国各地的官员,他们需要与各地汉族官员交流,大量的满族人还没有学会典雅的文言,更不可能学会各地的方言,作为口语的官话就成为他们不可离开的交流工具,原来的南京官话也更多的变为北京官话,而且融入了满族语音和词汇。北京官话也占据了绝对统治地位。近现代中国文学史有着一大特殊的景观,那就是满族人写的白话小说往往比汉族人写的白话小说运用的北京官话更为纯粹,更加具有语言艺术性。近代运用北京官话最为出色的小说《儿女英雄传》是满族人文康写的,现代运用北京官话最为出色的小说是满族人老舍写的,老舍因此被称为北京话的语言大师,古代运用北京官话最为出色的小说《红楼梦》是汉族人曹雪芹写的,但是他却出身于满族人入关之前就确定下来的"汉军旗"人,一个祖辈充分受到满族化影响的汉族人,可以说是半个满族人。当时的汉族作家,竟然没有人能够超过这三位满族作家。如果有一个满族作家在官话的运用上超过汉族作家并不稀奇,古代、近代、现代三个时代都是由满族作家在官话运用上独占鳌头,由此我们或许可以明白:北京官话对于满族人的生存意义远远大于汉族人,许多满族人对于北京官话的掌握程度要超过了汉族人。

但是,尽管官话在满族统治下得到进一步发展,文言文依然是主要的书面语言,尤其是在上层社会,满族人也必须花费大量的时间学习汉族的文言文,特别是在一统天下之后。满族人也要参加科举考试,与汉族人一样通过写作文言文的开科取士方式来选拔官员。

随着满族人对于官话的需求,官话的进一步发展,耶稣会传教士的传教文本也出现了由浅近文言向官话倾斜的状况,试看南怀仁的《教要绪论》:

> 天主为何
> 凡人欲进天主圣教,先该知道天主谓何,天主者是生天地、生神、生人、生万物大主宰。未有天地、神人、万物之先,止有一天主。无始无终其本性

---

① 《利玛窦中国札记》,中华书局 1983 年版,第 29 页。

是，自有无所从生。若有所从生，便非天主。譬如数目，万从千来，千从百来，百从十来，十从一来，其一者无所从来。一原是百千万亿之根，天主惟一，是为万物根源。盖万物不能自成，必先有造之者而后成，譬如楼台房屋，不能自起，必有工匠，造作然后成。故盘古、佛、菩萨、老君等，皆在有天地之后，皆是父母所生，岂可与生天地神人万物大主宰相比！①

这段话已经有着较强的白话气息，较之利玛窦的浅近文言，其文言程度显然已经减少许多。但是，我看到的这个文本是鸦片战争后出版的，它有可能经历过后来的西方传教士的改写。即使它没有经过改写，从迄今为止流传下来的明末清初天主教传教文本来看，它们在清初并没有产生一批欧化白话文的文本，像 19 世纪那样，给社会以广泛的影响。明末清初的西方传教士，没有在中国造成欧化白话文的潮流，影响中国的语言文学形态。换句话说，也就是欧化白话文为什么没有在明末清初的西方传教士传教活动中形成？这是一个很有趣的现象，值得我们深入探究。

首先当然是西方传教士把传教的重点放在知识阶层，我们从上面的论述中已经知道，他们所用的语言多为浅近文言，当时的西方传教士已经意识到，士大夫是当时中国社会的领导阶层，只有征服了士大夫的思想意识，才能真正扩大天主教的影响，从而促使更多的中国人信仰天主教。事实也确实如此，上海的徐光启成为天主教徒之后，带动了他的家乡许多人成为天主教徒，因为徐光启地位较高，后来一直做到兵部尚书、内阁大学士，在家乡有很大影响，上海的徐家汇地名，就是因为徐光启而得名。根据天主教会的统计，明末江南有五万教徒，十二座教堂，上海就有四万教徒，两座教堂。按照当时天主教的看法，上海教徒如此之多，也是因为徐光启的巨大号召力。②但是，当时西方传教士的传教，为了让中国人能够容忍理解天主教，在华传教士往往根据中国文化，在基督教与中国文化的差异上作一些让步，其中最著名的例子就是利玛窦所画的世界地图，迎合中国人的心理，将中国的地理位置稍稍挪动了一下，画在世界的当中，以适应"中国"这个概念。以及为了尊重中国拜祭祖先的风俗，允许中国的天主教徒继续祭拜祖先，而不顾天主教的"十诫"规定。

---

① 南怀仁：《教要序论》，该书原出于康熙九年，现据救世堂 1848 年重刻本录。
② ［法］史式徽：《江南传教史》，上海译文出版社 1983 年版，第 8 页。

我们已经讨论过宗教对文化的影响远远超过商业贸易,因为宗教是文化的核心。一种文化对另一种文化的影响,影响的文化一般处在强势的地位,而且要坚持文化的原有形态。但是明末来华的西方传教士则不然,他们来华传教时为了传教的方便,对中国民俗文化所作的妥协,固然减少了传教时的阻力,有利于他们传播天主教;但是这也是一把双刃剑,这种妥协做法本身同时也削弱了他们在文化上对中国的影响。

其次,在欧化白话文的形成过程中,《圣经》的翻译是非常重要的一环。因为《圣经》的翻译,要求原来的意义绝对准确,它在翻译时会形成一种欧化的语言暴力,迫使中国教徒在运用汉语时接受欧化。迄今为止,在西方传教士所用各种汉语文本中,最忠实于原著,翻译最为准确的是《圣经》,文本最为欧化的是《圣经》,欧化的文本不容许任何更改的是《圣经》,对中国教徒作用影响最大的也是《圣经》;因为《圣经》是基督徒的经典,每个基督徒都必须学习它,遵从它。它的翻译必须按照西方《圣经》的原文,准确地翻译出它的意思。而不可能像利玛窦所画的世界地图那样,改变原文以适应读者的需要。19世纪新教传教士对华传教,往往把《圣经》的翻译视为首要任务。但是明末清初的西方天主教传教士则不然,他们并不重视翻译《圣经》,尽管从16世纪末,西方天主教传教士已经来到中国传教,但是第一本天主教翻译的中文《圣经》全译本一直到1953年方才问世,比新教的《圣经》中文译本足足晚了整整一个多世纪。

这是因为对于天主教来说,他们传教的理念和方式与后来的新教并不相同,"即十七世纪时,圣经在福音宣讲中的地位与今日的情况并不相同。比如说,在华的普通传教士并未携来一本袖珍版的圣经,因为(欧洲的)普通天主教徒当时也没有一本圣经。教士和信徒们通常都是通过弥撒书这类关于圣礼的书籍才得以接近圣经的"①。新教与天主教在传教的理念上有所不同,新教是要求教徒直接与上帝沟通的,《圣经》的解释权就在每个个人,因此《圣经》对于教徒来说就非常重要,每个教徒几乎都需要直接阅读《圣经》,了解《圣经》的原意,接受《圣经》的指示,从而也就是新教教徒接受上帝的指示。但是天主教就不同了,对于天主教来说,《圣经》的解释权在罗马教廷,天主教徒是通过教堂里的神父来与上帝沟通的,教徒应该听从神父对《圣经》的解释,神父则应该听从主教对《圣经》的解释,一直到听从罗马教廷对《圣经》的解释。对于天主教来说,信

---

①　钟明旦、孙尚扬:《1840年前的中国基督教》,学苑出版社2004年版,第376页。

徒们不需要每人一本《圣经》，每个信徒都阅读《圣经》会引起他们的独立思考，每个信徒都拥有自己对《圣经》的解释权只会引起教会的混乱，他们只要听罗马教廷的指示就行了。正因为这样，所以天主教会在中国传教并不重视对《圣经》的翻译。

19 世纪初叶，在中国的西方传教士龙华民派遣金尼阁到罗马请求教皇批准用中文学习神学，举办弥撒，背诵每日祈祷书，并用中文安排圣礼。"教皇保罗五世的一封信，准许将中文文言用于圣礼，同时亦准许把圣经译成中文，但不是译成方言土语，而是要译成适合于士大夫的学者语言。"①这意味着利玛窦运用汉语偏向于浅近文言的语言方针，是符合当时罗马教廷基本想法的，罗马教廷对于在华传教的对象是有所考虑的。这很可能是受了《马可波罗游记》的影响。在翻译圣经还要罗马教廷批准的情况下，而罗马教廷对于汉语的认识又是这样一个态度，在华的天主教传教士们要运用当时的口语官话来翻译《圣经》几乎是不可能的。

那么，罗马教廷为什么会做出这样的决定，反对用方言土语去翻译《圣经》呢？这是因为当时的欧洲，有着与当时的中国比较相近的语言观念。当时欧洲流行的是拉丁文，拉丁文原来是罗马帝国的语言，到了公元 9 世纪，"已经不再是任何民族的母语。正因为这个原因，古典时代以后的拉丁语被称作'失去了民族的语言，或失去了说话共同体'的语言"②。事实上，它成为当时欧洲上层社会和教会流行的语言。当时"在外交领域使用拉丁语的好处之一是精英阶层的成员大多数都懂拉丁语。第二个好处是拉丁语能显示地位的尊严。第三，相对于地方语言来说，拉丁语是中立的，而在那个时代，地方语言正在争夺文化霸权，尤其是意大利语，西班牙语和法语"③。我们从以上的论述中可以看到，拉丁文在当时西方社会担任的正是文言文在中国古代社会担任的社会交流任务，它成为欧洲流行的代表了身份地位的书面用语。一直到 19 世纪，司汤达创作的小说《红与黑》写到主人公——一个穷木匠的孩子，正是由于懂得拉丁文，竟然成为市长家的家庭教师，同时也成为一个不顾一切，努力向上爬的野心家。所以，类似拉丁文在罗马教廷的观念，促使罗马教廷做出了只允许用文言文翻译《圣经》的决定。当时的罗马教廷歧视欧洲的方言俗语，因此也就必然歧视中国

① 钟明旦、孙尚扬：《1840 年前的中国基督教》，学苑出版社 2004 年版，第 378 页。
② 彼得·伯克：《语言的文化史》，北京大学出版社 2007 年版，第 61 页。
③ 彼得·伯克：《语言的文化史》，北京大学出版社 2007 年版，第 64 页。

的方言俗语，当时中国的官话，其地位也差不多类似于方言俗语。

可是，明末清初虽然没有出版完整的汉语《圣经》，节译的汉语《圣经》还是可以看到的，这是为了传教的需要，要传播天主教，不知道《圣经》的内容怎么行呢。当时西方传教士传教经常运用"宣讲"的形式①，这是一种很有意思的传教方式，牵涉到近代才发展起来的"演说体"这种新文体的鼎盛。遗憾的是笔者没有能够见到这些宣讲稿的文本，我可以推测宣讲所用的语言，大多是口语，而且很多是官话或者方言，否则当时的公众仅凭听觉，会很难接受。应该说这些宣讲的语言大概免不了欧化的成分，只是这种宣讲的文本，基本上在当时就很少出版，因此也就难以在书面语言的变换上发挥巨大的作用，它们在汉语的欧化语言上曾经起过怎样的作用？ 如今只好暂时存疑了。由于宣讲受众的数量限制，以及宣讲稿主要依靠听众和抄本来扩大影响，这一时期西方传教士的演说体和欧化官话的规模，即使有小范围的存在，也是不可能与19世纪的西方传教士相比拟的。

最后，在满族人入关以后，满清政府重视北京官话的时候，距离康熙皇帝开始禁止天主教传教的时间已经不远。由于罗马教廷与清朝政府发生文化上的冲突，清政府开始禁止传教，到雍正年间更是采取严厉措施禁止传教，天主教的传教完全进入地下，大批西方传教士被驱逐，官话的欧化活动也就难以进行了。

但是，雍正禁教之后，北京的清朝政府，需要有懂得外语的人来做翻译，以便于他们能够及时处理外交事务。因此，他们仍然要到澳门去寻找懂得汉语，最好还能懂得满语的西方传教士，把他们聘请到北京充当翻译。在乾隆后期，从澳门请来精通汉语和满文的传教士翻译贺清泰，因为乾隆皇帝的欣赏，特许他在北京可以传教。据"《在华耶稣会士列传》法文原版966页记载，乾隆四十五年(1780年)清泰曾获谕允可以为汉人(原注：疑以京城为限)讲道，并为愿奉教者受洗，但宗室与官员子弟，必须有家长许可"②，贺清泰既然承担了传教的使命，皇帝又允许他传教，他当然要利用这个机会。我们可以根据他选择用白话文翻译《圣经》推想，他当时面对传教的受众主要是一些满族人和文化程度不高的汉族人，为了向这部分受众传教，他必须用北京官话来翻译《圣经》。这部《圣经》的全名叫《古新圣经》，一共三十四卷。据耶稣会士潘庭璋于1790年写的信

---

① 　彼得・伯克：《语言的文化史》，北京大学出版社2007年版，第400页。

② 　方豪：《中国天主教史人物传》，宗教文化出版社2007年版，第545页。

札中披露:贺清泰还曾经将《圣经》译为满语,附有注释。看来,这个满语译本很可能是在白话译本之前就问世了;可惜,这个满语译本已经找不到了。由此也可看出,贺清泰出于传教对象的实际需要,当时很重视对《圣经》口语的翻译。只是他用满语和白话翻译《圣经》的做法,在当时的历史条件下,很可能并没有按照天主教的规矩,得到罗马教廷的批准。因此,这本用官话翻译的《圣经》并没有刊行,只是作为抽屉文本而存在。就连它的传抄本数量也极少,据说曾经有几本被传教士带到西方。但是马礼逊看到过这本译本,据说列为他的《圣经》翻译参考书之一。不过马礼逊是用文言翻译《圣经》的,贺清泰的译本有助于他理解中文,但是目前似乎还缺乏对贺清泰直接影响马礼逊翻译《圣经》的研究。贺清泰的《圣经》官话译本藏在上海徐家汇藏书楼,现在已经重新整理出版。它在许多专用名词和句子的翻译上,与后来的《圣经》译本并不统一,差异很大,这是可以理解的,这时的口语和后来的口语发生了很大的变化。尽管贺清泰的《圣经》官话译本使用了"欧化白话",并且在当时对受众做了宣讲,但在当时却没有造成在改变汉语语言文学方面的影响。这与贺清泰翻译的官话《古新圣经》当时没有刊行有很大关系。按照方豪的解释:"或因无人审查,或因其太俚俗。"①尤思德也认为贺清泰译本未能刊行的重要原因之一可能便是出于教会对"文字过于通俗"的忧虑,担心它会使《圣经》的神圣性、权威性受到削弱,因为按照中国传统的语言领域,按照士大夫的文本观念,"白话"与"经典"是断然不能扯上关系的。直至官话和合本《圣经》翻译时,同样的原因仍然困扰着传教士们,使他们质疑它"能否带来好的声誉和影响"②。可见在这时,"太俚俗"因为不符合儒家"言之不文,行而不远"的信条,仍然是一个教会认为不能刊行的重要理由。这显然影响到当时"欧化白话"的发生和流行。

贺清泰一直到 1814 年方才去世③。这时已经是新教的马礼逊来华传教的时代了。贺清泰的活动,在时间上已经可以同新教传教士如马礼逊的对华传教活动连接起来,他可以算是近代西方传教士对华传教活动的先驱。贺清泰的工作也许显示了基督教对华影响在雍正禁教之后到马礼逊来华传教之间的一个过渡。

因此,明末清初来华的西方天主教传教士,尽管在当时的传教工作上花费

---

① 方豪:《中国天主教史人物传》,宗教文化出版社 2007 年版,第 545 页。
② 尤思德:《和合本与中文圣经翻译》,香港:国际圣经协会 2002 年版,第 219 页。
③ 《在华耶稣会士列传及书目补编》,中华书局 1995 年版,第 513 页。

了大量的心血,他们"共刻印天主教的宗教书籍 131 种,历算类书籍 100 种,学术、伦理、物理类 55 种",吸收的天主教徒达到 245 000 人①,他们带来的科学思想,科学技术,逻辑、数学知识,也对当时的中国士大夫产生了重要的影响。但是,他们却很少在语言文学上对中国文化产生重要影响,尤其是几乎没有对白话文的欧化产生影响。后来的汉语文学作品几乎没有发现欧化的影响。这里的原因是比较复杂的,但是西方传教士自身的传教方针,无疑是一个重要的原因。于是,汉语白话文的欧化过程便只能延续到近代了。

---

① 彼得·伯克:《语言的文化史》,北京大学出版社 2007 年版,第 328 页。

《庄子·庚桑楚》析义

同济大学哲学院　张文江

解题:《史记》本传:"《畏累虚》、《亢桑子》之属,皆空语无事实。""《畏累虚》、《亢桑子》",当即此篇《庚桑楚》,可见其影响。"皆空语无事实",因涉及甚深的哲理,司马迁为史家,未必能知也。"空语"者,盖化有为无,又化无为有,事实乃成寓言、重言、厄言。《畏累虚》、《亢桑子》与《庚桑楚》的异同变化,可能涉及《汉书·艺文志》五十二篇与今本三十三篇的分合关系。《庚桑楚》居《杂篇》之首,是庄书最优秀篇章之一,足可与内七篇媲美而毫无逊色。

老聃之役有庚桑楚者,偏得老聃之道。

此即《易·鼎》初爻所谓"得妾以其子",乃代际传承之规律。"偏得"者,从另一角度而得,犹佛教之有禅宗,走"教外别传"路线。"偏"为在特殊条件下以偏概全,为剑走偏锋,为"偏见乃思想之放假"(钱锺书《写在人生边上·一个偏见》)。又偏,独也,其他人皆未得之,唯有此人得之。"役"近侍于师,然有独特相应处,所谓"下下人有上上智"(宗宝本《坛经》),今藏传佛教犹有此风。可参考《天龙八部》中少林寺扫地僧,无名无分,却已得武学之道。

以北居畏垒之山,

得道以后,继续修持,深入到艰苦的地方去。畏垒,山名,山形拙朴不平的样子。

其臣之画然知者去之,其妾之挈然之仁者远之。

不得道还好,得道之后,反而有些人不愿意跟随了。在《法华经·方便品》中,有五千比丘退席。世尊说法前,欲言又止,乃说偈云:"止止不须说,我法妙难思。诸增上慢者,闻必不敬信。"臣、妾,谓男男女女,《易·遯》九三:"畜臣妾,吉。"画然知者,犹画地为牢,局促而未能通变,此执于逻辑思维者。挈然仁者,端着仁的架子,所谓妇人之仁,此执于情感思维者。逻辑、情感,犹左、右大脑之变。又,孔子往往以仁、知对言,孟子往往以仁、义对言。《论语·雍也》:"仁者乐山,知者乐水。"《里仁》:"仁者安仁,知者利仁。"庄子此处用仁、知,犹相应孔子。以句式对称观之,"画然"后当增"之"字,或删去"挈然"后"之"字。

> 拥肿之与居,鞅掌之为使。

做有利于他人的事情,与底层的劳苦大众在一起。"拥肿"即臃肿不中绳墨,于性情当憨厚、朴实;"鞅掌"则引车贩浆者流,于性情当草野不恭、随随便便。

> 居三年,畏垒大壤。

三年大见成效。知者、仁者或执著于观念,未能务实从事生产。壤,一作穰。大壤,丰收。

> 畏垒之民相与言曰:"庚桑子之始来,吾洒然异之。

老百姓交头接耳,纷纷议论,这个人刚来的时候,大家摸不准他想干什么。

> 今吾日计之而不足,岁计之而有余。

然而不久以后,一点一点地发生变化。最初效果好像不明显,过了一段时间,面貌已完全不同。《老子》第六十三章:"是以圣人终不为大,故能成其大。"金圣叹推崇"那辗法"(little by little, one goes far),所谓"天下但有极平易低下之法,是谓天下奇法、妙法、秘密之法"(金批《西厢记》卷六),复初、姤初之积也。

庶几其圣人乎！子胡不相与尸而祝之，社而稷之乎？"

此即古今有成就人士之悲哀。因为有了一定成就，不得不被当作招牌，于是渐渐僵化而吃冷猪肉。鲁迅《而已集·扣丝杂感》有"猛人"被包围之象，正是此类情形。脱化之道甚难，达到最高成就或可脱化，故仍存其路。"尸而祝之，社而稷之"，建一座纪念碑来供养他吧。

庚桑子闻之，南面而不释然。弟子异之。

为大家做好事，得到的反馈却不大对，不得不重新检查自己。南面为主政者听治之位，《论语·雍也》："雍也可使南面。"释然犹开怀，解散思想，各归其所。不释然，心中郁闷不乐。弟子感到很奇怪，这样高级别的荣誉，别人想求也求不来，老师为什么不开心呢。

庚桑子曰："弟子何异于予？夫春气发而百草生，正得秋而万宝成。

有什么可以奇怪呢？我所做的，只不过解除几根捆人的绳索，顺其自然罢了。太阳系形成以后，确定了日地关系，地球上就有四季变化。春，蠢也，发犹自发，禅家语云："春来草自青。"[1]秋天是收获的季节，《说卦》："兑，正秋也。万物之所说也。"宝（寶），《经典释文》谓元嘉本作实（實），以文章而言，当以宝为善。"正得秋"之正犹标准，时辰一旦踏准，万宝就显出来了。

夫春与秋，岂无得而然哉？天道已行矣。

春与秋之发生，难道是无缘无故吗？得，依据，缘故。然而，不管有"得"还是无"得"，在你没有特别感觉的时候，春天（或秋天）已经悄悄地来了，而且早已走到前面去了。它正在走而且已经走了，留也留不住——天道已行矣。你还来不及探究它何以如此，它却是本来如此。"天道已行矣"有气派，照应"南面而不

---

① 《五灯会元》卷六西川灵龛章次，僧问："如何是诸佛出身处？"师曰："出处非干佛，春来草自青。"卷十一鲁祖宗教章次，问："如何是学人著力处？"师曰："春来草自青，月上已天明。"卷十五云门文偃章次，僧问："如何是佛法大意？"师曰："春来草自青。"

释然",比较黄霑《上海滩》歌词:"似大江一发不收。"有得、无得之辨,西方或归结于"第一因",中国则化解"第一因"于当下,极深极深。

> 吾闻至人,尸居环堵之室,而百姓猖狂,不知所如往。

《在宥》:"尸居而龙见,渊默而雷声,神动而天随。"又:"浮游不知所求,猖狂不知所往。""百姓猖狂",兴高采烈地走来走去,自由自在的样子。猖狂谓肆意而行,此处无贬义。"不知所如往",解消社会发展的目的,破除所谓"建构理性"。参考《山木》:"猖狂妄行,乃蹈乎大方。"

> 今以畏垒之细民,而窃窃欲俎豆予于贤人之间,我其杓之人邪? 吾是以不释于老聃之言。"

细民,小小老百姓。窃窃,街谈巷议。一个人当所有人都知道你是谁了,这个人就差不多不知道我是谁了。(张新颖《沈从文的后半生》引沈语:"没有人知道我是干什么的,我自己倒知道。如到人都知道我,我大致就快到不知道自己究竟是干什么的了。"台北,麦田出版,2015,117页)"欲俎豆予于贤人之间",试图供养我吃冷猪肉。孙权请曹操做皇帝,曹操对周围人说,这小子想把我放在炉火上烤呢(《三国志·魏书·武帝纪》裴注引《魏略》:"是儿欲踞吾著炉火上邪!")。"我其杓之人邪?"我难道有什么把柄被别人拿到了吗? 这是极深的反思,所谓太阿倒持,授人以柄。围棋术语称大漏着(昏着)为"勺子",指不经意中露出破绽,被敌手抓住而一败涂地。"吾是以不释于老聃之言",自己的修行还没有到家,违背了老师的告诫。参考《天运》:"兼忘天下易,使天下兼忘我难。"或解杓作标准、表率,为众人所仰望。

> 弟子曰:"不然。夫寻常之沟,巨鱼无所还其体,而鲵鳅为之制;步仞之丘陵,巨兽无所隐其躯,而孽狐为之祥。

生物适应环境,大小各有其宜。"巨鱼无所还其体",体积过大,在沟渠里施展不开。八尺为寻,倍寻为常。制,称霸一方,得其所哉。《经典释文》引《广雅》云同折,谓小鱼得曲折也。"巨兽无所隐其躯",笨重不灵活,无法出入自如。

祥,福也;或曰祥,妖也。在此作威作福,兴妖作怪。

　　且夫尊贤授能,先善与利,自古尧、舜以然,而况畏垒之民乎! 夫子亦
听矣!"

"尊贤授能",贤犹德,能犹才,今所谓德才兼备。"先善与利",有多种读法,
似宜读作"先善、与利"。"先善"尊贤,推崇精神价值;"与利"授能,推崇物质价
值。前者相应亚当·斯密《道德情操论》(1759),所谓道德人;后者相应《国富
论》(1776),所谓经济人。尧、舜为儒家意识形态,犹黄、老为道家意识形态。
听,从,你姑且将就他们吧。

　　庚桑子曰:"小子来! 夫函车之兽,介而离山,则不免于罔罟之患;吞舟
之鱼,砀而失水,则蚁能苦之。故鸟兽不厌高,鱼鳖不厌深。

巨兽不可一世,离开山以后,会被罔罟套牢。大鱼翻江倒海,而一旦搁浅,
蚂蚁也能困扰它。介,孤单。砀,振荡。"鸟兽不厌高,鱼鳖不厌深",不可失其
所,脱离自己的环境。

　　夫全其形生之人,藏其身也,不厌深眇而已矣。

"夫全其形生之人","形""生"之间可加顿号,读若"全其形""全其生",前
者走命功路线,后者走性功路线,犹后世佛教流派之"即身成佛""即生成佛"。
而全其形生,犹性命合一。"藏其身也",因身乃大患,故欲藏之,下文谓"无有
一无有,圣人藏乎是"。"不厌深眇"实为要义,后世修持者入山惟恐不深,遁
世惟恐不远似之,犹道家之大戒。若究其极,以"损之又损"为是,而所谓藏
者,乃化也。

　　且夫二子者,又何足以称扬哉。是其于辩也,将妄凿垣墙而殖蓬蒿也,
简发而栉,数米而炊,窃窃乎又何足以济世哉。

二子即尧、舜,庄子否定尧舜,因其上有黄帝、伏羲以至几蘧(《人间世》)。

前者重视上层建筑乃至意识形态,后者更重视人生和人心。以释氏为喻,前者走转轮圣王路线,后者走如来佛路线。辩谓名理,形名学当之。"妄凿垣墙而殖蓬蒿",废除真的好的,建立假的坏的,犹先破坏文物,再伪造古董。"简发而栉",多此一举。"数米而炊",根本用不着。以藐姑射之山神人视之,其尘垢秕糠,将犹陶铸尧舜者也(《逍遥游》),故何足以称扬哉。

> 举贤则民相轧,任知则民相盗。之数物者,不足以厚民。

举贤则民相轧,任知则民相盗,《人间世》有云:"德荡乎名,知出乎争。名也者,相轧也;知也者,争之器也。"举贤、任知或不得不然,也必须了解其"不足以厚民"的副作用。厚民之厚,参考《论语·学而》曾子曰:"慎终追远,民德归厚矣。"

> 民之于利甚勤,子有杀父,臣有杀君;正昼为盗,日中穴阫。

于利甚勤,目标单一,不断寻求权益最大化。《史记·货殖列传》:"天下熙熙,皆为利来;天下攘攘,皆为利往。""子有杀父,臣有杀君",当坤初、姤初。《易·文言》:"子弑其父,臣弑其君,非一朝一夕之故,其所由来者渐矣。""正昼为盗,日中穴阫。"所有人参与的大博弈,为零和乃至负和游戏。穴阫,钻墙洞,今所谓资产流失。阫,墙。

> 吾语女:大乱之本,必生于尧、舜之间,其末存乎千世之后。千世之后,其必有人与人相食者也。

庚桑子宣说末世论,比较佛教的末法时期。本节文字相当奇怪,有宏大叙事之嫌。庄子行文,通常总是一句进,一句出,不下绝对的判断,似乎刀枪不入,此处好像有些急躁了。推究先辈的言说,考察自身的经历,感觉道德一代不如一代,学问一代不如一代,确实有可能。大乱之本犹因,其末犹果;因果乘除,消息不停,每下愈况,构成绝对的退化观。然而,庚桑子意思是否为庄子意思呢?不一定。庚桑子为本篇的起兴,庄子之意当推究于更远。又此节文意,《徐无鬼》中许由亦言之:"夫尧畜畜然仁,吾恐其为天下笑,后世其人与人相食与。"

> 南荣趎蹵然正坐曰:"若趎之年者已长矣,将恶乎托业以及此言邪?"

南荣趎为弟子之一,蹵然正坐,身心受到了触动。蹵(cù)然,惊惧的样子。"若趎之年者已长矣",说起我的年龄呢,已经不小了。"年者已长"与"年已长"语气不同,后者仅为客观叙述,前者多一停顿,融入了主观感慨。到了一定年龄,经历世事渐多,有些人会意识到个体生命的短促,感受到其中的问题。

又,南荣趎年者已长,相对说明庚桑子还年轻。于庚桑子而言,当"自古英雄出少年",有一股发扬蹈厉的英气。于南荣趎而言,被触动了心事,生怕来不及,吕岩《沁园春》所谓"下手速修犹太迟"。然而修法有两种,一种是越早越好,所谓出名要趁早,悟道也要趁早;一种是再晚也不晚,即使最后一秒钟,修了去还是修了去。那么跟年龄有关呢,还是无关呢?两种修法,甚含巧妙。

南荣趎之趎,或含未开化之意,亦即下文"不知乎人谓我朱愚";南荣者,以南为荣也。"将恶乎托业以及此言邪?"到底怎么做才能达到这样的成就呢?及此言,指全其形、生。托业,亦即修法。念佛吗?参禅吗?炼丹吗?修气吗?拜斗吗?礼忏吗?每天具体所做为事,事之聚集发生影响为业。业是一种挂乐器的大版,又为书版,故有请业或授业。《说文解字》段玉裁注:"凡程功积事言业,如版上之刻,往往可以计数也。"

> 庚桑子曰:"全汝形,抱汝生,无使汝思虑营营。若此三年,则可以及此言矣。"

"若此三年,则可以及此言矣",与"居三年,畏垒大壤"不同,彼从事于物质生产,此从事于精神修持。为什么彼成而此不成?彼未明说,而"百姓猖狂,不知所如往",故不知不觉中成之;此条件未成熟而过早揭示关键,则内外不能相应,故"趎勉闻道达耳矣",入乎耳,不能通乎心。后世禅家用旁敲侧击法,时机未至,决不明说,所谓"任从沧海变,终不为君通"是也。①

> 南荣趎曰:"目之与形,吾不知其异也,而盲者不能自见;耳之与形,吾

---

① 《五灯会元》卷十一首山省念章次,僧曰:"如何是世尊不说说?"帅曰:"任从沧海变,终不为君通。"卷十二道吾悟真章次:"叮咛损君德,无言真有功。任从沧海变,终不为君通。"

不知其异也,而聋者不能自闻;心之与形,吾不知其异也,而狂者不能自得。形之与形亦辟矣,而物或间之邪?欲相求而不能相得。

目、耳、心,外形上没有什么差别,但不同的人有不同的感知。人和人之间的交流看起来是开通的,为什么好像有东西阻隔其间呢?"欲相求而不能相得",极形象,活画出人之渴求交流而力有所不及。"而物或间之邪"之物,究竟是什么,含禅机待参。南荣趎提出的问题,内涵甚深,他本人却不明白,所说一大套,可以归结为:"我没有听懂。"

今谓趎曰:'全汝形,抱汝生,勿使汝思虑营营。'趎勉闻道达耳矣!"

勉,其力未充,不是由自然积累而来。《论语·里仁》子曰"朝闻道,夕死可矣",由入耳而入心。南容趎达耳而未能入心,故听而不闻。"全汝形,抱汝生,勿使汝思虑营营",呼应庚桑楚,在重复中包含了音乐性。此前后两言,深入阐发"夫全其形生之人,藏其身也,不厌深眇而已矣",可当此句之注,阳一阴二也。又"勿使汝思虑营营",道家坎水镇离火之象。

庚桑子曰:"辞尽矣,曰:奔蜂不能化藿蠋,越鸡不能伏鹄卵,鲁鸡固能矣! 鸡之与鸡,其德非不同也。有能与不能者,其才固有巨小也。今吾才小,不足以化子。子胡不南见老子!"

高手出招,一击不中,即飘然远引,终不成死缠烂打?"全其形生"之修法,就是"全其形生"本身。"形之与形亦辟矣,而物或间之邪"之答案,就是"形之与形亦辟矣,而物或间之邪"本身。尧舜"尊贤授能"云云,与南荣趎"恶乎托业"云云实质相同,皆属于"思虑营营"。"辞尽矣",该说的都说完了,再说就往下走了。"有能与不能者,其才固有巨小也",亦即《系辞下》所谓"德薄而位尊,知小而谋大,力小而任重"。庚桑楚说出惊世大预言,又未能化南荣趎,完成其角色而退场,引出道家更深广境界。

南荣趎赢粮,七日七夜至老子之所。

庚桑楚于不当时机说出关键,由先天落入后天,其语已不能起作用。如此三年如何度过?乃不得不化时间为空间,引南荣趎南下见老子,而另起其机。"七日七夜",是消化的过程,也是积累能量的过程。由"三年"而"七日七夜",由"七日七夜"而"十日",为由渐入顿的三个阶梯。然而或渐或顿,此篇终未明言,盖其象不定,读者自思之。赢粮而行,参考《逍遥游》:"适莽苍者,三飧而反,腹犹果然。适百里者,宿春粮。适千里者,三月聚粮。"

> 老子曰:"子自楚之所来乎?"南荣趎曰:"唯。"老子曰:"子何与人偕来之众也?"南荣趎惧然顾其后。

"自楚之所来"之自,即《寓言》"有自也而可,有自也而不可"之自。"子何与人偕来之众也?"当《易·咸》四"憧憧往来,朋从而思"。"惧然顾其后",南荣趎一惊,所执不觉脱落。然而,此仅为暂时轻松,而非桶底脱落,故须再化之。顾其后,所谓回头是岸,后世道教有张果老倒骑毛驴之象。思虑营营之气,至此稍稍落地,其心初安,仍未能晓悟。

> 老子曰:"子不知吾所谓乎?"南荣趎俯而惭,仰而叹,曰:"今者吾忘吾答,因失吾问。"

"子不知吾所谓乎",你听不懂我讲什么吗?下手遇上手,往往如此。"吾忘吾答,因失吾问",一瞬间之丧我(sich verlieren),即禅家之机锋。南荣趎满脑子充斥各种想法,老子不和他纠缠理论,而是猝不及防地夺其根据,亦可见"空手入白刃"功夫。

> 老子曰:"何谓也?"南荣趎曰:"不知乎人谓我朱愚,知乎反愁我躯;不仁则害人,仁则反愁我身;不义则伤彼,义则反愁我己。我安逃此而可?此三言者,趎之所患者。愿因楚而问之。"

"何谓也?"接续上文"子不知吾所谓乎?"此为老子之探路,前者试图从我的话中进入,后者试图从你的话中进入,消除交流的障碍,在交往中澄明。古希腊苏格拉底的谈话术,亦从探讨意见进入,所谓辩证法(dialectics)"不知乎人谓我朱愚,知乎反愁我躯;不仁则害人,仁则反愁我身;不义则伤彼,义则反愁我己。我安逃此而可"? 南荣趎心心念念的问题在此,古代人的矛盾在此,现代人的矛盾也在此,故寻求解决之道。朱愚,蠢得不开化。

又三言为知、仁、义,仁前接知,后接义。仁知为古学,仁义为今学,此含孔、孟之转变,亦见庄之通其源流。

　　老子曰:"向吾见若眉睫之间,吾因以得汝矣。今汝又言而信之。

"向吾见若眉睫之间,吾因以得汝矣。"此即高明的观象法,有定力之人一望可知。因以得汝,知道你的整体,知道你的心思。"今汝又言而信之。"听了你的话,更证实了我的想法。此得到双重证据,故作出确定判断,比较孔子的观象法:"视其所以,察其所由,观其所安。人焉廋哉,人焉廋哉。"(《论语·为政》)又"向吾见若眉睫之间",犹一瞥见其所藏,观人入微矣。

　　若规规然若丧父母,揭竿而求诸海也,女亡人哉! 惘惘乎,汝欲反汝情
　　性而无由入,可怜哉!"

"若规规然若丧父母,揭竿而求诸海也,女亡人哉!"规规然,精神焦虑的样子。丧父母,失去依靠。揭竿而求诸海,不成比例。举着一根竹竿,居然想用来测量大海。亡人,亡失本根之人。"惘惘乎,汝欲反汝情性而无由入,可怜哉!"惘惘,失魂落魄的样子。反汝情性,安顿魂魄,推情合性,做回真实的自己。

　　南荣趎请入就舍,召其所好,去其所恶。十日自愁,复见老子。老子
　　曰:"汝自洒濯,熟哉郁郁乎! 然而其中津津乎犹有恶也。

请入就舍,犹闭方便关。调整思想,召其所好,去其所恶,犹王阳明天泉证道"为善去恶是格物"。十日自愁,成玄英疏:"未能契道,所以悲愁。""汝自洒濯,熟哉郁郁乎! 然而其中津津乎犹有恶也。"此即吕岩《沁园春》:"辨水源清浊,木金间隔,不因师指,此事争知?"郁郁乎,其中津津乎犹有恶,乃水源不清之象。熟犹孰;"洒濯"谓洗心,亦即《易·系辞上》:"圣人以此洗心,退藏于密。"《知北游》:"汝齐戒,疏瀹而心,澡雪而精神。"参考《论语·阳货》:"年四十而见

恶焉,其终也已。"

> 夫外韄者不可繁而捉,将内揵;内韄者不可缪而捉,将外揵;外内韄者,
> 道德不能持,而况放道而行者乎。"

韄(huò),系缚,束缚;揵(jiàn),关闭。外界纷繁复杂,内心亦千丝万缕,如果被牵着走,对治以内闭或外闭,将不胜其烦,所谓"不见可欲,使心不乱"。林希逸《庄子鬳斋口义》:"此言学道而不得其要,或欲制之于外,或欲制之于内,皆无下手处。"盖外揵者,闭其耳目;内揵者,制其内心。"外内韄者,道德不能持,而况放道而行者乎。"如果内外一起发动,即使修养很高的人也不能承受,何况初学者呢? 放,背弃,或通仿。

> 南荣趎曰:"里人有病,里人问之。

"里人有病,里人问之。"一般解释为乡里有人生病了,邻居去探问他;也可以解释为乡里有人生病了,乡里人自己探问,这意思就深了。杨慎《古今谚》引《相冢书》:"山川而能语,葬师食无所。肺腑而能语,医师色如土。"问之乃显其机,如不问,则无从踏入。

> 病者能言其病,然其病病者犹未病也。

"然其病病者犹未病也",高山寺本作"病者犹未病也",无"然其病"三字,两者意义有异。"病者能言其病,病者犹未病也。"大意为:病者能说出自己的病情,那么他的病情还不严重。能问病,说明病者神志清楚,此正是施行治疗的基础。"病者能言其病,然其病病者犹未病也。"大意为:病者能说出自己的病情,然而,使病者生病的那个东西是不生病的。"病病者"指产生病的本体,识此乃明治疗之根源。参考《大宗师》"杀生者不死,生生者不生"。

"病病者"可能来自《老子》第七十一章:"夫唯病病,是以不病。圣人不病,以其病病,是以不病。"以义理而言,"病病者"深于"病者",然此非南荣趎所能知,所能言,故此处有可能是错简,当为作者或传抄者思想矛盾所致。而此恰成参思之机,所谓"讹脱亦资思适"(钱锺书语)是也。

若赵之闻大道,譬犹饮药以加病也。赵愿闻卫生之经而已矣。"

　　"闻大道"乃物理兼生物,"卫生之经"仅言生物,亦即养生之道。"譬犹饮药以加病也。"参考《韩非子·解老》:"道譬诸若水,溺者多饮之则死,渴者适饮之即生。"南容趎听不懂而试图减负或逃避(好比病人说"打针轻一点"),而老子恒顺之而言卫生之经,亦黄叶止儿啼而已。

　　　　老子曰:"卫生之经,能抱一乎? 能勿失乎? 能无卜筮而知吉凶乎? 能
　　　　止乎? 能已乎? 能舍诸人而求诸己乎? 能翛然乎? 能侗然乎? 能儿子乎?

　　"能抱一乎? 能勿失乎?"语出《老子》第十章:"载营魄抱一,能无离乎?"河上公注:"言人能抱一使不离于身,则长存。一者,道始所生,太和之精气也。"又第二十二章:"圣人抱一以为天下式。"河上公注:"圣人守一,乃知万事,故能为天下法式也。""能无卜筮而知吉凶乎?"《管子·心术》、《内业》之语略同,用《易》之象。《论语·子路》:"不占而已矣。"《左传》哀公十八年:"圣人不烦卜筮。""能止乎? 能已乎?"止犹结束,已犹结束于不结束,大休歇之象。前者截断,后者顿超。"能舍诸人而求诸己乎?"一切依报都是正报,一切外在都是内在,永远不推托找借口,犹释迦、基督担荷人类罪恶之意。《论语·公冶长》:"已矣乎! 吾未见能见其过而能内自讼者也。"《宪问》:"子贡方人。子曰:'赐也贤乎哉,夫我则不暇。'""能翛然乎? 能侗然乎?"翛(xiāo)然,开合进出之间,无拘束的样子。侗(tóng)然,诚悫,谨愿,淳厚。"能儿子乎?"语出《老子》第五十五章:"含德之厚,比于赤子。"返老还童,返僵硬还柔软,元气充沛,生命力强。《马太福音》(十八:三)亦云:"你们若不回转来,变成小孩子的样式,断不得进天国。"

　　　　儿子终日嗥而嗌不嗄,和之至也;终日握而手不掜,共其德也;终日视
　　　　而目不瞚,偏不在外也。

　　恰如其分,不透支,不费力而长其力。郭象注:"不离其性,还自得也。"嗌不嗄,声音和顺。嗌(yì),喉咙;嗄(shà),沙哑。手不掜(yì),骨节软。掜,拳曲,痉挛。共其德,消除力点,不紧张。瞚(shùn),同"瞬",眨眼,目光迷离散乱。偏不在外也,不受外界吸引,不动心。林云铭《庄子因》:"精有所移曰偏。"

行不知所之，居不知所为，与物委蛇而同其波，是卫生之经已。"

参考《应帝王》："吾与之虚而委蛇，因以为弟靡，因以为波流。"内外兼修，完完全全松弛之象。

南荣趎曰："然则是至人之德已乎？"曰："非也。是乃所谓冰解冻释者，能乎？

此云"非也"，下云"未也"，皆老子之遮诠。老子所言皆含活机，且声气互通。南荣趎节节而追之，必欲得其言而执之，则死于句下，故老子不许也。"是乃所谓冰解冻释者，能乎？"解散其体，得新生之象。参考《老子》第十五章："涣兮若冰之将释。"河上公注："涣者解散，释者消亡，除情去欲，日以空虚。"杜预《左传注·序》："涣然冰释，怡然理顺。"冰解冻释时节，犹中国"文化大革命"结束时的气氛，一九七七、一九七八年的恢复高考，排队购买名著，流行伤痕文学。

夫至人者，相与交食乎地而交乐乎天，不以人物利害相撄，不相与为怪，不相与为谋，不相与为事，翛然而往，侗然而来，是谓卫生之经已。

相与，相互增上。交食、交乐而不以利害相撄，此当天地人之象。"食"者食于有形，"乐"者乐于无形，而"撄"者，撄宁也，撄而后成。相与为怪，就是你与我为怪，我与你为怪；相与为谋，就是你算计我，我算计你；相与为事，就是你给我生事，我给你生事。萨特称"他人就是地狱"（《禁闭》），然而，他人的他人难道不是我吗，所以我也是地狱。"能舍诸人而求诸己乎"，化导这一切，当先从他人的他人（也就是我）做起。"不相与为怪"，从此念出发，逐步上修，由消极转为积极。"不相与为谋，不相与为事"，犹《应帝王》"无为谋府，无为事任"。"翛然而往，侗然而来，是谓卫生之经已。"翛然，无所牵挂，侗然，心怀开朗。"至人之德"与"卫生之经"有异有同，盖上出于大道，否定以后再肯定，即老子之变化。

曰："然则是至乎？"曰："未也。吾固告汝曰：'能儿子乎！'儿子动不知所为，行不知所之，身若槁木之枝而心若死灰。若是者，祸亦不至，福亦不来。祸福无有，恶有人灾也！"

曰："然则是至乎？"南荣趎力量不足，无法走上去了。曰："未也。"老子继续否定，未可停留于此，经过渡而引出道家之大定。"身若槁木之枝而心若死灰"，犹小乘之念死，有"乞活埋"之象。《齐物论》有云："何居乎？形固可使如槁木，而心固可使如死灰乎！""祸亦不至，福亦不来"，遣除两边，中间亦不立。取"卫生之经"为至，而至即不至，此即大道，此即卫生之经，亦即"能儿子乎"。

> 宇泰定者，发乎天光。发乎天光者，人见其人，物见其物。人有修者，乃今有恒。有恒者，人舍之，天助之。人之所舍，谓之天民；天之所助，谓之天子。

犹佛家"九次第定"、"首楞严定"，"宇泰定"乃道家极深之定。此定乃全宇宙在宁静之中，可相应《奥义书》篇末之祈祷："平安、平安、平安"。此犹佛教之华严境界，永远至纯、至善、至美，故曰"发乎天光"。"发乎天光者，人见其人，物见其物"，盖见及人和物之实相，亘古以来从未破坏过。"人有修者，乃今有恒"，达成永久不变的时间，"恒"者常也，马王堆帛书《易》谓"易有大恒"，《老子》谓"道可道，非恒道，名可名，非恒名。"《论语·子路》引《易》"不恒其德，或承之羞"，子曰："不占而已矣！"其"恒德"至深处，亦可通此义。"有恒者，人舍之，天助之。人之所舍，谓之天民；天之所助，谓之天子。""有恒者"乃体道之人。"人舍之"乃"奇里斯玛"（charisma）现象，故曰"天民"，亦即《人间世》"鬼神将来舍，而况人乎"。"天助之"盖因缘和合，人神共助（God helps who helps himself），故曰"天子"，亦即《人间世》"知天子之于己，皆天之所子"。"天子"者，乃得君、人平等之象，且学道（学佛）乃大丈夫事，非王侯将相所能为也。又"天民"、"天子"相成，"天民"者，自然而然显出等差，"天子"者，等差之间亦相等也。

> 学者，学其所不能学也；行者，行其所不能行也；辩者，辩其所不能辩也。知止乎其所不能知，至矣！若有不即是者，天钧败之。

学、行、辩三句，即禅家所谓"百尺竿头，更进一步"（语出《五灯会元》卷四长沙景岑章次）。到达百尺竿头，似已无路可走，然而真正的学、行、辩就在这里开始，更进一步，将出现另外的广阔世界。"知止乎其所不能知，至矣！"凡知识要达成"不可知论"才能有真正的知，故高高山头立，深深海底行，"不厌深眇而已矣"。参考《大宗师》："知天之所为，知人之所为者，至矣。""是"为日正，亦即真正的标准，学、行、辩至于"其所不能知"之际，"能"者人为，"不能"者入天。"天钧"乃大自然的内在平衡，《齐物论》所谓"休乎天钧"，《寓言》："天均者，天倪也。""天钧败之"，未能达此天人之际者，虽百计作为，终归无用，"天钧"将自然而然破坏之。

备物以将形，藏不虞以生心，敬中以达彼。若是而万恶至者，皆天也，而非人也，不足以滑成，不可内于灵台。

"备物以将形"，犹释氏所谓"四大"（一说"五大"），《孟子·尽心上》所谓"万物皆备于我"近似之。"藏不虞以生心"犹唯识所谓现量，《金刚经》所谓"应无所住而生其心"。"不虞"是没想到，故有新鲜的惊喜。《左传》僖公四年："不虞君之涉吾地也"；《孟子·离娄上》："有不虞之誉，有求全之毁。""敬中以达彼"，所谓诚合外内。"达彼"者，沟通乃至理解外物，尊重现象本身。

"备物以将形，藏不虞以生心"，由外而内，由身而心；"敬中以达彼"，由内而外，由心而身。"敬"为中国文化特色，后世理学有"主敬"之说。《说文解字》："哲，敬也。"与希腊所谓"爱智慧"，相辅相成。"若是而万恶至者，皆天也，而非人也"，修持如是，仍有"万恶"而来，则皆旧业，顺受而已，亦无碍也。"不足以滑成，不可内于灵台"，亦即《德充符》"不足以滑和，不可入于灵府"。滑，乱。

灵台者有持，不知其所持而不可持者也。

"灵台"起"持"（记忆、思考）的作用，而这个"持"是不可"持"的。"灵台者有持"，即神秀之偈"时时勤拂拭，莫使惹尘埃"。"不知其所持而不可持者也"，即慧能之偈"本来无一物，何处惹尘埃"（宗宝本《坛经》）。前句盖成大圆镜智，后句乃破镜而虚也。

不见其诚己而发，每发而不当；业入而不舍，每更为失。为不善乎显明之中者，人得而诛之；为不善乎幽闲之中者，鬼得而诛之。明乎人，明乎鬼者，然后能独行。

"不见其诚己而发,每发而不当",端正动机,相应《中庸》诚合外内之旨。"诚己"者,所谓"自诚明"(《德充符》"以知得其心"云云为"自明诚");"发而当"者,所谓"发而皆中节"。"业入而不舍,每更为失",纠正过失,相应《维摩诘经》卷三《弟子品》"勿重增其罪,当直除灭,勿扰其心",每每纠正过失造成了更大的过失。"为不善乎显明之中者,人得而诛之;为不善乎幽闲之中者,鬼得而诛之",以后世民俗而言,即阳祸、阴祸之说。以儒家而言,则有《中庸》"慎独"之义。"明乎人,明乎鬼者,然后能独行",亦即《易·履》初爻:"素履,往无咎",《象》曰:"素履之往,独行愿也。"马克思《资本论·序》引佛罗伦萨诗人但丁名言:"走你的路,任凭人家去说吧!"《神曲》为中世纪著作,尚有"明乎人,明乎鬼"之风,《资本论》已至近代,故不言鬼而仅言人。

> 券内者,行乎无名;券外者,志乎期费。行乎无名者,唯庸有光;志乎期费者,唯贾人也。人见其跂,犹之魁然。

"券"谓契合,"券内"、"券外",契合内心,契合外界。"行乎无名","志乎期费",犹《中庸》"君子之道,闇然而日章;小人之道,的然而日亡"。"行乎无名",参考《史记·李将军列传》引谚曰"桃李不言,下自成蹊";"唯庸有光",犹《易》所谓"谦尊而光",西语所谓 aura。庸,常也。"志乎期费","期"为期限,"费"谓获取报偿。"费"可有二义:一为显,犹光鲜,《中庸》所谓"君子之道费而隐";一为钱财,《论语·尧曰》:"君子惠而不费。"此有求名、求利之不同,追逐利益则一,故曰"唯贾人也"。"人见其跂,犹之魁然。"跂通企,踮起脚跟,《荀子·劝学》:"吾尝跂而望矣,不如登高之博见也。"魁,魁梧,高大、结实的样子。人见其站立得很高,好像了不起的样子,似乎是真老虎,然而其实他踮着脚呢(所谓泥足巨人)。《老子》第二十四章谓"跂者不立",《红楼梦》第二回谓"外面的架子虽未甚倒,内囊却也尽上来了"。

> 与物穷者,物入焉;与物且者,其身之不能容,焉能容人。不能容人者无亲,无亲者尽人。

"穷"谓通、谓尽,"入"谓来。"与物穷者,物入焉",犹《大学》"物格而知至",乃达成八目。"与物且者,其身之不能容,焉能容人!""且"谓阻、谓隔,王阳明格竹子而病,可当此不通之象。"容身"、"容人"者,由《大学》之"明明德"而"亲民"。"尽"谓绝,"尽人"者,不能达成八目,且不能达成三纲,则人道绝矣。

> 兵莫憯于志,镆铘为下。寇莫大于阴阳,无所逃于天地之间。非阴阳贼之,心则使之也。

"兵莫憯于志,镆铘为下。"拿破仑谓世界上有两样东西最强大,一是剑,一是思想。从长远来看,思想战胜剑。且宝剑镆铘之成,亦含人之精神。《吴越春秋》卷四记干将、莫耶铸剑,初未成,夫妇讨论,略云:"夫神物之化,须人而成。昔吾师作冶,金铁之类不销,夫妇俱入冶炉中,然后成物。"于是莫耶断发剪爪,投于炉中,金铁乃濡,遂以成剑。阳曰干将,阴曰莫耶;阳作龟文,阴作漫理。"寇莫大于阴阳,无所逃于天地之间",即《人间世》"阴阳之患"和"人道之患","阴阳"谓消息。"非阴阳贼之,心则使之也",即《人间世》"若成若不成而后无患者,唯有德者能之"。

> 道通其分也,其成也毁也。所恶乎分者,其分也以备。所以恶乎备者,其有以备。

"道通其分也,其成也毁也",有二种读法。一、如句。"道通"犹不断分化,后世"一分为二"近似之。如太极、二仪、四象、八卦以至于六十四卦,而成则毁也,亦即所谓"阴阳之患"。二、高山寺本作:"道通,其分也成也,其成也毁也。"如此与《齐物论》相同,近似于后世"围城"之象。细玩整段文义,当以如句为是。"所恶乎分者,其分也以备",为什么有分呢,因为分的同时有整体。"所以恶乎备者,其有以备。"为什么有整体呢? 因为有整体成立之条件。而"有以备"又不是空的存在,它依存于"备"与"分",故"道通其分也"。

> 故出而不反,见其鬼。出而得,是谓得死。灭而有实,鬼之一也。以有形者象无形者而定矣。

"出而不反"者,不知"道通"而仅知"其分也","鬼"者游魂,不知归也。为何不知归呢? 因为出来受到花花绿绿世界的吸引,满手想抓,什么也抓不到,最终只能抓到死。如此看来,未成"真人"、"至人"者,阳气虽未尽,皆有见"鬼"之象。而世俗所谓"鬼"("灭而有实"),仅为"鬼"之一。"以有形者象无形者而定矣",盖出而反之。以"有形象无形"之路,由"其分也备"至"其有以备"而见"道通其分也"。"道通其分也",有极深之哲理。虽然事物不断分化,人出而不反,而"道通"通于"分"、通于"出",始终没有脱离过。只要一"象"即反,始知没有离开过清凉世界。后世禅家所谓"放下屠刀,立地成佛"(语出《五灯会元》卷十九东山觉章次),亦相应于此。

> 出无本,入无窍。有实而无乎处,有长而无乎本剽,有所出而无窍者有实。有实而无乎处者,宇也;有长而无乎本剽者,宙也。

"出无本",谓"其分也备""其有以备"皆相待而立,其本体是没有的。"入无窍",盖"有形象无形",一"象"即归,"之路"不必,此即最上一乘。"有实而无乎处,有长而无乎本剽",涉及无限概念,乃空间、时间之所以成立。"有所出而无窍者有实",盖康德所谓"物自体"(das Ding an sich selbst)。海德格尔解"自然"(physis)一词,谓希腊文原义为"涌现",亦即"有所出"。"有实而无乎处者,宇也;有长而无乎本剽者,宙也。"在中国此处最早提出了"宇宙"观念,不可脱离道论以理解其义。《淮南子·齐俗训》"往古来今谓之宙,上下四方谓之宇",当由此引申。自然科学认识"宇宙",无法追究终极,中国文化从生命角度理解。"本剽"犹本末,《说文解字》:"剽,砭刺也。"段玉裁注:"砭者,以石刺病也;刺者,直伤也。砭刺必用其器之末,因之凡末谓之剽。《庄子》谓本末为本剽,《素问》有《标本病传论》,标亦末也。"又"宇宙"一词,亦见于《列御寇》:"若是者迷惑于宇宙,形累不知太初。"

> 有乎生,有乎死;有乎出,有乎入。入出而无见其形,是谓天门。天门者,无有也,万物出乎无有。有不能以有为有,必出乎无有,而无有一无有,圣人藏乎是。

"有乎生,有乎死;有乎出,有乎入。"生、死、出、入皆为现象,而使现象成为现象的有一"天门"(save appearances)。此"天门"本身不是现象,故"入出而无见其形"。"天门"概念出于《老子》第十章:"天门开阖,能无雌乎?"为全书"三门"之一,余二为"众妙之门"、"玄牝之门"(潘雨廷《体老观门》,文见《易与佛教、易与老庄》,上海古籍出版社,2005),雌谓静伏。"天门者,无有也,万物出乎无有。""天门"似乎是一样东西,但这样东西是"没有"的,因为有就是现象,而非"天门"。而没有此"没有",万物就无法相形而现。"有不能以有为有,必出乎无有",仅仅理解"其分也备"尚不够,还应该理解"其有以备"。"而无有一无有,圣人藏乎是",而"天门"乃至"无有"本身是没有的,圣人就藏在那儿。此得生命本原,乃至深之义,后世禅家所谓"藏身处没踪迹,没踪迹处莫藏身"(《五灯会元》卷五船子德诚章次),当由此而来。

> 古之人,其知有所至矣。恶乎至?

至者,达成极点。此句同《齐物论》。现在与过去永无休止的问答交谈,产生知,达成至。前文已言:"知止乎其所不能知,至矣!"至者,是也。

> 有以为未始有物者,至矣,尽矣,弗可以加矣!

无。最上一着。此句同《齐物论》。

> 其次以为有物矣,将以生为丧也,以死为反也,是以分已。

有。混同无机体与有机体,无而为有,犹上帝造人。分,区别。"将以生为丧也"至"是以分已",《齐物论》作"而未始有封也"。

> 其次曰始无有,既而有生,生俄而死。以无有为首,以生为体,以死为尻。孰知有无死生之一守者,吾与之为友。

一无有。"既而有生,生俄而死",谓生生死死,须臾而已。"以无有为首"云云,又见《大宗师》。"以生为体"之体,《大宗师》作脊。"孰知有无死生之一守者"之有无死生,《大宗师》作死生存亡;守,《大宗师》作体。脊,犹《逍遥游》"培风背,负青天",《养生主》"缘督以为经"。"死生存亡"即"有无死生";守者,守其体,亦守其道也。"吾与之为友",参考《天下篇》"上与造物者游,而下与外死生、无终始者为友"。本节《齐物论》作"其次以为有封焉,而未始有是非也"。

> 是三者虽异,公族也。昭、景也,著戴也;甲氏也,著封也:非一也。

公族,大宗也,谓其同。昭、景著戴为氏,犹争其天;甲氏著封为氏,犹争其地;谓其异。非一也,亦一也。又昭、屈、景,楚之公族三姓。

> 有生,黬也,披然曰"移是"。尝言"移是",非所言也。虽然,不可知者也。腊者之有膍胲,可散而不可散也;观室者周于寝庙,又适其偃焉。为是举"移是"。

"有生,黬也,披然曰'移是'"。黬(jiān),锅底灰。披然,分散貌。生命偶然聚集,如一黑点,聚散不定,却各是其所是,纷然生是生非。"尝言'移是',非所言也。虽然,不可知者也"。尝试谈谈"移是"呢,那不是语言能讲清楚的。言再多也穷尽不了"移是",此否定"名"。不是语言,那么是否有"实"呢?那也是不可知的,此否定"实"。"腊者之有膍胲,可散而不可散也"。腊为祭祀,膍(pí)胲(hǎi)(牛百叶和牛蹄)为祭品。祭事已毕,则以散为是;祭事未毕,则以不散为是。此为譬喻,其象小大由之。《论语·八佾》:"子贡欲去告朔之饩羊。子曰:'赐也,尔爱其羊,我爱其礼。'"亦为散与不散之别。子贡与孔子的分歧谁正确,没有固定的标准。在当时似乎是子贡对,无用的东西还放在那儿干什么呢?而孔子则认为礼不可废,礼崩乐坏,天下大乱。子贡看到形式和内容的分离(可散),孔子看到形式和内容的一致(不可散)。子贡推之极端是要内容不要形式,孔子推之极端是形式就是内容,至少保存了形式,还有希望恢复内容。从后世历史来看,应该是子贡正确,"告朔之饩羊"早已消失无踪。然而孔子真的失败了吗?"告朔之饩羊"在实际上永远不可废,也废不了,这就是通古通今的礼乐,比如世界各地升国旗、奏国歌等仪式。"观室者周于寝庙,又适其偃焉。"好比你参观故宫,富丽堂皇,然而还得去厕所。于"寝庙"和"偃",宜全面观之。一、"寝庙"喻精神层面,"偃"喻物质层面。精神活动需要一定的物质支持,热血固然不可少,而过于理想化,亦为一失。二、"寝庙"喻美轮美奂的表面,"偃"喻不为人注意的阴暗部分。法国大革命时罗兰夫人名言:"自由自由,多少罪恶假汝之名以行!"抱持信仰的人奔赴革命圣地,看到的情形却未必符合理想,皆为其例。

"为是举'移是'"。"为是"的"是",一般解作"此",也可以解作"是":"为了阐明'是'才举出'移是'。""是"必须相合于"移是",如此更深。

> 请尝言"移是":是以生为本,以知为师,因以乘是非。果有名实,因以己为质;使人以为己节,因以死偿节。若然者,以用为知,以不用为愚,以彻为名,以穷为辱。"移是",今之人也,是蜩与学鸠同于同也。

"请尝言'移是'",再次谈"移是"。前文"非所言"、"不可知",盖遮诠,此处试作表诠。"是以生为本,以知为师,因以乘是非","是"之成立有两个条件:一为生,一为知。有生有知,所以有是非。"乘"为驾驭,"乘是非"者,纷然之象。"果有名实,因以己为质",执著有是非,就执著有名实,而衡量的标准在己。"使人以为己节,因以死偿节",以别人来符合自己的标准,不惜以生命为代价,把自己也套进去了。"若然者,以用为知,以不用为愚,以彻为名,以穷为辱。"此世俗之标准,未知两极相通。《论语·公冶长》赞宁武子:"邦有道则知,邦无道则愚。其知可及也,其愚不可及也。"如此"知"与"愚"相通,而且"愚"远深于"知"。"彻"谓全有,"穷"谓空无。《浮士德》一生追求"彻"而不可得,经历种种境界,最后填海造田成功,然而还有一幢小屋没有拆除,不惜代价拆了它,方才满意:"真美呀,你停一停",于是靡非斯特出现。如此"彻"与"穷"亦相通,果有是非乎哉。"'移是',今之人也,是蜩与学鸠同于同也。""移是"是今之人的状况,"蜩与学鸠"(语出《逍遥游》之"移是"是同的),它们和今之人"移是"也是同的。"蜩与学鸠"(空)和今之人(时)有其不同之同,"同与同"也就是"移是"的"是"。

> 蹍市人之足,则辞以放骜,兄则以妪,大亲则已矣。

"辞以放骜",连说对不起,谦下之象。放,不知检束。骜,傲慢。以妪,好言抚慰,妪犹婆婆妈妈。"大亲则已矣",什么都不用说。林希逸《南华真斋口义》:"情亲之至,自相孚也。"

> 故曰:至礼有不人,至义不物,至知不谋,至仁无亲,至信辟金。

"至礼有不人",人我同。不人,或不按人之常规,如亲密之极,昵称小冤家之类。首句多一"有"字,因至礼包括人与不人,故亦不废常规。"至义不物",物我通。或谓义者,物之宜也。不物,犹胡瑗教徐积曰"莫安排"(周煇《清波杂志》十七)。"至知不谋",至知统观大局,而谋仅属局部;又至知犹战略,谋犹战术。参考《老子》第二十七章:"善闭无关楗而不可开。""至仁无亲",《文言》:"乾始以美利利天下,不言所利,大矣哉。"参考《老子》第五章所谓"天地不仁","圣人不仁"。"至信辟金",不需要金宝作为抵押品。杨树达《积微居读书记》解作金石为开,似非,辟当与不、无同义。

> 彻志之勃,解心之谬,去德之累,达道之塞。

彻,亦即撤,毁也,通也。勃,兴也。谬,胶著,系缚。达,贯通。

> 贵富显严名利六者,勃志也;容动色理气意六者,谬心也;恶欲喜怒哀乐六者,累德也;去就取与知能六者,塞道也。

贵在富之前,犹官本位。显,光宗耀祖,出名。《史记·项羽本纪》:"富贵不归故乡,如衣绣夜行,谁知之者。"严,威严,摆架子,鲁迅《赠邬其山》所谓"一阔脸就变"。名,性宫;利,命宫。容,容止(pose);动,动作;色,颜色;理,辞理;气,气一动志;意,思想。恶即不欲,《左传》昭公二十五年列出六情,与此相同,"恶欲"作"好恶"。去就谓人,取与谓物。

> 此四六者不荡胸中则正,正则静,静则明,明则虚,虚则无为而无不为也。

四组、六项,四六者,共二十四项。《大学》:"知止而后有定,定而后能静,静而后能安,安而后能虑。"此节次序有所相似,然入手处不同,落脚点亦异。裘锡圭谓《庄子》这段话也见于《吕氏春秋·有度》,文字稍有出入,作"静则清明,清明则虚"。又谓二书皆有脱误,未误之文当作"静则清,清则明,明则虚"(《裘锡圭自选集》,大象出版社,1994,170 页)。此虽成其说,然核之本节,校文相对松散了。

> 道者,德之钦也。

《中庸》:"苟非至德,至道不凝也。"钦,敬也,尊也。

生者,德之光也。

《易·文言》:"含万物而化光。"成玄英疏:"天地之大德曰生,故生化万物者,盛德之光华也。"又,张爱玲《公寓生活记趣》略云:"去阳台扫灰尘,看见楼下人家栏杆上正晒着被呢。心想还是等晚些收了进去再扫吧,就这么一转念,顶上生出了灿烂圆光。这就是我们的不甚彻底的道德观念。"

性者,生之质也。

《中庸》:"天命之谓性。"修命归于修性,而修性可兼修命。《庄子》佚篇有《意修》之题目,或亦修性之法也。

性之动谓之为,为之伪谓之失。

性之动犹七八,为之伪犹九六。

知者,接也;知者,谟也。知者之所不知,犹睨也。

"知者,接也",感性世界,"知者,谟也",理性世界。"知者之所不知,犹睨也",尚有不可知王国,犹灵性世界,或一瞥可见。参考桑德堡《诗的定义试解》:"诗是对朝天边消失得太快来不及解释生活的一系列解释。"(用赵毅衡译文)

动以不得已之谓德,动无非我之谓治,名相反而实相顺也。

感而应之,故"动以不得已";所谓德者,得此也。一切境界皆自心现量,故"动无非我";且治我即治非我,内外相成。前句无我而无为,后句有我而有为,而无我即有我,无为即无不为,名相反而实相顺也。

羿工乎中微而拙乎使人无己誉,圣人工乎天而拙乎人。

"羿工乎中微",此人技艺高超,能射中很小的目标。"而拙乎使人无己誉",工乎中微则趋于成名,成名则趋于成障。《天运》所谓"兼忘天下易,天下兼忘我难"。"圣人工乎天",知道人的理想状态;"而拙乎人",不知道人的实际状态。"拙乎人"谓不了解人性,因为人处于社会中,有缺点也有私心,不可能纯粹。《荀子·非十二子》:"庄子蔽于天而不知人。"此批评非是,荀子盖蔽于人而不知天也。

　　　　夫工乎天而倛乎人者,唯全人能之。

　　既知道理想状态,又知道实际状态,乃达成平衡之理。倛谓深知人情,有良好的人际关系。全人为完整之人,乃庄书之极深意旨。圣人从普通人起修,修成圣人;全人从圣人起修,再修成普通人。参考《五灯会元》卷十一首山省念章次:"菩萨未成佛时如何?"师曰:"众生。"曰:"成佛后如何?"师曰:"众生,众生。"首句"众生"指未成佛之普通人,结句"众生,众生"指成佛后之普通人,亦即全人。众生在众生之中,犹水在水之中,《天下篇》所谓"不谴是非,以与世俗处"。全人深入可指全息的人,相应《天下篇》的天人、神人、至人。全人概念,于庄书于似仅此一见(于《德充符》指形体完整:"灵公说之,而视全人,其脰肩肩"),于中国思想史似亦仅此一见,至深至深。

　　　　虽虫能虫,虽虫能天。

　　人即人,人即天。虫谓生物,《礼记·月令》所谓羽虫、毛虫、介虫、鳞虫、倮虫。人,倮虫也。此多棱镜之象,一转全虫,一转全天,甚深甚妙。虽,一作唯。

　　　　全人恶天,恶人之天,而况吾天乎人乎。

　　全人恶天,因已在天中。恶人之天,不用合一,因无须返还,且解除修持,已得无修之道。而况吾天乎人乎,此为最上一乘,天即人,人即天,天人浑然不可分。

　　　　一雀适羿,羿必得之,威也。以天下为之笼,则雀无所逃。

雀为羿之气场笼罩,此即技艺成就者之威势。把羿的气场解散,则成天下的气场,故无所逃。

是故汤以庖人笼伊尹,秦穆公以五羊之皮笼百里奚。是故非以其所好笼之而可得者,无有也。

《乐纬动声仪》:"如寒暑风雨之动物,如物之动人,雷动禽兽,仁义动君子,财色动小人。"因为是人就有可笼之处。以庖人笼伊尹,以五羊之皮笼百里奚,王定保《唐摭言》卷一记唐太宗喜曰:"天下英雄入吾彀中矣。"庖人喻治国,《老子》第六十章:"治大国若烹小鲜。"《逍遥游》:"庖人虽不治庖,尸祝不越樽俎而代之矣。"

介者拸画,外非誉也。胥靡登高而不惧,遗死生也。

介者拸画,谓不事修饰,或不拘法度。介者,独足之人。拸(chǐ),去除。釜底抽薪,盖皮之不存,毛将焉附,毁誉置之度外,故彻底解决。小乘有修所谓"念死"者,盖贼入空室,故死尽偷心也。胥靡,服役的苦力。《五灯会元》卷五刺史李翱章次:"闺阁中物舍不得,便为渗漏。"

夫复謵不愧而忘人,忘人,因以为天人矣!

全盘吸收,黑洞之象,犹《达生》所谓"望之似木鸡矣,其德全矣",故成天人。《天下篇》排列"天人、神人、至人"之次,于全书中"天人"仅此一见。复謵,犹各种各样的刺激。愧,反馈。《五灯会元》卷二寿州道树章次:"野人作多色伎俩,眩惑于人,只消老僧不见不闻。伊伎俩有穷,吾不见不闻无尽。""野人作多色伎俩,眩惑于人",犹复謵也;"只消老僧不见不闻",犹不愧也。

故敬之而不喜,侮之而不怒者,唯同乎天和者为然。

解脱于《老子》第十三章之"宠辱若惊"。天和,参考《易》之"太和"。

出怒不怒,则怒出于不怒矣。出为无为,则为出于无为矣。

出怒于不怒,出为于无为,乃由本达末。参考文天祥诗:"日出云俱静,风消水自平。"(《吟啸集·遇异人指示以大光明正法,于是死生脱然若遗矣》)

> 欲静则平气,欲神则顺心。

平气,心平气和,且当损之又损。顺心,顺其性向所为,创造性奇迹总是在松弛投入的状态下发生的。以教师而言,协助学生找出自己的发展倾向,亦为教育之最重要目的。做适合于自己的事情,也尊重别人的选择。

> 有为也欲当,则缘于不得已。不得已之类,圣人之道。

"有为也欲当,则缘于不得已。"接通上文"性之动,谓之为,为之伪,谓之失"。参考《人间世》:"一宅而寓于不得已。""性之动,谓之为",即当;"为之伪,谓之失",即不当。"不得已之类",参考德国迈斯特·艾克哈特"论真正的顺从"(《艾克哈特大师文集》,荣震华译,商务印书馆,2003,1—2页),此无为之象,乃最深之指点。文章末尾又重新提出圣人,就圣人在人群中作用而言。在前门赶走的圣人,又从后门迎了进来,乃《庚桑楚》结束之笔。

论审美意象的创构

华东师范大学中文系　朱志荣

审美活动是意象创构的活动。审美意象作为美的本体，是主体能动创构的结果。在意象创构中，物象、事象及其背景作为感性直观的鲜活、生动的形象，具有激发主体的潜能，使主体作出动情的反应。主体在意象的创构中起着主导作用。审美意象是主体由触物起情，感悟通神，体物得神而创构，体现了独特的审美思维方式和创造性特点，是基于审美经验的价值判断。审美意象的创构在物我交融中体现尚象精神与和谐原则，从虚实相生中体现出空灵剔透，由生生不息的生命精神而进入体道境界，这也是主体自我建构的过程。艺术作品中意象的创造以物象和事象作为源头活水，彰显了主体的创造精神，通过技术和媒介创造性地进行物态化，并给欣赏者留下再创造的余地。

在中国传统美学思想中，意象是一个核心范畴，是审美活动的结晶。我们生活中被形容为"美"的感性形象，就是美学意义上的意象。其中的象，包括物象、事象及其背景作为实象，也包括主体创造性的拟象，特别是在实象基础上想象力所创构的虚象，虚实结合，共同组成了与主体情意交融的象的整体。而意，主要指主体的情意，包括情、理和情理统一，包括情感和意蕴。意与象两相交融，创构成审美的意象，即"美"。在审美意象即"美"的界定中，作为美学研究的本体对象的"美"是名词，而不是形容词或副词。美是意象，是主客、物我交融的成果。因此，审美活动的过程就是意象创构的过程。

一

审美活动就是意象创构的活动，审美活动的过程就是意象创构的过程。意象的创构不仅仅属于艺术作品的创造,整个审美活动都是一种意象创构的活动。美就是主体在审美过程中情景交融所创构的意象,它是在审美活动过程中动态地生成的,体现了主体的能动创造。在客观的物象、事象及其背景的基础上,主体通过主体的感知、动情的愉悦和想象力等能动创构诸方面创构审美意象。

审美意象由物象、事象及其背景感发情意而创构。赏心悦目的物象、事象及其背景具有潜在的审美价值,作为触媒激发主体情意的感动,使主体通过想象力加以创构。物象、事象及其背景作为客观元素,诉诸感官,是意象创构的前提,是审美活动的基础。它们通过"观""取"等方式被主体感受为眼中之象,即表象。这些表象中包括主体能动的拟象等,共同与主体的情意相融合而创构意象。其中的拟象,乃是意象创构中的重要内容。《周易·系辞上》:"圣人有以见天下之赜,而拟诸其形容,象其物宜,是故谓之象。"①可见,审美活动的过程中不仅是指器物和艺术创造,也包括拟象。拟象是意象之象的基础,主体在审美活动中由感觉和体验,到拟象表情达意,其中也包括主体想象的"象外之象"。《韩非子·解老》:"意想者皆谓之象。"②它们与物象、事象及其背景虚实结合,以实象为基础,又不过于胶着于物象、事象及其背景,以其特有的吸引力作为主体审美活动的动力,再进入心中,由物我交融,而创构为心中之象。例如作为自然物象的月亮,是纯客观的,而作为意象的月亮,则经过了主体体验的创构。其中的物象、事象及其背景不仅仅是思绪的触媒,还是主体情思的还魂之体,两者交融为一,缺一不可。葛应秋《制义文笺》:"有象而无意,谓之傀儡形,似象非其象也。有意而无象,何以使人读之愉惋悲愤,精神沦痛。"③说明情意与象在审美活动和艺术作品中是相互依存的。

在意象的创构中,物象、事象及其背景作为感性直观的鲜活、生动的形象,具有激发主体的潜能。意象的创构中有同情和默会,情与景,意与象猝然相遇,而主体在被激发后更作出了能动的、动情的反应。其中的物象、事象及其背景大体是固定的,而主观的意识是丰富、多变的,两者之间有着丰富融合的可能性。其中意与象无论如何整合,即使神合,妙合无垠,也多少都体现了主体通过

---

①　黄寿祺、张善文译注:《周易译注》,上海古籍出版社 2001 年版,第 543 页。

②　王先慎撰、钟哲点校:《韩非子集解》,中华书局 1998 年版,第 148 页。

③　葛应秋:《石丈斋集》卷三,《四库未收辑刊》第六辑,第二十三册,北京出版社 2000 年版,第 78 页。

象外之象和想象力的创构而融为一体。正因如此,审美意象是具有活力的,具有丰富的创造潜能。当然,创造性依然是有规律可循的,其偶然性、瞬间性的契机及价值依然需要获得科学的揭示。

审美意象作为美的本体,是生成的,不是预成的,是主体能动创构的结果。它不仅在个体审美活动中瞬间生成的,而且是社会的,是族类乃至人类在审美活动中历史地生成的,个体的审美活动依托于社会整体。审美意象的社会生成,是物与我翕辟成变的过程。意象的生成过程,在认知中包含着诠释的成分,包含知识和德性的审美对象可以创构成含蕴更为丰富的审美意象。审美意象本身是一种现象,一种合情合理的现象。自然形式和社会内容相融合,使审美与道德、认知的成分融合在一起。因此,审美意象大都不可能是纯粹的,而是丰富多彩的。

二

审美意象诞生的过程,是主体以象达意,以象交流,因象而获得感性愉悦的过程。主体在意象的创构中起着主导作用,无论是情不自禁,还是不由自主,都只是主体受到外在物象、事象及其背景感发的精神状态,而主体从耳目感官到心中的情意状态,都反映了主体在意识和潜意识层面的能动作用。同时,意象的创构还包含着主体在感知基础上的情感体验,由主体的感兴、感发激活心灵的体验。物我交融,物象、事象及其背景经主体感悟与情意融为一体。因此,意象的创构的过程是通过主体积极能动的作用而生成的过程。

首先,审美活动中,审美意象乃是主体由物象、事象的感发,触物起情,感悟通神,体物得神而创构的。审美活动的过程作为意象创构的过程,其中包含了"观"和"取"的过程。在审美活动中,主体对外在物象和事象先由观而取,再进行意象创构。意象创构中体现了主体对物象的选择与创造,重视生命的体验。主体即景而取象,景色对心灵有触动,意象创构中伴发着感受,物象、事象与耳目和心相融相浃。这个过程始终以物象感发和悦耳悦目为基础,由应目而会心,感发心灵,进入创造,起到"疏瀹五藏(脏)、澡雪精神"[①]的作用。同时,不仅

---

① 刘勰著、范文澜注:《文心雕龙注》,人民文学出版社 1958 年版,第 493 页。

艺术创造有取象,把取象作为再造之象的基础,整个审美活动也有取象。其中主体无论是感物动情、触景生情,还是托物言情,都是由触物起情而创构意象的。晋代郭璞《注山海经序》认为神话"游魂灵怪,触象而构",以情思去择象,与象猝然相遇,创构出神话意象,以"曲尽幽情"①,其他类型的艺术意象也是如此。在审美活动中,主体感同身受,全身心受到感发。主体对深深契合于主体心情和心境的物象、事象及其背景有着高度的共鸣。在意象的创构中,主体的体验是一种全身心的体验。审美意象体现了物我统一,其感性形态由物象、事象及其环境藉心灵而得以创构。主体对物象、事象及其背景生意的贯通,应目之中有感知,会心之中有体验,既类万物之情,又通神明之德,使得主体的生命精神与宇宙的生命精神融合为一。主体对外在物象由感而通,"神会意得"②,使物我融为一体,进而进入意象创构的状态。审美意象的创构依托于审美关系,在审美活动中实现创构。审美意象不在物质属性,而在物象与主体身心的感悟、互动中,而审美关系只是审美意象产生和存在的前提。审美活动中的主体应当是身心合一的主体。审美活动作为自由自觉的精神活动,通过主体的全身心与物象、事象及其背景的契合,实现主体的创构。

其次,意象的创构体现了主体独特的审美思维方式和创造性特点。中国古人讨论诗歌常提及"比""兴"的创作手法,其实它们不仅仅是创作手法,更是审美的思维方式。这是物象、事象及其背景对审美主体的诗性感发,从而在审美活动中完成意象的创构。杨慎《升庵诗话》卷十二引宋代李仲蒙云:"叙物以言情,谓之赋,情物尽也。索物以托情,谓之比,情附物也。触物以起情,谓之兴,物动情也。"③中国古代的赋比兴,是指诗歌意象创构的思维方式,乃是审美思维方式的具体体现。通过审美的思维方式,主体可从审美物象中体验、观照自我。每一次的审美活动不仅仅作为主体的一种精神享受,同时参与了主体自我的造就。同时,意象贵新,审美意象中包含着创造,包含着主体的能动元素。在意象创构中,主体是通过想象来超越现实,获得精神的满足。自然物象是自在的、不能随心所欲地体现人的理想,但想象力的能动作用可以创构。"情人眼里出西施"正体现了主体在审美活动中对相关物象、事象元素有"强化""弱化"的能力,

---

① 袁珂校注:《山海经校注》,上海古籍出版社1980年版,第478、479页。
② 黄溥:《诗学权舆》卷六,《四库全书存目丛书》集部,第二百九十二册,总集类,齐鲁书社1997年版,第66页。
③ 杨慎:《升庵诗话》,丁福保辑《历代诗话续编》,中华书局1983年版,第882页。

这是通过想象力进行调节的。不同的意象对想象力的依赖不同,在浑然天成的意象中想象力成分相对微弱。在此基础上,主体审美活动所创构的意象,还具有象征的意味。象本身就带有丰富的象征性,以少状多,以有限状无限。苏辙《老子解》云:"象,其微也。"①正是说明意象的丰富性和无限性。

再次,在审美活动中主体对意象的能动创构,是一种基于审美经验的价值判断。意象的创构以感性对象的价值特点为基础,经历了"感知—动情判断—创构"的过程。感知是对客观物象的反映,判断体现了主体的价值,创构则高度体现了主体的能动性。物象经过感知、判断和创构而生成意象,即美。这是本体、价值和生成的统一,个体体验与普遍价值的统一。一方面,在审美活动中,主体调动了以往的直接和间接审美经验,以及人在生命历程中的感悟和体验。主体的审美经验,既包括族类经验,又包括个体经验。审美意象的历史生成,以审美经验的个体积累和族类积累为基础,其中艺术品和工艺品作为群体的记忆对审美意象的丰富和传承起到了重要作用。另一方面,审美价值的判断奠定在主观感知和价值的基础上,审美心态在生理和心理基础上具有普遍有效性,其中价值要素反映普适性与多元性的统一。因此,我们对感性物象的感知与价值判断是统一的。主体的价值判断无目的而合目的,无功利而合功利,超越功利又暗含功利。在审美判断中,主体在感知中有选择,有根据趣味的强化和淡化,因此审美判断是从物象中体验感性物态的精神价值。当然,审美判断与认知和道德判断虽然不同,但三者之间并不相冲突。物象的感官感知体验,这种体验在明乎物我之分的基础上调和物我,物我的生命精神浑然为一。因此,审美活动即意象创构的活动本身体现了主体的精神价值。

最后,主体长期的审美活动过程,即审美意象的创构过程,也是主体自我建构的过程。审美意象体现了审美体验普遍有效性和个体差异性的统一,是物象的形式感与主体体验两方面的统一。主体从意象创构中反观自身,超越了个体的生命,融入社会,并跃身大化。创构本身是一种畅神,是一种解放。审美意象的创构过程,也是主体心灵解放和超越的过程。美是感性的、寓普遍于具体之中的,又在共性的基础上充分体现了个性特征。审美意象是个体瞬间生成的,个体每一次的审美体验都有所不同,同中有异、大同小异,因此,审美意象的创构是生生不已的。美是独特的,不可复制的,主要就因为主体在审美活动中的

---

① 苏辙:《老子解》卷一,丛书集成初编本,中华书局 1985 年版,第 11 页。

每一次意象创构是独特的,主体的情意有着个性色彩,每次审美活动有着瞬间特点,是俄顷的瞬间受到感发的结果。审美的人生要强调个性,既强调个体在审美活动中的见异、会妙,也强调其社会氛围。人是隶属于特定时代、特定社会的,个体审美活动中的创造性带着时尚和时代背景的烙印。审美活动引发瞬间的直觉,有偶然性,但有稳定的生理、心理和社会历史基础。因此,审美活动的成果打上了时代和民族的烙印,体现了人类精神的发展历程。

三

中国人审美意象创构的特征,既与中国人的文化传统密切相关,又体现了中国人长期以来对审美活动规律的自觉体认和把握,其中尤其体现了意象创构过程中的生命意识。审美意象的创构在本质上是超越概念的。其丰富含蕴很难简单地用概念范畴来概括,语言也不能把审美意象的全部作为标本来加以指称,而应该导向欣赏者对审美意象的创造性建构。审美活动是体验与超越的统一,审美意象使丰富复杂的生命的形态得以呈现。这主要体现在以下几个方面:

首先,审美意象的创构体现了中国传统的尚象精神。中国上古时代的尚象思维正体现了先民们的审美精神。中国古人历来重视审美的尚象思维方式,重视感性的审美传统。艺术创造中更是体现了尚象的原则,《周易·系辞上》所谓"以制器者尚其象"[1],重视象的表达。上古所谓"制器尚象",正因为尚象,故观物取象,观象制器,其象由于体现了象形寓意的特点,体现了制器者的理想,故同样是意象的具体表现。中国文字的发明也正是尚象传统的体现。大多数汉字的基本形态就是一个个意象,它们是通过物象、事象及其背景经主体的灵心妙悟创构的结果。尚象传统具体体现为拟人化的思维方式,这种拟人化的思维方式是先民原始思维之一。在这种尚象传统中,先民们还继承原始思维的传统。同时,这种法天象地、妙肖自然的意识体现了中国传统"天人合一"观。因此,《周易》"立象尽意"的尚象传统,反映了中国文化的基本特征,也是审美意象创构的基本特征。

---

[1]　黄寿祺、张善文译注:《周易译注》,上海古籍出版社 2001 年版,第 553 页。

其次,审美意象的创构要在物我交融中体现和谐原则。意与象的关系是一种内外交融的关系。在审美活动中,主体往往即景会心,其情意通过象而得以具体化。物象自身是和谐的,主体心态也是虚静的,内外交融,便创构出意象。在审美活动中,物与我、象与意,以神相会,以象传神,交融为一,相融相契。王世贞《于大夫集序》说:"要外足于象,而内足于意。"①内外统一,象中寓情,喻意象形。这集中表现为心物交融,情景相兼,呈现出自然浑成的样态。范晞文《对床夜语》强调了情景相互依托的特点,提出"景无情不发,情无景不生"②,强调情与景之间相互依存,缺一不可。王夫之也说:"情景名为二,而实不可离。神于诗者,妙合无垠。巧者则有情中景,景中情。"③认为情景是合一的,诗歌中的情景要妙合、巧合,在对景色的体验中体现主体的情怀。刘熙载《艺概·诗概》论诗时则说:"诗或寓义于情而义愈至,或寓情于景而情愈深。"④寓义于情,寓情于景,"义—情—景"是诗的意象特点,即意在象中。清代李重华《贞一斋诗说》提出了诗当"意立象随","取象命意,自可由浅入深"⑤。以有形的感性的象表达无形的意。情景高度融为一体,进入到物我两忘的境界。而意象正是外在物象、事象及其背景与主体情意水乳交融的形态。何景明在《与李空同论诗书》中在谈诗时曾说:"夫意象应曰合,意象乖曰离。"⑥强调意与象是应合的,而不是背离的。王世贞《青萼馆诗集序》和葛应秋《制义文笺》都继承何景明"意象合"的标准衡量诗歌。王夫之《姜斋诗话》卷一:"情景虽有在心在物之分,而景生情,情生景,哀乐之触,荣悴之迎,互藏其宅。"⑦意与象相依共生,"意象合"则体现出神,体现出和谐。

再次,审美意象的创构要力图从虚实相生中体现出空灵剔透。审美意象的创构以实显虚,超越了滞实的形态,超越了狭隘的日常实用功利意识,而以情感为动力,化实为虚,在虚实统一、动静相成中得以呈现,体现出以象达意的朦胧性特征,其"恍惚"的内在精神正通过"象"的张力获得充分的表达。《庄子·天

---

①　王世贞:《于大夫集序》,《弇州四部稿》卷六十四,《景印文渊阁四库全书》集部二一九,别集类1,台湾商务印书馆1985年版,1280—13。

②　范晞文:《对床夜语》卷一,丁福保辑《历代诗话续编》上,中华书局1977年版,417页。

③　王夫之著、戴鸿森笺注:《姜斋诗话笺注》,人民文学出版社1981年版,第72页。

④　刘熙载:《艺概》,上海古籍出版社1978年版,第51页。

⑤　李重华:《贞一斋诗说》,见《清诗话》,上海古籍出版社1978年版,第921页。

⑥　何景明:《何大复集》,中州古籍出版社1989年版,第575页。

⑦　王夫之著、戴鸿森笺注:《姜斋诗话笺注》,人民文学出版社1981年版,第33页。

地》中寓言里的"象罔",正体现了有形与无形的统一,虚与实的统一。孔颖达《周易正义》卷一认为:《乾卦·象传》所谓"实象""假象"即"实象""虚象"。①以视听感官可以感觉的"象",包括实象与虚象的统一,表达各类语言所难以穷尽的丰富意蕴,指向对生命之道的体现。王廷相《与郭价夫学士论诗书》:"夫诗贵意象透莹,不喜事实粘著,古谓水中之月,镜中之影,可以目睹,难以实求是也。"②说明意象是空灵剔透的,而不是滞实的。要透莹,反对滞塞,讲究灵动和浑然无迹,让人能回味,能感而印之。意象的创构要由象而得意,象意交融,寓意于象,要对物象或事象空灵化,要化实而为虚,在虚实相生中表达情意,使意基于象而溢于象,并通过空灵剔透的样态加以呈现。范晞文《对床夜话》卷二还援引时人周弼《四虚序》云:"不以虚为虚,而以实为虚,化景物为情思。"③这便是对物我交融的和谐意象化实为虚的表现。同时,意象创构的空灵剔透效果,是在时空向度中的生成的。审美意象的存在时空在审美能力的历史生成和个体生成过程中起着重要作用。其中的意是主观的,刹那间的感受(包括想象和联想等),具有时间性,而物象和事象及其背景则是空间性的。如此内外合一,空灵蕴藉,体现了时空的统一。

最后,审美意象的创构要由生生不息的生命精神而进入体道境界。意象是生动的,动态的,富有活力的,而不是僵死呆板的。意象创构中要体现出神色和气韵,体现出神完气足的生命精神。明代祝允明《吕纪画花鸟记》:"盖古之作者,师模化机,取象形器,而以寓其无言之妙。"④认为艺术创造师法大化的生命精神,在有形的感性形态中寄寓不可言状的妙意。王世贞《艺苑卮言》卷一强调"神合气完",在谈到七言律时说:"大抵一开则一阖,一扬则一抑,一象则一意,无偏用者。"⑤意象之中体现了阴阳开合、抑扬顿挫的生命精神。通常所谓意象和意境的关系,实际上是一物两面的关系。意象和意境的关系是形和神、感性现象和内在神韵(境界)的关系。意象侧重于指其外在的感性形态,而意境则侧

---

① 参见王弼注、孔颖达疏:《周易正义》卷一,李学勤主编《十三经注疏》,北京大学出版社 1999 年版,第 11 页。原文:先儒所云此等象辞,或有实象,或有假象。实象者,若"地上有水,比"也,"地中生木,升"也,皆非虚,故言实也。假象者,若"天在山中","风自火出",如此之类,实无此象,假而为义,故谓之假也。虽有实象、假象,皆以义示人,总谓之"象"也。
② 王廷相著、王孝鱼点校:《王廷相集》,中华书局 1989 年版,第 502 页。
③ 范晞文:《对床夜语》卷二,丁福保辑《历代诗话续编》,中华书局 1983 年版,第 421 页。
④ 祝允明著、王心湛校:《祝枝山诗文集》,广益书局 1936 年版,第 12 页。
⑤ 王世贞:《艺苑卮言》,丁福保辑《历代诗话续编》,中华书局 1983 年版,第 961 页。

重于表现其内在的精神。汤显祖《调象菴集序》："声音出乎虚,意象生于神。"①陆时雍《诗镜总论》："实际内欲其意象玲珑,虚涵中欲其神色毕著。"②均以互文的方式说明意象外在形态和内在精神的关系。意象的神合体道,更集中地体现在其境界上。宗炳《画山水序》所谓:"圣人含道应物,贤者澄怀味象。"③同样适用于形容意象的创构。两者互文,说明澄怀体悟,由味而取,并要含道,最终由象悟道,由象体道。意象的创构体现了宇宙的创造精神:"含情而能达,会景而生心,体物而得神,则自有灵通之句,参化工之妙。"④方东树《昭昧詹言》卷三:"情景融会,含蓄不尽,意味无穷。"⑤强调情景融合可以表现无穷的意味。刘熙载《艺概·赋概》称"象乃生生不穷矣"⑥。审美意象的创构同样体现了生生不穷。审美意象以少喻多,以小喻大,以近喻远,以有限喻无限,正是生生不息生命精神的体现。因此,意象中体现了形上与形下、道与器的统一。

四

　　艺术创造是审美活动的高级形式。艺术作品中意象的创造是艺术家审美活动的成果,通过物化形态加以传达,以期同别人分享和交流。艺术家在审美体验和意象创构中尤其敏锐。中国原始先民们很早就开始观物取象,进行日常器物的创造。中国的象形文字等,都是一个个活泼泼、充满情趣的意象。中国先民在陶器、玉器、骨器和青铜器等器物的创构和精神意味的传达中,体现了自己的审美趣味和理想。因此,创构意象、表情达意从上古就开始了。《左传·宣公三年》中的所谓"铸鼎象物"⑦,反映出先民通过拟象摹物,在器物中对百物形象逼真的再现与创造,既表达了社会生活的内容,也传达了创造者的审美趣味。商周青铜器中对诸兽形态加以变形的装饰,包括纹饰等所呈现的意象,都体现了先民的生命意识和审美趣味。因此,主体通过审美活动在心中创构意象,到

①　汤显祖著、徐朔方笺校:《汤显祖诗文集》,上海古籍出版社1982年版,第1039页。
②　陆时雍:《诗镜总论》,丁福保辑:《历代诗话续编》,中华书局1983年版,第1420页。
③　宗炳:《画山水序》,俞剑华:《中国画论类编》,人民美术出版社1986年版,第583页。
④　王夫之著、戴鸿森笺注:《姜斋诗话笺注》,人民文学出版社1981年版,第95页。
⑤　方东树著、汪绍楹校点:《昭昧詹言》,人民文学出版社1961年版,第83页。
⑥　刘熙载:《艺概》,上海古籍出版社1978年版,第99页。
⑦　杨伯峻编著:《春秋左传注》第二册,中华书局1990年版,第669页。

日常生活和艺术作品中创构意象,正是心中意象创构的自觉表现。胡适曾说:"'意象'是古代圣人设想并且试图用各种活动、器物和制度来表现的理想的形式。"①这里的圣人可以作广义的理解,包括创造器物的工艺家们。

古代的卦象创构与艺术中的审美意象有相通之处。《周易·系辞下》所谓"仰则观象于天,俯则观法于地,观鸟兽之文,与地之宜,近取诸身,远取诸物","以通神明之德,以类万物之情"②,同样表现在艺术创造对物象、事象及其背景的"观"与"取"之中,而八卦的譬喻方式也影响着艺术意象的创构。立象尽意不仅是卦象创造的目标,而且是一切艺术创造的目标,以礼赞天地自然。《周易·系辞上》所谓"拟诸其形容,象其物宜,是故谓之象"③,这里的象即"拟象"。审美和艺术创造都有取象,而艺术创造更在于拟象。在艺术创造中,取象更多地取自自然。

自然界的物象是审美意象创构的源头活水,而艺术作品中美的意象,比自然物象(如梅花等)更具有确定性,因为艺术作品中的物象是经过艺术家选择、体验过的。但其中也包含一种制约,即经过艺术家选择过的物象,从视角和判断都受到艺术家身观的限制,创构中更多地体现了个性。而人生世相作为观照的对象,时空间隔带来心理距离,可以作为审美意象创构的基础。因此,艺术创造中的写实与非写实,都是基于自然物象和事象的元素,又都彰显了主体的创造精神。与自然对象等相比,意象的层次和境界在很大程度上体现了艺术家的层次和境界。同时,在艺术品中,艺术家还为物象提供了具体的情境。正因艺术和器物等创造时注意到情境的创构,所以在欣赏艺术时也要重视器物的形式所生存的情境,要把情境和形式的整体揭示出来,要重视情境中的整体效果与意蕴。艺术传达更讲究隐约和朦胧,给欣赏者留下更为丰富的想象和再创造的余地。

艺术创造的过程是一种审美活动的过程,并且是通过技术自觉地进行物态化的过程。艺术传达意象,艺术意象是审美意象的传达,由于技术手段的使用和物质形态的影响,传达中又有创造。艺术传达的技巧乃至媒介也影响到意象创构的效果。艺术作品的价值不仅仅在于主观的创意,还必须重视意象通过媒介加以感性呈现的效果,带着技巧、带着材料的质地,艺术作品使意象物态化。

① 胡适:《先秦名学史》,学林出版社 1983 年版,第 37 页。
② 黄寿祺、张善文译注:《周易译注》,上海古籍出版社 2001 年版,第 572 页。
③ 黄寿祺、张善文译注:《周易译注》,上海古籍出版社 2001 年版,第 543 页。

艺术家首先是审美的欣赏者,创构者,通过技术传达,创构本身受到技术的制约和影响。在造型艺术的雕、塑、刻、铸中,雕、刻通常要因物象形,塑和铸虽然也受制于物质材料,但有更大的自由。艺术家通过技术让心中意象成为手中意象,并且在艺术创造的历程中有技术积累,而臻于精湛。可见,在制作过程中,技术融入了器物的审美创造,技艺制约着器物形态的生成,而艺术传达的物态形式影响着意象表达的效果。

在艺术意象的创构和传达中,艺术家通过构思和技巧体现出自己的理想。其中包括对物象、事象及其背景的理想整合,如"龙"意象的创构等,乃是多种动物的器官和躯体在主体的情趣和理想支配下的化合。同时,为了更进一步地传达出物象、事象的内在神韵和主体的情趣,中国艺术还常常以"不似之似"和凭借想象力的"迁想妙得"进行意象创构。明代何景明《画鹤赋》云:"想意象而经营,运精思以驰骛。"①乃说明画面是艺术家借助想象力精心构思和布局的结果。在艺术创作中,如计成《园冶》所说的"虽由人作,宛自天开"、"巧于'因'、'借',精在'体'、'宜'"②等,都是对意象创构效果的追求。艺术意象的创构中具有抽象概括的成分,这种抽象概括中有自己的审美特点。

艺术媒介的物化和传达过程、创构过程都受到了媒介的影响,媒介也影响了审美创构。媒介作为艺术语言既制约审美意象的传达,又体现独特的创造性特点,从而使意象的创构呈现出神奇的效果。艺术作品应当始终不脱离感性形象,以象表情达意。钱锺书《管锥编》也强调诗对于象的依托:"诗也者,有象之言,依象以成言,舍象忘言,是无诗矣,变象易言,是别为一诗甚且非诗矣。"③所谓"得意忘象""得意忘言"从认识论上讲是把言、象作为工具,而在审美活动中,言、象、意是交融在一起的,言、象是意的有机肌肤。从效果上说,艺术创造中的意象传达,常常给人浑然无迹的感受,艺术语言的行迹融入意象整体中。在艺术创造中,意象的创构"神遇而迹化",在构思和传达过程中,心中所创构的意象与语言符号有机地融为一体。

欣赏艺术作品中的物象是主体的二次体验。艺术意象是需要交流和共鸣的,期待别人感同身受的,但是每一位欣赏者的审美欣赏都是一次再创造。艺术意象既是艺术家在过去审美活动中创构、传达的,又是欣赏者审美活动的对

---

① 何景明:《何大复集》,中州古籍出版社 1989 年版,第 2 页(其中"意"误排为"竟")。
② 计成:《园冶》,中华书局 2011 年版,第 27、20 页。
③ 钱锺书:《管锥编》第一册,中华书局 1979 年版,第 12 页。

象。艺术意象丰富了我们的体验,也影响和制约了我们欣赏和体验物象的视角、态度和方式。艺术家创造意象与欣赏者创构意象是既有区别又有联系的。一方面,艺术家主导和引导欣赏者欣赏意象的审美活动。艺术家将自己的审美活动过程、审美趣味加以强化和物化,作为欣赏者的楷模。艺术意象作为特殊的审美意象,已经经过了艺术家的一次审美活动,艺术作品受到了艺术家体验的视角和体验的内容的限制,影响着我们情感的表达途径和方式。另一方面,对于艺术作品中意象的欣赏来说,艺术意象的接受是一种创造,一种创造性还原。艺术家创造的优秀艺术意象富有再创造的张力。欣赏者"因象而求意"①,得意而不忘象,使艺术家所创构的意象在心中再造性地复活。

总而言之,意象创构的活动是在审美经验的基础上主体全身心的活动,是一种通过体验超越自我的生命活动。在审美活动中,主体在对物象的感知中受到吸引和感发,将自己的心意和情趣投射到物象之中,通过物我交融创构意象。主体所创构的意象始终不脱离感性形态,并且神合体道。审美对象是以客观物象的存在为前提的,即使是作为抽象图案的纹饰等,也是一种感性存在,有着具体可感性特征。审美对象的感性直观形态包括具象的物象和抽象的图案。个体的审美活动中所运用的审美经验,包含着社会的、历史的烙印。审美意象的历史生成过程,是一种翕辟成变的过程。艺术创造是通过特定的媒介构思和传达了审美活动中意象创构的过程,是审美经验和个体创造的物态化形式。优秀的艺术品广泛地影响着审美活动中意象的创构。

---

① 项穆:《书法雅言》,中华书局 2010 年版,第 187 页。

北宋前期太湖流域经济圈
形成及其文化影响

华东理工大学艺术设计与传媒学院　傅蓉蓉

北宋前期，中国传统经济进入了新一轮的发展期，但速度不平衡，南方地区突破常规，进入了一个快速上升通道，逐渐打破了中国传统经济北强南弱的基本格局。这种状况的背后当然存在着复杂的自然条件变化因素和社会政治因素，而其结果则直接导致了在宋型文化的建构中"南方色彩"成为影响其质态的关键。我们攫取"太湖流域"这样一个在当时历史条件下发展迅速、脉络清晰的区域作为考察对象，庶几可以明了此变化的生成及其文化影响力。

本文所考察的太湖流域经济圈所指为最贴近太湖的城市——苏州（平江府）、常州、秀州（嘉兴府）、湖州（安吉州）等城市构成的城市集群，它环湖而生，经济影响力的广泛波及两浙路的相关区域。在经济的长足发展的同时，该区域文化形态也发生了明显变化，成为宋代经济与文化的双重核心区域。

既然称为一个经济圈，核心城市发展状况是我们考察的关键，我们先来看看《宋史·地理志四》中对这一区域的概括性描述：

> 常州，望。毗陵郡，军事。……贡白纻、纱、席。县四：晋陵，望。武进，望。宜兴，望。唐义兴县。太平兴国初改。无锡。望。
>
> 平江府，望，吴郡。太平兴国三年，改平江军节度。本苏州，政和三年，升为府。贡葛、蛇床子、白石脂、花席。县六：吴，望。长洲，望。昆山，望。常熟，望。吴江，紧。
>
> 湖州，上，吴兴郡，景祐元年，升昭庆军节度……贡白纻、漆器。县六：乌程，望。归安，望。太平兴国七年，析乌程地置县。安吉，望。长兴，望。德清，紧。武康。上。太平兴国三年，自杭州来隶。
>
> 嘉兴府，本秀州，军事。……贡绫。县四：嘉兴，望。华亭，紧。海盐。

上。有盐监,沙腰、芦沥二盐场。崇德。中。

　　江阴军,同下州。熙宁四年,废江阴军为县,隶常州。……县一:江阴。下。

　　从以上记述中我们得到的结论有二:首先,太湖流域的各个区域物产丰饶,特别是桑蚕业、手工业取得长足的发展,因而在上缴国家的贡赋中占主要地位的是丝织品一和工艺品。其次,各区域发展态势强劲,具体表现为户口繁多。因为在中国的封建社会时期,“小邑犹藏万家室”历来是经济繁荣和社会安定的首要标志。自唐以来,为便于管理就将州县分为“赤、畿、望、紧、上、中、下”七等,前两等为京师及其附近,后五等根据户数多寡而定。望为四千户以上,紧为三千至四千户,上为二千至三千户,中为一千至二千户,下为一千户以下。四府(或相当于州府建制的军)共下辖二十一个县,其中“望县”十三个,占总数的百分之六十一点九;“紧县”三个,占百分之十四点三;其余则上者二,中者一,下者亦仅一。对于一个不算很大的区域而言,其大县比例之高是当时其他地区无法望其项背的。

　　这其中,一些州府的表现更为抢眼:

　　如苏州,被定义为“望”,人口繁庶。按范成大《吴郡志》中所载:“本朝户主二万七千八百八十九,元丰三年户十九万九千,口三十七万九千皆有奇,号为甚盛。”达到这样的人口规模当然不是一蹴而就,这经历了从唐到宋前期长时间的发展:“唐之苏州举今秀州之地在焉,初其为户一万一千八百五十九,天宝之盛至七万六千四百二十一,自钱武肃分苏以为秀州用自屏蔽,其隶苏者吴、长洲、昆山、常熟,又分吴县为吴江,合五邑而已。忠懿王以其国归之有司,国朝与民休息稼穑丰殖,大中祥符四年有户六万六千一百三十九。由祥符至于今七十余年间,累圣丕承,仁泽日厚,庞鸿汪洋,何生不育?元丰三年有户一十九万九千八百九十二有丁三十七万九千四百八十七,呜呼盛矣。”[1]从朱氏的记述可知从唐到宋尽管行政区域有所变化,但是苏州地区的人口一直处于上升通道中。特别是经过宋初的休养生息,人口膨胀的速度更快,到了北宋前期最终形成了这样的状况。

　　苏州城市之繁荣更令人叹服:“井邑之富过于唐世,郛郭填溢,楼阁相望,飞

────────────────

① 　(宋)朱长文:《吴郡图经续记》卷上,中华书局 1990 年影印《宋元方志丛刊》,第 1 册,第 697 页。

杠如虹,栉比棋布"①,这样一个繁荣城市中的人们,其生活常态则是"吴中自昔号繁盛四郊无旷土随高下悉为田人无贵贱往往皆有常产以故俗多奢少俭竞节物好游"②。

又如秀州,"介二大府,旁接三江,擅河海渔盐之利"③,这里所说的大府,便是指苏州和杭州。这个介于两大都市间的城市经济和技术上明显受到了前述者的辐射,故"百工众技与苏杭等"④。该地最突出的产业为盐业,年产盐额在这个时期达到二十万石左右。

就一个经济圈而言,其支柱产业在整体国民经济中所占的比重应当是举足轻重的。依此而言,这个历史时期的太湖流域也完全符合。

其一,农业发展的状态。唐代中叶以后,长江下游已成为全国的经济重心和重要粮仓。至宋,这种发展趋势进一步加强。在这其中太湖流域诸地又占据举足轻重的地位。以稻米为例,苏州一地稻田面积仅三万余顷,而稻米产量竟达七百余万石,东南地区每年"上供"的六百万石漕粮,基本由该地提供。宋代太湖地区水稻种植的亩产量极高,通常达三石左右,北宋仁宗庆历年间(1041—1048),范仲淹说:"臣知苏州日,点检簿书,一州之田,系出税者三万四千顷。中稔之利,每亩得米二硕至三硕。"⑤皇祐四年(1052)江南荒饥,遂令苏州运米50万斛赈灾。再以苏州税米为例,宋初才十八万石,元丰三年(1080)升至三十五万石。"苏湖熟,天下足"的谚语渐渐流传开去。

要取得丰硕的收获当然离不开投入。太湖流域历来存在地少人多的问题,用苏轼的话来说:"夫天下之民,偏聚而不均。吴、蜀有可耕之人而无其地,荆、襄有可耕之地而无其人。"⑥要维持农业经济的高度发展,关键是对有限土地的合理开发利用。仍以苏州为例,范仲淹在景祐年间(1034—1037)称苏州出税之母三百四十万亩,而另一研究表明,苏州在雍熙(984—987)前后的耕地数至多不会超过一百四十万亩,五十年间耕田数增加近一点五倍。这样的增幅得益于当时官员和民众强烈的耕地意识和有效的开发手段。

这里所说的手段大体有三:

---

① (宋)朱长文:《吴郡图经续记》卷上,中华书局 1990 年影印《宋元方志丛刊》,第 1 册,第 695 页。

② (宋)范成大:《吴郡志》卷二,江苏古籍出版社 1999 年版,第 13 页。

③④ (宋)徐硕等:《至元嘉禾志》,中华书局 1990 年影印《宋元方志丛刊》,第 5 册,第 4418 页。

⑤ (宋)范仲淹:《范文正公文集政府奏议》卷上,明嘉靖范惟一校刻本。

⑥ (宋)苏轼:《苏东坡集》卷九,《御制制科策》,中华书局 1986 年版,第 293 页。

一、改良农田水利,使已淤之田出,水患之田得到改善。原本太湖流域由于地形地势的影响,农田水患频仍。"大江以南,镇江府以北地势极高。至常州地形渐低,秀州及湖州地形极低,而平江府(苏州)居在最下之处。使岁有一尺之水,则湖州、平江之田,无高下皆满溢。每岁夏潦秋涨,安得无一尺之水乎!"[1]入宋后,大量水利工程的兴修比较明显地改变了这一状况。至和二年(1055),吴郡地区的官员调发民夫十五点六万工,疏浚诸泾六十四、浦四十四、塘六,筑成至和塘,"田无洿潴,民不病涉",两岸膏腴之地数百万顷都蒙其利。[2]《吴郡图经续记》中则记录了景祐年间范仲淹治理苏州时遇到"歉岁",发现是因为松江淤塞,逐邑湖道不通所致。于是力排众议,疏浚河道,最终取得成功的事例(卷中)。应当说,同类型事件在当时的太湖流域并不罕见。大量水利工程的兴修形成一个完善的排灌体系,有效消除了自然灾害对江南经济发展的负面影响。因而保证了土地有效利用。

二、改良土质,使土地效益倍增。根据郑学檬先生的研究,江南地区土壤质量的根本性改观出现在宋代。究其因,水稻的大规模种植是关键[3]。由于长年种植水稻,到了这一时期,在水稻熟化的培育下,原来的土壤特性受到不同程度的改变,形成水稻土所特有的形态、理化和生物特征,它更加适合水稻的种植。这个结论得到了现代科学研究的证明。该区域原始土壤—红黄壤,大多质地黏重,结构性差,酸度大,速效养分含量低,具有黏、酸、瘦的特点,经过长时间的耕作和有效的土壤增肥,在北宋早期,太湖地区的土壤改造为鳝血黄泥土。此土非常肥沃,具有"爽而不漏""深而不陷""软而不烂""肥而不腻"的特征。"爽而不漏"是指水分渗透适量,又有良好的保水能力;"深而不陷"是指耕作层厚,但又不陷脚;"软而不烂"是指土质酥柔,干、湿都好耕,湿时也不粘犁;"肥而不腻"是指土壤贮蓄有丰富的养分,能源源不断地供给水稻吸收,又不致引起水稻疯长倒伏。这种水稻土一般能旱涝保收[4]。

三、良种选用和新型耕作方式的运用。对于一个土地资源稀缺的地区来说,采用良种,促进产量提高和改进传统耕作方式也不失为有效之举,大中祥符

---

[1]　(清)徐松:《宋会要辑稿》食货八之三一,中华书局 1957 年版,第 4950 页。

[2]　(宋)范成大:《吴郡志》卷一九,"水利",江苏古籍出版社 1999 年版,第 230 页。

[3]　郑学檬、陈衍德:《略论唐宋时期自然环境的变化对经济重心南移的影响》,《厦门大学学报》1991年第 4 期。

[4]　中科院南京土壤研究所,《土壤知识》,上海人民出版社 1976 年版。

四年(1011),因两浙江淮"稍吴郡水田不登",宋真宗派人赴福建取占城稻三十三斛,分给两浙等三路,"择民田商仰者莳之,盖早稻也"。后经改良,使其能适应各种水土气候而成为不同品种,太湖流域的六十日稻、赤谷稻、金钗糯等都是占城稻的改良品种。这种品种的水稻不但质地香糯,而且成熟期短,抗倒伏能力强,极大提高了亩产量。

同时,勤劳的太湖流域居民还根据当时当地的气候条件,普遍采用稻麦连作、稻稻连作的耕作方式提高单位土地的利用率,"吴中地沃而物夥,稼则刈麦种禾,一岁再熟,稻有早晚,其名品甚繁。农民随其力之所及,择其土之所宜,以次种焉。惟号箭子者为最,岁供京师"①。范成大《吴郡志》:"再熟稻,一岁两熟。《吴都赋》:'乡贡再熟之稻。'蒋堂《登吴江亭》诗云:'向日草青牛引犊,经秋田熟稻生孙。'注云:'是年有再熟之稻。'细考之,当在皇祐间。"前人的记载清楚说明了这种新型耕作方式在此区域中的流行程度。

如以一个经济圈的标准加以衡量,产业单一化显然是不行的。在北宋早期,太湖流域利用自己的地理区位优势,已经实现了以农为主,多业并举,合理分工的区域产业结构。

北宋前期,南方的丝织业已开始逐渐取代华北平原的传统丝织业,逐渐步入兴盛时期,四川及江南为主要产区。蜀地丝织业的发展,"日输夜积,以衣被天下"。江西的建康(今江苏省南京市),仅东织局一处,岁出缎 4 527 匹。镇江府岁造缎 5 901 匹,花色品种繁多。杭州等处,民间丝织业作坊层出不穷。

而太湖流域,作为其中的翘楚,发展速度和取得的成果更是为人瞩目。该区域,蚕能一年饲育八次。在湖州山乡"以桑蚕为岁计,富室育蚕有至数百箱",湖州安吉人"唯藉蚕为生事","以此岁计衣食之给,极有准的"②。蚕桑业逐渐摆脱了对传统种植业的依附,成为一个独立的产业。苏舜钦说:"其(太湖)中山之名见图志者七十有二,惟洞庭山称雄其间,地占三乡,户率三千,环四十里。……皆树桑柢甘柚为常产。"③

在蚕桑业迅猛发展的支撑下,丝织业的兴盛成为题中应有之义。很快太湖

---

① (宋)朱长文:《吴郡图经续记》卷上,中华书局 1990 年影印《宋元方志丛刊》,第 1 册,第 696 页。

② (宋)谈钥:《嘉泰吴兴志》卷二〇,台湾成文出版社《中国方志丛书》影印民国三年刊吴兴先哲遗书本,1983 年版,第 557 号,第 6902 页。

③ (宋)苏舜钦:《苏州洞庭山水月禅院记》,《苏学士集》卷一三,台湾商务印书馆影印文渊阁《四库全书》本 1986 年版,第 1092 册,第 92 页。

流域成为继京东路和成都府路以外的又一个丝织中心,生活在皇祐年间的李觏曾说:"东南之郡……平原沃土,桑柘甚盛,蚕女勤苦,罔畏饥渴,急菜疾食,如避盗贼,茧簿山立,缫车之声,连甍相闻,非贵非骄,靡不务此,是丝非不多也。"①在秀州、常州和苏州,单从其"土贡"的清单上来看,织品就绢、绫、纱、绡、罗、锦等数十个品种。在重要性逐渐显现的"海上丝绸之路"上,太湖地区的出产成为主要的海外贸易商品。实际上在这一时期,从蚕桑到丝织,土地、原料、产品三者已经结合在了一起,形成了商品农业与手工业的过渡形态。

与此同时,太湖流域的茶叶、果品业也在发展起来。太湖流域的苏、湖、常、杭等州是茶叶的主要产区,当地名茶颇多。最著名的是紫笋茶,以顾渚所出为最名贵,宜兴阳羡次之,宋初还作为贡茶进贡过一百斤。由于气候四季分明,这一区域果树品种繁多,有利于发展果木种植业。据方志记载,这一地区的水果种类有橘、柑、橙、香橼、梅、杏、李、石榴、梨、枇杷等②。其中以苏州洞庭山的柑橘最为著名。这里四面环水,气候湿润为柑橘种植提供了良好的地理环境。洞庭橘"皮细而味美,名被遐迩"③,深得市场青睐。正因如此,洞庭山的柑橘很快形成了种植很快形成了规模效应:"万顷湖光里,千家橘熟时。"④范仲淹的诗句形象地说明了当时橘子生产的盛况。柑橘种植的经济利益是巨大的"橘一亩比田一亩利数倍"⑤,每到成熟时,商人争相收购"争晒已残皮。趁市商船急"⑥,而且按质论价,以每百斤为单位,上品一千五百文,下品六七百文(见陈诗自注)。根据漆侠先生的考证,上品与一匹绢的价格接近,下品也相当于一匹绸价⑦。如此看来,大规模柑橘种植给太湖流域带来的经济利益实在是惊人的,也难怪农民们趋之若鹜了。这个新兴产业已经与商业形成了紧密的联系。

此外,太湖流域其他产业如花鸟养殖,渔业以及内陆贸易也得到了蓬勃发展。因此,朱长文在《吴郡图经续记》卷上中充满自豪地做了这样的描绘:"其草

---

① (宋)李觏:《富国策第三》《直讲李先生文集》卷一六,上海商务印书馆四部丛刊本1922年版。

② 参见《嘉泰吴兴志》卷二〇,台湾成文出版社《中国方志丛书》影印民国三年刊吴兴先哲遗书本,1983年版,第557号,第6900页。

③ (宋)韩彦直:《橘录》,陶氏涉园影宋本百川学海,民国十六年(1927年)版。

④ (宋)范仲淹:《苏州十咏·洞庭山》,《范文正公集》卷四,台湾商务印书馆影印文渊阁《四库全书》本1986年版,第1089册,第512页。

⑤ (宋)叶梦得:《避暑录话》卷四,清道光二十五年刻本。

⑥ (宋)陈舜俞:《山中咏橘》,《都官集》卷一四,台湾商务印书馆影印文渊阁《四库全书》本1986年版,第1096册,第676页。

⑦ 漆侠:《宋代经济史》,上海人民出版社1987年版,第156页。

则药品之所录,离骚之所咏,布濩于皋泽之间。海苔可食,山蕨可掇,幽兰国香,近出山谷,人多玩焉。……其花则木兰辛夷,著名惟旧,牡丹多品,游人是观。繁丽贵重,盛亚京洛。……其羽族则水有宾鸿,陆有巢翠,鹘鸡鹄鹭,鸧鹒鸥鹕之类巨细参差,无不咸备。……其鳞介则鲦鳜鳠鲤,鮰鳝渐离,乘鲨鼋鼍,蟹螯螺蛤之类怪诡舛错,随时而有。秋风起则鲈鱼肥,楝木华而石首至岂胜言哉。海濒之民以网罟蒲羸之利而自业者比于农圃焉。又若太湖之怪石,包山之珍茗,千里之紫莼,织席最良,给用四方,皆其所产也。若夫舟航往来,北自京国,南达海徼,衣冠之所萃,聚食货之所丛集,乃江外之一都会也。"

太湖流域经济圈的确立及其所取得的成果足以使之成为王朝经济版图上浓墨重彩的一笔,而其影响力显然并不局限于经济领域,对于区域文化,它也有着鲜明的辐射意义。钱穆先生曾说:"各地文化精神之不同,究其根源,最先还是由于自然环境有分别,而影响其生活方式,再由生活方式影响到文化精神。"[1]当一个区域的经济状况发生了明显的改变后,该区域的文化一定会在相当程度上受其影响。

对于宋王朝而言,本属于南方吴越国的太湖流域是游离于主流文化之外的。尽管吴郡自古多才士,但在宋兴之初,对于根植于北方文化传统的政坛与文坛主导者来说,难免仍然以从属,漠视之眼光待之。不过随着区域经济的长足发展,这种眼光在近北宋前期近百年的时间内逐渐产生变化。来自太湖流域的文人群体日益渴望在社会政治领域和文化领域中增加自己权重系数,他们的文化主张和艺术实践也日益受到公众的关注,并产生了广泛的影响。

首先,太湖流域在成为一个经济强区,鱼米之乡以后,文化氛围有了极大的改善。吴兴"其民足于鱼稻莲浦之利,寡求而不争,则知好学"[2]吴郡"师儒之说,始于邦,达于乡,至于室,莫不有学"[3]这与旧俗所谓"其俗信鬼神,好淫祀,父子或异居,大抵然也。其人并习战号为天下精兵"[4]形成鲜明的反差。一时之间,尚学好文成为太湖流域的精神主流。而且为了标榜这种精神有所从来,积淀深厚,嘉祐年间吴县进士朱长文还做过这样的追溯:"泰伯逊天下,季札辞一国,德

---

① 钱穆:《中国文化史导论·前言》,商务印书馆1994年版,第1页。

② (宋)谈钥:《嘉泰吴兴志》卷二〇《风俗》,台湾成文出版社《中国方志丛书》影印民国三年刊吴兴先哲遗书本,1983版,第557号,第6900页。

③ (宋)张伯玉:《吴郡州学六经阁记》,(宋)吕祖谦编:《宋文鉴》卷七九,台湾商务印书馆影印文渊阁《四库全书》本1986年版,第1305册,第891页。

④ (宋)范成大:《吴郡志》卷二,风俗载《隋志》语,江苏古籍出版社1999年版,第10页。

之所化远矣。更历两汉，习俗清美。昔吴太守糜豹出行，属城问功曹唐景风俗所尚，景曰处家无不孝之子，立朝无不忠之臣，文为儒宗，武为将帅。时人以为善言。陆机诗云：山泽多藏育，土风清且嘉。泰伯导仁风，仲雍扬其波。岂不然哉。盖朱买臣、陆机、顾野王之徒显名于历代，而人尚文。支遁、道生、慧响之俦，唱法于群山，而人佞佛，故吴人多儒学，喜施舍盖有所由来也。"尽管这种追溯颇为悠远，而且从历史状况来看，说服力不是很够，但从此中，我们可以充分地理解太湖流域的文人为提高本区域的文化地位的良苦用心①。

　　区域文化兴盛的首要标志是学校的建立。就官学论，景祐元年，范仲淹出镇苏州，即在南园之隅设立府学，并聘请了在湖州声名远播的教育家胡瑗"首当师席"。《宋元学案》里称："文正守苏州，首建郡学，聘胡安定瑗为师。安定立学规良密，生徒数百，自是苏学为诸郡倡。"在以后 50 年不到的时间里，从这所府学中走出了逾百名登科举者。此外，各地县学也蓬勃发展起来。以昆山县学为例，该学虽建于唐大历九年，但历经战乱，残破不堪。用王禹偁比较尖锐的话来说，该县曾经"而庠序或缺，儒素弗兴，实仓廪而礼节未知，既富庶而教化不至。"宋兴后，经捐资修缮，始现端正气象②。

　　比起学校，更具文化影响力的是教学内容和教学方法。我们注意到，在这一时期的太湖流域出现了宋代乃至中国教育史上最重要的教学方法："苏湖教法"，首创者胡瑗。对于这种教学方法的研究与评判，学界多有论述，兹不详述。但有一点值得强调的是这个本于书院的教法在此后成为国家最高学府——太学的规范。来自于太湖流域的文化理念踏入了此时南方地区和南方人还未能真正获得公平对待北宋朝廷。胡瑗首倡的"明体达用"的思想，针对了宋代以前的教育脱离现实生活，已不能适应社会发展的要求问题，解决方式就是实行"分斋教学"。《安定言行录》中记载：学中故有经义斋、治事斋。经义斋者，择疏通有器局者居之；治事斋者，人各治一事，又兼一事，如边防、水利之类。《宋元学案》中也记载"立经义、治事二斋。经义，则选择其心性疏通、有器局、可任大事者，使之讲明'六经'。治事，则一人各治一事，又兼摄一事，如治民以安其生，讲武以御其寇，堰水以利田，算历以明数是也。"也就是说，胡瑗把学校的教学组织分为经义和治事两斋。经义斋讲授经学，学生要学习六经六义，通晓儒

---

① （宋）朱长文：《吴郡图经续记》卷上，中华书局 1990 年影印《宋元方志丛刊》，第 1 册，第 702 页。
② （宋）范成大：《吴郡志》卷四"学校"，江苏古籍出版社 1999 年版，第 28 页。

家经典；治事斋（又称治道斋），分治民、讲武、堰水、历算等科，并且"一人各治一事，又兼摄一事"，即要求学生每人可选一门主科，还要兼学一门或几门副科。这样一来，学生具备了担当实际事务的能力。这样的教学方法适应了飞速发展的太湖流域地区人才多样性的需求，更为宋王朝树立了一根科举之外的教学标杆。清末易甲南在《经义治事两斋论》一文中对分斋教学作了中肯的评论："夫隋唐以来，仕进多尚文辞，苟趋功利，实学之不明久矣。安定先生起而正之，鄙词章记诵之功，而以经义之讨论养其德；薄寻行数墨之士，而以治事之干济扩其才。既有以深之于根抵，使其学切而不浮，复有以练之于材，能使其实而可用。"

如果，我们跳出对胡瑗教育方法本身优越性和先进性的探讨。单就事件的象征性而言，对北宋王朝的各阶层来说仍然意义非凡。梳理宋初的文化政策，以及与这些政策相关的文化事件，不难发现，南方文人群体（当然包括生活于太湖流域的部分）受到的无形压力何等巨大。且不说科举取士中南北解额数的不公平："今东南州军，进士取解者二三千人之处，只解二三十人，是百人取一人。西北州军取解至多处不过百人，而所解至十余人，是十人取一人"[1]；单就名相寇准所谓"（晏）殊江外人也"[2]和"又为北地夺得一状元"的偏狭计较的言辞中，南方文人的处境可见一斑。然而胡瑗的被认可形成了南方文化的一次成功突围，尽管此前，太湖流域养成的著名文人范仲淹等已经取得了相当的文化话语权，但"苏湖教法"的推广不啻投入主流文化旋涡中的一块巨石，它昭示着，以太湖流域为代表的南方文人群体开始有机会并有能力在国家教育和行政体制内践行带有明显地域特色的思想理念，这对推动南北文化由对峙走向融合意义深远。

其次，随着人文底蕴的积累，从太湖流域走向政坛与文坛的士人也越来越多，文化影响力逐步显现。依据统计来看，在太湖流域核心地区的苏南，宋初廿年，参加宋王朝科举考试的人数不多，仅有六人及第，而到了第二个二十年，及第人数达到十名，有了一定的进步，增幅达百分之六十六点六七，第三个二十年，随着太湖流域经济地发展和学校教育的兴起，苏南地区进士及第的人数达三十六人，与前期相比增长率达到了百分之二百六十。至此之后，苏南学子在

---

① （元）马端临：《文献通考》卷三二，中华书局 1986 年版，第 2 册，第 273 页。

② 事见（元）脱脱：《宋史》晏殊传，台湾商务印书馆影印文渊阁《四库全书》本 1986 年版，第 285 册，第 69 页。

进士科的考试中获得了越来越多崭露头角的机会,因此在第四个二十年中及第人数猛增至六十二人,增长率百分之七十二点二二,而在最后一个统计时段内更增加到了一百零二人,与前期相比增幅为百分之六十四点五二。应当说限于资料,我们的统计还不能说已经毫无疏漏,但是从中我们已经可以感知到苏南的学子凝聚出来的群体力量之大①。

虽然北宋前期,太湖流域远未达到自己的人文鼎盛时期,通过科举,文人群体得以在主流文化圈展露他们的政治理想与文学观念。以下略述之:

先看政治家。最著名的当然是范仲淹。作为一个来自于太湖流域的文人,范仲淹在"庆历新政"中推行的各项政策对宋型文化建构的具有直接和间接的贡献。在代表其改革主张的《答手诏条陈十事》一文中,范仲淹提出了十项关于国家治理、科举、官员任命等方面的主张:"明黜陟""抑侥幸""精贡举""择官长""均公田""厚农桑""修武备""减徭役""覃恩信""重命令",其中对于北宋官僚体系影响最巨大的就是前两项。在范仲淹看来当时改革的中心问题是整顿吏治,裁汰内外官吏中老朽、病患、贪污、无能之人,改变改革文官三年一次循资升迁的磨勘法,注重以实际的功、善、才、行,提拔官员,淘汰老病愚昧等不称职者和在任犯罪者;同时严格恩荫制。限制中、上级官员的任子特权,防止权贵子弟亲属垄断官位。这些做法是针对当时"冗官"现象严重而整个官僚体系运作效率低下的弊端下的一剂猛药,但是其直接后果是触动了整个官僚阶层的既得利益,同时也与宋太祖为稳定国家局势而做出的"恩养士大夫"的基本国策有一定的抵触,所以面临失败是必然的事情。然而我们必须注意的是这场失败并非没有意义。在范仲淹遭受排斥时,余靖、尹洙、欧阳修、蔡襄等一批位居馆阁清要职事并以文学知名的人士挺身而出对他表示支持的。余靖上疏为范仲淹申辩,尹洙则上疏表示以能同范仲淹朋党为幸,蔡襄作《四贤一不肖》诗赞誉范仲淹、余靖、欧阳修和尹洙,讽刺不能为范仲淹申辩的谏官高若讷。当时尽管支持范仲淹的人都被罢官,但斗争却没有因此而停止,不断有人上疏要求复用范仲淹,反对用"朋党"的罪名堵塞言路。欧阳修还作了著名的《朋党论》一文呈献给宋仁宗,分析了朋党之说自古有之,君子、小人都各有朋。凡小人之朋得势,就会以朋党为名排斥君子之朋,国必乱亡,要求宋仁宗以历史上的兴衰治乱之迹为

①　此据《吴郡志》和《姑苏志》辑录的北宋前期进士及第名录,参考《江南通志》和《常州府志》和《镇江府志》补充之。

鉴,"退小人之伪朋,用君子之真朋"。在全力支持范仲淹的文人群体中我们既看到了南方文人的身影也看到了北方文人的形象。在北宋前期的文化态势下,这两个群体原本是颇有芥蒂的。可是,在面对王朝政治大是大非的问题上,这两个群体自然地走到了一起。这种现象的产生本身就具有鲜明的文化融合的特征。可以说,这得益于范仲淹伟大的人格魅力也受惠于他具有真知灼见的政治理念。

同时,范仲淹提出的"精贡举"的主张也很值得重视。这个政策与其"庆历兴学"的努力相表里。庆历兴学是北宋历史上第一次全国性大规模的兴学运动,是庆历新政的重要内容之一。范仲淹作为倡导兴学的主要代表人物,在庆历兴学之前,就对北宋教育所面临的问题及其弊病,做了思想和实践方面的认真探讨,并提出了一系列针砭时弊的建设性主张。早在天圣五年(1027)主持应天府教席时,范仲淹就上书执政大臣,提出固邦本、厚民力、重名器的治国之策。他认为:所谓"重名器",就是要慎选举,敦教育。慎选举:一是要恢复制科,以便选用具有特异才干的人才。二是改革常科考试。范仲淹认为,诗赋考试不能考核真才实学。他要求科举考试"先策论,以观其大要;次诗赋,以观其全才。以大要定其去留,以全才升其等级"。如此则人必强学,复当深究治本,渐隆古道。所谓"敦教育",就是在州郡恢复学校之制。他提出要在州县立学,士子必须在学校学习一定时间方许应举,"约《周官》之法,兴闾里之俗……敦之以诗书礼乐,辨之以文行忠信,必有良器,蔚为邦才。"他在《代人奏乞王洙充南京讲书状》中进一步强调兴学养材的重要意义:"三代盛王致治天下,必先崇学校,立师资,聚群材,陈正道。"主张通过兴办学校,养育群材,移风易俗,来实现天下大治的目的。

此外,范仲淹天圣八年所写的《上资政晏侍郎书》和景佑三年写的《近名论》两篇文章针对当时一些官僚对于他"以非忠非直,但好奇邀名而已"的指责有感而发,鲜明地表达了自己的名节观——提倡注重名节,这在北宋前期无疑是一种意识形态上的拨乱反正。唐末五代时期,由于政权转换频繁,士大夫往往转仕几朝而洋洋自得,丝毫不考虑儒家知识分子应该具有的气节。如自命"长乐老"的冯道,就历仕四朝十君,宋朝禅代后周,后周一批士大夫成为宋臣。吴越纳土,南唐、闽、北汉、后蜀等相继平定,在宋初的几十年中,"贰臣"充满了朝廷。因此,当时对所谓的"贰臣",在舆论上也没有什么非议。后来,范仲淹等人痛感五代以来士风浇薄,道德沦丧,而以身作则,振作士风,砥砺士大夫名节。《宋史》卷四四六《忠义传序》指出：

> 　　士大夫忠义之气，至于五代，变化殆尽。宋之初兴，范质、王溥犹有余憾，况其他哉！艺祖首褒韩通，次表卫融，足示意向。厥后西北疆场之臣，勇于死敌，往往无惧。真、仁之世，田锡、王禹偁、范仲淹、欧阳修、唐介诸贤，以直言说论倡于朝。于是，中外缙绅，知以名节相高，廉耻相尚，尽去五季之陋矣。

　　庆历新政中范仲淹的政治主张和他表现出来的儒家知识分子的气节在相当程度上改变了人们对于南方文人的整体看法，也消弭了两个文化集群之间或明或暗的对峙。这场革新更标志着南方文人群体的成熟以及他们拥有的对政治与文化的强大影响力。

　　然后，便到丁谓。他"少与孙何友善，同袖文谒王禹偁，禹偁大惊重之，以为自唐韩愈、柳宗元后，二百年始有此作。世谓之'孙丁'。淳化三年，登进士甲科"①。作为较早成名的太湖文人，丁谓在北宋前期的文坛和政坛上均扮演了举足轻重的角色。丁谓的成名离不开王禹偁的揄扬。作为深受宋太祖欣赏的一代文宗，王氏的态度直接影响了整个正统文人集团对南方人才的认识。

　　就丁谓本身的政治实践来看，此人确有值得称道的地方。比如《宋史》丁谓传就记载了他以机变的手段处理民族问题的事迹："初，王均叛，朝廷调施、黔、高、溪州蛮子弟以捍贼，既而反为寇。谓至，召其种酋开谕之，且言有诏赦不杀。酋感泣，愿世奉贡。乃作誓刻石柱，立境上。蛮地饶粟而常乏盐，谓听以粟易盐，蛮人大悦。先时，屯兵施州而馈以夔、万州粟。至是，民无转饷之劳，施之诸砦，积聚皆可给。"此事件可以充分展现丁谓在特殊事件处理中的大局观和吏治长才。《宋史》卷四二称"谓机敏有智谋，憸狡过人，文字累数千百言，一览辄诵。在三司，案牍繁委，吏久难解者，一言判之，众皆释然。……每休沐会宾客，尽陈之，听人人自便，而谓从容应接于其间，莫能出其意者"。由此可见，处事机警，善于权变是丁谓行事的一贯特点。这个特点与太湖流域的不拘泥，不保守的商业文化精神有一定的关联。

---

① 　（宋）王禹偁：《答丁谓书》，《小畜集》卷八，台湾商务印书馆影印文渊阁《四库全书》本1986年版，第1086册，第122页。

同时,丁谓也是很有建树的统计人才。他对于数字有一种独特的敏感性。《中山诗话》中曾记一事曰:"真宗问近臣唐酒价几何? 莫能对。丁晋公独曰:'斗直三百。'上问何以知之,曰:'臣观杜甫诗:速须相就饮一斗,恰有三百青铜钱。'亦一时之善对。"此事固可说明丁谓博闻强识,应答机警,同样反映出他在读书中留心庶务的特点。《续资治通鉴长编》记:"(大中祥符六年八月)丁谓上《景德会稽录》,时为三司使。言景德三年新旧户七百四十一万有奇,比咸平五年增五十五万有奇,赋入总六千三百七十余万贯石斤,比咸平六年计增三百四十六万五千。乞以咸平六年户口赋入为额,岁较其数且上史馆从之"。统计国家人口赋税是一项艰巨的工程,丁谓一介文人,竟能毕成此业实在令人有叹为观止之感。这项成就也充分展示了务实且重视绩效的南方文化的潜移默化之力。

尽管,就政治品格而言,丁谓值得质疑的地方颇多,但对于扩大南方文化影响,他的影响力却不容抹杀。甚至作为最高统治者的宋真宗,在丁谓放为平江节度使时亲自赐诗已示荣宠。其中"懿辞硕画播朝中,造膝询谋礼遇丰"句足见对其文学修为和政治能力的褒扬以及帝王对他的欣赏之情[1]。

次看专门人才。叶清臣与丁谓同乡,《宋史》称他"幼敏异,好学善属文。天圣二年,举进士,知举刘筠奇所对策,擢第二。宋进士以策擢高第,自清臣始。"对于太湖流域的文人而言,好学善文不算是个特别的评价,但难得的是他的科名来源于"策论"。长期以来,南方文人的诗赋长技无人质疑,但却往往为标榜道统的北方文士轻慢,每有"浮薄"和"华而不实"之诮。然清臣得登高第却非因诗赋属对精美,辞新调雅,而是因为在被认为能够展现文人治世长材的策问中取得令考官惊叹的成绩。这似乎能够向世人证明,太湖文人并非下笔千言,胸中却实无一策的凡庸辈,无论从才学还是从见识,他们都做好了参与现实政治的准备。反观,叶氏后来的仕途经历,无论是文人当行本色的集贤校理还是独当一面的知州,抑或与财赋打交道的"俗官"盐铁判以及掌握国家财政的三司使,他都做得有声有色。《宋史》曾记,庆历末,叶氏充任三司使他与张方平一起讨论陕西的"铜钱盗铸"问题,"请以江南、仪商等州大铜钱一当小钱三,小铁钱三当铜钱一,河东小铁钱如陕西,亦以三当一,且罢官所置炉。自是奸人稍无

---

① (宋)范成大:《吴郡志》卷十引《御制赐平江军节度使丁谓诗》,江苏古籍出版社 1999 年版,第131 页。

利,犹未能绝滥钱。其后,诏商州罢铸青黄铜钱,又令陕西大铜钱、大铁钱皆以一当二,盗铸乃止"。这一事件,虽几经周折,但是最后还是将困扰当地政府和朝廷的大事件彻底解决了。这充分展现了南方文人能文更能治事的特点,而这种特点也得益于太湖流域的文化氛围。

许洞,苏州吴县人。《宋史》本传上说"洞性疏隽,幼时习弓矢击刺之伎,及长,折节励学,尤精《左氏传》",是个允文允武的人才。很多人熟悉许洞是因为《六一诗话》中记载的他的一件逸事:

> 当时有进士许洞者,善为词章,俊逸之士也。因会诸诗僧分题,出一纸约曰:"不得犯此一字",其字乃山、水、风、云、竹、石、花、草、雪、霜、星、月、禽、鸟之类,于是诸僧皆搁笔。

许洞所为,多少有些恶作剧的成分。九僧诗在意象塑造上的过分单纯,往往在前人用滥了的意象群中讨生活或者一味执着于耳濡目染的习见意象,表现平庸的思致。尽管,我们无法过多地从理论与实践的角度获知在宋初那场唐宋诗歌转型过程中,许洞作出了多少实际贡献,但他的"作弄"从某种程度上体现了一个素有学养的南方文人对当时流行的诗学观念的批判,却是毫无疑义的。

许洞的仕途并不顺利,他在咸平三年当了雄武军推官,后因与知州不和,因故被"奏除名",回到故乡。但在景德二年,他献所撰《虎钤经》二十卷。"应洞识韬略、运筹决胜科,以负谴报罢,就除均州参军。大中祥符四年,祀汾阴,献《三盛礼赋》,召试中书,改乌江县主簿。"这样的经历充分说明了作为一个来自于太湖流域的文人,他彻底颠覆了人们关于南方士人只擅诗赋的印象,以实际成就证明了这一群体不但有文学修养,更宗经知礼,同时甚至还具备相当的军事才干,这样的群体显然不应该被王朝政治所边缘化。

北宋初期于词学发展而言正是过渡,词体文学正拟摆脱纯粹的俗文学地位而开始向雅文学皈依,在此过程中,无论语言、格调、情致都会产生变化。词的要眇宜修的特质很大程度上得益于南方文化传统的滋养,因而被目之为"南方文学"。其中,自然少不了来自太湖流域的文化基因。

由太湖走向词坛,取得全国性声誉的词家甚多,其中最有代表性的当属吴兴人张先。他的作品带有明显的吴文化烙印。撮其要者,其一,善将太湖山水的温柔之美化入词境。其《御街行·送蜀客》云:"画船横倚烟溪半,春入吴山遍。"江南胜景历历在目,又如《蝶恋花》"临水人家深宅院,阶下残花,门外斜阳岸",活脱是太湖人家的风景素描。其二,善于描摹具有典型地域特色的活动。《武陵春》中"秋染青溪天外水,风棹采菱还。波上逢郎密意传,语近隔从莲",非亲眼见过满湖菡萏,听过莲女清歌者所不能道。《相思令》里"萍满溪,柳绕堤,相送行人溪水西",也须是谙熟当地情形的词家才得以闲闲几笔而回味隽永。至于《木兰花》中"龙头蚱蜢吴儿竞,笋柱秋千游女并",更是本地风光的活泼写照。

当人们了解某一地域时,往往从景物开始,然后及于风俗。张先勾勒了一幅令人心驰神往的太湖流域的图景,展现了不同流俗的清新雅致的词境,这种带有明显地域表征的词境给后来者的影响是潜移默化的。甚至,他带来了北宋词风的某种改变。李之仪在《跋吴思道小词》一文中指出:"张子野独矫拂而振起之,虽刻意追逐,要是才不足而情有余。"尽管,带有相当程度的批评,但李氏显然承认了张先在词体格局改变中所作的努力,以及取得的成就。

约言之,北宋前期,太湖流域经济圈的形成为整个国家带来了不容忽视的经济利益,培育了新的经济增长点,促进了产业提升和发展,在其带动下,该地区的文化发展也取得了令人瞩目的成就。在整个宋代的经济重心南移和文化转型过程中,该区域具有举足轻重的分量。

古典文学中的"心香"意象考索

上海社会科学院文学研究所　朱　红

在中国文学的传统中,与香相关的意象含义隽永而内涵丰富,"心香"就是一例——直到今天的现代汉语,人们还以"心香一瓣""一片心香"等诸如此类的表达,来比拟自己内心深处所蕴含的虔诚美好的情感;"相思成灰",这个古典而富有生命力的文学意象,亦约定俗成并具有固定的表述形式。不过,"心"为何以"香"来比拟,二者间的关联怎样,其具体的来源是什么,以及在中国文学的发展中,心香意象所带来的情感表达如何流变,这些都是值得深究的问题,也是本文力求探索的主要内容。笔者首先从宋词中的"心字香"入手,通过揭示心字香之具体制作过程,追溯其来源中的佛教文化影响,并通过对唐宋诗词作品的解读分析,对中国文学传统中的"心—香—灰"等相关意象的流变展开研究。

一、心字香的名物考索

在宋代词人的笔下,曾出现一种"心字香"——蒋捷词中有"银字笙调,心字香烧"语:

> 银字笙调,心字香烧。流光容易把人抛,红了樱桃,绿了芭蕉。(《一剪梅》)①
>
> 银字笙调,心字香烧。料芳悰、乍整还凋。待将春恨,都付春潮。过窈娘堤,秋娘渡,泰娘桥。(《行香子》)②

---

① 唐圭璋:《全宋词》第 5 册,中华书局 1965 年版,第 3442 页。
② 《全宋词》第 5 册,第 3445 页。

"红了樱桃,绿了芭蕉",色彩明丽的光景中却酝酿着一片春愁,只有笙歌香语可以消磨。银字,标于笙管上表示音调之高低。而从字面理解,心字香当制成心字形。这种心字香亦见于北宋词人黄机所作《沁园春》,其中有"殢酒犹烧心字香"的句子①。张元幹《青玉案》亦有:"心字龙涎饶济楚,素馨风味,碎琼流品,别有天然处。"②说的也是这种龙涎制成的心字香。

　　明人彭大翼有云:"所谓心字者,以香末萦篆成心字也,词家多用之。"③出现在宋词中的心字香,是女性生活场景里的常见物品,而其与文学意境乃至传统意象的关系,前人多未阐释。心字香为何屡屡为词人墨客提及,首先即需明了其名称来历与制作方式。关于历史上的香品与香具以及相关用法,前人已有著述,以近年看,陈擎光《故宫历代香具图录》所附《历代香具概说》有长文解说④,扬之水、孟晖等都均有不少相关研究⑤。不过,关于和香所用原料及其制作方式,依然还有可以探讨之处。

　　1. 香与花:宋代心字香的香料处理

　　宋人吴曾所著《能改斋漫录》中记录了一个士人收到朋友所赠龙涎香后答诗的故事:"近时有士人,尝于钱塘江涨桥为狭斜之游,作乐府名玉珑璁云……其后朝廷收复河南,士人者陷而不返,其友作诗寄之,且附以龙涎香。诗云:'江涨桥边花发时,故人曾共着征衣。请君莫唱桥南曲,花已飘零人不归。'士人在河南得诗,酬之云:'认得吴家心字香,玉窗春梦紫罗囊。余熏未歇人何许,洗破征衣更断肠。'"⑥

　　在这两首忆旧伤别的诗作中,紫罗囊里的龙涎心字香,仿佛留贮了昔日的春梦,成为二人交往的情感寄托。而从文中看来,制作成心字形的香在当时已

　　① 黄机:《沁园春》:"暑风清微,梅腮渐红,麦须未黄。恨牡丹多病,医治费巧,酴醾易老,点缀无方。客里光阴,愁中意绪,想美人分山水长。销凝处,有龙丝坠简,来唤持觞。　华堂。胜贮春光。粲一行珠玑时样妆。更燕留轻态,词翻古调,莺娇欲啭,曲度新腔。玉漏声沉,银潢影泻,殢酒犹烧心字香。归来也,判明虬永日,瑞锦鸳鸯。"《全宋词》第 4 册,第 2529 页。

　　② 唐圭璋:《全宋词》第 2 册,中华书局 1965 年版,第 1088 页。

　　③ 彭大翼:《山堂肆考》卷一百六十一,《四库全书》977 册,第 266 页。

　　④ 《故宫历代香具图录》,台北故宫博物院 1994 年版。

　　⑤ 扬之水:《古诗文名物新证》(紫禁城出版社 2004 年版)中所收录的关于香合、香炉、龙涎香等诸篇论文,综合利用文物图像多种资料,着重于与香相关的具体名物,对于制香的材料、用之之器具等有着精细的考证。孟晖在《花间十六声》(生活·读书·新知三联出版社 2006 年版)中结合诗文与艺术史资料,亦有关于添香、香兽与香囊等等香事的研究。关于合香中的具体香药材料,《唐代的外来文明》一书中已有陈述,近年陈明《殊方异药——出土文书与西域医学》(北京大学出版社 2005 年版)中亦对外来香药有所考证。

　　⑥ 吴曾:《能改斋漫录》卷十五"玉珑璁词",上海古籍出版社 1960 年版,第 477 页。

颇为有名,还出现了以此种香品而著称的商家字号,所以士人称"认得吴家心字香"。也由于心字香太过有名,据《百宝总珍集》记载,南宋临安的市场上,甚至还出现了以假乱真的赝品,以至于商贾心得有云:"广州心字香子细看验,亦有假者。"①

值得关注的是,在《能改斋漫录》提到的诗中,二句"江涨桥边花发时"与"花已飘零人不归"均提到了花,这不仅仅是对畴昔欢爱季节与现实景色的实写,而且因为心字香的制作本身与鲜花就有着密切的关联。

吴家心字香何指?宋人陈敬在《陈氏香谱》"南方花"条中揭示了它的来历,心字香为和香之一种。他说,南方诸花都可用于和香的制作,像茉莉之类原出自西域,佛书所载,其后传至福建、岭南一带,从此遂盛。此外还有含笑花、素馨花、麝香花等等,他指出"或传吴家香用此诸花合",有人说吴家香除了龙诞等香料之外,还添入了南方盛开的鲜花香味,故而与众不同。不过,花香不比香木能研磨成末混合制成烧香,鲜花转瞬即败,香气飘然而逝,如何得以保存呢?据陈敬介绍,温子皮说这些香花如素馨、茉莉,可以将其花蕊摘下,香气稍稍才过即以酒喷之,复香。凡是这种生鲜花香,以蒸过为佳。每四时遇花之香者,皆次第蒸之,比如梅花、瑞香、茉莉、木樨及橙橘花之类,皆可蒸。待到他日爇之,则群花之香毕备。据台湾刘静敏《〈陈氏香谱〉版本考述》一文,温子皮其人其事已不可考②,但《温氏杂记》则为陈敬《陈氏香谱》取用,留下了关于香料处理的数条记载。

温子皮提到的这种鲜花蒸法,大致不仅仅蒸花蕊,其他香木原料也应一道蒸才可能吸取香味,宋人周去非《岭外代答》书中有一记载与此方法颇为相似,卷八"泡花"条云:"其法以佳沉香薄片劈,着净器中铺半开花,与香层层相间,密封之。明日复易,不待花萎香蔫也。花过乃已,香亦成。"③意思说泡花法是将上好的沉香木薄片放在干净的容器中,再加以半开的鲜花,二者交错层叠,然后密封容器。第二天复取鲜花放入,不让花萎香蔫。如此日复一日依法炮制,等到花期过了,沉香木也熏好了。他还说"番禺人吴宅作心字香及琼香,用素馨茉莉,法亦尔,大抵泡取其气,令自薰陶以入香骨,实未尝以甑釜蒸煮之。"看来,周

① 《四库全书存目丛书》子部第78册,齐鲁书社1997年版,第806页。《四库全书总目提要》中称《百宝总珍集》"不著撰人名氏,考其书中所记,乃南宋临安市贾所编也"。
② 台湾《逢甲人文社会学报》第13期,第63页。
③ 周去非著,杨武泉校注《岭外代答》卷八,中华书局1999年版,第333—334页。

去非指出番禺人吴宅制作心字香和琼香等香品时也采用这种泡花法,只取其香气,并非对花材加以蒸煮。宋人周去非1172年赴钦州任教授,《岭外代答》一书,是其任职六年后,对于岭南见闻的整理所得。由于唐宋时期香药自海外输入多由南方,因此当地香药业格外繁荣。不过,从此处记载可以得知吴宅的"心字香",对于香料原材料如龙涎、沉香等物的处理,不同于《陈氏香谱》中所说的鲜花蒸法,而是以含苞的素馨和茉莉鲜花与香木薄片层层交错叠放,花过香留,取其花香木香自然融合而成。同样,在以描绘广州地方名胜和风土景观为内容的洪适《番禺调笑》词中,也有一句"屑沉碎麝香肌细,剩馥熏成心字"①,说的正是番禺地方以素馨花为原料,以其香气熏制心字香的情形。

2. 心香的佛教渊源与和香的制作方式

这种以鲜花熏陶所制成的心字香,为香印之一种。唐人已用香印,在王建《宫词》中就有这样的诗句:"闲坐烧香印,满户松柏气。火尽转分明,青苔碑上字。"②王建为中唐诗人,其所作宫词表现了宫中衣食住行诸多方面,特别是描摹女性生活细节尤为传神。明人胡震亨曾经评论说,唐诗不可注,一解释反而画蛇添足,但亦有不能不注的,譬如老杜用意深婉者,须发明;李贺之谲诡、李商隐之深僻,及王建宫词自有当时宫禁故实者,都须作注,仔细加以笺释——从这里也可以看出王建宫词之写实是经得起注家考释的。根据这首宫词的描写,宫女闲时无事坐烧香印,除了满户飘散的松柏香气,香尽火灭之后还留下字迹,有如长满青苔的石碑上所刻的文字,恰可以说明这种香印原本即呈现字形。制作成字形的香印,在晚唐诗人段成式《游长安诸寺联句》中也有相关记载,譬如"翻了西天偈,烧余梵字香"③,意思是读罢西天传来的佛经,梵文字香也烧过了——可知当时诸人所游玩的长安寺院中,烧的也是字香,还是梵文形状。段成式所著笔记《酉阳杂俎》最为人所称引,他晚年则以闲放自适,尤深于佛书。诗人曾作《送僧二首》,其中亦提及字香:"因行恋烧归来晚,窗下犹残一字香。"④"一",当指数字,虽然人已离开,而窗下还有一盘字香没有烧完。虽然不知道香是否梵

---

① 洪适:《番禺调笑·素馨巷》:"南国英华赋众芳。素馨声价独无双。未知蟾桂能相比,不是人间草木香。轻丝结蕊长盈穗。一片瑞云萦宝髻。水沈为骨麝为衣,剩馥三熏亦名世。名世。花无二。高压阁提倾末利。素丝缕缕联芳蕊。一片云生宝髻。屑沈碎麝香肌细。剩馥熏成心字。"《全宋词》第2册,第1369页。
② 《全唐诗》卷三百〇一。
③ 《全唐诗》卷七百九十二。
④ 《全唐诗》卷五百八十四。

文形状,但由此看来,字香在当时佛教寺院中较为常见。

事实上,在文学作品中的心字香制成"心"字形状,与佛典精义不无关系。早在东晋时候天竺三藏佛驮跋陀罗所译《大方广佛华严经》即有这样的说法:"菩提心者,则为香山,出生一切功德香故……菩提心者,则为和香,出生一切功德香故。"①以香山、和香等物比喻菩提心产生一切功德香,更有"香由心造,香是心香"等说法。南朝梁简文帝萧纲曾为相宫寺碑作铭,其中即有"窗舒意蕊,室度心香"之句②,描绘当时佛教寺院的情形。由于以香作为菩提心的象征,在袅袅青烟中,内心所追求的佛家境界得到了物化的展示,而心字形香,则更为形象地体现了这种香由心生的佛家思想。

烧香与佛教相关,在梵文中,"香的"一词甚至就直接是"与佛相关的"意思③。而不仅心字形状与佛教思想密切相关,心字香的制作方式亦可以从汉译佛经中寻到踪迹。不空(705—774),为狮子国(今斯里兰卡)人,一说西域人,幼年出家,后随金刚智三藏在中国翻译佛经,从玄宗到肃宗时期,他广译显密经教,灌顶传法,教化颇盛。在他所曾经奉诏翻译的佛经中,《蕤呬耶经》对于佛像前各供养品逐一加以介绍:"初献涂香,次即供养花、烧香、饮食,后献灯明。"(《蕤呬耶经奉请供养品第八》)其中指出烧香,还因为所供养佛教对象的不同而有诸多分别:

>　　其烧香者,用白檀、沈水相和,供养佛部;用尸利、稗瑟、多迦等诸树汁香,供养莲华部;用黑沈水香及安悉香,供养金刚部。次说普通和香。非有情身分之者,取白檀香、沈水香、龙脑香、苏合香、熏陆香、尸利(二合)、稗瑟咤(二合)迦香、萨阇罗(二合)、沙香、安悉香、婆罗枳香、乌尸罗香、摩勒迦香、香附子香、甘松香、阏伽跢哩(二合)香、柏木香、天木香,及钵地夜(二合)等香,以沙糖相和,此名普通和香。次第供养诸尊。或随意取如前之香而和供养。或复总和。或取香美者而和。④

---

①　《大正新修大藏经》第9册,第775页。

②　萧纲:《梁简文帝集》卷一,明张溥辑《汉魏六朝百三家集》,江苏古籍出版社2001年版,第四册,第240页。

③　谢弗著,吴玉贵译:《唐代的外来文明》,中国社会科学出版社1995年版,第344页。

④　《大正新修大藏经》第18册,第767页。

从中可以看出,佛教供养的烧香,是以多种材料合制而成。所谓白檀、沉水之类,是指制香的原料,多为香木。这种取诸香料合制的操作方法,可以另据唐代澄观和尚所作《大方广佛华严经疏》得知。《经疏》说:"今初知世诸香以表法香,谓以戒定慧、慈悲等香,熏修生善灭恶习气故。善知一切香者,差别行也。亦知调合者,融通行也。以金刚杵碎之,实相般若波罗蜜调和,令纯杂无碍。"①澄观为唐清凉山大华严寺沙门,在《大方广佛华严经疏》中他对烧香的名称和制法进行解说:这些香料需要加工捣碎成粉末后,再加以调和,调和剂为"实相波若波罗蜜"。而在本文上引《蕤呬耶经》中,制作佛教供养中的烧香,是以沙糖与诸香原料相和而来。所谓沙糖,根据《一切经音义》的解释②,它由甘蔗汁制成,如释《善见律》称:"沙糖:又作饧,同徒郎反。煎甘庶作之也。"③又如释《瑜伽师地论》:"油糖:又作饧,同徒郎反。饧糖也。又沙糖也。煎甘蔗汁作之。"④唐时香的制作方法,从唐不空三藏的笔下所译佛经可以推知。此类记载中的佛教供香,应当为民间制作烧香的源头,工艺亦相类似。但从后世所保留的和香方来看,佛经中载明用以调和香料的沙糖,在中国多为蜜所替代。这可能与沙糖的制作来源有关。虽然有记载说,唐太宗曾经派人去摩揭陀国学习制糖方法,令扬州煎蔗之汁,在宫中自行制作,"色味逾于西域所出者",在敦煌保存的《食疗本草》残卷中就有说明:"石蜜寒。右心腹胀热、口干渴。波斯者良。……蜀川者为次,今东吴亦有,并不如波斯。此皆是煎甘蔗汁及牛膝汁、煎则细白耳。……沙糖寒。右功体与石蜜同也。"⑤由于甘蔗这一热带植物在唐时除川蜀等地外,并不普及,沙糖这种舶来品不是普通者可以随心使用的,因此唐人取蜜替代沙糖用于调和香料粉末,从而使得唐香有别于梵天传来的佛教用香。大概也因为如此,沙糖用于和香这种多限于文献记载的用途,在季羡林先生所著《糖史》中亦未见提及⑥。

至于唐代制作和香的具体步骤,可以参看宋人陈敬的《陈氏香谱》,该书对

---

① 唐澄观:《大方广佛华严经疏》卷五十七,《大正新修大藏经》第35册,第937页。

② 《一切经音义》为唐代的工具书,以佛经写本中的词语为收录对象,在保留佚文古籍方面该书尤为珍贵。其书共有两种,一为贞观年间释玄应所撰,二十五卷,一为贞元、元和年间释慧琳所撰,一百卷。

③ 《一切经音义》卷十六,释《善见律》卷九,《续修四库全书》第198册,第186页。

④ 《一切经音义》卷二十二,释《瑜伽师地论》第一卷,《续修四库全书》第198册,第252页。

⑤ 马继兴、王淑民、陶广正、樊飞伦辑校:《敦煌医药文献辑校》,江苏古籍出版社1998年版,第684页。

⑥ 季羡林:《糖史》,江西教育出版社2009年版。

于诸多香方有所记录。正如唐代王建《宫词》中所云:"供御香方加减频,水沈山麝每回新。内中不许相传出,已被医家写与人。"①这种宫廷所用香,由于和香材料的不同以及每种材料份量的加减变化,产生出了名目繁多的香方,虽然被宫禁珍视不许外传,但早已被医家传抄至民间。在《陈氏香谱》中即有记载,所谓"唐开元宫中方"其制法如下:

> 沉香二两细剉、以绢袋盛,悬于铫子当中,勿令着底,蜜水浸,慢火煮一日,檀香二两茶清浸一宿,炒干,令无檀香气味,麝香二钱,龙脑二钱别器研,甲香一钱法制,马牙硝一钱。右为细末,炼蜜和匀,窨月余取出,旋入脑麝,丸之,或作花子,爇如常法。②

从上文可以看出,对诸香料分别加以处理后,将其研成细末,以炼蜜调和,窨藏月余,熟化后再加樟脑、麝香一类,即可作成香丸或花子。所谓花子,后来又有这样的说法:"随意脱造花子,先用苏合油或面油刷过花脱,然后印剂则易出。"③可见当时制香,因为调入糖或蜜,香料末具有了更多的可塑性,经脱模等工艺,可制成一定图案包括文字形状,中唐王建宫词所言"香印"大概即是。

二、李商隐《无题》诗读解与"相思成灰"的意象演变

正如唐人张鷟的《游仙诗》中所描绘:"红衫小撷臂,绿袜细缠腰。时将帛子拂,还投和香烧。"④这种香气馥郁的烧和香的情景,在女性生活场景中颇为常见。后蜀韦縠所编的《才调集》中就有一首《宴李家宅》:"画屏深掩瑞云光,罗绮花飞白玉堂。银槽酒倾鱼尾倒,金炉灰满爇心香。轻摇绿水青蛾饮,乱触红丝皓腕狂。今日恩荣许同听,不辞沈醉一千觞。"⑤诗歌描写的李家宴会华美动人,

---

①　《全唐诗》卷三零二。
②　陈敬:《陈氏香谱》卷二,《四库全书》第 844 册,第 272 页。
③　《陈氏香谱》卷二"邢太尉韵胜清远香",《四库全书》第 844 册,第 279 页。
④　张文成撰,李时人、詹绪左校注《〈游仙窟〉校注》,中华书局 2010 年版,第 28 页。
⑤　韦縠:《才调集》卷十,傅璇琮:《唐人选唐诗新编》,陕西人民教育出版社 1996 年版,第 967 页。

有画屏深掩,皓腕相陪,令人不惜沉醉。其中"金炉灰满爇心香"一句①,更是说明了当时燃点心香的情景。宋人王镃亦有《裁衣曲》:"烧罢心香午夜阑,玉纤轻捻剪刀寒。衣成恐不如郎意,独着灯前照影看。"②说的也是女子在燃点心香后,漏夜迟迟,为郎君裁剪衣裳的情形:因为担心不合适,所以自己试穿后回顾灯下的身影而揣度尺寸大小,描摹女子的心理想象生动,情深细腻。

而在晚唐诗人李商隐的笔下,有一首《无题》诗,其中亦包含烧香的意象,文字与构思极为精巧,该诗为:"飒飒东南细雨来,芙蓉塘外有轻雷。金蟾啮锁烧香入,玉虎牵丝汲井回。贾氏窥帘韩掾少,宓妃留枕魏王才。春心莫共花争发,一寸相思一寸灰。"③

李商隐的无题诗为历代诗家学者所称许,云环雾绕的诗人心绪,常常藉由丰富的意象,瑰丽的辞藻呈现出来。而时空遥隔,昔日人们司空见惯的物事习俗,如今许多已湮没无闻,诗歌阅读中的歧义在所难免,而关于其人其作,注解争论尤多④。细读此诗,首二句点出诗境的时间及地点,细密的雨丝随着东南风飒飒而来,有雷声轻响,从满缀芙蓉的池塘那边传出。可以知道,这是春天的情景,作者的视线听觉由近而远,有动静有声响。如果将颔联与颈联合并来看,就会发现烧香、汲水两个场景与下文韩寿、曹植两个典故之间存在的内在联系:贾充之女因心仪韩寿之美,而与之相悦,异香可证;传说后为洛水之神的宓妃,亦爱慕曹植的文才,自荐枕席。这两个典故,正与第二联提及的香、水有关。如果将作者置入诗中,我们可以想象:在这样一个春雨飘洒、芙蓉花开的时节,诗人看见(或想起)心上那个妙人儿的身影,她一会儿手捧香炉来烧香,一会儿提着水壶去汲水,情影来来去去之间,牵引着诗人的视线,也引起了他的遐思,那些

---

① 据傅璇琮《唐人选唐诗新编》校注,其中"金炉灰满"一句,北京图书馆藏汲古阁本《唐人选唐诗(八种)》作"爇心香",四部丛刊本作"鸭心香"。

② 北京大学古文献研究所编《全宋诗》卷三六零八,北京大学出版社 1998 年版,第 68 册,第 43204 页。

③ 《全唐诗》卷五百三十九。

④ 关于这首无题诗诸家注解,可参看《李商隐诗歌集解(增订重排本)》(刘学锴、余恕诚著,中华书局 2004 年版)及《李商隐诗笺释方法论——中国古典诠释学例说》(颜崑阳著,台湾里仁书局 2005 年版)等著作及相关多篇论文。如《李商隐诗歌集解》有:"贾氏窥帘,宓妃留枕,或爱少俊,或慕才华,皆情之发乎中而不可抑止者,诚所谓'春心自共花争发'者也。我之'春心'虽亦随春花而萌发,然屡次相望,屡次失望,直似香销而寸寸成灰,翻不如泯此春心为愈耳。诗虽千回百转,而终归相思之无望;然于绝望之悲哀中,又复透出'春心'之不可抑止与泯灭,《鼓吹评》谓末句'反言之而情愈深',甚是。"(第 1650 页)但为何作者李商隐从春花转而论及香灰,诸论未有从名物角度,即"心字香"的花香来源及心字形状,对春花与香及相思关系所阐明者。

窃香、送枕的故事,不正是由于女子爱慕少年的美貌、才华,春心萌动而产生的吗? 诗人隐隐的希望,藏于不言之中。

　　最末两句"春心莫共花争发,一寸相思一寸灰",一个"莫"字,将告诫的意味点明,这被告诫的人,或许是自己,也或许还是那位女子。虽然对于现代人而言,心如死灰已成为一个熟悉的意象,但李商隐这首《无题》尾联两句从争发的春花春情,到相思都成灰烬,笔端的跳跃起伏极大,"心""花"和"灰"三者之间的关联,值得探究。所谓"寸灰",自然不难看出为燃烧后所余的灰烬。虽然有人将尾联中的"春心"解释为相思之心,"花"指烛花,说面对绝望的爱情,不要让相思之情与烛花争燃,每一火花的闪爆都会化为一段灰烬①。但从"寸"来看,所燃当为细长之物,烛芯较少以寸来形容。联系前两联内容来看,"寸灰"可作香灰,以香的含义来阐释此诗,也似乎更为妥当。

　　李商隐与段成式二人同时,又与温庭筠一起,有"三十六体"之称。段氏笔下提到的字香,《宴李家宅》诗中的心香,说明晚唐时期已有心字香的出现。所谓诗无达诂,试以心字香之意来读解李商隐这首《无题》诗的尾联,则"心""花"和"灰"之间,诗意相接,毫不突兀,而且语带双关,比喻巧妙。且看,春风带雨,润物而来,诗人对于爱情的梦想,亦如春花日滋夜长,而似乎无望的现实,令他自叹不已,眼前袅袅燎起的清香,留下一盘灰烬,正是一个"心"字——那鲜花窨藏而成的心字香在静静地燃烧,诗人联想起自己的一片芳心,亦在焦灼的等待与反复的折磨中渐渐冷却,又怎能不生出感叹"春心莫共花争发,一寸相思一寸灰"! 正如前文所考证,心字香的制作需要以鲜花薰制香木素材,通过研末等加工方法,调和在一起,并制作成心字形。李商隐这首无题诗中,即以心字香为想象的媒介,通过一个"心"字将其主观的情感与现实的场景联系在一起,不落痕迹,却又自然熨帖。而"一寸相思一寸灰"中"相"与"香"的谐音,亦可以为之佐证,并与上文香的典故相勾连。诗人构思之巧妙,使得全诗回环往复,有如精美的艺术品,令人叹服!

　　这种心与灰的相互关联,追溯至《庄子·齐物论》中就有这样的表述:"形固可使如槁木,而心固可使如死灰乎?"仔细揣度,其意象的来源应该为木而不是香,由于木燃烧后成灰烬,故而以此联想形、心二者,衍生出来后一句。而在唐

_____

　　① 孙静:"'春心'即相思之心。'花'指烛花。面对绝望的爱情,主人公警诫自己也劝喻对方,不要让相思之情与烛花争燃,每一火花的闪爆都会化为一段灰烬。"见周振甫《李商隐诗歌赏析集》,巴蜀书社1993年版,第169页。

代杜甫的《郑驸马池台喜遇郑广文同饮》诗中则有:"不谓生戎马,何知共酒杯。然脐郧坞败,握节汉臣回。白发千茎雪,丹心一寸灰。别离经死地,披写忽登台。重对秦箫发,俱过阮宅来。留连春夜舞,泪落强徘徊。"①其中"丹心一寸灰"的意象,以量词"寸"来形容心灰,表明这一比喻则与香有关。不过,这种以红色燃烧的心香终成灰烬、比喻自己忠君爱国的热情消沉的用法,与李商隐《无题》诗中曲折隐寄的爱情思绪,有着明显的不同。

在李商隐的《无题》里,相思成灰的意象虽然是明白示人的,但二者间的联系——"心香"则隐而不出,耐人寻味。通过心字香的燃烧,而联想到自己内心情感的失落,这一比拟手法,在与李商隐同时的晚唐诗人胡曾那里,亦有相似的运用,胡曾所作《独不见》云:"玉关一自有氛埃,年少从军竟未回。门外尘凝张乐榭,水边香灭按歌台。窗残夜月人何处,帘卷春风燕复来。万里寂寥音信绝,寸心争忍不成灰。"②诗歌从女子的角度申发,抒写了独处的寂寞心境,从水边燃点的香灭这一真实情景,联想到女子情感的寸心成灰,所取亦是女性的生活场景,其意蕴与李诗仿佛。

这种制作成图形或文字的香,如上文所引,在宋词中多以"心字"明白出现。而在后世的文学作品里,这意象仍被反复引用,但表达各有不同。比如金代词人赵可的一首《浣溪纱》,就将李商隐的这一层诗意更加清晰地显露出来:"火冷熏炉香渐消。更阑拨火更重烧。愁心心字两俱焦。 半世清狂无限事,一窗风月可怜宵。灯残花落梦无聊。"③独坐炉边,而火冷香销,于是重新拨火烧香,这里的"愁心"自然指其人的忧愁心绪,而"心字"则可以明确知道指的是心字香,"两俱焦"以香、心二者并列,描写内心的痛苦好似眼前所见的心字香一样焦灼。比起李商隐的《无题》尾联来,赵词要直白得多,浅显得多,却因此也少了几分李诗所具有的含蓄隽永的韵味。年代更晚的文学作品,如《红楼梦》里作者代宝钗所拟的那一首《更香》诗谜,其中的"焦首朝朝还暮暮,煎心日日复年年",则反其道而行之,用拟人的手法,以心情的痛苦形容更香每日每夜的燃烧,算是翻出前人之新意了。

由上可知,因为心字香的心字形状,这一闺房绣阁等女性生活场景中常见的具体物品,被赋予了个人情感的象征意义。随着香燃烧成灰烬,"相思成灰"

---

① 《全唐诗》卷二百二十五。
② 《才调集》卷九,傅璇琮《唐人选唐诗新编》,第918—919页。
③ 唐圭璋编:《全金元词》上,中华书局1979年版,第30页。

的意象便逐渐在文学作品中产生并固定下来。追溯这一意象形成的过程，可以说，李商隐的《无题》诗为后世的文学创作提供了一个精巧的典范。

三、"心香"意象之另一种

另一方面，不同于女性生活场景中所使用的心字香，引起作者对内心情感尤其是男女之间的爱情的联想，而是与香作为佛教用品有关，中国文学传统中衍生出另一种意象如"心香一瓣"和"一片心香"。

本文此前已说明，由于心香从其意义来源乃至制作方式都受到了佛经中所阐释的佛教思想的影响，作为佛教场所使用的供养品，人们以之燃烧来表达对佛教境界的向往，对佛祖的虔诚，以及自身的内省，但随着心香从原本的佛教场所扩展使用于多种社会生活场景，心香所代表的虔诚含义开始作为另一种意象，在中国传统文学中出现。这一文学意象的产生，曾与作者的宗教信仰有着密切的关系。在唐代，为李商隐称许"雏凤清于老凤声"的韩偓，就作有一首《仙山》诗，诗云："一炷心香洞府开，偃松皱涩半莓苔。水清无底山如削，始有仙人骑鹤来。"[1]从"洞府""仙人"等语，我们可以看出作者对仙山神境的向往，明显具有道教的意味，此处燃点的心香，俨然成了达至仙境的灵钥。由此可知，不止是在佛教场所，道教中也以燃点心香来表达致神的诚意。而在宋人瞿翁的《满江红·孟史君祷而得雨》一词中，则有："祷雨文昌，只全靠、心香一瓣。"[2]所谓文昌，当指文昌君，在民间信仰中，文昌君被寄托诸多心愿，如求福求雨甚至求子等等。从瞿翁的这首词可见：在民间用于求雨的仪式中，心香亦成了诚意的代名词，这是心香用于佛道之外民间宗教场所的例子。以心香来代指诚意，这一比拟手法的运用，在宋人诗文作品中多有出现，可知这一物品在现实生活中应用广泛[3]。而随着这种表达虔诚心意范围的扩大，甚至在宋人的祝寿诗中，也出现了心香的踪影，如王十朋就有《行可生日》诗："祝公寿共诗书久，一瓣心香已

---

① 《全唐诗》卷六百八十二。

② 《全宋词》第 5 册，第 3311 页。

③ 如宋王洋所作《书郑氏舍田记》中有："则彼以心香胜念薰导，荐供施者当获善报。仁人孝子之心固知是言，非若剖剂交别可以市质而券取也，然犹为之，岂有它哉？"曾枣庄、刘琳编《全宋文》卷三八七六，第 177 册，上海辞书出版社、安徽教育出版社 2006 年版，第 193 页。

敬焚"①,以一瓣心香寄托自己对朋友长寿的美好祝福。这种虔诚的文学意象传承至今,"心香一瓣""一片心香",作为人们在祝福时的常见用语,也作为中国文学传统中的一个经典意象而继续使用。

四、结　论

综上所述,宋词等文学作品中的心字香由龙涎等多种香料调和并经鲜花薰制而成。其心字形状与佛经教义相关,其合香的方法亦从佛教供养烧香而来(不过与佛经传入地不同,中国所制的和香采用了蜜作为调和剂,而不是佛经中所说的以甘蔗为原料制成的沙糖)。宋词中的心字香多用于女性化的文学场景,通过心字形的灰烬,形象地表现内在情感的失落。这一中国传统文学中相思成灰的意象溯源,正可以为晚唐诗人李商隐的《无题》诗做出巧妙恰当的解释。在此后的诗词文学作品中,心字香的寓意得到了进一步的阐明与嬗变。而另一方面,从佛教源头而来的心香,作为虔诚情感的物化表现,开始以"心香一片""一瓣心香"等表达出现于中国文学传统之中,并沿用至今。

---

① 《全宋诗》卷二零三五,第 36 册,第 22834 页。

实斋论稗——观念、文本与指向

上海社会科学院文学研究所　许　蔚

　　提起章学诚的名字,似乎就离不开"六经皆史"的光环。一般也都是把他看作史学家或者目录学家。不过,也有像郭绍虞、王运熙和顾易生等少数的几位先生曾经考虑过他的文学观念或者文章之学①。不用说,他的方面很广,就像他同时代的许多知识分子一样,什么都读,而且好发议论。他曾自曝早年"年少气锐,专务涉猎,四部九流,泛览不见涯涘。好立议论,高而不切"②。他一生颠沛,虽然苦于稻粱,仍然像许许多多的传统士人那样始终怀着一颗"兼济"的心。他的晚年光景也很是凄惨。不过他在这时期留下来的一些札记,叫人深深地为这样一个默默的读书人而感动。于是我产生了这样一个念头,在这些札记中徘徊的史学巨人,他究竟读到了什么。

　　《丙辰劄记》虽然并不是丙辰一年内的文字,但基本可断定是章学诚晚年的手稿③。其中有几段关于通俗小说的文字,令人感到意外的兴趣。他的这些札记虽然都很简短,却并不是随意的书钞或者孤立的笔谈,背后有着复杂的阅读经验和思维程序。当然,他说过自己四部九流无所不读。尽管他依然沿用着传统的话语模式,他在自己的阅读体验上却并没有许多所谓正统文人神经质似的偏见④。

---

　　① 参见郭绍虞:《中国文学批评史》,百花文艺出版社 2008 年版,王运熙、顾易生主编:《中国文学批评史》(下册),上海古籍出版社 1985 年版,邬国平、王镇远:《中国文学批评通史——清代卷》,上海古籍出版社 1996 年版,倪德卫:《章学诚的生平及其思想》,江苏人民出版社 2007 年版,山口久和:《章学诚的知识论——以考证学批判为中心》,上海古籍出版社 2006 年版。

　　② 《与族孙汝楠论学书》,章学诚著、仓修良编:《文史通义新编》,上海古籍出版社 1993 年版,第 672 页(以下引用该书,简称《新编》)。从札记所及诸书,也的确是无所不览。

　　③ 嘉庆元年、二年(1796、1797)五十九、六十岁,参见《乙卯劄记　丙辰劄记　知非日札》冯惠民校点说明,中华书局 1986 年版(以下引用该书,简称《劄记》),以及胡适撰、姚名达增补《章实斋年谱》,安徽教育出版社 1999 年版,第 142 页(以下引用该书,简称《年谱》)。

　　④ 如果说"小说"这个词本身所蕴含的价值倾向和它所处的语境,使得章学诚的叙述看上去依然散发着传统的腐儒气的话,他对史传的推崇以及他所处的那个话语传统便使得这种感觉不值一提。

这也许是我们应该称赞他的,但这一特异之处大约或多或少与当时大众的阅读风尚有关系,另一方面也一定与他的史学观念分不开。因此,现在来读而又想要绕开他的史学观念是不可能的。但我至少不想专门去谈论他的那些宏伟计划和"六经皆史"。在此,我只想谈一谈他作为一个自诩为精英的落寞文人是怎样去读通俗小说的,他是如何看待通俗小说的,特别是他为什么如此关注《三国演义》这一部书。如果可能的话,我还想做一点点抽丝剥茧的工作,探寻一下这些文本背后的文本,摸索一下这位读书人的精神脉络。

一、读者与学者的天平

《丙辰劄记》中所见评论通俗小说之札记共见四条,除一则论《西游记》(章学诚称作《西游演义》)以外,均论《三国演义》。当然,他所阅读的通俗小说并不仅止于此,就其札记所论及者可以得知,今天所谓通俗小说的四大题材他都曾加涉猎,《金瓶梅》《水浒传》等等都是他所熟悉的作品。不过,以他的用例,他仍然还是在传统意义上使用"小说"这个词,尽管也时而带有今天所认为的小说的意义(也只是到了今天,这些概念才渐渐地明晰)。显然,在今天所谓小说的意义上,他使用"演义"这个词是非常恰当的。他说:"稗官采于太史,则亦风谣之不可废者。传奇之体亦有二:无词曲者即小说之末流,是演义之属也。宋元以来始创其体,或取正史之事,或本小说之言,敷衍其文,大率不出男女离合,间或纪述战争,叙次朝政,善善恶恶,若有益于风教,匹夫贩妇之所观感兴起者,刘氏所谓采于刍荛者矣。其有词曲者乃优伶之所演,其源本之乐府,其事通于小说。盖匹夫之思,原非典则,然其情文所极,亦有不可没者。"①可见,他对于小说的历史和现状有着清晰的认识。从"小说"到"演义",时间是宋元以来,关键是"敷衍其文",这不能不说是卓识。虽然没有创作实绩,他也像李渔一样意识到无韵之传奇和有韵之小说②,当然他的着眼点不同。

① 《和州志艺文书辑略》,章学诚著、王重民通解《校雠通义通解》,上海古籍出版社1987年版,第150页(以下引用该书,简称《通解》)。
② 就此,他或许受到李渔的影响,但这是建立在假定他看过李渔的文字的基础上,而这并没有确实的证据。

大体而言，他对通俗小说的看法不过是他尚世用的文章之学和历史哲学的延续①。他论《西游记》从唐人诗句说起，从诗到小说，贯穿的线索是"寓言"。由此也不难想象他会说"故演义之属，虽无当于著述之伦，然流俗耳目渐染，实有益于劝惩"②。既然有益于劝惩，小说也就可以被接受。这是他的逻辑，也显然是他文章之学的根本。就此可以举出许多相对的概念，诸如"文"与"质"、"形式"与"内容"、"考证"与"义理"等等。这一点他在《刻〈太上感应篇〉书后》中表达得相当明白，他批评惠栋说："元和惠定宇氏笺注是书，博征经、子、谶纬、传记、百家之言，一字一句，莫不溯其渊源所出，虽高才博洽，无能搜其罅矣。惟于中人以下，激劝犹缓。"因为他觉得"注释是书，既当为中下人设身处地，而溯而上之，初不谬于圣贤，乃使高明之士不得迂而弃之，斯为有补于世教尔"③。显然，他并不是一个汉学家，但他也不是一个偏废的人。他对自己过去曾经"好立议论，高而不切；攻排训诂，驰骛空虚"很感到羞愧④。但是在追究之余，他仍然得意于自己的孤明独发，阐扬着"经世""注我"的意见。所以他主张"庶几合之惠氏之书问世，而或有裨益于人事欤！"⑤因此他对于"正经"的经史诗文以外的文体比如小说并没有太多的偏见，尽管如前所说他依然延续着轻蔑的话语。他强调形式为内容服务，文为质服务，考证为义理服务，也正是在这个意义上来说的⑥。

不过，真正就小说本身而言，作为一个普通读者的章学诚和作为一个文史家的章学诚还是不大一样的，甚至是略有矛盾的。他对于不同题材的小说实际上有着不同的评判标准。当然他的阅读兴趣主要还是在历史演义小说。基本上也可以说他把小说分为历史演义与非历史演义两类，或者用他的话说，则是"实"的小说与"虚"的小说两类。对于"虚"的小说，他以普通读者之心去看，所以相当宽容。对于"实"的小说，他以文史家，更确切的说是以史家之心去看，所

---

　　①　抛开士大夫的传统，或许可以说在这方面，章学诚受到了顾炎武的影响。旁的不说，《丙记》中顾宁人三字比比皆是，要说未受其影响，也是难的。

　　②　《丙记》，第 90 页。

　　③　《刻〈太上感应篇〉书后》，《新编》，第 460 页。

　　④　《与族孙汝楠论学书》，《新编》，第 672 页。

　　⑤　《刻〈太上感应篇〉书后》，《新编》，第 461 页。

　　⑥　为章学诚作传的倪德卫在这个问题上的看法显然相当的正确，他说"章的文章中，尤其在 1783 到 1789 年之间，有很多是关于文学评论和文学传统的。从他讨论这些问题的方法中，我们发现他时时关注着'作者说什么'和'他如何说'这二者之间的关系问题；或是依照章一般的说法，是'文'与'质'的关系问题"（《章学诚的生平与思想》，第 85 页）。

以相当严苛。他说"……凡演义之书,如《列国志》《东西汉》《说唐》及《南北宋》,多纪实事;《西游》《金瓶》之类,全凭虚构,皆无伤也。惟《三国演义》则七分实事,三分虚构,以致观者往往为所惑乱。如桃园事等,学士大夫直作故事用矣。故演义之属,虽无当于著述之伦,然流俗耳目渐染,实有益于劝惩。但须实则概从其实,虚则明著寓言,不可虚实错杂,如《三国》之淆人耳。"①按照他文史学者的眼光,"虚"的小说大可以去虚构,而"实"的小说,就要像《列国志》等书那样讲实事,既"实"又"虚"的《三国演义》既淆乱了史实,又败坏了体例,于史学、目录学两无所取。

然而矛盾似乎正在于此。因为,作为普通读者的章学诚,他的确明白"小说无稽",小说有虚构的成分是很自然的。他说:"《三国演义》因为小说,事实不免附会。"这是他承认并接受的,意思是说虽然它是讲历史的,但它是小说,难免要附会,所以并不用苛求。当然,如果这些虚构之中又蕴含有正史所无的掌故,无疑会给他披沙拣金的快感。所以他又要说"然其取材,则颇博赡。如武侯班师泸水,以籹为人首,裹牛羊肉以祭厉鬼。正史所无,往往出于稗记,亦不可尽以小说无稽而斥之也"②。他论周仓也是这样,他说"史传无明文,而小说载之,儒者所弗道也。然历著灵应,似非全诬",随后他引《山西通志》,说"与《三国演义》俱合,但未知有所证否尔"③。矛盾虽然没有得到解决,但是他得到了另外一种阅读的快乐,他觉得此中"掌故"皆有与于史学。

这种平衡的感觉,依然可以在他对所谓"虚"的小说的评价中找到。他对《西游记》的意见,大抵以为寓言,但是他又强调不能因为它是"小说、寓言"而置之不论。为什么?因为照他说,这书里面有至理。他说"神仙家言多记烂柯一局、人世千年、刘阮归来、子孙易世等事,大抵多出小说。《西游演义》遂有天上一日,人间一年之说"④。他说前者不过都是经由"顷刻千年"这种说法或者思维经验所附会而来,但是《西游记》不一样,"天上一日,人间一年"不是胡诌,而是

---

① 《劄记》,第 90 页。注意到乾隆十七年(1752)桐石山房藏板本《东周列国志》中,蔡元放的评价与此颇相类,他说:"《列国志》与别本小说不同,别本都是假话,如《封神》、《水浒》、《西游》等书,全是劈空撰出。即如《三国志》,最为近实,亦复有许多做造在于内。《列国志》却不然,有一件说一件,有一句说一句,连记实事也记不了,那里还有工夫去添造?故读《列国志》,全要把作正史看,莫作小说一例看了。"(转引自谭帆《中国小说评点研究》,华东师范大学出版社 2001 年版,第 270 页)考虑到《列国志》等书本身的性质,这显然并不意味着章学诚一定受到了蔡评的影响。

②③ 《劄记》,第 89 页。

④ 《劄记》,第 58 页,原书点读有误。

至理。这似乎就很奇怪了。他接下来的断语更叫人惊讶,他说:"盖天上无世界可以为人所驻耳。假令天上果有帝庭仙界,则天上一日必是人间一年,无差错也。"①随后他费了很大的力气,用天体运行,周而复始的原理来说明其正确性。正确与否且不去论,天文历法自是史官之学。从这里当然不难看出他所自诩之史家天赋②以及他和他那个时代所具有的考证的癖好。按照他的分类,小说实乃史之流亚,皆《春秋》家学③,而小说成为考证的一个对象或者取材之所,的确是叫人觉得他很现代。我甚至疑心胡适在这方面或许很受了他的影响,当然胡适是很佩服他的,这从《年谱》的文字就可以看出来。

二、文本与批评的焦虑

尽管有采撷广博的好评,总体而言,章学诚对《三国演义》还是极力攻排的,这当然有他史家的立场,但是这背后或许还另有隐情。换句话说,章学诚虽然好辩,但大概也不会无故发难,肯定是有所触动。而他所阅读之文本本身或许才是真正引发他的这些许批评的诱因。也就是说他的批评或许针对的是某个特定的本子。考虑到自清初问世,毛评本虽不是唯一的本子,却是数百年间最流行的一个本子④。那么章学诚所读的《三国》会不会就是这个本子呢? 仅凭《丙辰劄记》中有限的这三条札记进行推测似乎难度较大。事实上真正可据以推测的文字也仅一条而已。为了弄清楚章学诚所读究为何本,需要首先说明他的一个写作习惯,也即他的札记写作与正式著述之间的关系,以便勾连出一个隐藏的文本网络。

札记的写作在传统的文人中很普遍,许多人甚至就以札记为其著述方式,

---

　　①　《劄记》,第 58 页,原书点读有误。

　　②　章学诚在给家人的信中,往往夸耀说他"自少性与史近"(《与族孙汝楠论学书》,《新编》,无第 673 页),说"吾于史学,盖有天授,自信发凡起例,多为后世开山"(《家书二》,《新编》,第 688 页)。他又说自己十五六岁时虽仍蒙而未发,而"性情则心近于史学",虽"则儿戏之事亦近来童子所鲜有";自二十一二岁"史部之书乍接于目,便似夙所攻习然者,其中利病得失,随口能举,举辄得当","自是吾所独异"(《家书六》,《新编》,第 694 页)。

　　③　参见《校雠通义》卷一《宗刘第二》、《互著第三》、《通解》,第 8、20 页。

　　④　毛评本现知有康熙十八年醉耕堂本、乾隆三十四年世德堂本、大魁堂本、同治二年聚盛堂本等多个刊本。而毛评本以后还有康熙十九年李渔评本以及雍正十二年的一个综合毛、李评的本子。参见谭帆《中国小说评点编年叙录》,第 240、245、268 页。

这并没有什么特出的地方。章学诚重视札记写作自有他治学的考虑，同时也是为了捕捉自己的精思妙解。他在给家人的一封信中说，"文章学问之事，即景多所会心，笔墨既便，随处札录……其深远者，别为著作"①。而后来收在《文史通义》中的不少文章就是在他旧有札记的基础上完成，有的甚至就是直接在札记的基础上增删数字而成②。

那么，首先来看一看他的札记。关于《三国演义》，他在其中一则中写道："《演义》之最不可训者，桃园结义。甚至忘其君臣而直称兄弟。且其书似出《水浒》后。叙昭烈、关、张、诸葛，俱以《水浒传》中崔符啸聚③行径拟之。诸葛丞相生平以谨慎自命，却因有祭风及制造木牛流马等事，遂撰出无数神奇诡怪。而于昭烈未即位前、君臣寮寀之间，直似《水浒传》中吴用军师，何其陋耶？张桓侯，史称其爱君子，是非不知礼者。《演义》直以拟《水浒》之李逵，则侮慢极矣。关公显圣，亦情理所不近。盖编《演义》者本无知识，不脱传奇习气。固亦无足深责。却为其意欲尊正统，故于昭烈、忠武颇极推崇，而无如其识之陋尔。"④这是他对这部小说的定评，但是看上去似乎也只不过是一般的阅读经验。不论是对桃园结义，还是对四人的评论似乎都不过是他个人的历史体验和小说阅读之间的纠葛。而正统论也是但凡读《三国》的人所必及。

尽管如此，鉴于章学诚好辩的个性，且先与毛评的说法比较一下，看看二者有没有什么关联的地方。毛评本卷首《读三国志法》曰："读《三国志》者，当知有正统、闰运、僭国之别。正统者何？蜀汉是也；僭国者何？吴、魏是也；闰运者何？晋是也。魏之不得为正统者何也？论地则以中原为主，论理则以刘氏为主，论地不若论理。故以正统予魏者，司马光《通鉴》之误也。以正统予蜀者，紫阳《纲目》之所以为正也。《纲目》于献帝建安之末，大书后汉昭烈皇帝章武元年，而以吴、魏分注其下，盖以蜀为帝室之胄，在所当予；魏为篡国之贼，在所当夺。是以前则书刘备起兵徐州讨曹操，后则书汉丞相诸葛亮出师伐魏，而大义昭然揭于千古矣。夫刘氏未亡，魏未混一，魏固不得为正统。迨乎刘氏已亡，晋

---

① 《家书一》，《新编》，第 686 页。

② 比如攻击袁枚的那些文字肇于《丁巳劄记》；《〈三史同名录〉序》抄自《丙辰劄记》等。参见《年谱》，第 142、148、151 页。

③ 注意到毛纶在《第七才子书总论》中提到《水浒》题目不及《三国志》……《水浒》所写崔符啸聚之事"云云。"崔符啸聚"一词虽为熟语，但如果还存在那么一丝读者影响的可能性的话，或许也值得格外注意。

④ 《劄记》，第 89—90 页。

已混一,而晋亦不得为正统者,何也?曰晋以臣弑君,与魏无异,而一传之后,厥祚不长,但可谓之闰运,而不可谓之正统也。……陈寿之《志》未及辨此,余故折衷于紫阳《纲目》,而特于演义中附正之。"①就正统论这一点上,二者似乎有些对立。然而,尽管毛评本是声名了要以朱熹《通鉴纲目》的汉统改写的,仅就上述简单的一句"却为其意欲尊正统,故于昭烈、忠武颇极推崇,而无如其识之陋尔",也很难说章学诚的正统论真的是针对毛评而发。

翻检章氏遗文,于《文史通义》中得《文德》一篇,其中一段文字分析陈寿以来史统以至朱子《纲目》甚为明晰。按《丙辰劄记》的写作年代如前所述,据考在丙辰(嘉庆元年,1796)、丁巳(二年,1797)间,当然,具体何条出于何时很难确定。章学诚丙辰间所作之《文史通义》稿名为《丙辰山中草》,而《文德》即其中之一②。就写作时间而言,二者为一时之作,所论即使并非一书,则至少有一共同的阅读背景;就写作习惯而言,二者思路一贯,基本可视为同题之作,《文德》与《劄记》也应当有先后承继的关系。

其文曰:"昔者陈寿《三国志》,纪魏而传吴、蜀,习凿齿为《汉晋春秋》,正其统矣;司马《通鉴》仍陈氏之说,朱子《纲目》又起而正之。是非之心,人皆有之。不应陈氏误于先,而司马再误于其后,而习氏与朱子之识力偏居于优也。而古今之讥《国志》与《通鉴》者,殆于肆口而骂詈,则不知起古人于九原,肯吾心服否邪?陈氏生于西晋,司马生于北宋,苟黜曹魏之禅让,将置君父于何地?而习与朱子,则固江东南渡之人也,惟恐中原之争天统也。此说前人已言。诸贤易地则皆然,未必识逊今之学究也。是则不知古人之世,不可妄论古人文辞也。知其世矣,不知古人之身处,亦不可遽论其文也。"③

毛评涉及的陈寿、司马光、朱熹,这里也都涉及了。毛评贬《通鉴》④而尊《纲目》则是这里所批评的"学究"之识。而章学诚在前引札记中批评《三国演义》的作者尊刘,说"无如其识之陋尔",也正与这里的意见一致。虽然还算不得是完全的针锋相对,但是也基本可以看出这应当就是对《读三国志法》正统论的反驳。甚至可以说毛评针对性地拈出《通鉴》和《纲目》来加以批评的形式明显影

---

① 毛评本卷首《读三国志法》,转引自朱一玄、刘毓忱编《三国演义资料汇编》,南开大学出版社2003年版,第254页。

② 参见《年谱》,第142页。

③ 《新编》,第79页。按《年谱》属《丙辰山中草》,作于丙辰年即嘉庆元年(1796),时年五十九(第142页)。

④ 尽管《读法》只是捎带提及,当然也是贬《三国志》。

响到了章学诚的行文。章学诚以《三国志》与《汉晋春秋》相对,《通鉴》与《纲目》相对,一方面反映了他的史学素养(并且他在这一时期正参与《史籍考》的编撰工作),一方面或许也是为了遮人耳目。毕竟札记仅供私人阅读,故可以毫无顾忌,想到哪写到哪,读到什么写什么;正式著作则是要给人看的,笼统地谈谈小说戏曲即无伤大雅,而要透露通俗小说的名字则似乎会有些难堪。而"古今之讥《国志》与《通鉴》者",古即不必论,今亦不必远寻,正见他近日所读之书。

如此想来,章学诚在这里其实也可以选择不去提及这一争论。之所以如此,大概是因为这部小说或者正是《读三国志法》给了他不小的刺激。要知道,他过去在给钱大昕的一封信中曾说:"学诚从事于文史校雠,盖将有所发明。然辩论之间,颇乖时人好恶……夫著书大戒有二:是非谬于圣人,忌讳或干君父,此天理所不容也。然人苟粗明大义,稍通文理,何至犯斯大戒。惟世俗风尚,必有所偏。"①可以想见,他心底里的"君父家国"被《读三国志法》这么一搔,奇痒难忍了。另外,注意到他在这里提到"是非之心,人皆有之",这是很有切身体验在其中的。在《文史通义》的另一篇文章中,他说:"是非之心,人皆有之。至于声色臭味,天下之耳目口鼻皆相似也。心之所同然者,理也,义也。然天下歧趋,皆由争理义,而是非之心亦从而易焉。岂心之同然不如耳目口鼻哉?声色臭味有据而理义无形,有据则庸愚皆知率循,无形则贤智不免于自用也。故求异于人,未有不出于自用者也。治自用之弊,莫如以有据之学,实其无形之理义,而后趋不入歧途也。"②这正可为他这里所谓的"是则不知古人之世,不可妄论古人文辞也。知其世矣,不知古人之身处,亦不可遽论其文也"作一别样的注脚。由之益可知所谓"正其统"即有专门对象,即"正"妄论古人的"毛统"。

三、帝国与暮年的激越

在乾隆朝最后的岁月里,六十岁的章学诚辗转流离于江淮间,而《史籍考》亦因莲教事起而中辍。毕沅之后虽然有谢启昆继起续修,但这显然并不是章学诚的机会,并且更为不堪的是,后来竟传出鬻稿一案。然而让低迷的章学诚为

---

① 《上辛楣宫詹书》,《新编》,第 529 页。据《年谱》,作于乾隆三十七年(1772),三十五岁,后又钞入嘉庆三年的《戊午钞存》,六十一岁(第 156 页)。
② 《砭异》,《新编》,第 123 页。

之振奋的事情终于来临了。嘉庆四年正月,乾隆驾崩,嘉庆亲政。新皇帝的上台似乎让六十二岁的章学诚看到了某种希望。在这崭新的一年里,他竟连续上书六篇(《上执政论时务书》《上韩城相公书》《上尹楚珍阁学书》《与曹定轩侍御论贡举书》)①。多年来的乱离游走,似乎即将成为故事。穷通一时,这是史学泄露给他的秘密。无论是莲教、赋税,还是吏治、贡举,这些政论无疑都饱含着他"学为世用"的信念和热情。他也早就说过:"夫文章之用,内不本于学问,外不关于世教,已失为文之质;而或怀挟懱心,诋毁人物,甚而功发隐私,诬涅清白,此则名教中之罪人,纵幸免刑诛,天谴所必及也。"②尽管这话说在何时尚不能确定,但放在这里显然极为合适。很不幸,天不假年,不过两年章学诚就病故了。而这也难免叫人觉得那头几年似乎有点返照的意味。

他当然不会知道自己已经逼近了人生的终点,他毫不吝惜地去专心阅读小说《三国演义》,并且在自己的文字中留下了阅读的感受和批评的意见。也许可以说这只不过是他的泛览(但是他不再年轻),而且作为历史演义小说的《三国》也很有资格进入这位正在参编《史籍考》的史学家的阅读范围(可惜不久中辍)。然而,这样一个终其一生强调"实用""世用"的章学诚可以更关注他所赞许的《列国志》等纯史实小说,也可以像他批评袁枚一样去批评《金瓶梅》,但是他没有。值得暮年的他特别关注的似乎只有《三国演义》。但是一时间却似乎又很难说汉魏正统之争对于那个时代有什么现实意义,而他又有什么目的。或许他另有什么寄寓吗?

也许这一切只不过因为这部小说跟朝廷的某种联系,而那个朝廷新近换了个皇帝。俞正燮在《癸巳存稿》中写道:"顺治七年正月,颁行清字《三国演义》,此如明时文渊阁书有《黄氏女书》也。《黄氏女书》为念佛,《三国演义》为关圣,一时人心所向,不以书之真伪论。"③类似的记载亦见于王嵩儒《掌固零拾》曰:"本朝未入关之先,以翻译《三国演义》为兵略,故其崇拜关羽,其后有托为关神显灵卫驾之说,屡加封号,庙祀遂遍天下。"④更有甚者以为"本朝羁縻蒙古,实是利用《三国志》一书。当世祖之未入关也,先征服内蒙古诸部,因与蒙古诸汗约

　① 参见《年谱》,第 156 页。

　② 《俗嫌》,《新编》,第 120 页。嘉庆四年,章学诚有《又与朱少白》为"鬶稿案"辩白,参见王重民《章学诚大事年表》,第 205 页。

　③ 《癸巳存稿》卷九《演义小说》,转引自王利器辑《元明清三代禁毁小说戏曲史料》,上海古籍出版社 1981 年版,第 17 页。

　④ 《掌固零拾》卷一《译书》,转引自《元明清三代禁毁小说戏曲史料》,第 19、22 页。

为兄弟,引《三国志》桃园结谊事为例,满洲自仞为刘备,而以蒙古为关羽。其后入帝中夏,恐蒙古之携二焉,于是累封忠谊神武灵佑仁勇威显护国保民精诚绥靖翊赞宣德关圣大帝,以示尊崇蒙古之意。时以蒙古人于信仰剌麻外,所最尊奉者,厥唯关羽。二百余年备北藩而为不侵不叛之臣者,专在于此,其意亦如关羽之于刘备,服事唯谨也"①。可以想见,章学诚对关公的重视虽未必便由于此(又或许只是偶然),他读《三国》自然不会是一时兴致而已。

就这个意义上看来,假若清初的毛声山有所寄寓的话,章学诚自然也不会不明白。在这里,一段过去的历史俨然成为现实政治的投影,而谈论国家合法性也可以随意就转为研讨国故。以史学自傲的章学诚尽管可以说别人不过"学究"之识,但是他无意中也犯了同样的错误。他说:"陈氏生于西晋,司马生于北宋,苟黜曹魏之禅让,将置君父于何地? 而习与朱子,则固江东南渡之人也,惟恐中原之争天统也。"而声山生于鼎革之际,人心思久,苟以曹魏为正统,亦将置"君父"于何地? 实斋故在百年之后,家国正此家国,不能上推之于古人。"是则不知古人之世,不可妄论古人文辞也。知其世矣,不知古人之身处,亦不可遽论其文也。"这也许是极可笑的,但是却正如章学诚所说,这又是可以理解,也应当被理解的。当然,他或许并不会预料到乾隆什么时候驾崩,嘉庆什么时候亲政,和珅什么时候倒台,他甚至也不会料到就在他上书后不久,他的恩主身后还要遭受抄没的命运,而这正是他所建议的。也许只是冥契而已,他读了《三国》,他批评了过去,他针砭了现在,他死了。

不管怎么说,把《三国》与满清政权联系起来总叫人觉得会有些许的索隐之嫌。但是,不论真实与否,至少那个时代的文人正是这样去理解和解读他们的时代和他们的《三国》的,而这当然是最为重要的。在这样一个时代语境中去读《三国演义》自然有别样的意义。如此看来,章学诚个人的阅读体验不意竟变成了时代精英的一次聚议。而他的文字显然要比读上去更为实际,至少对他自己来说应该是这样。

---

① 蒋瑞藻《小说考证拾遗》引《阙名笔记》,转引自《元明清三代禁毁小说戏曲史料》,第19页。

附　　录

口述小传[1]

陈伯海

我 1935 年出生在上海,祖籍湖南长沙。父亲陈科美[2]早年从湖南老家赴美留学,师从著名哲学家、教育家约翰·杜威先生,1926 年在哥伦比亚大学攻博后不久回中国,定居上海,在复旦、大夏等好几所大学教授教育学。解放初期,他在华东师范大学教育系任教,1956 年调至新成立的上海师范学院,负责组建教育心理学直属教研室。

我出生不久,全面抗战爆发,日本人占领了上海,当时年岁尚幼,但还记得遭遇过路上戒严、搜身等令人害怕的情景。稍大进入中西女中附小(男女统招)就读,就是现在的江五(江苏路第五)小学,二年级时校舍被日军征用,把我们赶到现在的乌鲁木齐路一带租房上课,直到抗战胜利才迁回原校。小学毕业后,考进圣芳济中学,这是一所教会学校,比较注重英语,不过我读到初二时上海解放,后来也就不用双语教学了。1953 年中学毕业,进入华东师范大学中文系,校长是老教育家孟宪承,中文系主任是老作家许杰,一位忠厚长者,副系主任徐中玉先生,他们给我们讲文学概论,那时老教授讲课的比较多。钱谷融先生当时还是青年讲师,给我们开过现代文学课。我还参加过一些学生科研小组活动。

1957 年大学毕业前夕,有过一次难忘的经历。当时正值鸣放期间、号召解放思想之际,钱谷融先生写了一篇题为《论"文学是人学"》的论文,引发了轩然大波。文中提到"人学"是引高尔基的话,原有"人类学"的意思,钱先生借以表

---

① 本文系上海社科院组织的老专家口述历史的一部分,由历史所副研究员高俊据 2014 年 10 月 16 日访谈录音整理成稿,经本人修改审定,现删去前后说明万字,暂作个人小传存。

② 陈科美(1898—1998),湖南长沙人,近代著名教育学家,1920 年赴美国留学,师从美国著名教育家杜威,获博士学位。1926 年后历任国立北京大学教育系教授,国立暨南大学教育学院代院长,复旦大学教育系主任,解放后任华东师范大学、上海第一师范学院、上海师范学院教授。致力于教育社会学的研究。主要著作有《新教育学纲要》(上海开明书店,1932 年)、《新教育学》(上海龙门联合书店,1946 年)、《教育社会学》(上海世界书局,1945 年)。

示文学作品要描写活生生的人,起感染人、教育人的作用,不能仅用作现实生活的图解或政治宣传的工具。那年春夏之交,正好华师大中文系举行学术研讨会,有不少外校老师参加,这篇文章提交会议讨论时,果不其然引起与会者群起反对,当然还属于学术争鸣的性质。主持这场讨论的是施蛰存先生,在大家发言发得差不多的时候,他问:"还有谁要发言?"我当时年轻气盛,看到多数人都拘于成规,不理解钱先生的用意,有点按捺不住,就站起身来说:"我讲几句,可以吗?"因为前面发言的都是老师,而我只是个大四学生,施先生想了想说:"给你五分钟时间吧。"我说:"好!就五分钟。"结果讲了十来分钟,就我对这个问题的理解,用最简明的话语表述了一番,讲完也就散会了。后来听与会同学说,讲话时有好几位老先生一直在点头。可没料到,钱先生的文章刚一正式发表,就被许多人指为"离经叛道",群起声讨(其中也包括姚文元)。这场围剿持续了很长时间,"上纲上线"相当厉害,后来周扬出来讲话,说是文艺思想问题,不属于政治问题,才稍稍缓和下来。但也因这个缘由,钱先生长期受到不公正待遇,做了 38 年讲师不得升迁,可如今这篇文章已成为现代文论中的经典之作,凡讲文学史的都会提到这场公案。

由于这次支持钱先生观点的发言,毕业时组织上给的鉴定是:文艺思想上否认党性原则。这样,我就难以留在母校了,被分配到新成立的上海师范学院,进外国文学教研室任助教。三个月后,正值国务院号召干部下放劳动,我又作为第一批"下放干部"来到江湾五角场附近的农业合作社进行劳动锻炼,在农村呆了近两年时间,正赶上大跃进、人民公社等轰轰烈烈的运动,虽辛苦,也长了见识。1959 年暑期下放劳动结束,返回上海师院继续担任欧美文学助教,导师是著名的翻译家朱雯先生。这次我原想安下心来好好从事教学与研究,一回工作岗位,就跑到图书馆借了大量与专业相关的书籍,无日无夜地啃读起来,还在从事辅导与实习之余,写下一篇论述巴尔扎克的世界观与创作方法的长文用为"试笔",后发表在《文学评论》上。本以为这样可以安然起步前行了,谁知不到一年时间重起风波,很有意思的是,这次惹祸同样出自发言的不谨慎。

1960 年春,就在我回校的第二学期,上海作协召开扩大会议,主题是"重新评价 18、19 世纪欧美资产阶级文学",参加者不限于作协成员,高校相关专业人士亦欢迎列席。会议前后开了七七四十九天,是当时上海文化界的一件大事。我因为从事的正是欧美文学教学和研究,就抱着认真学习的态度来旁听。来的时候会议已经开了两天，说是"重新评价"，基调则是"彻底批判"，且一开始就抓了三个活靶子，分别是复旦大学的蒋孔阳、华东师大的钱谷融和上海师院的任钧，以他们为不赞成"彻底批判"的典型。我老老实实地听了几天发言，当时的感觉还是有收获的，原本较推崇18、19世纪欧美文学的进步性，现在懂得它们仍属于资产阶级文学，和我们的无产阶级革命事业有不相容的地方，所以需要批判。但有一个问题始终没弄通，即西方古典文学在当今就完全没有积极意义吗？我是当教师的，总不能将每堂课都上成大批判，把莎士比亚、歌德、席勒等统统扣上一顶"资产阶级"帽子算完事，还须有所分析。毛主席也说过要批判继承，那么欧美资产阶级文学在今天就一概不能肯定吗？就这个问题我思考了好两天，且在跟我一起参加会议的年轻同事间聊到，他们表示赞赏，一力怂恿我上大会发言。怂恿我的人后来多成为我的积极批判者，当时风气就是这个样子。那时我才二十多岁，算是"初生犊儿不怕虎"吧，就报名大会发言。现在回想起来，发言的基调还是很平和的，首先肯定了"彻底批判"的口号，但把它界定为从根本立场和世界观体系上与资产阶级划清界限，在这个前提下仍要讲"批判继承"。接着按我当时的理解，将18、19世纪欧美文学及其作者划分为四个类型：有民主革命思想的如海涅，人道主义者如雨果，个人反抗型的如拜伦，还有就是保守、反动一路的，各就其该批判及或可肯定之处加以提示。讲完后，主持大会的叶以群说："刚才这位同志发言，不管观点如何，是做了认真思考的。"听到这话，我知道他对我的观念有保留，不过口气并不严厉，加上当时有更大的活靶子在，我这个名不见经传的"小人物"便没有引起太多的关注。

　　会议结束，回到学校，系领导来找我谈，要我将作协会上的发言在全系教工会上再讲一遍，便于大家都来关心讨论。我妻子极力劝阻，说讲了肯定会惹火烧身。但我觉得不讲也不行，作协发言已经记录在案了，况且我认为自己的看法没什么不妥，批判继承是毛主席的话，教学工作中也必须这样做。于是我就在系里重讲一次，结果果然是全系展开批判，"一边倒"式地连续批了两个多月（也有一些老教师私下表示同情我的意见，却不敢公开支持）。但我仍不服气，且据理力争地反问道："如果认为我所谓在批判前提下有所肯定，就是不要彻底批判，那就请你们谈谈，你们如何理解'批判继承'的方针。"整整两个月时间，没有一个人接我的话茬，突然有一天，大家都开口了，而且众口一词："要讲继承吗？彻底批判就是继承！"我不知道这是当时上海市文化局长徐平羽作出的结论，由上面传达给"积极分子"掌握，一听他们都这样说，立即反驳道："这话讲不通,我们现在彻底批判帝修反,难道就是要继承帝修反吗?"这样又来回争执了一番。辩论尚未结束,系领导找我谈话,说我不适合在高校任教,组织上决定调我去长宁区当中学教师。他上午跟我谈,下午我就急匆匆去人事处办手续离校了,当时也是负了一口气的。

来长宁区报到时,原听说要分配去市三女中,刚好区教工红专学院(现改称教育学院)要人。"红专学院"是大跃进的产物,实际负责中小学各科教学研究和教师进修,每区都设有一个。长宁区教工红专学院院长兼支部书记林静是位老干部,她看了我的档案,对我的业务能力表示认可,点名挑了我。从1960年9月到1978年底,我一直在这个学校工作。刚进来时分在小学组,第二年转中学组。中学组负责语文学科的一共才两人,另一位老教师着重抓教改,经常跑学校,组织观摩教学和教材教法研究等。我也搭手这方面的工作,主要精力则用在为教师进修开课上,从1960年到1964年间,轮流开讲了文章选读、文学理论、中国现当代文学、中国古代文学等多门课程,等于将大学所学的专业知识重过了一遍。这对我很有好处,以往读书时不免有忽略过去的地方,现在自己要教,必须将每个环节都搞清楚。我的古文阅读能力就是在这段实践工作中锻炼出来的,一些现当代作品也在这个时候才有较深入的接触。另外,学校领导不像高校那样一味疵求意识形态"纯正",而更看重工作实绩,也有助于我重新振作精神,妥善安排自己的学习与生活。

1964年秋,社教运动在全国开展,红专学院暂停业务,大部分教师下乡搞"四清"。我先去奉贤,后到南汇,跟随工作队在农村呆了两年,自然也是一种历练。但我分在大队部管材料、文书、查账等,接触实际仍比较少。也正缘于此,我的作息比较有规律,晚上常能挤出一点空余时间来。按工作队的不成文规定,搞运动时不准带业务书看,但我是个不读书不得过的人,就利用这点时间学经典著作,先读毛选四卷,再读马恩选集、列宁选集等,一篇篇做勾画批注,读得相当认真。可以说,我对马克思主义理论的掌握,恰恰是在这两年里打下基础的,也算是参加社教运动的一大收获吧。

"四清"尚未收稍,"文革"即已发动,当我于1966年夏天回校时,大字报已经铺天盖地了。我虽然也"吃"到几张大字报,却没来得及去贴别人的大字报,这使我在运动中多少保持了一点"好名声",不致陷入十分尴尬的境地。就"文革"本身而言,我有许多不理解的地方,但由于多年来接受反修防修的教育,总相信伟大领袖指示的道路不会错,自己应该努力去学习和适应它。"林彪事件"的爆发给了我很大震动,让我意识到事情发展中有严重差错,而面对长时期动荡不宁的形势,又深感自心彷徨无主,不知道未来的趋向将是如何。于是整个这段期间,我除了按规定参加各项工作与活动外,剩余时间便一头扎进故纸堆里去寻求慰藉,正好家藏父亲留下的整套《四部备要》,翻检其中我素来爱好的唐人文集,边诵习边做札记,客观上为日后从事研究开了先路。

1976年"文革"结束,1977年暑假过后接到教育部通知,借调我去北京编中小学语文教材,滞留京城约一年半时间。当时的北京正处在百废俱兴阶段,不仅人情欢跃,各种新的设施如地铁、高速公路、立交桥、三环线等都在上马,使我得以目睹现代化城市格局如何从历史故城中脱胎生成。我便利用工作之余的每个周末假日,跑访北京的大街小巷、名胜古迹,大大开阔了眼界,更常去各大图书馆借阅资料。那时正是"读书热"的时候,图书相当开放,服务态度也好,只要开出书单,管理员就会捧出大叠线装书来任你翻看,不让经手的孤本、善本亦可通过录影胶卷随意检索。我经常一大早六点多从住所香山饭店出发,八点钟赶到图书馆,一直看到下午七点闭馆,整天泡在里面,有时饭也顾不上吃。靠这种方式,我差不多通检了北图所藏历代唐诗选本及相关典籍,用手抄笔录记下所需要的材料,也是对后来研究工作所做的初步积累。

就在我身处北京期间,原来合并成立的上海师范大学实行分家,华东师大、上海师院及上海教育学院等各各自立门户①,忙于招兵买马。几所大学都曾和我联系,邀我加盟。我个人比较倾向于华东师大,因为是母校,人地熟悉,加以跟师院有过一段疙瘩。但师院直属市教育局,容易取得局里支持,且以"落实政策"为由调我回去,显得道理充足,所以华师大希望我自己出面表态,便于他们争取。为这事我找个机会专门回沪一次,但红专学院领导(还是林静同志)告诉我,局里已做出决定让我去师院,不必再多找麻烦了,还说学校并舍不得放我走,但考虑到我的意向和发展前景,同意支持我返回高校,我很受感动。这个时候,上海师院中文系党总支副书记也亲自上门来看我,明确表示那次批判是错误的,诚恳邀请我回校。就这样,当北京的任务告一段落后,我在1979年初重新回到上海师院。

---

①　1972年5月,受"文革"时期办学方针的影响,上海的华东师范大学与上海师范学院、上海半工半读师范学院、上海教育学院、上海体育学院等校合并,统名"上海师范大学"。1978年"文革"结束后,各校再行分开,相继恢复原有建制。上海师范学院后又于80年代后期更名为上海师范大学。

　　回师院时，系里本打算安排我继续搞外国文学，我说，离开 18 年，很少碰外国文学，外语也丢了，难能再拿起来。相对而言，这些年里接触中国古典文学稍多，还是转古代室吧。由此始确定古典文学为专业方向，时年已四十四。回首先前的岁月，长期处在漂浮无定的状态，现在总算找到了安身立命的场所。

　　应该说，回师院这段期间，我一直是比较安心的。头上两三年时间，边开课，边协助唐诗专家马茂元教授带研究生，自己也做点研究。起手时比较谨慎，选择晚唐诗人李商隐和宋严羽《沧浪诗话》两个个案作解剖对象，连续写了十来篇论文和两种小册子，取得了一定的经验。正当我开始考虑如何继续深入并有所拓展时，《中国大百科全书》出版社在上海的分社来联系借调我去参加"中国文学卷"的编辑工作，负责人便是王元化先生。我当时其实并不很想接这件事，因为在手的工作正顺，师院的环境也足以安身，不过系里要顾及元化先生的面子，极力动员我去。于是从 1981 年暑期开始，就转到大百科分社，在元化先生直接领导下搞文学卷的编辑工作。工作相当繁忙，要联系专家学者，组织各种会议，更要亲自动笔按体例修整稿子，花费了大量精力。但也有好处，便于广泛接触学界著名人士，了解他们的治学方法和相关领域的发展概况，以打开自己的视野并加深思考。其间交往最多的自然是元化先生，作为他的直接属下，遇有疑难杂事必须及时向他请示。他常能举重若轻地化解各类纠结，那种既讲求原则而又能平和待人的作风，是我深所钦服的。

　　在大百科工作两年，我感觉脱离学校过久，一再请回，遂于 1983 年暑期重返师院。当时文学卷尚未全然竣工，需要两头跑跑，而重心已转到校内。我干的仍是老本行，教学之余，继续从事唐诗研究，但已不满足于个别事象的考察，思量着如何突破陈规，进行综合性研究，将唐诗作为一个整体来把握。这样一种思考并非无根据的遐想。就我所接触的历史资料来看，唐以后历代诗家与论者，从不把唐诗仅只视为唐人所写的诗，而是当作一种特定的传统乃至诗歌典范，奉以为追随和效学的楷模，所谓"宗唐得古"正指明其典范意义之所在。现代学者虽不主张今人写诗也要依仿唐诗，却仍然认为唐诗体现了民族精神，是民族审美心理的最好结晶。因此，如何超越就事论事的眼界，在具体把握历史内在联系的基础之上，将唐诗的质性、根由、流变、影响等关键性论题概括、提炼出来，无疑对当今文艺创作的借鉴传统和推陈出新具有重要价值。我把这一构想称之为唐诗学的建设工程，从目录学、史料学和理论总结三方面作了设计，并开始邀集同道付诸实施。虽然不久之后我又奉调离开师院，此项工程仍然延续下来,经三十年之顿宕波折,陆陆续续编撰出八种专书,合成九百万字的"唐诗学书系",即将由上海古籍出版社公开发行。

我调来上海社科院工作是在 1984 年国庆前夕,先担任文学所副所长,1989年改任所长,1995 年底卸脱行政职务,2002 年办退休。

来文学所工作之初,所内还有两位老所长,科研人员大多是近几年间调入的,背景和阅历不尽相同,治学理念及人事关系上也存在诸多差异与矛盾。我和同时调入的党委副书记瞿浪同志看法一致,共同致力于促进稳定、团结。瞿浪同志长年在市委组织部门工作,处事有经验,既抓思想教育,又妥善处理一些历史遗留问题,使人心得到安定。我则将工作重心放在"七五"规划上,鼓动各研究室分别订出"七五"期间的奋斗目标,争取学科建设能上一个新的台阶。我们相信,只要大家把心思集中到科研上,其他问题就会迎刃而解。后来证明这个做法确实有效,"七五"课题申报,文学所第一年即夺得两个国家项目、三个市项目(后历年续有斩获),大大鼓舞士气,人人有事可做,诸种矛盾也就自然而然地淡化了。从此,抓规划与落实课题成果,便成为全所工作的一个重心。

与此同时,我也比较关注学科建设。在我看来,社科院和高校同样需要搞学科建设,但应有所区别。高校的大块任务是教学,教学要打基础,所以学科建设也常要围绕基础研究展开。社科院则以科研为主,尽管也须有基础为依托,但不必花太多气力在基础研究上,可以直接进入前沿,占领学科发展的制高点。社科院又是个接触社会各种思潮的好平台,充分发挥这一优势,更有利于把握科学前沿。我们文学所原设有古代、现代、当代、外国和文学理论各研究室,在鼓励各室立意创新的同时,更策划成立了文艺新学科研究室(当时设立此项研究的在全国仅中国社科院和我们两家),便于跟外界各种新思潮呼应交流,还在古代室下面增设了近代文学研究小组,组织《上海近代文学史》的编写,成为全国最早开展地域文学史研究的单位,且与现代室的"孤岛文学""左翼文学"以及当代室的上海当代文学研究相配合,构建起上海文学(后扩大到上海文化)研究系列,形成我所的重要特色。90 年代市场经济大潮涌起,我们又不失时机地将文艺新学科等合并、转化为文化研究室,提出文学研究与文化研究并举、理论研究与实践应用研究并举的建所方针,对全所科研工作的转型起了推动作用。以上是我在文学所担任行政职务时所抓的几件"大事",归总说来,纰漏不多,成绩也不显,自是跟我本人魄力不足、才具有限分不开。

　　行政公务之余，我在科研工作上也没有放松。记得来所不久，一次出差北京，顺道看望中国社科院文学所老所长许觉民先生（也曾负责大百科文学卷）。他很郑重地告诫我："担任行政职务后，决不能丢掉自己的专业；不搞专业，在领导科研上就没有发言权。"这话给我印象极其深刻，所以后来无论碰到怎样繁杂的处境，我总是抓住科研不放松。当然，在文学所搞研究毕竟与高校有所不同，我不能像原先那样一味沉浸于古典诗文之中，需要关注当前的文学动向和各种学术思想潮流，适当作出回应并及时加以吸纳。于是在继续从事唐诗学建设的同时，我倡扬中国文学的宏观研究，尝试打通古、近、现、当代的历史分界，致力于传统诗学的现代转换，偶或涉足思想文化领地以及当前理论界的一些探讨。这使我经常在不同专业与问题域之间穿梭游走，而究其实，仍自有一贯的思路在，那便是立足现实以反思传统。换句话说，作为我专业对象的古代文学本属传统，但我不想把它搞得更"死"，却要努力将其"激活"，要从历史的遗存中发掘并提炼出其尚有生命力的成分来，使之面向现代人及其实践活动开放，进以参与现代社会与文化生活的建构。我坚定地相信：这一"传统的现代化"与"外来的本土化"相结合，正是建设民族新文化的必由之路；而若丢失传统的本根，终不免陷于外来思潮策动下亦步亦趋的困境。新世纪以来的十年间，我充分利用退休后的余力，在诗学、哲学、美学三个领域分别开展中西古今互释互动的实验，取得一定成效，期待着有人能接续这个实验，真正走出一条创建中国新文化、新思想、新学术的康庄大道来。

　　回顾一生经历，虽有曲折，终得伸展。是改革开放的大环境，为我打开了前进的道路；又是社科院这个平台，给我提供了跃迁的踏板。自我庆幸之余，也期待社科院整体实现新的飞跃。着眼于科学前沿阵地，紧紧抓住理论发展中具重要现实意义的问题和实践应用中含巨大理论价值的题目，两个轮子一起滚动，我想，更上层楼是完全可指望的。

"学"与"思"

——我的学术人生谈①

陈伯海

承刊物编辑部的美意,将拙文《一个生命论诗学范例的解读》列入专栏,并嘱写一篇自传性文字以相匹配。我明知自己够不上"立传",也深悉给自我作赞有诸多不便,一不巧便会陷入"王婆卖瓜"的困境,但考虑再三,居然承诺下来。我这人一辈子都在跟文字打交道,读书时写笔记,教书时写讲义,从事学术工作时又要写论文、写书稿,写的字数加起来一定不少,偏偏写自己的很少很少。既然如此,何不借此机会稍稍回顾一下走过的路,清理、检点一下在学术研究上的所做、所想,也算是给即将进入耄耋之年的我"立此存照"吧! 于是命笔。

一、生 活 经 历

我的生活经历是平淡无奇的。祖籍湖南,1935 年出生于上海,此后绝大部分时间都在沪上度过,所以虽然体内跃动的是楚人的血脉,而外表行为、习俗诸方面则已经吴人化了。父亲是搞教育的,曾师从美国哲学家杜威学教育哲学,母亲亦曾毕业于高等女子师范学校,用俗话说称得上"书香门第"。我自幼爱读书,不过不是爱学功课,是爱看闲书、杂书,特别武侠小说之类,成日成夜手不释卷,看得简直入了迷。年岁稍长之后,也知道读一点新文学作品,并开始泛览哲学、社会科学的通俗读物。

1953 年,考入华东师范大学中文系,接受专业基础知识教育。各门课程皆

① 本文系《社会科学战线》编辑部之约,为所设《学术名家》栏采用的专论配套撰写的自传性文字,见该刊 2003 年第 5 期。

有兴趣,尤其爱好文学理论,除对指定为必读参考书的季摩菲耶夫《文学原理》狠下了一番钻研工夫外,还把当时能找到的诸如黑格尔、丹纳、克罗齐、普列汉诺夫、卢那察尔斯基、朱光潜等有关美学和艺术理论的著作都仔细啃过。以今天的眼光来看,接触面仍很狭窄,但正是这些书籍给我思想方法上的磨炼,加上1956年以后国内兴起的美学大讨论的激发,在我内心深处形成一种偏好理论思辨的情结,终身挥之不去。

1957年大学毕业后,分配到成立不久的上海师范学院中文系担任欧美文学专业的助教,读了不少欧美文学书籍,发表的第一篇论文《关于巴尔扎克的世界观和创作方法问题》(载《文学评论》1960年第6期)也是这期间写的。1960年春,上海市作家协会举行扩大会议,以"重新评价18、19世纪欧美文学"为题展开讨论,我作为有关专业人员被允许列席。会议的基调是一边倒的"彻底批判",但我从自己的教学实践出发,总感到不能在课堂上将欧美文学名家逐个骂一通便了事,于是以困惑的心情提出如何看待"批判继承"的问题,并结合自身体会给予阐说。这当然是个不合时宜的发言。大会因要集中靶子于蒋孔阳、钱谷融、任钧几位知名人士身上,尚无暇顾及我这个无名小卒,而系里却认真起来,为此组织了好几场辩论,不久便把我调离高校。

1960年秋天起,我转到长宁区教师进修学院任教,直到1978年底,整整十八九年间与学界绝缘。这段时间里,因培训师资的需要,先后开设过现代文选、文学理论、中国古代文学、中国现当代文学史等多种课程,文、史、哲各个领域亦时有涉猎,更常去中小学搞调研,组织观摩教学和经验交流。头绪多,任务繁,没有固定的钻研方向,造成我知识结构的庞杂和专业修养的不足,但也多少给了我出入于不同学科间的便利,养成了不拘一隅、究心会通的眼光。与此同时,我从未放弃回归学术领域的信念,抓紧空隙时间继续读书和积累资料。

1979年初,我奉调回上海师院,1980年定职讲师,1982年晋升副教授。考虑到长期脱离欧美文学教学,外语也生疏了,我改选中国古代文学作为专业,以唐诗和古文论为主攻方向。至此,方始有了可以从事系统研究的客观环境和主观构想。我的学术工作是从个案研究起步的,之后三五年间,围绕着李贺、李商隐等晚唐诗人和南宋诗论家严羽等,连续发表二十来篇论文,撰成《李商隐诗选注》(上海古籍出版社1982年)、《严羽和沧浪诗话》(上海古籍出版社1987年)两种书稿。其中有两年时间专职担任《中国大百科全书·中国文学卷》的责任编辑(后改为编委),得以广泛了解学科建设的方方面面,并有幸识见众多前辈学者以聆听教言。就这样,在点的深入和面的拓开两者的互相驱动下,我的一些较具规模的研究计划也逐渐酝酿成熟。

1984年秋,我转调到上海社会科学院文学研究所就任副所长,1987年评为研究员,1989年接任所长,1995年底卸除行政职务,继续搞科研。此期间还担任全国和上海市社科规划文学学科组成员、上海市古籍规划组成员以及上海师范大学兼职教授、博士生导师等职。行政事务与社会活动耗去我大半精力,但我始终认为学人的生命在于学术,不能松懈自己的职守。我一生的学术成果(如果也谈得上成果的话),绝大部分是在这段时间里做出来的,曾先后主持并完成"七五""八五""九五"国家重点课题和上海市中长期课题共6项,撰写和主编书稿16种,发表论文及文章150篇,获市以上科研奖11项,自信尚无粗制滥造的情况。其中一部分大型资料书和历史书的编纂是靠协作者们群策群力做成的,我也尽了筹划、设计、组织和审定的职责。

2002年初,正式办了退休。人是从岗位上退下来了,但手头还带着几届博士生,还接有科研任务,照常读书讲学,照常作文审稿,不觉得生活有什么变化。不过我也知道,留给自己的时日无多。如何将剩余的学术生命投入我最应该做也可能做好的事情上去,以取得更大的效益呢?这或许是今后数年间不得不经常面对和反复思考的问题了。

二、研　究　工　作

同知识结构一样,我研究的内容也显得比较杂。择其要者,归结为如下四个方面。

一是唐诗学研究。

唐诗是我所爱,也是古典文学研究领域中的热门。但我选择其为主攻方向,还有一层含意在,即我把唐诗看作为民族文化传统中发展最为充分、特色最为显著的一种文学样式,以它为典型,可以从中揭示出我们民族的文化精神和审美经验。唐诗也不仅仅是唐朝人的诗,在一千多年的流传过程中,它显示着巨大的艺术魅力,吸引着众多的人士去欣赏、评论、研究和追随。作为一种具有独特质性的艺术典范,它得到了历史的高度认可;而历来围绕着它的典范意义所进行的种种解读活动,包括选诗、编集、注释、考订、圈点、批评、论说和习作诸种形态,实已构成一项专门的学问——唐诗学。我的设想便是从总结前人研究成果入手,在收辑资料、整理汇编的基础上把握一千多年来唐诗学演化的脉络,探索当前时代条件下这门学科的理论建构与出新道路,利于推进民族审美文化心理的建设。这样的研究似尚未有人系统做过。

这一研究计划于 80 年代中期开始付诸实施,断续绵延至今,共完成书稿六种:(1)《唐诗学引论》(知识出版社 1988 年),系就唐诗的质性、渊源、流变、体式、学术史诸问题分别加以探讨,作出理论性概括,进而对唐诗学总体建设提出构想,这可以说是我的唐诗学研究的基本纲领(此书已译成韩文,并获韩国学术院优秀著作奖)。(2)《唐诗书录》(齐鲁书社 1989 年),著录有关唐诗的书目 2 740 种,按总集、合集、别集、评论及资料四个栏目编次,逐一标明书名、作者、卷数、大致内容、不同版本及馆藏,附以备考文字,用为唐诗学研究的入门工具书。(3)《唐诗论评类编》(山东教育出版社 1993 年),蒐采各种论评唐诗的资料,以类相从,计分总论、外部关系论、流变论、各体论、题材作法论、流派并称论、作家论、典籍论八大类,每大类再分若干小类,便于体现唐诗研究中的既有专题及其逻辑结构。(4)《唐诗汇评》(浙江教育出版社 1995 年),选录 500 家唐代诗人有特色的诗作 5 000 余首(约占《全唐诗》总量十分之一),各附前人评语汇辑,为研习唐诗提供足用的读本。(5)《历代唐诗论评选》(河北大学出版社 2003 年),集结唐宋元明清历朝论说唐诗的代表性文献千余篇,按问题组合成单元,再按时代顺序编排,加以简要提示,以反映唐诗学的流衍变化。(6)《唐诗学史稿》(待出版),在全面清理、整合历史资料的基础上,勾画唐诗学的发展轮廓,总结其历史经验,为学科的未来建设提供借鉴。

上述六种书稿构成一个书系,以《引论》发端,以《史稿》收结,有资料,有观点,有作品,有论评,也算得上大体完整。唐诗学是我研究生涯中花费气力最大而又贯串时间最长的一个领域,希望我和我的合作者们的努力能为这门学科的今后发展开辟可行的途径。

二是文学史学研究。

我的唐诗学研究跟我对文学史学的关注是密切相关的。唐诗学的建设虽然要以大量资料的收集、整理为基础,着眼点则在于总结历史的经验,探求历史的方向,这也是我从事文学史学研讨的目的所在。所以,当 80 年代中期唐诗学系列工程上马时,文学史学研究也正式启动。在后一个领域里,这些年来主要做了三件事:一是倡扬宏观文学史研究,二是探讨近四百年文学思潮的变迁,三是总结文学史学的历史经验，尤以倡扬宏观研究影响较大。

大家知道，中国文学史这门学科是在 20 世纪开始兴起并得到迅速发展的，但长时期来形成了一种叙述模式，即偏重在对一个个作家或作品作割裂式的静态观照，较少把握文学现象间的内在联系与运行脉络。新中国成立以来，在"左"的思想引导下，又产生出一种"两极对立"的思维套式，便是用现实主义与反现实主义、人民性与反人民性、进步与反动、革新与保守等两条对立的路线来贯串文学史，将不同作家分别派入两大阵营，让他们斗个"你死我活"。倡扬宏观研究，主张以宏观的视野和科学的方法来考察、论析文学现象，理清文学史的发展线索，正是针对以上两种倾向而发的。这个问题我在"文革"结束后不久便有所思考，刊载于《上海师院学报》1979 年第 1 期上的《臆造的公式和科学的方法》一文，初步体现了我对文学史方法论的反思。稍后写成的《民族文化与古代文论》(载《文学评论》1984 年第 3 期)，则是对文学传统作整体观照的一个尝试。1985 年起，我以《宏观的世界与宏观的研究》一文为序引，接连发表十多篇讨论并构建宏观文学史学的长文，于 90 年代初结集为《中国文学史之宏观》一书(中国社会科学出版社 1995 年)。书分上下编。上编"本体论"，推究中国文学的体性，涉及文学的文化渊源、民族特质、演进脉络、语言功能、中外关系等，其中如以"杂文学的体制""美善相兼的本质""言志抒情的内核""以复古为通变的发展道路"等七个要素来标示民族文学的性能，以三个周期、三种力量、三次高潮来解析古代文学的进程，都曾为人称引。下编"方法论"，索讨文学运行的法则，涉及文学史的动因、动向以及进化观诸问题，也提出了以"三对矛盾"(文艺与生活、感受与表现、承传与选择)和"一串圆圈"(螺旋式演进)来把握文学演变规律性的思路。这些倡扬与实践曾引起一部分人的兴趣，以致宏观研讨一度成为学界的关注点，《文学遗产》等杂志还用连续两年时间设置了有关专栏。

《中国文学史之宏观》虽说是对中国文学的整体性观照，但主要局限于传统文学，很少涉及 20 世纪的文学新变。为弥补这一缺憾，同时也为了打通由来已久的古今隔阂，我在 90 年代前期便着手组织《近四百年中国文学思潮史》的编写。此书所述内容起于晚明，迄于当今，以 17 世纪、18 世纪、19 世纪、20 世纪四个世纪分编，完全打破王朝框架，意在显示新文学的质素于传统文化母胎里孕育、萌生、突破以至成长、壮大的发展过程，对于片面宣扬"五四"文学属外来移植是一种纠正。全书各编由古、近、现、当代不同专业的人员分头执笔，我只写了"导论"3 万字。这篇总纲式的文字曾以《自传统至现代——近四百年中国文学思潮变迁论》为题,单独发表于《社会科学战线》1996 年第 4、5 期,并于 1998 年荣获首届中国鲁迅文学奖(理论评论奖),书稿则由东方出版中心 1997 年出版。

90 年代中期,文学史的研讨已由宏观研究经文学史观的讨论而转向建设文学史学的呼吁,我也深感到这是使以往成果获得巩固和发展的一个切实的落脚点。建设文学史学,其重心当在于史学原理的建构,但我以为最好从总结历史经验做起,才不致流于主观、空泛。这就是我和董乃斌先生合作主持编写《中国文学史学史》的缘由。此项任务由北京、上海两地社科院文学所的众多同人共同承担,全书三卷,我负责的是第一卷"传统文学史学"部分,执笔撰写的仅全书的"总导言"和第一卷的"绪论",通 5 万余字。书稿于 2003 年上半年刚由河北人民出版社出版,效果如何还须经时间考验。按照原先的构想,在总结历史经验的基础上,当进一步考虑文学史学原理的建构问题;我过去的一篇文章里曾提到以"还原与重构""人本与文本""逻辑与随机"三方面关系为文学史观的核心命题(《文学史观念谈》,《江海学刊》1994 年第 6 期),亦有待深入展开。不过眼下的趋势似已无暇再顾及这方面的研究,好在其他人(如董乃斌)已作了更充分的准备工作,我将拭目以观其成。

三是中国文化问题。

宏观文学史研究要求对文学现象采取整体观照的态度,这就必然关涉到大文化问题,我也正是从推考民族文学的特质步入中国文化的领域的。起初不过是想综合既有的论断,给《中国文学史之宏观》一书添上一章背景材料,而随着学习和思考的逐步深入,渐渐形成自己的一些看法,陆续整理成文,并于 80 年代末撰成书稿《中国文化之路》(上海文艺出版社 1992 年)。此书篇幅不大,出版后也未引起特别注意,自是不足为奇,因为文化问题博大精深,本非若我这样"尝一勺以知味"便能入其堂奥的。但我对自己的习作仍颇为珍重,其中包含的某些基本的观念,如文化即"人化"、古文明生成路线的多向性、中国文化起源上的巫史二重复合、文化精神演进中的四维结构,以及中国社会现代化转型的独特道路、新文化人本核心的发育迟滞、"五四"新人范型及其历史命运乃至如何超越"中西体用"之争以构建民族新文化等,不仅多有个人心得在内,亦为我观察、分析各种历史事象与现实问题构筑了可供立足的平台。其后着手近四百年文学思潮研究,便是在这些观念的主导下展开的。

《中国文化之路》写成后,我没有急于就此课题继续深探,倒曾尝试过向两翼先行拓开:一是扩为东亚研究,从更大的范围来考察华夏文化传统及其与现代化的关系,写过两篇论文,编了一本《东亚文化论谭》,终因力不足而中辍。再一是转向上海文化,用以为标本来论析中国社会文化生活的现代化行程,其结晶便是我在 90 年代后期邀集院内外 40 位专家学者合作编写的《上海文化通史》(上海文艺出版社 2001 年)。全书 20 篇,分门类叙述上海文化的方方面面,从环境、器用、语言、习俗、新闻、出版、图书、教育直至学术、宗教、文学、艺术各意识形态以及社区、企业、商业文化与文化产业、文化市场诸问题,力图多角度、多侧面地勾画出这一现代化都市文明生长、运行的轨迹。我所执笔的“引言”部分,除对上海文化的历史道路、基本特点、总体结构加以概括说明外,着重分析了它作为中国社会现代化的缩影所特具的正负二重性能,归结到为使其健康发展而需要刻意营造的合适的文化生态环境。

近年来,我的思路重又回向文化精神的当代建构,曾提出“兴于科教,立于法制,成于人文”的现代人格培育模式(见《中华诗词如何面向新世纪》,《社会科学战线》2000 年第 2 期),并拟就新人文核心价值观的内涵作进一步探索。总的说来,我对文化问题的研讨是比较零散的,出自兴趣所及,够不上专门之学。但就本人而言,其意义非小,不单给了我的文学史学以及唐诗学研究以更为开阔的视野和更深沉的内涵,尤其当我将注意的重心由领会传统逐渐移向传统与现代化的关系时,便促使我对所从事的古典文学专业有了新的思考。

四是传统诗学的现代阐释。

“诗学”一词有广狭二义,广义包括整个文学理论,狭义则限于诗的学问。我们民族传统中的“诗学”取的是狭义,而我以古文论为研究方向,比较熟悉的亦是后者。80 年代以来,除集中力量搞唐诗学和文学史学外,我在古文论方面也写过一些论文、书稿,还曾有过对民族诗学传统作一清理的设想,粗粗拟出一个由“意—象—言”三层面为构架的研究方案,但迟迟未能上手。随着文化建构问题日益深入脑海,我开始考虑到,能否改变一下以往仅从批评史的角度来研究古文论的习惯思路,更多地着眼于它在现代以及未来文明建设中所可能产生的意义和作用呢? 换言之,不是将文论、诗学的传统简单地视以为过去的事实,加以排比、清点了事,而要致力于激活传统,让传统参与到民族新文化乃至人类共同文明的建构中去,这就叫作“传统的现代转换”。不实行“转换”的传统只能停留于古董,拒斥这一“转换”,则将使新文化的建构脱离民族思想的渊源而丧失其很大一部分个性,可见传统与现代化决不是相互排斥的两极,恰恰要在转换生成中实现沟通。

怀着这样的理念,我从 90 年代起着手这方面的准备,先后发表了《对话·交流·会通——兼论中国诗学的现代诠释》(《中国比较文学》1995 年第 1 期)、《中国古代文论研究的民族性与现代转换问题(三人谈)》(《文学遗产》1998 年第 3 期)、《从"清点"到"盘活"》(《文学评论》1999 年第 6 期)、《"变则通,通则久"——论激活中国古代文论的传统》(《文化中国》2000 年 3 月号)一系列论文,就"转换"的意义、性质、步骤、方法等问题加以阐说,亦是为了给自己的工作确立理论原则。90 年代后期,我又约请上海师大古典文学专业的同行合作编写七卷本的《中国诗学史》(鹭江出版社 2002),我虽然只写了《导言》和题为"诗学观念流变"的《总论》,却藉此机会系统研读了有关历史资料,进一步掌握必要的素材。有了这两方面的准备,乃以"中国诗学之现代观"名义申报"十五"国家课题获准,本期刊出的拙文便是此项研究的一个序说。这一研究工作尚处于发创阶段,本不该列为成果介绍,但我自觉其在我学术生涯中可能具有结穴点的意味,遂不惮于此登录,也就是前文所说"立此存照"的用意吧。

三、"哲 学"思 考

写下这个标目,内心不免有惴惴不安的感觉:"哲学"是何等高深的学问,予何人,乃敢出此大言? 但还是这样写了,因为依我之见,一切理论研究都离不开哲学思考,其成果也都含有哲学成分在内。就拿我经常涉足的古典文学领域来说,只要不局限于纯事实的考订(考据也有思想方法问题),一旦进入历史性概括或价值判断,就不可避免地要反映出论者的文学史观和文学观,甚且关联到其历史观、道德观、社会观、人生观、审美观诸方面,而总根子则在于哲学观。人不能没有自己的思想,根底上也便是他个人的哲学,尽管通常不以理论思维的形态出现,乃至本人与之朝夕相处而习焉不察,但自觉从事学术工作的人则不应该避忌自己的哲学观,而当在学习、实践和反思的过程中不断加以磨砺和提升。

说到我自己,对哲思的爱好在青年时期即已养成。于我思想上影响深远的有这样两个传统:一是西方文艺复兴以来的人本主义思潮,再一便是黑格尔的辩证思维。前者让我立足于人的本位来估量各种社会事象,后者则促使我醉心于寻求历史表象中潜藏的内在逻辑。我赞同"文学是人学",主张"文化即人化",喜欢谈论历史(包括文学史)的法则,提出以"三对矛盾""一串圆圈"来解析文学演变的动因和动向,这些观念虽大多表述于 80 年代,实已在我心中久久酝酿,足以显示我的一贯立场。当然,一些具体想法都曾经过我长期接受的马克思主义理论教育的洗礼,去除了原来传统中的唯心色彩,而以唯物史观为其支撑。

80 年代开始又是各种新潮纷涌而起的时代,从尼采、海德格尔等西方现代哲学,到"新马克思主义""新儒家""新启蒙"之类传统出新,以至自然科学中"三论""新三论"的风行和更晚占领风骚的各类"后学"丛生,简直叫人看得目迷五色,心无定主。作为 50 年代毕业的大学生,我对知识系统的掌握基本上以 19 世纪为限,一下子进入一个全新的世界,确有应接不暇的苦恼。但我总算没有把自己封闭起来,而是努力去接触各种新的观念,尽管花费大量精力常只能略知其皮毛,却也多少开拓了可供自我反思的空间。

反思之一是对于逻辑主义的清算。我对逻辑的偏好来自黑格尔。黑格尔主张"历史与逻辑相统一",把人们的注意力引向历史事象的逻辑联系,这并没有错;但他确有将逻辑抬高到历史之上,让历史从属于他的先验逻辑的倾向,于是倒向了逻辑主义。黑格尔的逻辑是辩证逻辑,他致力于揭示思维自身的矛盾,由对立统一的相互作用生发出"正—反—合"的辩证运动过程,这本来也很合理;但现实世界是异常复杂的,在事物演变发展中起支配作用的往往不只是一对矛盾,而是内外诸因素交渗互动的矛盾丛结,这种多元共振的关系,常有可能导致事物运行的失衡,甚至在一些不确定因素的随机引发下造成原有轨迹的断裂、分叉和突变,并不能都像预设的"正—反—合"周期那样完美。所以,用他构想的逻辑(哪怕是辩证逻辑)加诸普遍事象,便难免会削足适履,这大概是他的思想方法眼下备受冷落的一个重要原因。不过我以为还应作具体分析。批判逻辑主义不是不承认逻辑,限制辩证逻辑的套用也并非取消它的合理性。"历史与逻辑相统一"当以坚持历史第一性为前提,一切从实际出发,才有利于在尽可能全面的观照中发现和把握其内在的真实逻辑。

循此思路,我对于自己所做的工作亦曾加以审视,但并不是简单地抹去其中的黑格尔主义痕迹,而是尝试作出订补。90 年代初《中国文学史之宏观》一书结集时,我保留了原先论述"三对矛盾""一串圆圈"的内容,作为辩证逻辑应用于文学史研究的一般方法论,同时添写了讨论文学进化原理的一章,除对通常所谓的"进化"概念给予重新界定外，更结合实例着重探讨了文学演进的多种形态以及随机因素在文学演进中的独特作用。稍后写就的《文学史观念谈》一文，也把"逻辑与随机"列为核心命题之一，试图从更宽泛的联结上来考察两者之间的互相渗透与互相转化关系，以建立起一种新的更富有弹性的逻辑视野。这自是对黑格尔主义的修正，而非彻底的抛弃。也许人们会讪笑我中黑格尔之毒太深，但我始终认为科学研究不能不讲逻辑，离开逻辑的历史只能是一堆杂碎。这方面的思考看来还要持续下去。

反思之二是对于传统意义上的主客观关系的突破。就我以往所受的哲学思想教育而言，主客体之间的关系通常是在反映论原则下来安排的。客体是反映的对象，它独立于主体之外，不受主体影响而存在；主体则是反映者，它的职能只在于尽可能客观地反映客体，即使有所谓能动性，亦须以贴近客体原貌为依归。按这样的理念来从事历史研究，便产生了盛行于古典文学领域中的"还原论"史学观念，以考订、复原历史事实为最高目的，标榜"原生态"式地再现历史。但实际上，"原生态"是不可能复现的，史料的发掘与考辨固然有助于历史面貌的清晰化，而研究者观念的更改也常会给历史原有格局带来新的变数，80年代后期出现的"重写文学史"的呼声正体现了这后一种趋向。"还原"还是"重构"，因亦成为我构建文学史学所不可回避的问题。从习惯思维出发，我曾长时间地拒绝"重构"论，担心它会导致取消历史的客观性，但在反复学习和思考（包括与不同意见者的商讨、论难）之后，逐渐有了新的看法。历史诚然是客观存在的，但并非纯然独立于研究者主体之外，因为历史不仅仅是过去，它还流向了现在，并经过现在流向未来，于是在历史与现实之间便存在着千丝万缕的联系，分割不开。换言之，成为过去并已完成了的仅仅是历史的事象，而历史的意义则要随着历史与现实之间关联的变化而不断生发出来，这就为一代代史学家重新观照和解释历史提供了依据，历史的重构也将未有竟期。当然，"重构"不能随心所欲，且止限于意义层面，至于事象层面仍须力求"还原"（考据所以不可少）。不过意义的新发现，必然要改变人们对历史事象间固有联系的理解与把握，因此，如何在"还原"与"重构"之间维持适度的张力，实在是一项研究能否取得成功的关键。这些想法我曾初步表述于《文学史观念谈》一文，并在后来编写的《近四百年中国文学思潮史》等几部历史著作中予以贯彻。

历史与现实之间的沟通交会，实质上也便是传统与现代之间的关联。过去，站在主客分立的立足点上，现代人看传统，用的是异己的眼光，只觉其古色古香,可观可玩,不去理会它在自己生活中还有什么实际的价值。而今换一副眼光,从古今相通(乃至中外相通)的角度打量传统,就会发现其中蕴藏着不少尚有活力的成分,可以引入当前生活而发挥其积极作用。引入不等于全盘接受,传统中确有许多已经死亡的东西,不能复活也不必复活。但死的常常拖住活的,纠缠在一起,使要活的活不起来,这就需要实施分解,将有活力的内核从僵死的外壳上剥离下来,给予新的意义组合,便是我所说道"现代阐释"("激活")。"现代阐释"亦不等于以今律古、强古附今(有如一度出现的影射史学,实际上是抹杀了传统),它不光是现代人对传统的质询,还应该是传统对现代的回应,要在双向观照、同异共存之间达成理解,传统的智慧与经验才能真正起到丰富和推进现代文明的作用,这也正是我为自己工作所定下的原则。要言之,在我的实际体会中,对历史、传统的研究与阐释,并不能相当于以往认可的反映与被反映的关系。在这里,主体可以直接影响其所面对的客体,客体也可以积极回应观照它的主体,研究者与研究对象之间相互交流、相互补充,其最佳效应是双方视界融合、联成一体,而非单纯的主观符合客观。这其实是一种互主体性的关系,有别于以主客分立为前提的反映活动,或许便是人文学科在性质上不同于自然科学的根本性标志(人文学科亦有类同自然科学的一面,如资料考据工作即取反映论的路子)。

反思之三是对于"天人合一"主旨的回归。"天人合一"作为中国传统思维的精髓以及"主客二分"在西方哲学中占据主导地位,几乎已成了学界的共识。西方的人本主义亦是建立在"主客二分"的基础上的。以"人"为主体,即意味着以其对象世界(包括与自我相对待的他人)为客体,而客体对于主体说到底是一种可供占有和利用的资源,这固然大有利于主体能动性的发挥,却同时带来了主客体之间(人与自然、个人与群体、自我与他人)的紧张。古典人本主义是用"理性"(人类共同本性)和"信仰"(人对上帝的敬畏)这两者来节制私欲的无限膨胀,以调剂主客之间的紧张关系的。但随着 19 世纪以来科技的发达和各种社会冲突的加剧,信仰失坠,理性动摇,尼采宣告"上帝死了",鼓吹凭"超人"的"强力意志"来引导世界,正深刻地反映出传统人本主义的危机。不过尼采并没有否定人本主义,他的"强力意志"说无非以非理性来代替理性作为人的本元罢了,由此奠下 20 世纪西方人本主义的基音。非理性的发扬,将人的多重心理机能从理性的单一权威控制下解放出来,原具有积极意义,张扬过甚而导致理性的消解,则又陷于另一片面化的极端。消解了理性,人"凭着感觉走",不再有确定的原则,只剩下虚幻的"自由",这样的人不仅会成为与他人、与整个世界完全脱节的"个我",且容易在变幻不定的"意识流"挟卷下裂分为各种感觉的碎片,产生出"我是谁"的疑问,于是主体不复存在,这便是福柯所宣称的"人死了"。由主体的确立到主体的消亡,西方人本主义经历了自身完整的演化过程,留下的启示是意味深长的。当然,西方思想家们没有放弃努力,眼下提出的"交往理性""互主体性""视界融合"乃至"生态伦理"等,都是企图在个人与社会、自我与他人以及人与自然之间重建一种相互尊重与亲和的联系,特别是将主客体之间的"我"与"他"改造为互主体中的"我"与"你",显示出超越"主客二分"的全新眼光,值得注意。但是,"我"与"你"何以能得到切实的沟通,社会人群间的平等交往凭什么实现,乃至人和自然物种间的伦理关系当如何建立,这些仍需要从学理上找到根据,而"天人合一"恰足以担负这一使命。

"天人合一"的基本理念是将人与天地万物本然地视为一体,不仅同源("一气化生"),亦且"合德"(具有共同性能),彼此间会发生各种感应(相当于能量与信息的传递)。人与物既如此,人与人更是休戚与共,所谓"与我心有戚戚焉"(《孟子·梁惠王上》),所谓"民胞物与"(见张载《西铭》),便是指人我、物我之间的血肉联系。有了这种世界一体化的观念,自不必强分主客,不必拘限在功利关系上把自我与对象世界对立起来,而现实生活中的"你"与"我"的平等交往与沟通(互主体性)才有可能实现,所以说,"天人合一"应当成为人类文明的新的指导思想。诚然,作为古代宗法式农业社会的产物,传统的"天人合一"观有许多不适应现代人需求之处,如天人关系上偏重在人顺应天而压制了人的能动性,宣扬"天不变,道也不变"的静态宇宙观、历史观,将宗法人伦礼教规范立为"天道""天理"的根本法则,以及"天命"观和"天人感应"说中不少迷信的成分等,皆为已然死去并需要剥离的杂质。剥离了这些,传统天道观中具有活力的因素如"天行健""自强不息""生生之为易"等才得以凸显出来,"天道"从而解除了其唯心、神秘的色彩,呈现为生生不已的大化运行的流程,"天人合一"也就体现为个体生命与人类群体生命乃至宇宙生命之间的一体与共振,这样的天人观当不悖于现时代精神。还要说明的是,"天人合一"并不简单地取消人本主义。人作为"万物之灵"(有自觉意识的生命体),实有参赞天地育化的功能,故而天人互渗、互动之中仍不脱离以人为核心,只是将主客分立的人复原为人我、物我一体化的人,人本主义因亦成为"天人合一"的有机组成。同样,"天人合一"也并不绝对排斥"主客二分"。人的存在方式及其需求是多样化的:在生存(自然生命)的层面上,人与动物相仿,都是自然界的一部分;在实践功利活动的层面上,人要认识和改造对象世界,必然趋向主客分立;而进入精神超越的层面(如哲思、审美、宗教信仰),在终极关怀的驱动下追问、探究和体悟人的本源与世界的本源,则又会指向"天人合一"境界为归依。据此,由浑沌的物我不分到有意识的主客分立再到自由自觉的"天人合一",这一生存、实践、超越各层面间的相互联系与转化,恰好构成人的完整的"生命活动之链","主客二分"便也包摄于"天人合一",成为其展开过程中的必由之路了。

啰啰唆唆谈了上面这许多,意在表明我对自己一贯信奉的人本主义理念的新的思考,我要将这些想法贯彻到今后的研究工作中去(新近发表的"审美活动四论"即依此立论),尤其要用以为阐释民族传统的基本的理论依据。这些想法不成熟,更难免粗浅与谬误,谈出来就是为了求教。不过我已抱定这样的信念:21世纪的中国人在学术文化上当有自己更新的创造,这创新的路子既不在于墨守成规,亦不在于炒卖西方最新思潮,它应该在传统的现代化、外来的本土化和一百多年来实践经验的理性化三者相结合的基础上来求得;由这条途径开出的花,结成的果,才是真正具有全人类意义的民族新文化,才是中国对于世界文明的重要贡献。刍荛之见,质之海内外方家,然耶否耶?

癸未夏日识

当代学人如何面对传统

《文汇报》访谈录

陈伯海　李纯一

李纯一（《文汇报》记者）：您曾写到过和前辈先生共事的经历，对您影响比较深的有哪几位？

陈伯海：不少师友对我都有影响。印象深的是三位前辈：钱谷融先生、马茂元先生，还有王元化先生。

钱先生是我大学的老师，年轻时接触比较多。他给我们上中国现代文学史，常有自己的心得，不是照大纲宣讲。"文学是人学"的理念，他在讲论作家作品时会自然渗透进去，但没有直接提过，我接触这个观念还是在全系学术讨论会上听到他的报告之后。

不过我上大学时一直比较爱好西方文艺，从文艺复兴一直读到 19 世纪，这一路都贯穿人本主义这条主线。中国的现代文学，像鲁迅、巴金、老舍也都受到这方面影响。从读文学作品我树立了人本主义的情怀，再加上钱先生的潜移默化，所以，才会有讨论会上为他做辩护之举。

第二位，就是唐诗专家、上海师大的马茂元先生。

我 1957 年毕业后分配到上海师范学院，定的专业是外国文学。60 年春因在上海作协"重新评价 18—19 世纪欧美资产阶级文学"扩大会议上作了不合时宜的发言，被调离高校，去长宁区教师进修学院工作，到 1979 年才返回师院。原打算让我回外国文学，我说这 18 年里没碰过外国文学，外语也全丢了，其间古典文学算是接触较多，还是转古代室吧。

第二年马先生开始招研究生，要我帮带。听他的课我感觉很受用，他不仅熟稔唐诗，对古人研究唐诗的路数也了如指掌，特别注重体派、流变之类辨析，并不多讲社会背景、人民性、现实主义那一套。我从"文革"后期开始也自学了不少有关唐诗的古代典籍，经他一点拨，印象更清晰了。

但也只跟了一年。1981 年我借调到大百科全书上海分社参加《中国文学》卷的编写，就在这时认识了元化先生，他作为分社领导人正负责抓这一卷。

我和元化先生接触最多的就是 1981 到 1983 这两年。编书中碰到问题，或者专家审稿会怎么安排，一系列事务性问题都要向他请示。那个时候，我一有事就冲他家里去。谈话间亦常涉及相关专业问题，他有时高兴也会就哲学、文化等其他方面讲一点看法，但不算多。1983 年回校后，他又当上宣传部长，去得就少了。元化先生思想宏阔，看问题富于前瞻性，我是很佩服的，可惜当面求教的机会没抓紧，一直深感遗憾。

上面几位对我的影响都比较明显，但我并不能追随到他们的境界。钱先生的特长在于不仅有理论，且能将自己的理念渗透到具体作家作品分析里去，比如他写的《雷雨人物谈》对人物心理的解剖真叫鞭辟入里，我非常佩服，却没有这种功力。马先生对唐诗体派的辨析亦十分精到，而我还是偏重在宏观概括。元化先生谈理论我比较能接受，但他从思想史的角度来看问题，有独特的深度，也需要细心品味。所以我很难说是以哪一位作为自己追随的典范，但总的说来确实受益匪浅。

李纯一：您对文学理论的偏好，也是从大学时候开始的吗？

陈伯海：我们这一代大学生上手读的理论主要来自苏联，我的启蒙教材是季摩菲耶夫的《文学原理》，现在大家看不起了，但我觉得在许多苏联教本里，它还是写得不错的，有逻辑上的自洽性。当然，它的理论基础是单一的唯物论反映论，以政治功利为最高原则，又常采取两极对立的思维模式，显得比较机械，这是当时理论形态的通病。此外，我还认真读过泰纳的《艺术社会学》、克罗齐的《美学原理》，还有朱光潜的《文艺心理学》等，对开阔视野很有帮助。不过大学期间我们能读的书还非常少，黑格尔的美学和哲学著作都要待离开大学后才有译本可取读。所以对我后来理论思维影响大的，还要数马恩原著，真正下工夫是在 1964—1966 年间参加"四清"工作期间。

当时搞"四清"的规矩是"一心接受锻炼，不得挂念业务"，我就随身带了经典著作下乡，趁夜间闲暇时翻阅。先读"两论"（《实践论》《矛盾论》），接读"毛选"，再读《马恩选集》和《列宁选集》，重要篇章逐段批划，细心品味。我对贯串其中的辩证思维感受特别强烈，觉得经典作家们极善于分析各种矛盾，经过分析后再加以概括，便具有鲜明的整体感，而历史的内在逻辑亦得以充分呈露。这也就是黑格尔所创立的"历史与逻辑相统一"的法则，经典作家则将其奠立在历史唯物论的基础之上。

文汇报：因此您也开始将矛盾分析运用到文学研究上来？

陈伯海：确乎如此。我想，既然那么复杂的社会现象，经典作家都能提炼出"生产力与生产关系""经济基础与上层建筑"那样一些基本矛盾作为贯串线索，那么，在文学发展领域内，是否也能找出几对基本的矛盾来揭示其内在规律性，用以解说各种思潮、流派、体式、范型流衍变化的轨迹及其动因与动向呢？这一思考的结果，便是我日后总结出来的"三对矛盾""一串圆圈"的理念，构成我的宏观文学史学的基本观念。

所谓"三对矛盾"，指的是"文艺与生活""感受与表现""承传与变异"这三组关系的互动作用。大体上说，文学变革的动因首在于现实生活，生活起了变化，文学也跟着起变化；但这变化反映于创作过程，却是先引起人的感受的新变，而后才需要找寻适合新感受的新的表现方式；而且这一新表现方式并不能凭空创造，还必须依据既有传统来加以选择、提炼和改造出新。我觉得，抓住这三对矛盾的推移互动，或许有助于显示文学演进过程中的基本动力结构所在。至于"一串圆圈"之说，则是尝试应用黑格尔的"正""反""合"的理念来解释文学史上常见的周期运动现象，它也能从一个侧面反映出"历史与逻辑相统一"的规律。这些想法到 80 年代我才笔之于书，而观念的萌生却发自 60 年代中叶，所以我常说：我是从黑格尔—马克思学派的路子走过来的，思维方式上打有很深的黑格尔主义的烙印。

原初特别爱讲"逻辑"，后来开始反思

李纯一：80 年代您倡扬文学史的宏观研究，跟您一贯注重历史内在的逻辑性也有所关联？

陈伯海：确乎如此，它代表着我对文学史的一种追求。不过"宏观研究"在当时能形成一定的气候，跟时代背景也有关联。80 年代中期正是思想解放、各种思潮涌现的时候，现当代文学喊出"20 世纪中国文学"的口号，比较文学研究重张旗帜，文艺理论上更有各种新方法、新观念的尝试，搞得非常热闹，独有古典文学界相对沉寂，所以听到这个题目后，觉得可以拿来谈谈。《文学遗产》还特地开了专栏，延续两年之久，发表了不少这方面的文章。但也有很多人是不赞成的，他们觉得搞研究就是要做具体扎实的材料工作，担心宏观概括容易落空。其实我也常强调材料是第一性的，宏观概括必须建立在微观研究的基础之上，只是我们不能满足于具体事实的考证和辨析，要力求把问题提升到宏观层面,这才有可能从理论上总结出一些东西来。实际上,宏观研究的倡扬后来转型为文学史观的探讨和文学史学的建构,表明它还是起到应有的作用的。

就我而言,有关的研讨和辩难(包括后继的文学史观探讨),也促使我对以往所受黑格尔逻辑主义思想影响进行反思。反思的结果是,"历史与逻辑相统一"的原则并没有错,错在黑格尔经常将"逻辑"放到了首位,让"历史"服从于他的"逻辑",于是不免要扭曲"历史"。实质上,"历史"要比"逻辑"丰富得多,它才是第一性的,决不能颠倒过来让它为既定的"逻辑"服务。

我自己倡扬宏观研究,固然意不在用"逻辑"来宰割"历史",但过于执着于从文学传统中寻求其普遍的质性和规律,亦含带偏重"逻辑"的倾向。要看到,事物恒常处在变化之中,本没有不可移易的性能,即如我所概括出来的有关民族文学的若干特质,放到新文学里便未见合适。至于事物演变的规律性虽不容抹杀,而其内在的根据亦只限于提供某种有待实现的可能性。我们可以说,不具备可能性的现象是不会发生的,但又要承认,由于事物内在联系的复杂性,其发展前景往往具有多向的可能性。而一旦落脚到某个点上,使某种可能性转变成了现实性,我们再回过头去省察这现实性的来由时,发现它确有内外各种条件作为依据,于是把它叫做"必然性"。其实"必然性"只不过是对实现了的"可能性"的一种提升,它并不具有预设的功能;如果把它看成先天铸就的"铁的必然性",那就必定会取消事物演变的多向可能,由此而设定的"规律",便会凌驾于历史之上而成了先验逻辑。

这一新的认识使我日后的研究工作中逐渐淡化了对"普遍性"的追求,但我依然相信传统与现代不当割裂,将传统引入现实是当代学人的重要职责。

李纯一:90 年代您主编《近四百年文学思潮史》,为何是以四百年为叙述时段,从晚明开始追溯新文学的起点?

陈伯海:我原先的宏观研究偏重在传统文学,它不能和新文学摆在一起谈,两者体性上有差别。但传统与现代的关系又不能割裂对待,我希望加以打通,同时也想纠正"五四"新文学由外来移植的那个片面看法。

"四百年"提法的起因受"20 世纪中国文学"口号的影响。原来讲现代文学是从"五四"讲起,提 20 世纪,意思就是往前推,推到晚清。当时海外学者王德威有篇文章——《没有晚清,何来"五四"》,认为新文学的根子可以追溯到晚清。这么一推,很自然引起我一个想法,那么晚清又从哪儿来的? 清中叶有龚自珍的个性思潮,而这在晚明就发端了,实际上研究中国思想史的人,如侯外庐他们写近代启蒙,就是从晚明写起的。

我们编的这部书,比较有新意的是抓住了两个东西,一是"人本",如何从传统的人变为现代新人,再一是"文本",即新文学的体性怎样从传统演变过来。重点谈的是"人本"。关于现代"人本"的萌芽,追溯了两个源头,一是晚明个性思潮,承认个人的"利"和"欲"的正当性,一是清初的实学思潮,反对私利、私欲,而又承认公利和公欲的合理性。这些新观念在清王朝盛期被压抑下去,但仍在潜滋暗长,到晚清再度发扬起来,终于突破了传统限界。我觉得这两股思潮实际上就是"五四"为人生、为艺术的萌芽。创造社强调为艺术,实际是发扬人的个性,文学研究会主张为人生,则是着眼于服务社会人群。这里有或明或暗的两条线贯串着。

这就联系到我对文学史学的考虑了。宏观不过是个视野,最后要落实到文学史观念的建设上来,也就是我们后来倡导的文学史学,我觉得这一发展是很自然的。

李纯一:您后来从事文学史学建设,有何新的感受?

陈伯海:最大的收获便是重新明确了文学史研究的目的。

90 年代以后,很多人对理论不看好,实证风气大盛。我参加很多博士生的论文答辩,他们都强调自己的研究是要把握事物的"原生态",把追求"原生态"看作最高目标。我有不同看法。我承认文学史客观存在,"原生态"是有的,但历史的河流不可能第二次进入,"原生态"又是不可复现的。一个作家,他的生平事迹乃至某些创作活动,确有可能考证出来,但很难把握全面,至于为什么写这首诗,他的思想情感波澜,包括各种下意识心理活动,更无法确凿考定。故不宜将追求"原生态"定为文学史研究的唯一目标。

为此也有人说文学史只能是一种"重构",我觉得有一定道理,但不赞成将"重构"理解为虚构,甚至将历史等同于神话和故事。历史毕竟有其客观存在的底本,但历史的内在联系又是多方面的,其意义也是永远开放着的。研究文学史,需要忠实于客观,也就是在事象层面上力求"还原",不能虚构,但研究是为了出新,于是在意义层面上又不当还原,而力求生发,生出新的意义来为我们今天所用,或开启未来之路。这实际上触及传统的现代转换问题,因为研究历史归根到底是要找寻传统与现代之间的关联,要从历史中挖掘出通向现实以至通向未来的东西。

"传统的创造性转化"是构建民族新文化、新学术的必由之路。

李纯一：您讲的"传统的现代转换"，也是八九十年代以来议论甚多的一个问题，可否请您谈谈您的想法。

陈伯海：就我所知，这个问题提得较早的是海外学人林毓生，他称之为"中国传统的创造性转化"，70 年代即已提出，80 年代传入大陆。但 80 年代大陆学界盛行的思潮是"新启蒙"，它以接续"五四"思想启蒙为己任，更倾向于向外开放，对传统多采取带有激进色彩的批判态度，所以还谈不上"转换"。"转换"是要用到传统，跟单纯批判不一样。

应该说明，我并不认为"五四"启蒙属于"全盘反传统"。启蒙思想者们包括鲁迅、周作人、胡适等，都曾到传统里面去找资源，用作构建新文化的依据。像鲁迅发扬民间文艺，胡适发掘传统里的实证科学成分，周作人推崇晚明小品，包括后来的马克思主义学者侯外庐等人肯定明清早期启蒙思潮，他们都没有"全盘反传统"。不过取的策略确是想借助传统中的非主流因素，来解构其主流的、核心的观念体系，所以也称得上"反传统"。而文化保守主义所要维护的恰恰是传统的核心理念，于是跟激进主义路线发生了尖锐的冲突。

至于"转换"或"转化"论者虽然重视传统的积极意义，不采取激烈的批判和打倒态度，而又要求予以改造出新（包括核心理念），将其移植到现实生活的土壤上来，或可视以为激进路线的自我调整。大陆学界在"新启蒙"退潮之后，经过一段时间的沉寂，终于在 90 年代中叶后举起"现代转换"的旗帜（还多局限在古文论等少数学科领域），是会产生深远的效应的，我相信。

李纯一：您自己在这方面也做了不少工作？

陈伯海："传统创造性转化"关系到整个民族文化的推陈出新。我们作为现代中国人，立足现实，面向未来，创建民族新文化、新学术是职责所在。但创新不能赤手空拳，必须凭借传统资源，且资源愈厚实，创新的空间便愈能加大。长时期来我们忽视了这一点，忙于追随外来思潮，自己的新思想、新学术立不起来。现在懂得要用好传统资源，学术振兴才有了航标。但注重传统并不等于将其供奉起来作古玩欣赏，亦不仅限于细心的清理、盘点工作。"清点"是为了"盘活"，活用资源方能生成新的财富，这就是"传统创造性转化"的切实功效了。我把这个问题看作 21 世纪中国学术走向世界的一大关键，也是我个人后期学术道路中致力的主要方向。

新世纪以来，为了实践"传统转化"的要求，我在四个不同的领域尝试了几种不同的"转化"路径。

一是在《中国诗学之现代观》一书中,试着对古文论的一系列范畴、命题及其基本理论构架进行现代阐释。有惩于部分海外学者用单向阐释,即片面借助西方文论来整合本土材料,导致消纳民族特色的弊病,我坚持既立足于当代而又不脱离传统本位的方针,以"双重视野下的双向观照和互为阐释"为方法论原则,努力在认真梳理古典诗学理念的基础上,适当揭示其可能蕴有的现代意义,促使传统得以"激活"并进入当代。二是在哲思与审美的领域内,尝试将传统"天人合一""心物交感""大化流行,生生不息"乃至"和实生物""刚健有为"等理念,导入当代哲学和美学学科的热门话题之中,使之与西方相关的理论观念发生碰撞与对流,并由此构建起我称之为新生命论哲学观与审美观的话语形态。而在经过上述现代阐释与构建的实验之后,我还试图将提炼出来的生命论原则应用于唐诗艺术的解析,这就是新近写成的《意象艺术与唐诗》一书了。

当然,我的实践仅只是初步的,无论在阐释、构建或应用方面都很粗浅,甚至会有错误,但它至少提示了从事"现代转换"的若干路子及实例,可供批判借鉴。学界人士能否暂时放下对"现代转换"可行与否的原则性争议,来考察一下既有实践中可能存在着的经验与教训呢?

李纯一:新思想、新学术的建立也需借鉴外来因子乃至本民族现代化历程中的新的经验,它们与"传统转化"的关系又当如何把握?

陈伯海:在我看来,它们实质上是一回事。近代以来,外来"新学"的引进已有一百多年历史,中国现代化的实践也经历了百年之久,这些引进的"新学"和实践中的新经验,实已构成我们民族所拥有的新的传统,它和固有的古代传统一样都属于历史资源,也都需要进行"创造性转化"。

对外来思潮而言,就是要让其"本土化",植根于中国现实的生活土壤,真正参与民族新文化、新学术的构建。现在我们忙于引进,不断介绍国外的"新成果",从第一流到第二流乃至第三流,都介绍进来,当然也有作用,但"本土化"相对忽略,却是很不应该的,但愿有更多的志愿者来做这一"转化"工作。

另外,一百多年的社会实践中自应积累了丰富的经验(包括教训),有可以提炼的东西,不过它们又多停留在经验层次,常常是一个话题在当下时空合用,炒得很热,时过境迁,却不复有人光顾,这不正缘于尚未上升到理性层面,没有能将话题的表层意义与其深层内涵加以界分的缘故吗?所以这里也有一个"创造性转化"的要求,乃是实践经验的"理性化"。

总之,传统的现代化、外来的本土化和一百多年来实践经验的理性化,三者相结合,围绕当代中国的现实需求与发展前景,构建起即体即用的话语系统来,这也便是建设民族新文化、新学术的必由之路了。希望新世纪里能有重大的突破开新。

李纯一:最后可否请您谈谈您曾经主政的上海社科院文学所呢? 文学所是全国最早开展地域文学研究的单位,后来又转到上海文化的研究,最先是如何构想的?

陈伯海:起因是我发现我们所里各个室都有,但没有近代的,就在古代文学室里成立了一个近代小组,提出做近代上海文学史。因为上海近代文学是非常有特色的。同时我们现代文学室的同仁也早就做了孤岛文学,也是上海的特色。然后再做左联,那么就连成线了。之后再从文学扩大到文化。

我的起意倒不是要做地域文学,我是从现代化着眼。因为不论是上海文化还是上海文学,都不是地区性的,而是现代文明的缩影。中国走向现代化,成就体现在上海,不足也体现在上海,甚至于某些畸形的现代化也是在上海反映出来。比如大上海中的小市民,没有大市民的气派;包括鲁迅讲的上海文人的习气,脚踏两头船,一头踏革命,一头踏文学,时机好的时候我就是革命者,时机不利我就是文人。这些实际上都反映了上海文化的不足之处。甚至我们现在的趣味有很多还是停留在一百年前的水平,这跟我们的现代化不足都很有关系。整个中国的现代化往往是表面的这层油,真正底里的东西还是不够。

所以我主编《上海文化通史》时再三强调,我们用都市文明发展史这个主线,这样更能显现出上海的地域特色。

陈伯海先生与上海古籍出版社

高克勤

陈伯海先生是上世纪 80 年代以来我国古典文学研究界一位有杰出成就和重大影响的学者，也是长期以来给我们上海古籍出版社以支持的一位可信赖的作者。

从学术专著的角度来说，陈伯海先生最早的和最近的学术专著都是由上海古籍出版社出版的。上世纪 70 年代末，已过不惑之年的陈伯海先生重新回到上海师范大学任教，开始从事中国古典文学的研究（在这之前，他的研究兴趣更多的是在外国文学和文艺理论研究方面），他把研究重心放在唐诗和古典诗学研究方面，并发表了一系列有见地的学术论文。与此同时，1978 年恢复建制并易名的上海古籍出版社也注意到了这位学术新锐，把他列入了自己的作者队伍。伯海先生最早的两部著作《李商隐诗选注》和《严羽和沧浪诗话》就是应上海古籍出版社之约而撰写的，先后于 1982 年、1987 年由上海古籍出版社出版的。晚唐诗人李商隐才华卓异，其诗艺术成就很高，但长期得不到应有的评价，又因其诗主题朦胧、好用典故而有难解之说。伯海先生的《李商隐诗选注》精选了李商隐各体诗歌代表作加以注释解读，不仅为读者扫清词义上的障碍，而且注意疏通脉络，帮助读者把握诗的意境。宋代作家严羽的《沧浪诗话》，依据唐诗和宋诗所提供的不同的接受体验，对诗歌艺术的特点和规律作了深入探讨和系统总结，是我国古典诗学的重要著作，对后代诗歌创作有着深远影响。伯海先生的《严羽和沧浪诗话》是国内学术界最早对《沧浪诗话》进行深入研究的专著。这两部著作的篇幅都不大，都不到 10 万字，分别被列入上海古籍出版社最有影响的两套普及读物《中国古典文学作品选读》和《中国古典文学基本知识丛书》。这两套丛书的特点是请专家写普及读物，要求写得深入浅出。伯海先生在写作时，并不因其属普及读物而掉以轻心，而是以"狮子搏兔"的气力，在资料考辨和理论阐释上都狠下功夫，因此这两本书不仅符合出版社的要求，而且有很多自己的独特之见,有着学术上的开拓创新意义,在当时影响很大。同时,这两本书也为伯海先生的古典文学研究著作开了一个好局。此后三十年间,伯海先生在古典文学研究领域不断开拓,堂庑渐大,著述纷出,乃至等身,但大致还可归于唐诗和古典诗学两个方面,而且这两个方面本来就是互相联系并且有所包容的。

伯海先生深爱唐诗。他把唐诗看作为中华民族文化传统中发展最为充分、特色最为显著的一种文学样式,以唐诗为典型,可以从中揭示出中华民族的文化精神和审美经验,因此选择唐诗为主攻方向。他是唐诗学研究的倡导者,三十多年来倾其主要精力于唐诗学理论与资料建设的工作。在唐诗学方面,伯海先生从资料收集考辨入手,从学术史的角度着眼,先后撰写和编撰了《唐诗学引论》等一系列著作,既有宏观的描述,为唐诗学搭建了理论框架;又有详实的资料和精微的考析,为唐诗学奠定了坚实基础。上世纪90年代后期,伯海先生的研究重点逐渐由唐诗拓展至古典诗学。他在对中国古典诗学长期的研习过程中,体认到中国传统诗学本质上是一种生命论的诗学,它以诗人内在的"情志"为诗性生命的本根,以"情志"对外物的"感兴"为诗性生命的发动,又以心物交感所生成的"意象"为诗性生命的显现,而这"意象"落实于诗歌文本所呈现出来的"言—象—意"结构范式,亦便是诗性生命的艺术形态。为此,要确切地了解一个时代的诗性生命理念(连同其整个时代风范),就必须从探究其诗歌意象艺术的构成入手,包括意象思维的运作途径、意象结构的构建方式、意象语言的设置策略,以及如何由意象艺术的总体规划和实践以生成诗歌意境等问题。可以说,意象艺术在中国诗歌的抒情传统中,实已成为诗性生命的命门所在;穿透这道命门,始能进入诗性生命的底基。伯海先生在钻研诗学的基础之上,还旁涉相关的哲学和美学思想,从而以生命论诗学观、审美观乃至哲学观来研究古典诗学。伯海先生将他的这些研究成果汇为三十余万字的《中国诗学之现代观》交上海古籍出版社,我社非常感谢伯海先生的信任,于2006年及时出版了这部凝聚他长期思考探索的力作,引起了学术界的广泛关注。此后,伯海先生又将他的这些观点融入具体的唐诗研究,完成了《意象艺术与唐诗》。这部著作以唐诗艺术为例,以唐人生命理念的构建为发端,尤重在唐代诗人们于不同历史生活条件下所取得的不同的生存姿态与生命体验,进而研究这各具特色的情意体验如何通过心物(即天人)之间的交互作用而转化为取径各别的艺术思维活动,终以产生具有独特风貌的诗歌作品及其整个意象艺术。可以说是其《唐诗学引论》的"补编",从中可以看到伯海先生在唐诗学研究方面的一以贯之和持续努力。这部著作在伯海先生八十华诞之际由我社出版,成为他最近出版的学术专著。

伯海先生为人谦和,在长期的合作中与上海古籍出版社的同仁结下了深厚的友谊。他学问精深,既写富于哲理思索的学术专著,也不拒绝出版社编辑的邀约写一些普及性的文章,给出版社以支持。值得一提的是,伯海先生的夫人蒋哲伦教授也是上海古籍出版社的一位老作者。她与伯海先生是华东师大的同学,专研词学,长期在上海师范大学任教。上世纪 80 年代,她曾经协助马茂元先生参加我社出版的朱东润先生主编的《中国历代文学作品选》的修订工作;近年,她积三十年之功整理并作笺注的宋代词人叶梦得的词集《石林词笺注》也由上海古籍出版社出版。

正是因为有了彼此间长期默契的合作,所以伯海先生在他八十华诞之际又将他三十多年来精研唐诗学的八种著作,包括他撰写的《唐诗学引论》(增订本)、《意象艺术与唐诗》等专著,主编的《唐诗学史稿》(增订本)、《唐诗学文献集粹》、《唐诗汇评》(增订本),编撰的《唐诗书目总录》、《唐诗总集纂要》、《唐诗论评类编》(增订本)等著作,加以修订,汇为"唐诗学书系",交上海古籍出版社出版。这套八百多万字的大书的出版,是唐诗学研究的集大成标志性成果,也是伯海先生对我们上海古籍出版社的极大信任和支持。也正是因为有一批如伯海先生这样的作者的长期支持,上海古籍出版社才能保持学术专业的品牌而领先于业界。

我所接触的陈伯海先生

上海社会科学院文学研究所　徐培均

陈伯海先生与我同事多年，并当过文学所所长，是我们的好领导。我对伯海的为人相当钦佩和尊敬。他初到文学所时任副所长，因为所从事的专业是唐诗研究，所以在分组活动时，他便参加我们古典文学研究室的讨论。后来我承乏古典室主任，他也升任文学所正所长，每星期二、五，他除了所务工作繁忙分不开身外，总是到古典室来开会，比其他同志还准时，从不高人一等，以所长自居，为人谦虚谨慎，平易近人。因此我们相处关系十分融洽，非常友好。到会以后，他总是热心参加讨论，常作中心发言，讲起话来，滔滔不绝，头头是道，能够引领大家探讨有关学术学题。每次年初制定研究规划，年终考核规划执行情况，他也起了带头作用。在他的垂范下，我们古典室当时的学术风气相当浓郁，因而既出成果，又出人才。记得在此前后，院领导请来市里几位著名学者来院里开会讨论评估，他们中有复旦大学的贾植芳教授、蒋孔阳教授、章培恒教授、华东师大的徐中玉教授；似乎还有上海艺术研究所所长章力挥先生。他们都盛赞文学所在成立不长的几年中，各方面都取得了可喜的成就，像民间文学就有姜彬同志，可与北京师大的钟敬文比肩；词学方面有钱鸿瑛和鄙人，就实绩而言，不客气的讲，均位于本市的前列。在复旦主编的《20世纪中国古代文学研究史·词学卷》第十九章中便以长及三页的篇幅对钱徐二人作了评述，远远超出侪辈。邱明正教授在主持文学所工作后，也不止一次地说，我们文学所有两块牌子：一个是姜彬同志的民间文学，一个是徐培均和钱鸿瑛的词学。当然其他学科如明代文学、外国文学等，也可谓硕果累累，不遑枚举。

文学所这些科研成果的取得，除了本人努力之外，也是同院所两级领导分不开的。伯海同志先后为文学所正副所长，当然也有他的功劳。比方说，我的一些词学论文，就是经他的评审，发表于《上海社会科学院学术季刊》上的。特别令人难忘的是拙著《淮海集笺注》，我开始着手此项工作时，原副所长就持有不同看法，以为这仅是为出版社服务……而伯海同志接任以后却大力支持，故得以在上海古籍出版社出版，后又列入该社的名牌丛书——"中国古典文学丛书"。问世之后，院里评了奖。至2013年，国家新闻出版广电总局暨全国古籍整理出版规划领导小组，对新中国成立62年以来全国出版的学术专著，作了一次总的评选，共评出优秀著作91种，而《淮海集笺注》为其中之一。由此可见，伯海同志当初的支持，是很有眼光的。（此外，我还有《李清照集笺注》忝获此奖）

唐代古文大家韩愈说："世有伯乐，然后有千里马；千里马常有，而伯乐不常有。"（《杂说》）我乃樗栎庸材，仅为黔州之驴而已，何敢以千里马自比；然伯海同志确确实实是一位善于相马的伯乐。他不像某些武大郎开店式的领导人，而是知人善任，唯才是举，惺惺相惜。因为他学问好，学问深且广，所以他目光锐利，胸怀广阔，乐于培养与识拔研究人才。

他的学问之深广，基本上体现在这套273万字的六卷本《陈伯海文集》中间。在相处三十多年中，陆续读过他的一些著作，可惜今天手边没有，只能浅谈一些印象。最初读到的是《唐诗学引论》。我在复旦读书时，曾在王运熙先生的指导下，参与《李白诗选》和《李白研究》的撰写，已感到唐诗魅力无穷。但那只是冰山一角，后又读多家文学史和唐诗选注和选评，所得也觉零碎。至读《唐诗学引论》，眼前遂展开一片新天地。伯海同志善于观察，善于概括，善于推理，以宏观的视野，鸟瞰浩如烟海的唐诗，精彩纷呈，瑕瑜毕现。虽是薄薄的一本小册子，却在唐诗研究中开辟了一个大世界。以此为契机，他又团结了一些专家学者，主编了七卷本《中国诗学史》。与此相关的成果，还有《唐诗书录》《唐诗论评类编》，并主编《唐诗汇评》约数百万字，这是唐诗研究者案头必备之书，嘉惠学林，厥功甚巨。

中国是一个诗歌的国度。唐诗宋词占了半壁江山。何谓词学？李清照说，词"别是一家"，以五音六律作诗词之分界。伯海夫人蒋哲伦教授有一专著论此，兹不多赘。我因为手边无陈先生关于"诗学"及"唐诗学"的专著，不知他对此二者下过什么定义；若曾加界定，似可作为研究者的指针。当然这是多余的话。

胡适曾说："为学当如金字塔，要能广大要能高。"换句话说："为学当如洋与海，要能广阔要能深。"伯海学问做得如此高深，与他涉猎之广阔息息相关。他的主业是唐诗研究，主要成就也在于此；但不局限于此，他跳出唐诗的范围，放眼整个中国古典文学,写了《中国文学史之宏观》,又曾主编《近四百年中国文学思潮》。这两本著作从一定的角度揭示了中国古典文学发展的规律,对弘扬中华文化优秀传统具有重要意义。

古人说:"文非一体,鲜能备善。"就我个人而言,研究领域比较狭窄,伯海则不然。他从文学出发,关注了文化的发展,写了《中国文化之路》并主编《东亚文化论谭》。他的学术研究总是跟随时代的足迹,不断前进的。上世纪 90 年代,国内掀起了文化热潮,他马上迎上这股热潮,当上弄潮儿,出版了以上两本有关文化的书。当前思想哲学界面临两大问题:一个是在传统的形而上学宣告"终结"之际,如何为哲学思考重新开启行之有效的"形上"维度,以求体现对人的终极关怀;一个是人们处于"全球化"的浪潮之中,如何更好地促进东西方各民族文化的交流融通,以迎接"第二轴心期"文明的到来。伯海同志特地写了《回归生命本原》一书,对以上两个问题作了回答。他将"天人合一"与"主客二分"两种对立的思维方式结合起来,以确立"大化流行,生生不息"的宇宙生命本原为基础,围绕"人"作为"自然生命"与"自觉生命"的双重性存在,及其由生存、实践、超越诸环节组合而成的"生命活动之链",展开多侧面、多角度的考察与论述,力图构建一种非实体性的生命哲学理念。于此可见,伯海同志,一生为学,博洽古今,融通中外,在哲学上思维相当周密深透。因此他的文学研究带有哲学思维,视野特别开阔,见解特别深永。以上这些看法,乃得之于伯海原著,领会是否有误,仍请指教。

最近有幸在网上看到一段文字:"陈先生曾自言,体内活动的是楚人血脉,但外表行为、习俗诸方面,已经吴人化了。"所言准确地概括了伯海先生的个性特征。伯海原籍湖南长沙,出身书香门第。常言道:"惟楚有材,于斯为盛。"旧时属楚地的湖南本是人才渊薮,自古及今,出了许多精英人才。伯海的坚毅执著,好学不倦,孜孜以求,追求卓越的精神,想必来源于"楚人血脉"。但看他"外表行为",却是文质彬彬,风度翩翩,思维敏捷,言词流利,出口成章,完全"吴人化"了。所谓"吴人化",即上海派头,也就是说,他是一位海派学者。一笑。

一个真实的人

湖北师范学院学报　胡光波

1997 年 9 月，我到上海读博，跟随陈伯海先生。就学三年，虽依师嘱，编写清代唐诗学的资料和历史，勉力完成学业，但自知功力浅薄，学识不济，有负师望。更重要的是，在沪期间，对陈先生，多存敬畏之心，却知之甚少。

毕业以后，我开始搜读陈先生的著述，才逐渐有所了解。可惜，这十五年，时从网上得师手谕，而终日营营，学问不曾寸进。近年来，自觉碌碌，怯与先生交一言，因实负督教，内愧难当。

目今，值先生八十大寿之际，我无以为报，惟回忆昔日点滴，奉呈于师前，以志学生虽年过半百，而仰依先生不止。

去社科院听课

到上海，第一次与同学去社科院听陈先生课，我就闹了个笑话，但是，也给了我一个难得机会，与陈先生，能单独相见。

时令已至初秋，炎热尚未减退。上海的人多，每个公交车站，都围一大堆。如非力士，在车上难免被冲得七零八落。我们五人硬挣着，随人流挤上车。我本在最前，却一下子就被拥到车尾。还算幸运，竟找到一个位子，隐于二层车箱楼梯之下。文师华、查清华、朱立新等人，则被生生分割，或在车的头部，前把后贴硬撑，或夹在中间，左右动弹不得。

一路人声扰攘。不知过了几站，他们都已下车。可能叫我，但我没听到。不知不觉，我就多坐了两站。车上人少了，一看他们不见，我就慌了，赶紧下去。那时，大家都没手机，无从联络。我向行人问路，也大都不知"社科院"为何物，纷纷摆手。我只好按原线返校。

回到宿舍,心神不宁,等了足足一上午。他们回来后,都笑话我。朱立新戏言,胡子这回没跑丢,还算好的。我说下午再去,他们说不必去了。我执意要去。问清了路,独自一人就去了。这次坐地铁,虽也拥挤,但凉爽多了,直达衡山路站,出地面直接走去。

上海社科院位于淮海中路。这里现在是上海繁华的商业街,购物餐饮遍布。社科院的整个建筑,被四周的商厦簇拥,显得局促。毕竟大都市以工商为主,社科院这类文化机构,为"软性经济"部门,在寸土寸金之地,有一隅之处,就算难得了。

我到时,陈先生刚饭后,在办公室休息。不知他下午有无事,我急忙说了上午的事。他微笑着说,没事没事,第一次不知路,不要紧,以后来得多了,自然就熟了。随后,他直接问我过去的学习情况,把本学期课程——中国诗学专题——的内容,做了粗略勾勒,并说自己目前正从事唐诗学课题,希望我们的毕业论文,最好也与此有关。末了,他特意推荐朱光潜《诗论》、萧华荣《中国诗学思想史》、成复旺《中国古代的人学与美学》三书。朱书,沟通中西诗学,以意象为中心,直契汉诗内质,文字清丽耐读,我以前看过;萧著,逻辑缜密,析理入微,考博时买了;成复旺呢,我看过其《中国文学理论史·明代卷》,在全书五卷中,最见才力。

那天,我们谈得并不多。我自己向无口才,又不会普通话,估计陈先生只能听个六七成。首次单独直面先生,我有些惴惴。印象中的他:衣着朴素,面庞清瘦,坚毅的目光,透过玻璃镜片,似乎能直视你的内心。先生言辞并不多,也不喜在学生面前,喋喋不休"指导",只是探寻你的兴趣,有几分宽容、几分理解。这恐怕是每个学养深厚者所具有的素质,毕竟积潴深者蓄厚,木长大者枝茂。

这也让我想起了更早些年前的事。1987年冬,我在陕西师大首次考研,住学校招待所,与清华大学电工系教授杨域疆,同处一室。几天下来,杨先生的谦逊朴素,令我感佩。1990年春,我两次考研失利,想换换门庭,报考山东大学中文系,曾贸然给董治安先生去信。我与董先生素不相识,他竟用毛笔写了整整两张纸,其殷切之意,我至今难忘。1995年秋,我向南开大学罗宗强先生探问南开大学情况,他也楷书恭笔,言虽不多,但亦真诚。这次聆听陈先生的教诲,我亲身领略到一个学者的风采。当然,先生的高山大泽气象,彼时我还无由窥其幽秘。

第一次到先生家

1997年10月，一天晚上，我与同学查清华，跟陈先生相约，去他家拜访，谈学业之事。先坐车到徐家汇的下一站，再换车。坐在窗前，但见华灯四射，夜幕微淡。与白天的喧嚣比，平添了几分安静。坐了好长一会，才到最后一站。从车站斜穿马路，随即向陈先生的家走去。

陈先生的家，位于愚园路岐山邨底的一排旧式洋房。这儿真有闹中取静的味道，但路灯也稀疏。我们转了两转，才绕到楼前。进门后，必须先穿过底层别人的灶房，向左转弯，第二层亭子间，是陈先生的灶房，再左转弯，登上二楼楼梯，才是他家。

房间深而宽大，卧室书房合一。进门右手是床铺，从床铺向前走，看到一个通往阳台的大窗，中间安着双扇门。门的右手，是蒋先生的小书桌，面向阳台；门的左手，是陈先生的书桌，与蒋先生书桌垂直。陈先生的书桌稍大，堆放着不少书刊。旁边的座椅和凳子，都是老式的。书桌一侧，靠墙处，有架一人多高的古楠木雕花书橱，卧室和书室之间用两个木制书架隔开，上面摆着学生的贺卡之类。书太多，里层的书竖立，外层的则横放，叠得几乎遮住里面书的名字（题目）。打蜡的木质地板，经几十年踩踏，多处已磨得光亮，但仍坚实平净，既令人想像昔时的光艳，又让你感受主人的勤朴。

看到陈先生的家，我不禁想到北大刘烜回忆冯亦代的一篇文章。在冯家，他看到老先生的桌椅，下腿部分开裂，因常年伏案，桌面竟现出明显的凹陷痕迹，不禁大发感叹：我辈无知妄人，写不出好东西，每以无宽大书房、红木家具为由，岂知学问无关外物，全凭一个超人的大脑。或许正如陆谷孙在一文中所说：坐在狭窄的书房，灯光注于一端，四周的黑暗，似乎会聚拢而来，把人的智慧给挤压出来。宽敞富丽的房子，精神反而易散。

一落座，陈先生的夫人蒋哲伦先生端上水，就到床铺那边看电视，将声音压得很低。陈先生说了自己目下的工作，要我们分头编写历代唐诗学资料选的明清部分。材料，他已经准备得差不多了。随即去书柜，取出一大厚叠古代唐诗资料。这些材料，或是复印的，或是手抄的。纸片大小不一，复印的还倒清楚。但那些手抄的，或用钢笔，或用圆珠笔，或用铅笔，放置过久，纸张都变了色，个别笔迹已模糊不清了。这些东西，都是陈先生外出开会之余，在北图、上图等地，紧张查阅，匆忙过录，字体不一，甚或潦草，可见在赶时间。陈先生把材料分为两叠，分别是明代和清代部分，要我们先在原纸上初步校点，再仔细抄录，然后按照主题，釐清分类，以备编写之用。

陈先生说，鉴于前期工程——唐诗的汇评和类编，已经问世，这次编写，宜以历史为序，仿郭绍虞、王文生主编《中国历代文论选》之例。每单元设一主目，要求全文录存，然后附录对几篇主目内容作延展发挥的材料，数量不定，可据内容适当节选（从自然段落中选出）或节录（为原书自成段落者）。各单元材料整齐后，要以主目为中心，联系后面附录，写出千字左右的说明，以对引录本书者，有提示之用。把一切叮咛完，陈先生送了我们每人一本他的《唐诗学引论》，并题上"指正"字样。

我们提着材料告辞，陈蒋两先生执意要把我们送出大门外，方轻轻招手回屋。想着零乱的材料，我对编写毫无把握，暗自着急，因为陈先生说，将来你们写毕业论文，就要以此材料为据，写明清唐诗学史。清华读硕士时，曾在硕导陈良运先生督教下，编过《中国历代诗学论著选》，有一定经验。他一路给我打气，说只要材料编停当，论文的思路就出来，提纲也好列，将来不愁写的。

真没想到，第一次到陈先生家，就承接了这沉甸甸的事。读博三年，除了完成基本课业，我负责整理的清代唐诗学材料，翻来覆去地释读，并以此为论题，完成毕业论文。我不知毕业论文究竟有多大学术价值，但可以确定的是，在这写作过程之中，我对唐诗材料更为稔熟。今日想来，这对我是难得的学术训练。毕业之后，凛遵师令，我们几个学生同心协力，资料书和史稿书相继出版，我才稍松了口气。但是，我个人对唐诗和唐诗学价值的认识，刚刚开始。

先 生 的 藏 书

我向无大志，师范毕业后，回本地县城，任中学教员，本想以此终身。不意，不谙世事，一年之后，竟为上司所斥，发配穷乡僻壤。无奈之下，欲考研以求生途。实际，我在校时，学业平平，虽泛览杂书，也不过以敷兴趣。大学毕业后，所买的外国文学作品，被亲友借看，多已零散，只留下黑格尔《美学》、尼采《查拉图斯特拉如是说》、刘熙载《艺概》、王国维《人间词话》、刘勰《文心雕龙》、刘义庆

《世说新语》等书,再就是各门教科书。

生性愚笨,四番考研。其间,依中外文学史,稍稍积累了一些书。先秦诸子、前四史、唐宋诗词、十大悲喜剧之类,随见随购。但恰于考试,并无系统阅读。第二三次考研失利时,曾在西安各买《鲁迅全集》和《史记》,于秋冬之夜,通读一番,以慰寂寞,这才算读了点真正的书,硕士面试给老师一点印象。

在湖北黄石生活,因地域偏僻,购书不便。每次返校,到武汉逛书店,依个人爱好,买一些书,充实可怜的"书库",仍属凭着一时兴趣,漫无目的。我有意识买有价值的书,是在上海三年,看了陈先生的藏书后。

正如前述,陈先生虽住房逼仄,但书籍安排井然。每次去先生家,我都偷偷往书架瞟,看先生都买哪类书。我发现陈先生主治中国文学,但西方哲学、文论方面,尤其是现代西方论著较多,不像一些老派学人,只专注于中国古典,局限了眼光。先生近来融冶中西、文哲合一,其源有自。在我看来,命题的意义探寻、理论的系统总括,为先生所长,而史料的发覆考释,非先生兴趣所在,亦非所专,但他为构建唐诗学科体系,聚拢群贤,编辑《唐诗书录》《唐诗汇评》《唐诗论评类编》,亦费力不菲。这种中外兼备、古今双修的治学风格,对我启迪良多。

上学时,每于周末,我与同学,三三两两,逛福州路书店,将几个著名书店的一排排书,扫描净尽,不拘于诗学方面,像朱一玄的古典小说资料系列、蔡毅的古典小说序跋等,一一买回。有几回,也独闯上海古籍读者服务部、华东师大书店等,而复旦的鹿鸣书店、上海师大外的马槽书店,也成了我常到之处。

我是委培生,带薪求学,又无家小,吃穿随便,多有节余。那时,不知自己将来能干多大事,反正每看到陈先生的书,我就在外面也找。经过这么多年的积累,商务的汉译世界学术名著,除政治、经济之类,我大多具备了,有的还不止一种版本;中华的新编诸子集成和续编,也大致完备;古代的诗话整理本,也只剩清诗话全编。当然,除类编丛书外,一些声誉较好的古籍注本,我也积累了一些。

陈先生爱书,每本读过的书,都像新的一样,既看不到书页的折叠、毁损,也不见笔迹的勾划,甚至连指甲的划痕,也不见踪迹。当然,偶尔也在书边,有数字批点。有些重要论著,我们找不到,向他借阅。每次去了,他都一再叮咛,不要在书上乱划,要按时归还。还怕我们汗污了封皮,就拿纸包着,让我们带回去。有一次,在他的办公室,看到大半柜港台论著,我大着胆子,向他借了《清初杜诗学》《胡应麟诗学研究》。他特意告诉我,这是院里的专书,好不容易从海外购入，一定妥善保护，绝不能弄丢了。从大陆的横排简体，到港台的竖排繁体，仿佛文字和排版的转换，也带来读书环境的改变：一股源于远古的神秘文化气息，从书中流溢而出，让人爽目怡心。也就是读那两本书，我发现港台学者，论述视角并不求新异，而注重史料的翔实辨析，颇得乾嘉神髓，相较之下，大陆某些所谓名家，虽广结人缘，长袖善舞，子弟成群，学资丰厚，但论西学不通一国洋文，谈国学没背过十三经注疏，更无写作诗文之能。结果，论史不能考证，立言缺乏自悟，行文只好截搭西方新说，随意点染，所炮制之"论文"，或把不证自明的思想，找来众多史料再"证"一番，或以所谓新视角为由头，对古人的思想肆意衍发，其著述俨然厚实博大，真见则全然阙略。

陈先生书多，但最珍贵的，是一套老版《四部备要》。这套书，是他父亲 20 世纪 40 年代初购置，我一直不知。直到 2000 年时，他要搬家，我们去帮助，打包时才发现。一摞摞精装本，八九本一扎，捆绑确费手力，王澧华的指甲还因此渗出道道血痕。在包扎时，蒋先生不小心，把一包弄乱，散了一地，陈先生竟厉声几句，看来谁也不敢慢待这陈先生眼中的家宝。卧室兼书房里的书弄好，我们又上到三楼亭子间里整理。不断地捆扎，大家的手被绳子勒得生疼。查清华一向自恃"练过武"，回来后，胳膊也有些酸痛。到最后，用车子往新家运输，陈先生还临时成了押车者，这边看看，那边瞧瞧，生怕把书弄丢了。

仿陈先生买的书，虽然有的只是临时翻阅，我至今还没派上大用场，但先生爱书惜书的情景，时不时闪现眼前。有时，看着自己一排排的书，就好像看到陈先生，夜阑人静，仍端坐书桌，轻轻翻阅，时而凝眉注目，时而奋笔疾书。在敬服之余，我常为自己的怠惰自责。如今，老大不小，比拟前后同学，我显然落伍，但爱书惜书之心，已挥之不去。

先生中秋光临宿舍

在上海师大读书时，同给我们上课的曹旭先生住在校内，生性爱热闹，常与同学欢聚。有一段时间，相约由每人作东，一周在校外饭馆聚餐一次，完后免不了高谈阔论，甚至在校西草坪，唱歌佐欢。有一次，我和湖南来的陈松柏，比赛吃醉虾，不差上下。陈兄向来豪爽，一看不占上风，就问我敢不敢把泡虾的酸辣水喝下去不。我看着那浮着辣角的红油水，迟疑不决。没想到转眼间，他已一碗见底,好汉气概顿压全场。

陈先生由于住得远,我们除谈学业,平时不便去,只在逢年过节拜访。白天人多事杂,而晚上怕惊扰先生的清思,去了也不敢过多停留。没想到1998年中秋前,陈蒋二师竟带着月饼和水果,提前到我们宿舍,与大家联欢来了。

时值晚上,清风微拂,月朗灯明。两位先生来后,大家一起到查清华、文师华宿舍相聚。一时之间,笑声盈室。陈先生揭开月饼盒,撕去油纸包装,一个个递给大家。为了热闹,文师华到外面买了瓶白酒。刘晓平怂恿我,胡子爱喝酒,先喝几口吧。我从阳台转到隔壁宿舍,取来饭碗,倒了不少。说实在的,甜腻的月饼,干吞难以下咽,确实需要酒冲冲。大家每人都喝了一点。蒋先生小感冒,不能喝;陈先生禁不住劝,趁兴喝了几口;赵红玲一个女孩子,也不愿拂大家的意,连喝几大口。

吃喝之后,陈先生发话:今天不谈学问,大家轻松轻松。文师华先仗着酒胆,唱了一段江西的民间曲子。他的嗓音低沉悲怆,忧郁凄惋的曲调,演绎了一个失意女子情爱无归的落寞,与平和乐观的性情,大相径庭,也许在人的内心深处,都有天生的悲悯基质吧。南方一个同学完了,刘晓平说,北方也来一个。赵红玲和我,合唱一曲秦腔《三滴血·寻亲》片段:"祖籍陕西韩城县,杏花村中有家园。姐弟姻缘生了变,堂上滴血蒙屈冤。姐入牢笼又逃窜,不知她逃难到那边。为寻亲那顾得路途遥远,登山涉水到浦关。"北地的高亢激昂,与南国的宛转低徊,又是不同风味。大家鼓掌喝彩,场面更为活跃,这时赵立新建议老师也来一个节目。

蒋先生把陈先生推了推。只见陈先生站起来,唱了一首古曲《公无渡河》:"公无渡河,公竟渡河!堕河而死,将奈公何!"声调低婉,反复吟唱,一种伤悲无助、难以挽回的哀痛,就此展现。唱到最后,陈先生声音越来越小,可能沉浸于古曲的情绪,似乎有点哽咽,泪珠在镜框转动。竟不料,平日里一向严肃的师长,如此敏感,顷刻进入艺术之境。陈先生在不经意之中,表露了内心的温柔,与平日的严肃相异。轮到刘晓平,他连连摆手,往后退;查清华能说会道,曾主持研究生联欢会,舞姿轻盈,还会摆姿态,唱美声。他来了一段西洋曲子,歌词大意,大家虽不晓,但曲子欢快明丽,与前几人的歌唱大相异趣。众人拍手大笑。

最后,文师华说:胡子第一学期元旦,研究生聚会时唱秦腔,声震瓦片,何不再来两段,让大家回味回味。于是,我又喝了几口酒,挽起袖子,解开上衣扣子,唱了《血泪仇·龙王庙》一段:"手托孙女好悲伤,两个孩子都有没娘。一个还要娘教养,一个年幼不离娘。娘死不能在世上,怎能不两眼泪汪汪。庙堂上空坐龙王像,枉叫人磕头又烧香。背地里咬牙我骂老蒋,狼心狗肺坏心肠。你是中国委员长,为什么你的大小官员、联保军队,一个一个赛豺狼!看起来你就不是一个好皇上,无道的昏君把民伤。河南陕西都一样,走到处百姓受灾殃。我不向南走往北上,但愿得到边区能有下场。"

见大家连连叫好,仗着酒劲,我又说,把《红灯记·赴宴斗鸠山》的李玉和唱段,用秦腔调子唱一回,大家说好。开始,我还能依秦腔曲子,但到"困倦时留神门户防野狗,烦闷时等候喜鹊唱枝头,家中的事儿你奔走,要与奶奶分忧愁"几句时,不知不觉,竟然转到京剧曲调上来。一直在一旁静听的蒋先生,这时发话了,最后几句唱窜了味,看来还要好好操练,不要混杂了。

此曲唱完,时近半夜。担心两位先生回家太晚,我们急忙煞住。上海的秋夜已有些冷,等了好长一会,不见公交来。赵立新挡了一辆出租,给司机四十元,要他们保证把先生送到。这一夜师生欢聚,才告结束。临近毕业,文师华将我平时的表现,草拟成一首诗,以行书书写:"蓝田韫玉泛幽光,名士风流性乖张。酣睡不顾师授业,酒后秦腔动四方。"后来,我特意将其装裱,因是横幅,不宜张挂,但每次展开观看,都想到那个中秋之夜。

先生修改论文

上学三年,由于我不懂电脑,编写清代唐诗学史料,反复抄录、修改,费时甚多。原作初步校点后,要用方格纸誊清,交老师过目,又要自己留一份。当时,我用复写纸抄,遗字掉句,在所难免。所收材料分为四十三个单元,每单元有一组文章,篇数不等,外加说明文字,至少二十多万字。师生两人几经整理,才算清楚。

因为有前期资料的归并分类,毕业论文的写作提纲,线索倒清楚。据掌握的材料,我只准备写作清前期的唐诗研究。后期的资料,因时间有限,一时半会,难以搜集。论文题目,陈先生定为"清前期唐诗学概观"。回来以后,我以为"概观"显得没"分量",私下改为"概论"。其实,个人的思辨能力不足,最多只是对历史的粗疏扫描,未能深入揭示该段唐诗学的理论创新。

　　在写作过程中,陈先生对论文只做有节制的修改。他常在文章的边缘,用铅笔写几个字,提示此处资料还可扩展,此处观点可参佐某书,此处若进一步联系前后思想,可看出其承前启后的价值等等。在审阅中,他对我粗心出现的别字,也一一划出,更正于旁。今天看来,初稿论少述少,虽有史的线索,而尚未深入其里,但因涉及新领域,外审意见尚可。在答辩会上,邓乔彬、萧华荣、胡晓明诸师,还是秉持谠论,对不足处提出。尤其是胡晓明先生,在文章的边缘写上详细的意见,此处可参阅钱锺书《谈艺录》,此处文献有误,等等。当然,有陈先生"保驾护航"(悉心修改),评审老师"网开一面"(宽容大度),我的"述文"侥幸过关。我就在混沌懵懂中,走出了上海师大。

　　毕业以后,陈先生的唐诗系列工作,接近尾声,故督促我们抓紧时间,修订材料,强化论文,完成《历代唐诗论评选》和《唐诗学史稿》。如果说材料的编写大体过关的话,我承担的史稿部分(即毕业论文),尚需认真修改。好在,这时我的电脑打字熟练,不像以前反复抄写,而且有原来的论文为底稿,毕竟不是重起炉灶,全文改完觉得比先前有所提高。打印寄陈先生后,他又详细改了一遍,我把改动稿保存至今,不时从中学习文法。

　　现存的改动稿共 58 页(编入史稿,原文压缩),粗略统计有 380 多处改动,除一般的掉字、别字,打不上的字要求补上外,涉及论述的各方问题——逻辑不严,观点无根;前有一意,后又重复;同一材料,多处使用;一般背景,过详罗列;用字失当,伤害其意;段落过长,重心淹没;虚词反用,读来别扭;随意引文,出处不明;调皮之语,有违文律。另外,种种细小症结,陈先生酌情移动文句,不必细说。现列举批文较多者,以见修改之方。

　　如王夫之的唐诗观及唐选价值,前两大段,虽无多大语病,但陈先生认为:"这部分主要介绍的是王夫之的诗学思想,但作为《唐诗学史稿》,应着重介绍其唐诗观,总体诗学观只能是铺垫,简略提到即可,当发掘、揭示其唐诗观。另标目上说到'唐选价值',而文中并未正面评述其《唐诗评选》。须改写。"作为唐诗学论著,自应立于本位,若过多旁逸斜出,实不易突现作者的观点。这实际指出,详略恰当不仅是语言,更关涉到内容的重心。同样,在修改王士祯、袁枚两节时,也有类似的提示。

　　在谈到乾隆的唐诗观时,陈先生认为对其评价:"提得太高,其所谓'嵩目时政,忧心朝廷',仍着眼于'致其忠爱之志',非一般提倡讽刺。这一节写清统治者的方针,当着重在其以诗为政教工具上,注意揭示用心,当然也不排斥其艺眼光。"我们在评述一个论者时,往往为其文采所惑,不能深入内质,以探真心,乾隆御选《唐宋诗醇》,实出馆臣之手,其与《御选唐诗》一样,均非一般诗学者所比,其政治用意大于诗学价值。陈先生一针见血,避免了主次倒置。

在《论评选》和《史稿》的修订中,我已向不惑之年迈进,有幸得陈先生细心指教,稍知为文之法。最近,蒋先生来信,针对我作为编辑,爱改他人文字一习说,陈先生原来修改别人的东西,伤了人家的自尊心,改他人之作要适可而止。但我恰恰相反,改得越狠,警示越大。凡是改得"血红绿蓝"处,当思自家行文的不妥。先生非擅书法者,但批语简要直截,字迹亦刚硬有力,其手迹我视为秘宝,因为此后再也无人精心为我修改文章了。

先生在黄石演讲

上海师大,地处徐汇区,四周高校密集,学术交流十分活跃。本地学者来校讲座者,不乏其人;北京学人在沪开会,也频频被邀;港台、海外学人归来,常为师生开讲座。可惜,眼下商品经济冲击,学子于文化明星、娱乐歌星之类趋之若鹜,学人讲座反受冷落。余秋雨曾在阶梯教室讲演,我为一睹真容,早半小时去,结果只能站于人行道之后,而周策纵的讲座,则安排在一个偏僻的小教室,听众寥寥,且多是研究生。

我初到上海,逢讲座都去,见到了钱谷融、何满子、陈平原等人。与钱先生相见,他距我只有两个人,一是格非,一是殷国明,言谈处处流露出睿智慈祥,与我二十多年前在《收获》看到他的《也说说我自己》中的形象一致。可是,我不善于做笔记,更整理不出讲座内容,时间一长就淡忘了,唯一的印象,是讲座者的面貌和演说的风格。

陈先生任职于上海社科院,但因兼职上海师大博导,也曾在校内做过一次报告。其实,他的授课风格,我们早就领略:坐下来,桌上放一小纸片,列几个讲说要点,然后自由发挥。因他一直勤于研究,故所谈乃平素读书感受,常逸出于一般的教科书,加之口才好,凡听课者都无不称道。有一次,曹旭先生提到上海的学人,说郭绍虞名头虽大,但为人木讷,上课吸引不住人,而陈先生天生一个哲学家的头脑,析理明辨。在社科院听的课,只有文师华完整记录下来。他以行草笔记,有时连先生没有讲出的,也顺便补充。其他人中,查清华人虽机灵,但也当不了记录员,与我一样,上课看似做笔记,实则在底下乱画一气。

2002 年 10 月中旬,湖北黄冈召开黄州文化与东坡文学研讨会,陈先生受邀。临行之前,他来电希望见我一面。我想,见一面容易,何不请陈先生来黄石开个讲座。主意既定,我便向中文系书记吴瑞霞建议。她向来佩服先生,十分赞同,12 日派我去接。在陈先生住处,巧遇亦来赴会的华东师大方智范先生。我来不及告知系领导,索性一同请来黄石。

那时,湖北师院还没扩建,讲座设在覆盆山边的一座单面楼的二层。由于是临时安排,来了一部分学生,教师只有四五人到场,但这丝毫没有影响陈先生的情绪。那天,他讲的是《全球语境下的中国诗学研究》。进场时,他既没带皮夹子,也没掏笔记本,更没有现在流行的手提电脑,仍然是随手掏出小纸片,轻轻展开,平放桌上。主持人怕他连日奔波受累,安排了椅子,他向旁边推了推,说不习惯,径直站着演讲。

陈先生从一百多年来,西方文化的传入,到中国现代学术范式的西化,一直谈到传统文论的现实处境,联系当时闹得沸沸扬扬的失语症,提出了面对西方强势文化,只有及时做现代转换,传统文论才能在未来的竞争中,不失去自主权,才能与西方文化比权量力,也才能将传统的生机激发出来。整整一个半小时,陈先生没有停歇,也没有来回走动,桌子上的水,不曾动一口。讲完,互动问答时,学生们羞怯,相互看着,谁也不敢发问,还是蔡靖老师,说了一声陈先生讲得好,然后就他所教的马列文论与传统文论、西方文论的关系,提了一个问题。陈先生给予简洁的回答。由于还要安排方先生演讲,我就陪陈老师退场,到我住处休息。

其时,我住在学校"好汉坡"上,最早的六十户楼。房子只有五十来平米,一大房、一小房和小客厅,厕所、厨房简陋,就简单粉刷一下。我都不敢让陈先生看。但他还是到各处看看。随后,我只得让陈先生坐在大房的床上,找了一把椅来,我们坐着说了一会话。想先生一路过来也受累,而方先生还有个把钟头的讲座,我便请他小睡片断。其时,天有些热,我让他盖个单子,他说没关系,就眯一下。我怕打扰,就到客厅等着。待了一会,我不放心,过去看时,他已侧睡着了。我想给他盖单子,又怕惊醒,就把单子一角拉来,盖在肚子。睡了不到四十分钟,他就醒了,我们又等了等,然后去会方老师。那天讲座结束,我问几个老师听后的印象,大家都说:陈先生哲思深邃,富于理论的宏观概括;方老师感受细腻,精于诗词的具体分析。

陈先生的谈吐,我是熟悉得多了,有时就不明白,看上去那么瘦弱的一个人,头脑怎么就装有那么多的思想,可随时随地,不经准备,能随时开讲呢! 恐怕除了天赋所予,更主要的是理论功底深厚,把问题想透彻了。记得叔本华曾说,你说不清的东西,就是没把它理解。能言善辩固然令人韵羡,但如无坚实的学术识力,那只能把常识说得天花乱坠,虽能娱听众一时之欢,而不能带来真正的思想愉悦,因为那来自深思熟虑的智慧发酵。

与先生的通信

从上海师大回来,我先补电脑课。购置一台联想,买了五笔字型教材,用三个月,集中学习打字。等心手合一时,我把父母原来写的文章,全部输入打印,后来带回家。当年,看到《名作欣赏》中有一篇谈《金瓶梅》的文章,我以为是无根之论,写了短文批评,通过伊妹儿寄给陈先生。他来信说那篇文章本无意义,你费此功夫,并不值得。此后,我一直未动笔。

从 2000 年 9 月到 2002 年 4 月,除了那篇幼稚的习作,我没写任何东西。上课之余,就在机子上输入古籍,《左传》《尚书》《文心雕龙》《世说新语》刘注、金批《水浒》评语等,还把从别人复制的《墨子》《晏子春秋》《史通》等,在机子上校对一遍。输着输着,我感觉理解力似乎较之前有所提高。与此同时,陈先生主持的《历代唐诗论评选》和《唐诗学史稿》,也在计日程功,要按时完工,其间的通信也多起来。

现在统计一下,有陈先生信 48 封,16 770 字,我的回信 64 封,52 400 字,蒋先生信 56 封,19 183 字,我的回信 42 封,34 240 字。陈先生的信,多是寻问我对材料的整合进度,指导编写事项,对史稿的写作提出具体要求;蒋先生则除代陈先生回信外,还不时寄一些短文诗词,要我"提意见"。我的回信,根据两人的情况,除谈编写的困难和进度,汇报自己的读书状况,有时也间或把一些短文寄给他们,恳请批评指正,或把一些身边发生的事,和个人的思想动态,一并告诉。

当然,我也有意识把习作寄给他们,"企图"得到肯定。当我把评黄瑞云先生《诗苑英华》的两文寄去后,两先生似乎默认。有一个冬天,得知他们主编的《中国诗学史》出版,我询问情况。蒋先生说:"我很乐意赠送一套给你,但是有个条件,即请你为这套书写个书评,这是出版社的要求,陈老师是不给别人写书评的，所以也不请别人写书评，但鹭江出版社为我们出了书，又赔了本，编辑有这个要求，也得满足他，所以由我出面，和你联系。如果你同意的话，书将由出版社或我处寄出。"我看到狂喜，觉得应该用心写，不负老师所望。

由于那段时间，我不时写点杂感，特别注意语感，使评论文字不死板，因此行文力避机械呆板，注重一气贯通全文，语言灵活生动一些。文章写好后，得两师认可，后推荐到《上海师范大学学报》。但是，我觉得应扩大一下影响，偷偷寄给《中国图书评论》。本来，陈良运老师的同一书评，发表于该刊第五期，而到第九期，我的文章竟然又刊登出来。这对我是一大鼓励。给黄先生和陈先生的书评，得到陈先生的认可，这坚定了我写作的信念。

后来，我的书评多出于友情，为同一人连续写作，如赵敏俐和黄瑞云：前者因为他写了《周汉诗歌综论》（论文集）书评，得其认可，后来又让我给他的《汉代歌诗制度与乐府研究》和《中国诗歌史·汉代卷》作评，就此有点文字之交；后者是本校老师，《诗苑英华》两评出来，黄先生认可，《词苑英华》再邀作评。又《老子本原》《庄子本原》出来，我分别作评。同事笑言，我成了赵、黄两人的"御用"评介员。

鉴于我喜写书评，陈先生可能认为，书评虽能表现评者的眼光，但不易表达个人见识，学术独创性不如论文，曾写信告我不要再写，把心收回，要独立从事科研。随后几年，我不再写书评。遇有邀评者，我以对其研究领域不熟为由，尽量拒绝，实乃恪守师律。

毕业以来，我时时得陈蒋二师书信督责，但写作学术论文确实不力。自从2003年罹患顽疾后，心绪颓唐，更为慵懒，看书多随兴趣。爱好外语，就大读英译本，如《易》《老》《庄》《论》《孟》《孙子兵法》和《文心雕龙》，每本我都有数种英译，《老》《庄》《文心雕龙》还买了法文译本，并与《文心雕龙》法文者，取得联系。爱好书法，买了《中国书画全书》，订了《中国书法》十年。妻子喜欢写作散文（粗略统计，已有二十万字），我多从旁鼓励。我自己总觉"火候"未到，不敢轻易下笔。

2012年12月，本系退休教师吴瑞霞，写了她的三位老师，达一万六千字，让我看。因为我们志趣投合，还一起在学报编辑部的电脑上边读边改。文章改就，三个老师看了，其中一位老泪纵横——难得有学生还记得他。不久，这位老师就病逝了。此事，对我触动极大。我随即写了两篇文章，回忆高中补习生活与受教黄瑞云先生的经历。翌年年后，从医院归来，我突然有种"使命感"，要把以前经历写出来。看到汪曾祺记老舍言,有事无事,一天五百字。我决定一周至少三篇,不计长短,写下去,一直坚持到今天。

性情的随意懒散,学习的目的不强,导致我近十年来学术论文欠缺。前几天,蒋先生来信,说:"你的文章我读了,文存古风,是大男子的手笔,和小齐的完全不同。不过作为女性,我更爱小齐的文风。还有,你能坚持每天花时间写 500 字,值得学习。为何不多写点学术论文呢?"对此质问,我难以作答,想今后确也应该用些心,不然有违师嘱。

陈先生思辨绵密,但于学生辈,从不愿透露出身,更不会自炫其功。有一次,我有事去他家,出门时,蒋先生提一台微波炉,送去公公家,我相跟着一块去。在车上,蒋先生说到陈先生家事,原来他的父亲陈科美,曾留学美国芝加哥大学和哥伦比亚大学,是哲学家杜威的研究生。也就在那里,我看到许多英文书,一问是陈老先生的遗物。原来,陈先生好学不辍,确得家风熏染。三年之前,我在外住院,问候陈蒋二师,蒋先生说陈先生为完成论著,这几年春晚都顾不上看。能抵挡住这大诱惑,难怪陈先生在不到三十年间,著述如此丰厚。

2008 年,陈先生写了一篇哲理散文——《一个真实的梦》。文中借朋友之言,反思一生:"你在天性上是个不安于现状的人,对于说不清的事理必要探究个清楚,对于看不惯的事象必要摆弄个顺畅,这样一来,世界还有个安宁吗? 即使今天摆弄顺了,明天又会发现新的问题,又会有新的探索和追求,于是对既定秩序与规范需要不断地解构和颠覆。上帝安排了我们这个世界的秩序与规范,你却要不断给予解构、颠覆,你不是魔鬼又是什么呢?"我想,"魔鬼"实乃陈先生自寓,不安分的魔鬼,暗示生命之意义,在于不断的"折腾"——不懈的精神思索,不为习常之见所囿,因为一味顺循庸常,以无为自慰,则短暂的人生,无异过眼烟云。

一个家庭,如子女众多,才具各异者,成人后多飞离父母,托身于光焰璀璨之处,虽能利器尽展,昼锦还乡,而毕竟与父母经年暌隔,丧失家族伦常之欢。相反,那个愚笨冥顽者,一生最让父母揪心,难脱长辈看护。但惟其如此,他躬身事亲,沾溉风泽,虽因不才,屡遭呵斥训诫,但时得长者之言,久而久之,其人亦能自化,父母稍有所安。苏轼倦于宦海浮沉,但愿后辈愚鲁,又能无灾以跻公卿,实属自嘲。我生而性拙,不习繁华,有幸追随陈伯海先生,窥其学问之一隅,愿终身栖身,受益亦独享其乐。光大师道,端赖同门俊乂;不辱师风,则吾岂敢言却?

历史传统与当代语境

——《陈伯海文集》出版座谈暨学术研讨会综述

上海社会科学院文学研究所　朱　红

日前,《陈伯海文集》六卷本由上海社会科学院出版社出版。陈伯海先生原任上海社科院文学研究所所长,上海师范大学特聘教授。先后主持并完成国家和上海市社科规划项目九项,有著作及编撰二十余种。曾获首届鲁迅文学奖(文艺理论批评奖)、上海市哲学社会科学优秀著作奖及论文奖,于 2008 年获上海社科院建院五十周年杰出学术贡献奖。他退休十余年来仍继续个人的学术思考且不断创新,由中国文学研究拓展至美学、哲学领域,且以"生命体验的美学"等观点引发学界的新思考。今值先生八十寿辰,为传扬陈伯海先生在中国古典文学、文艺美学、哲学等诸多领域所做出的学术贡献,探讨中国传统文化在现代社会的传承与创新,2015 年 5 月 9 日,"历史传统与当代语境——《陈伯海文集》出版座谈暨学术研讨会"在上海社科国际创新基地举行。

会议由上海市社会科学联合界、上海社科院文学研究所、上海师范大学共同承办。来自中国社会科学院、首都师范大学、复旦大学、华东师范大学、上海社科院、上海师范大学、上海大学、上海古籍出版社、《上海文化》、《上海思想界》等高校、科研机构和新闻界出版的六十余位学者代表出席参加。

会议由上海社科院文学研究所荣跃明副所长主持,上海师范大学孙逊教授、上海市社联副主席刘世军和上海社会科学院院长王战相继致辞。王战院长在发言中指出:陈伯海先生研究领域广泛,德高望重,在学界有口皆碑,是我院的学术大家。借《文集》出版之机召开这次学术研讨会,目的就是汇集同道,共同探讨相关领域的学术前沿问题,交流各自研究心得,以此致敬前辈,示范后学,同时彰显文学所和社科院在推进人文学科发展中的责任感和使命感。

会上陈伯海先生以"历史与现实的对话"为题作主题演讲,他回顾了自己多年来的学术道路,将以往的学术研究概括为唐诗学研究、文学史学研究、中国文化问题和传统诗学的现代阐释等四个方面,并概述了个人在学术活动中的思考与探索,亦即主要着眼于学术传统的推陈出新,通过开发、激活历史资源以创建民族新文化与新学术理念的问题。他指出:创新不能凭空掉下来,它离不开传统的依托;创新应该以传统资源为凭借,传统越是厚实,创新的空间就越大。我们尊重传统,必须用活这些资源才能滋生出新的财富,用活传统的目的还是为了传承,二者缺一不可。

其后,缪宏才社长(上海社科院出版社)介绍了《陈伯海文集》一书的编辑与出版情况:《文集》全书六卷,分为唐诗学研究、中国文学史学、古文论研究、哲思与审美和文艺评论及杂著。缪社长认为在陈伯先生的研究中,一以贯之的立场就是立足中国,面向世界,立足当代,反思传统。与会学者围绕陈伯海先生的学术成就,在中国古代文学、美学、哲学等相关领域展开了为期一天的研讨。研讨内容主要集中于以下几个方面:

一、古典文学研究方法的理论与创新。胡明研究员(中国社会科学院文学研究所)以“眼光性灵与陈伯海别致的学术道路”为题,对陈伯海先生三十余年的学术工作加以梳理,指出其独特的研究着眼点与别样的探索途径,说明“诗心唯危,艺心唯微”,并从古典文学研究的现代化、西方文艺理论的中国化以及唐诗文学理论化等三个方面阐述陈伯海先生学术研究的里程碑意义。夏禹龙研究员(上海社科院中马所)指出,陈伯海先生从诗论扩展到古典文论,从文学扩展到文化,从微观提升到宏观,并从形而下到形而上,从文集中,可以观察到这种学术视野的拓展和境界的提升,以及形象历史与逻辑在思维当中的不断交融。董乃斌教授(上海大学)总结陈伯海先生研究的四个特点“终极关怀,独立思考,重视理论,系统设计”,指出陈伯海先生的研究从鲜明的问题意识出发,以扎实的文献研究为基础,把微观(考据和作品分析)、中观(作家个体群体、文学思潮或断代文学之考察)、宏观(把文学史作为一个整体)的研究有机地结合,形成一个严整的思想系统。陈尚君教授(复旦大学)阐述了正在编纂中的新定全唐诗的研究思路和方法,并提交了重新校定的唐诗名篇文本,如刘希夷《代白头吟》、崔颢《登黄鹤楼》等。刘跃进研究员(中国社科院文学研究所)指出当代古典文学研究最大的问题是缺失理论、方法与个性,知识分子的使命不仅仅是传递知识,更重要的是要传递思想,而思想应当是超前的。祁志祥教授(上海政法学院)代表上海市美学学会致意,指出陈先生的为人为学,表现为有学问的思想和有思想的学问,他的学问有思想的支撑,其生命美学建构所达到的标杆值得研究和学习。谭帆教授(华东师范大学)以"广""学""思"三个字概括陈伯海先生的研究特点,并以此反观近二十年来古代文学研究,指出目前的古代文学研究亟需理论意识和方法论意识。赵昌平总编(上海古籍出版社)阐发了陈伯海先生的唐诗整体研究观念,即唐诗学作为一个学术部类,需要在一代代个性化的研究中达到系统的发展,并提出建议:上海唐诗研究力量应当加以组合,建立一个唐诗研究和中国诗学研究交流的平台。曹旭教授(上海师范大学)从中国诗学进程的逻辑来讨论陈伯海老师的中国诗学研究思想。张寅彭教授(上海大学)联系陈伯海先生的编著《唐诗汇评》,讨论了中国古代文学研究中的唐诗学研究体系。陈引驰教授(复旦大学)以"慎思明辨,融会贯通"为题对陈伯海先生的诗学研究加以分析阐释。詹丹教授(上海师范大学)以"诗性生命的理性重构"概括陈伯海先生的诗学思想,阐述其中西比较的三个境界。杨万里教授(上海大学)解读陈伯海先生的学术成果中有机整体与现代转换两条思维原则,说明其现实意义正是整体观照与理论自觉。

二、古代文学、美学与哲学相关领域的专题探讨。刘跃进研究员(中国社科院文学研究所)的论文,针对中国"左图右史"的传统加以梳理,分析图像在古代社会生活中的运用,指出图像不仅可替代文字,它还发挥着解释文字、阐发文字的作用,以及承担着普及文化、宣传教化的功能。蒋凡教授(复旦大学)追溯了陈伯海先生的唐诗研究历程,指出古代文学研究不仅仅研究作家、作品,而且要将作家作品放在内在的规律上梳理其多样性、稳定性和统一性,总结特点,从而才能更准确地把握唐诗的发展脉络。胡晓明教授(华东师范大学)以诗意的题目"不信春风唤不回",讨论华夏优美经典的当代激活问题。夏中义教授(上海交通大学)指出当代中国学术重建的前提,是必须具有百年学术史的襟怀,同时应借鉴前人开辟的道路,而不宜轻率地重起炉灶,尊敬能成为"当代学术演进链"中不可或缺的学者。陈超南研究员(上海社科院哲学研究所)讨论了陈伯海先生所著哲学著作《回归生命本质》的意义与内涵。陆晓光教授(华东师范大学)从陈伯海先生的"至老弥坚",联系王元化先生的思想,予以阐发。许明研究员(《上海思想界》杂志)提出宏观思维对文学研究至关重要。张文江研究员(同济大学)从《论语》中记载的孔子语录,分析论及《诗经》的部分,予以阐说。

此外,与会学者还有詹福瑞、葛兆光、黄霖、杨庆存、毛时安、朱易安等,大家高度肯定陈伯海先生不断创新的学术志向和精湛丰硕的研究成果,特别是围绕如何激活历史资源以创新文化展开了热烈而深入的讨论,共同探讨创新中国学术的方向和道路。与会学者还回顾了与陈伯海先生共事与交往的生动往事。《上海文化》主编夏锦乾概括出陈伯海先生的特点是把学术和生命紧紧地结合在一起,相互融通相互融合,他感谢陈先生多年来对《学术月刊》的支持以及对《上海文化》杂志改版的关心和建议。上海古籍出版社社长高克勤讲述了陈伯海先生与上海古籍出版社的学术渊源,王文英、董如龙、徐培均、夏咸淳、钱鸿瑛等上海社科院文学所同仁谈及与陈伯海先生的多年交往,会议气氛热烈,表达了学界同仁对陈伯海先生的衷心祝福。

恭贺陈伯海先生八十寿辰

（五言古诗四首）

上海社会科学院文学研究所　夏咸淳

其　一

吾爱陈夫子，　儒雅一书生。

谦谦君子度，　煦煦阳和春。

嘉言含警策，　高文费弥纶。

修身日日新，　风荷不染尘。

其　二

谔谔青衿子，　孤弱露锋棱。①

雪藏经岁月，　梅竹益坚贞。

惜哉士风堕，　中流失支撑。

毅然追大雅，　寂寞披荒榛。

其　三

主政文研所，　开拓与守成。

---

① 青衿，学子也。先生就读华东师大时，尝力排众议，支持老师钱谷融教授"文学是人学"观点。

朝夕勤职守，　坚守学术尊。

秋实何累累，　春华郁纷纷。

任满怡然去，　驾言独远征。

其　　四

登高期极顶，　揽胜逐飞仙。

十年获三宝，　物华晚转新。①

瞻彼南山阿，　长松百丈青。

幸承亲炙久，　赋此景行篇。

---

①　三宝，佛家语，谓佛、法、僧，此借指先生退休后所创三种著作，即《中国诗学之现代观》、《回归生命本原》、《生命体验与审美超越》。

贺 新 郎

（《陈伯海文集》出版有感）

上海师范大学　蒋哲伦

学海深难测。

望沧波、几番风雨，几番晴澈。

为探珊瑚潜渊泽，满目珍奇堪摘。

正试泳、萦洄寻迹。

底事蛟龙鸣鼍鼓，更怒涛汹涌雷霆急。

卷巨浪、逐狂客。

蠹鱼蛀尽春秋册。

夜沉沉、月斜西柳，半山亭侧。

造物催熏寒梅坼，姹紫嫣红春色。

喜百鸟、鸣皋振翮。

齿豁头童恒兀兀，肯壶觞自酌欹巾帻？

观落日，映泓碧。

为陈师研讨会敬贺

天津师范大学　傅新营

离沪一纪，　华发渐生。
忆昔长宁，　有鸣仓庚。
兰若生夏，　郁郁菁菁。
立我陈门，　浩气充盈。
手挥五弦，　俯览太清。
雕龙绘素，　运笔成风。
育兰九畹，　垂范后行。
逸乐琼林，　永驻芳馨。

图书在版编目(CIP)数据

历史传统与当代语境:《陈伯海文集》出版研讨会
纪念集/荣跃明,张炼红,朱红编.—上海:上海社
会科学院出版社,2016
　ISBN 978 - 7 - 5520 - 1417 - 4

　Ⅰ.①历…　Ⅱ.①荣…　②张…　③朱…　Ⅲ.①《陈伯
海文集》-出版工作-文集　Ⅳ.①G239.2 - 53

　中国版本图书馆 CIP 数据核字(2016)第 122870 号

历史传统与当代语境
——《陈伯海文集》出版研讨会纪念集

编　　者:荣跃明　张炼红　朱　红
特约编辑:张小忠
责任编辑:陈如江
封面设计:周清华
出版发行:上海社会科学院出版社
　　　　　上海顺昌路 622 号　邮编 200025
　　　　　电话总机 021 - 63315900　销售热线 021 - 53063735
　　　　　http://www.sassp.org.cn　E-mail:sassp@sass.org.cn
照　　排:南京理工出版信息技术有限公司
印　　刷:上海信老印刷厂
开　　本:710×1010 毫米　1/16 开
印　　张:24
插　　页:2
字　　数:400 千字
版　　次:2016 年 8 月第 1 版　2016 年 8 月第 1 次印刷

ISBN 978 - 7 - 5520 - 1417 - 4/G·561　　　　定价:88.00 元